Jonas Barth und Anna Henkel (Hg.)
Leib. Grenze. Kritik.

Jonas Barth und Anna Henkel (Hg.)

Leib. Grenze. Kritik.

Festschrift für Gesa Lindemann
zum 66. Geburtstag

VELBRÜCK
WISSENSCHAFT

Erste Auflage 2022

www.velbrueck-wissenschaft.de
Printed in Germany
ISBN 978-3-95832-301-8

Das Zitat auf dem Umschlag stammt aus: Lindemann, Gesa (2009):
Das Soziale von seinen Grenzen her denken,
Weilerswist: Velbrück Wissenschaft, S. 14.

Bibliografische Information der Deutschen Nationalbibliothek
Die Deutsche Nationalbibliothek verzeichnet diese Publikation in der Deutschen Nationalbibliografie; detaillierte bibliografische Daten sind im Internet über http://dnb.ddb.de abrufbar.

Inhalt

Kritik.
Gewalt und Normativität

Anna Henkel und Jonas Barth

Vorwort

> »Könnte sich eine Person tatsächlich radikal von ihrer Gegenwart, dem leiblichen Hier-Jetzt, distanzieren, wäre sie weitgehend einer sozialen Kontrolle entzogen und könnte für sich in einer nur für sie existierenden Welt alles mögliche sein. Da das Hier-Jetzt aber auch in der exzentrischen Position nicht gänzlich durchbrochen werden kann, wird das Reale lediglich durch das Mögliche relativiert. Ich bin hier als diese und jene Person, *könnte* aber auch woanders und jemand anderes sein, aber ich *kann* nicht. Es ist u.a. die leibliche Interaktion, die dies Ausweichen ins Imaginäre verhindert, indem sie als Zwang zur subjektiven Präsenz in der jeweiligen Situation wirkt.«
>
> (Lindemann 1993: 38)

Bstimmt radikal, vielleicht gar ausweglos mögen diese Worte klingen – und dennoch geht es im Werk von Gesa Lindemann positiv um die Möglichkeiten des Menschen, sich dem Sozialen zu entziehen und es zu verändern. Das luftige Unterfangen der gesellschaftlichen Konstruktion der Wirklichkeit, die Wirkmächtigkeit sozialen Handelns und die Leichtigkeit des Phantasielebewesens Mensch werden dafür von Gesa Lindemann leiblich geerdet: Derart ist das Imaginäre nicht gänzlich frei, es ist gebunden an die Materialität des als Leib gegebenen Körpers. Diese Bindung des Sozialen und des Menschen an die Leiblichkeit der Interaktion offenbart die potenziell gewalttätige Macht sozialer Kontrolle. Es sind die Anerkennung und analytische Berücksichtigung dieser Zusammenhänge, die eine Untersuchung der Grenzen des Sozialen, eine Differenzierung von Weltzugängen und eine Ausarbeitung strukturnotwendiger Kritik in den soziologischen Blick rücken.

Leib. Grenze. Kritik. Jetzt kann es nur um Gesa Lindemann gehen, weiß sofort, wer mit der Soziologie vertraut ist und diese drei Begriffe zusammen sieht. Von *Das paradoxe Geschlecht* (Lindemann 1993), aus dem das einleitende Zitat entnommen ist, über *Die Grenzen des Sozialen* (Lindemann 2002) und *Weltzugänge* (Lindemann 2014) bis hin zu *Strukturnotwendige Kritik* (Lindemann 2018) und *Ordnung der Berührung* (Lindemann 2020) geht es im Werk von Gesa Lindemann um Leib, Grenze und Kritik. Mit dieser Fokussierung bereichert sie die Soziologie auf theoretischer und empirischer Ebene gleichermaßen: Theoriebezogen ist vor allem die Weiterentwicklung sozialtheoretischer Grundannahmen der Soziologie hervorzuheben, die Gesa Lindemann durch die prominente Einbeziehung der Reflexiven Philosophischen Anthropologie und der Leibphänomenologie gelingt. Mit *Weltzugänge* liegt eine von der verleiblichten Interaktion ausgehende Sozialtheorie vor, die sie im Weiteren gesellschaftstheoretisch entfaltet. Unabhängig davon sind die triadisch verfasste Interaktion, das Anthropologische Quadrat oder Grenzregime als konkrete Konzepte Gesa Lindemanns griffig und teils für sich prominent. Empiriebezogen erweitert Gesa Lindemann mit ihrem Werk die Soziologie durch Auswahl und Zuschnitt sowie die Art der Behandlung ihrer empirischen Forschungsgegenstände. Transsexualität, Intensivmedizin, Robotik oder Gewalt sind schon für sich genommen soziale Phänomene, deren Untersuchung lohnte. An ihnen entfaltet Gesa Lindemann exemplarisch, worin ganz allgemeingültige Besonderheiten des Sozialen liegen.

Gesa Lindemanns Schaffen umfasst eine ausgesprochene Freude an der Interaktion, will sagen: Zuhören, Austeilen, Einstecken gehen stets einher mit dem Denken, Schreiben, Lesen. Bisherige sozialtheoretische Perspektiven entwickelt und ihre Forschungsgegenstände erweitert Gesa Lindemann immer rückgebunden an die Kritik der Disziplin, sei es als Autorin im anonymen peer-review, sei es im Austausch auf Tagungen, in Workshops oder im legendären Oldenburger Intensivseminar. Die hier vorgelegte Festschrift zum 66. Geburtstag von Gesa Lindemann versucht, diese kontinuierliche Auseinandersetzung widerzuspiegeln. Dazu beigetragen haben unmittelbare Kolleginnen und Kollegen im umfassenden Sinne des Wortes, Wissenschaftlerinnen und Wissenschaftler nämlich, die von dem Werk der Jubilarin in der einen oder anderen Weise berührt sind und sich mit diesem auseinandersetzen: teils anwendend, teils weiterentwickelnd; teils einordnend, teils kritisch; langjährige Weggefährten und neue Begleiter genauso wie Förderer und Geförderte, Genossen und Gegner im intellektuellen Streit. Sie alle verbindet der Bezug auf das Werk von Gesa Lindemann, der wir ganz, ganz herzlich gratulieren!

Literatur

Lindemann, Gesa (1993): *Das paradoxe Geschlecht. Transsexualität im Spannungsfeld von Körper, Leib und Gefühl*, Frankfurt am Main: Zeit-Schriften Fischer.

Lindemann, Gesa (2002): *Die Grenzen des Sozialen. Zur sozio-technischen Konstruktion von Leben und Tod in der Intensivmedizin*, München: Fink.

Lindemann, Gesa (2014): *Weltzugänge. Die mehrdimensionale Ordnung des Sozialen*, Weilerswist: Velbrück Wissenschaft.

Lindemann, Gesa (2018): *Strukturnotwendige Kritik. Theorie der modernen Gesellschaft Band 1*, Weilerswist: Velbrück Wissenschaft.

Lindemann, Gesa (2020): *Die Ordnung der Berührung. Staat, Gewalt und Kritik in Zeiten der Coronakrise*, Weilerswist: Velbrück.

Leib.
Reflexive Philosophische Anthropologie, Leibphänomenologie und Sozialtheorie

Thomas Alkemeyer

Die Körperlichkeit der Subjektivierung

Überlegungen mit und im Anschluss an Gesa Lindemann

Gesa Lindemann war, wie ich, beteiligt am Oldenburger DFG-Graduiertenkolleg »Selbst-Bildungen. Praktiken der Subjektivierung in historischer und transdisziplinärer Perspektive« (2010–2019). Sie hat unsere Diskussionen insbesondere über die Normativität und die Körperlichkeit von Subjektivierungen erheblich bereichert. Im Hinblick auf die Frage der Normativität gilt das Interesse ihres Zugangs nicht erst dem Problem, welchen Normen Menschen Genüge tun müssen, um in der sozialen Praxis als handlungs- und zurechnungsfähige Subjekte anerkannt werden zu können, sondern bereits der von bisherigen Ansätzen der Subjektivierungsanalyse allenfalls ansatzweise thematisierten Frage, welche ›Entitäten‹ überhaupt als Subjektkandidaten infrage kommen. Es sei deshalb grundlegend »zwischen mindestens zwei Sorten von Entitäten« zu unterscheiden, »nämlich zwischen einerseits denjenigen Entitäten, von denen normativ erwartet wird, dass sie sich subjektivieren, und andererseits denjenigen Entitäten, von denen dies nicht zu erwarten ist« (Lindemann 2013: 102). Im Hinblick auf die Frage nach der Rolle des Körpers in Prozessen der Subjektivierung und die Verkörperung sozialer und normativer Ordnungen hat das Kolleg wesentlich von Gesa Lindemanns begrifflichen Differenzierungen zwischen Körper und Leiblichkeit profitiert. Gerade in dieser Frage zeigen sich Schnittmengen unser beider Forschungsinteressen. Ich werde mich deshalb im Folgenden auf diesen Aspekt konzentrieren. Dabei werde ich zunächst argumentieren, dass ein Verständnis menschlicher Körper nicht nur als Material sozialer Prägungen, Einschreibungen und Formatierungen, sondern auch als lebendige und gelebte ›Wesen‹ die Einseitigkeit mancher Top-Down-Analysen der Subjektivierung korrigieren kann (1). In einem zweiten Schritt werde ich Gesa Lindemanns Überlegungen zu Körper und Leiblichkeit sodann auf unser[1] Konzept eines »Vollzugskörpers« als eines Organs und Mediums der Subjektivierung beziehen (2). Den Abschluss bilden einige (selbst-)kritische Anmerkungen zur möglichen Problematik der Körper-Leib-Unterscheidung sowie

1 Damit meine ich nicht nur die Kolleg:innen aus dem besagten Graduiertenkolleg, sondern auch die Mitarbeiter:innen meines Arbeitsbereichs »Soziologie und Sportsoziologie«.

daran anschließende Überlegungen zu den Herausforderungen künftiger Subjektivierungsanalysen (3).

(1) Subjektivierung: Jenseits von Top Down oder Bottom Up

(Post-)strukturalistisch inspirierte Sichtweisen auf Prozesse der Subjektkonstitution nehmen gern eine Top-Down-Perspektive ein. Sie entwerfen Subjekte cum grano salis als Effekte vorgefundener sozialer Strukturen, Diskurse oder kultureller Codes. Indem sich Menschen – mit Gesa Lindemann: als Menschen *anerkannte* Wesen – in immer schon gesellschaftlich strukturierten Welten bewegen und in diese Welten hineinsozialisiert, -diszipliniert und -habitualisiert werden, erhalten unter diesem Blickwinkel nicht nur ihre Körper und ihr Bewegungsrepertoire eine gesellschaftliche Form. Vielmehr würden in diesem Prozess auch innere Instanzen der Verhaltenssteuerung aufgebaut, die dafür sorgten, dass sich die subjektivierten Individuen von allein, in Form der Freiwilligkeit, in der vorgefundenen Ordnung hielten. Der Erwerb von Handlungsfähigkeit setzt, so gesehen, die Unterwerfung des Körpers unter die vorgefundene geschichtlich-gesellschaftliche Ordnung voraus.

Einige jüngere Ansätze einer Soziologie der Praktiken folgen dieser Perspektive zumindest teilweise, indem sie Praktiken an die Stelle der Strukturen des Strukturalismus setzen (vgl. Alkemeyer/Buschmann/Michaeler 2015). Auch nicht-menschliche Teilnehmende – Dinge, Artefakte, Technologien, Diskurse – werden in einer solchen Perspektive vornehmlich als Kräfte thematisiert, welche die Praxis und somit die Ordnungsbildung präfigurieren und stabilisieren. Sie bedingen und stützen in dieser Sicht Handlungsroutinen, die auf einem stummen, praktischen Wissen beruhen. Zwar liegen im Diskursuniversum der soziologischen Praxeologie, z.B. im Zusammenhang der Überlegungen Pierre Bourdieus zur Ausgedehntheit und Sperrigkeit der in sozialen Relationen sich positionierenden Körper, zum »Spielsinn« (Bourdieu 1987) und zu den Modi einer »Erkenntnis durch den Körper« (Bourdieu 2001), durchaus Ansätze vor, die es erlauben, die (Selbst-)Positionierungen von ›Subjekten‹ in den soziomateriellen Beziehungsgeflechten der Praxis nicht nur als Machteffekte zu begreifen, sondern auch ihre reflexiven und ›eigensinnigen‹ Dimensionen in den Blick zu bringen. Jedoch bleiben diesbezügliche Überlegungen häufig im Status von Ansätzen stecken: Körper werden in erster Linie als ein formbarer Rohstoff und Ausführungsorgane soziomateriell stabilisierter Routinen thematisiert, die dafür sorgen, dass die Subjekte die Ordnung gewohnheitsmäßig reproduzieren. Veränderung resultiert so gesehen hauptsächlich aus nichtidentischen

Wiederholungen; Reflexion tritt (erst) dann auf den Plan, wenn Routinen derart irritiert werden, dass das gewohnte Vorgehen überdacht werden muss: Das Konzeptualisieren von Körpern als Träger von Routinen impliziert ein Verständnis reflexiver Kompetenzen als geistige Vermögen.

Ein Einspruch gegen solche »Rohstoffisierung« (Villa 2013) menschlicher Körper wurde in jüngerer Zeit vor allem aus der Richtung der (Leib-)Phänomenologie formuliert. Körper sind in diesem Zugang nicht nur Objekte gesellschaftlicher Prägung, sondern auch erlebende und erlebte Wesen, die sich auf ihre Mitwelt richten und sich dafür empfänglich machen, von (Aspekten) dieser Mitwelt affiziert zu werden. In der deutschsprachigen Phänomenologie werden diese Wesen als ›Leib‹ bezeichnet. Unter einem soziologischen Blickwinkel gilt das Interesse dann unter anderem der Differenz zwischen einer dem Körper auferlegten »mustergültige[n] Ordnung« einerseits und »dem leiblichen Erleben« andererseits (Lindemann 2017: 63). Unter diesem Gesichtspunkt hat die Erfahrung einer »Fremdheit des Körpers am und im eigenen Leibe« (Bedorf 2015: 71.) und somit einer Nichtidentität im Tun das Potential dazu, die in einseitigen Top-Down-Perspektiven vertretene Annahme einer bloßen ›Rekrutierung‹ menschlicher Körper durch bestehende Strukturen zu durchkreuzen und stattdessen das ›Eigenleben‹ des Leibes ins Scheinwerferlicht zu rücken.

In ein soziologisch problematisches, naturalistisches oder biologistisches Fahrwasser gerät leibphänomenologisches Denken allerdings dann, wenn es ›Leib‹ als eine Residualkategorie für das struktur- und begriffslose, noch nicht von der gesellschaftlichen Ordnung erfasste Andere der Gesellschaft einsetzt und z.B. die utopische Hoffnung auf Einspruch und Widerstand gegen Entfremdung, Beschleunigung und die Herrschaft der (Bio-)Technologien auf das Konstrukt einer ursprünglichen leiblichen Natur des Menschen gründet. Gesa Lindemann grenzt sich ausdrücklich von einem solchen Leibverständnis ab: Sie ordnet das Verhältnis von Körper und Leib gerade *nicht* in die klassischen Unterscheidungen von Kultur und Natur, Subjekt und Objekt, Innen und Außen usw. ein, sondern betrachtet diese Unterscheidungen als einen historisch möglichen Weltzugang neben anderen. Angelehnt an Helmuth Plessners Positionalitätstheorie und die Neo-Phänomenologie von Hermann Schmitz ist für sie nicht der individuelle Leib in seiner *nachträglichen* Beziehung zu einer ihm gegenüberstehenden Umwelt Ausgangspunkt der Analyse, sondern die geschichtlich variable »Bezogenheit der Leiber aufeinander« (Lindemann 2014: 18). Damit ist auch die »Struktur der leiblichen Erfahrung« (ebd.) geschichtlich-gesellschaftlich vermittelt: ›Körper‹ steht für die »institutionalisierte symbolische Form [...], die das leibliche Selbsterleben im Sinne der vermittelten Unmittelbarkeit [Plessner] strukturiert« (Lindemann 2017: 64). In dieser »vermittelten Unmittelbarkeit« verweisen Körper und Leib zirkulär aufeinander, *ohne* indes ineinander aufzugehen (Lindemann 2014: 18): Anstatt, wie noch bei Hermann Schmitz (vgl. Lindemann 2017: 64), ein ursprüngliches leibliches Erleben zu verdecken, vermitteln soziale Strukturen und symbolische Formen dieses Erleben. Bereits ihre Studie zur »leiblich-affektiven Konstruktion von Geschlecht« (Lindemann 1992) zeigt, wie sich die dichotome Geschlechterordnung in den Interaktionen der Praxis so im Empfinden der Beteiligten verwurzelt, dass sie von diesen als unmittelbar gültig erlebt wird. Jedoch bedingt die Vermitteltheit des Erlebens nicht automatisch auch eine Identität von ›Körper‹ und ›Leib‹. Vielmehr können sich im Erleben »spontan immer Abweichungen und Überraschungen« (Lindemann 2017: 63) ergeben.

Für die Subjektivierungsanalyse bedeuten diese Einsichten erstens, Subjektivierung nicht als einen Prozess zu begreifen, der eine unilineare Richtung von den gesellschaftlichen Strukturen hin zu den menschlichen Wesen einschlägt und diese in die Strukturen ›hineinformatiert‹, sondern auch auf jene Reibungen, Differenzen und Abstände zwischen jenen Strukturen und diesen Wesen zu achten, in denen sich letztere als Subjekte erst konstituieren. Und sie sensibilisieren zweitens dafür, dass das Entstehen von Differenzen zwischen den Strukturen und den sich subjektivierenden Wesen auf Vermögen zur Selbstabgrenzung und -organisation beruht, die nicht einem reinen, engelsgleichen Geist, sondern ihrer Mitwelt relational verbundenen Menschen aus Fleisch und Blut zukommen.

Soziale Ordnungs- und Subjektbildung sind in Gesa Lindemanns Perspektive mithin dadurch vermittelt, dass mit dem Körper auch die Grenzen und das Sensorium des Leibes entsprechend der (Sensibilitäts-)Anforderungen und normativen Erwartungen historisch konkreter Umwelten ausgeformt werden. Je nachdem, in welchen Umwelten verkörperte Selbste existieren und tätig werden, richten sie sich in spezifischer Weise auf ihre Umgebung, schließen als relevant wahrgenommene menschliche und nicht-menschliche ›Mitbewohner‹ dieser Umgebung in ihre – die »sichtbare Grenzkontur« (Lindemann 2014: 90) des Körpers überschreitende – leibliche Erfahrung ein und formen ihre Empfindungsvermögen in diesen Relationen aus. Die epistemologische Ergiebigkeit dieses Zugangs zeigt sich – über Lindemanns eigene Forschungsgebiete hinaus – z.B. in Untersuchungen über interkorporale Praktiken in Bildung, Sport und Tanz (z.B. Alkemeyer et al. 2009; Gugutzer 2010) oder auch in der industriellen Arbeitswelt, in der selbst unter den Bedingungen hochautomatisierter Produktion nicht auf ein spezifisches High-Tech-Gespür für technische Anlagen verzichtet werden kann (z.B. Böhle/Fross 2009).

(2) Der Körper als strukturierend-strukturierte Vollzugsform: Das Konzept des Vollzugskörpers

Die Frage nach der Vermittlung von Ordnungs- und Subjektbildung war auch initial für unser praxeologisches Nachdenken über die Rolle von Körpern in Praktiken, das schließlich in das Konzept eines »Vollzugskörpers« (Alkemeyer/Michaeler 2013) einmündete. Ein zentraler Auslöser für dieses Nachdenken war die in der Empirie auftauchende Frage nach dem Verhältnis zwischen den von einem Akteur in der Sozialisation, im Lernen, Üben und Trainieren dauerhaft als Habitus inkorporierten Dispositionen einerseits und der situativen Ausformung dieser Dispositionen zu spezifischen ›Mitspielkompetenzen‹ im Hier und Jetzt besonderer Praxisvollzüge (z.B. des Volleyballspielens) andererseits. Das Konzept richtet sich damit kritisch sowohl gegen die substanzialistische Vorstellung fester, überall und überdauernd mit sich selbst identischer Körper als auch gegen die radikal postsubstanzialistische Idee einer vollkommen fluiden Ontologie, der zufolge Körper »je nachdem, wie sie im Rahmen [einer] Praktik behandelt […] und in das Geschehen involviert« (Boll 2019: 15) werden, völlig andere sind. Positiv lenkt es die Aufmerksamkeit hingegen auf die *selektive* Mobilisierung inkorporierter Dispositionen in einer lokalen Praxisgegenwart: Das Konzept fokussiert die Bedingungen und Prozesse, in denen in einer gegenwärtigen Praxis (des Spielens, Arbeitens usw.) bestimmte dispositionelle ›Elemente‹ eines situationsübergreifend wirksamen Habitus aktualisiert und auf die normativen Erwartungen der aktuell vollzogenen Praktik eingestellt werden, während andere Dispositionen stumm und unsichtbar in den Kulissen verharren.

Dieser Vorgang hat eine passive und eine aktive Seite: Zum einen treten Dispositionen nur dann ›in Aktion‹, wenn sie durch die gegenwärtigen Umstände – z.B. durch den Aufforderungscharakter, den beteiligte Dinge, Menschen und soziomaterielle Konstellationen für einen entsprechend disponierten Habitus haben – ›angesprochen‹ werden. Zum anderen organisieren sich Handlungssubjekte im Modus eines in die Praxis eingebundenen Reflektierens auf ihren gegenwärtigen Handlungsvollzug fortlaufend selbst im Hinblick auf die Erwartungen und Anforderungen, denen sie sich in der Praxis konfrontiert sehen. Augenblicklich müssen sie ihr Handeln, oft unter Zeitdruck, auf die Beiträge anderer menschlicher und nicht-menschlicher Partizipanden einstellen und in der gegenwärtigen Situation bereits das Kommende antizipieren, um sich in der Praxis orientieren und ihre Handlungsfähigkeit aufrechterhalten zu können. Ein solches reflexives *Monitoring* ist ein Nach- und Vor*spüren* ebenso wie ein Nach- und Vor*denken*; es stützt sich auf den »praktischen Sinn« (Bourdieu 1987) ebenso wie auf das »praktische Bewusstsein«

(Giddens 1995). In einer phänomenologieaffinen Terminologie lässt es sich als ein gesellschaftlich vermitteltes spürendes Wahrnehmen und Erfassen begreifen, welches Mitspielenden gestattet, ihr Verhaltensrepertoire fortlaufend so auf die normativen Erwartungen sowie die ständig sich wandelnden Handlungsbedingungen eines sozialen Spiels einzustellen, dass sie darin als zurechnungsfähige Handlungssubjekte in Erscheinung treten können. Die Ausformung der motorischen wie auch der perzeptiven und sensorischen Dispositionen der in das Spiel involvierten Körper ist in dieser Perspektive sowohl durch die transsituativ gültigen Spielstrukturen – seine Raum- und Zeitordnungen, seine Regeln, Normen, Ziele und Zwecke – als auch durch den je konkreten Spielverlauf bedingt. So verlangt bspw. das Fußballspielen ganz andere Vollzugskörper als das Tennis- oder das Klavierspielen, diese wiederum unterscheiden sich signifikant von den Körpern universitärer Bildungspraktiken usw. Zugleich müssen Mitspielende im Medium ihrer Vollzugskörper in jeder dieser Praktiken bzw. Spiele der Kontingenz und Indexikalität ihres besonderen Verlaufs gerecht werden. Als kompetent anerkannte Handlungen sind somit Vollzüge von Körpern, die sich in ihrer Praxis selbst spiel- und situationsangemessen organisieren.

Das Konzept des Vollzugskörpers erlaubt differenzierte empirische Analysen der Selbst-Bildung und Subjektivierung verkörperter Selbste in den Vollzügen aller möglichen Praktiken: Es macht beobachtbar, wie in der Praxis – unter Mitwirkung raum-zeitlicher Ordnungen, Dinge, Technologien, Diskurse, Instruktionen usw. – zusammen mit der Motorik auch die Spürsinne und Affekte so auf die motorischen, sensorischen und affektiven Anforderungsprofile eines sozialen Spiels eingestellt werden, dass sich die Mitspielenden im Gelingensfall adäquat in den Relationen der Praxis selbst zu organisieren in der Lage sind. Dies gilt, wie sich z.B. am Team-Sport aufweisen lässt, nicht nur für die Subjektivierung von Individuen, sondern auch von Kollektiven: Sport-Teams formen in ihrer Praxis eine die Grenzen der beteiligten Individualkörper übersteigende Vollzugskörperlichkeit aus, die ihre temporäre Einheit und Handlungsfähigkeit als Kollektivsubjekt begründet (Brümmer 2015; Michaeler 2019). Die Mitwirkenden erleben sich, so ließe sich im Rekurs auf Gesa Lindemanns Konzept der Dividualisierung (z.B. 2014: 297ff.) sagen, nicht als getrennte Individuen, sondern als Elemente von Beziehungen. In anderen phänomenologischen Zugängen werden diese Beziehungen üblicherweise als Interkorporalität, d.h. als Beziehungen *zwischen* Körpern verstanden (vgl. z.B. Meyer 2021). Unter den konzeptuellen Blickwinkeln einer kollektiven Vollzugskörperlichkeit und der Dividualisierung wäre zu ergänzen, dass sich die einzelnen ›Körper-Elemente‹ allererst *innerhalb* dieser Beziehungen als Glieder der verkörperten Einheit des Kollektivsubjekts differenzieren, ausformen und organisieren.

Allerdings ist die Einheit von Kollektiv- wie von Individualsubjekten stets von Irritation oder sogar Zerfall bedroht. Denn stets können in der aleatorischen Begegnung mit anderen Partizipanden unbeabsichtigt in der Sozialisation inkorporierte Dispositionen – Affekte, Erinnerungen, Verhaltensroutinen – aus den Kulissen treten, deren Auftritt auf der Bühne der gegenwärtigen Praxis nicht vorgesehen war: Die Lehrerin agiert im Klassenzimmer unvermittelt in Haltung und Tonfall der Mutter; dem ballettsozialisierten Körper fällt das Erlernen des vollkommen anderen Bewegungssystems Taiji schwer, weil er ein ums andere Mal in die tänzerischen Bewegungsmuster seiner körperlichen ›Primärsprache‹ zurückfällt (Mitchell 2019) usw.

Im Rückgriff auf den Wortschatz der (Leib-)Phänomenologie ließen sich die sensorischen Modi des Spürens und Erlebens, in denen sich Vollzugskörper reflexiv auf die Umgebungen und Verläufe der sie engagierenden Spiele einstellen, als ›Vollzugleiblichkeit‹ bezeichnen (vgl. Alkemeyer/Michaeler 2013) und zudem detaillierter beschreiben, als es im etablierten Vokabular einer das subjektive Erleben vernachlässigenden Soziologie möglich ist. Besonders instruktiv für die Subjektivierungsanalyse scheint mir darüber hinaus das von Gesa Lindemann (2020) im Rekurs auf Christian Fritz-Hoffmann (2017) ausbuchstabierte soziologische Konzept der »Berührung« zu sein. Denn es macht jene sinnlichen (Fern-)Beziehungen beobachtbar, beschreibbar und verständlich, die sich in der Praxis zwischen entsprechend disponierten Körpern einstellen können, ohne dass diese Körper auch physisch aneinanderstoßen, wie z.B. zwei zusammengeschobene Tische. Die spezifische Materialität dieser Beziehung ist zwar nicht die Materialität von Tischen oder Pflastersteinen, aber es handelt sich bei dieser Beziehung doch insofern um einen materiellen Vorgang, als sie das leibliche (Selbst-)Erleben der berührten Person ins Spiel bringt, sie damit spürbar aus einer Situation bzw. einer Masse anderer Anwesender heraushebt und eine nie völlig zu kontrollierende Veränderung ihres Zustands herbeiführt. Diese Veränderung kann im Sinne der aktuell vollzogenen Praktik funktional oder dysfunktional ausfallen. ›Im Rahmen‹ bleibt das Subjekt dann, wenn es das Berührt-Werden auf eine von den Anderen als normativ angemessen bewertete Weise beantwortet[2]; ›aus dem Rahmen‹ droht es hingegen zu fallen, sofern ihm eine solche Antwort nicht gelingt. Die Folgen einer solchen ›Störung‹, die darauf zurückgeht, dass dem Subjekt sein (sozialisierter) Körper niemals ganz verfügbar ist, sind empirisch offen: Verunsicherung, Stocken, Abbruch und Ausstieg sind ebenso möglich, wie

2 Ein Antworten ist keine Reaktion auf einen Reiz im Sinne des Behaviorismus, sondern eine sinngebende Erwiderung auf etwas, das sich dem körperlich-leiblichen Sensorium situativ als relevant, bemerkenswert und bedeutsam aufdrängt.

z.B. der Versuch, die erfahrene Irritation durch eine Kultivierung anderer Verhaltensweisen konstruktiv zu wenden.

(3) Dezentrierung des Leibes: Doppelaspektivität des Vollzugskörpers und intra-korporale Differenz

Ich verstehe Gesa Lindemanns Reflexionen auf die Körperlichkeit des menschlichen In-der-Welt-Seins als einen Ansatz zur soziologischen Dezentrierung auch dessen, was in der Sprache der Phänomenologie als Leib bezeichnet wird. Im Kontrast zu phänomenologischen Zugängen, die den Leib im Verhältnis zum Körper als die ursprünglichere Kraft begreifen, ist er in Lindemanns Sozialtheorie eine relational und konstitutiv durch die Form des Körpers bedingte Größe (Abschnitt (1). Insofern trifft sich die Stoßrichtung ihrer Begrifflichkeit mit der Stoßrichtung unseres Konzepts eines Vollzugskörpers, das allerdings weniger grundbegrifflich, sondern stärker darauf angelegt ist, beobachtbar zu machen, wie Körper in situierten Praxisvollzügen eine anerkennbare soziale Ordnung ausformen (Abschnitt (2). Inspiriert durch phänomenologisches Vokabular haben wir den Modus der Selbstorganisation dieser Körper in der Praxis zudem als ›Vollzugsleiblichkeit‹ in den Blick gebracht. Vollzugskörper bezeichnet dann die besondere Form, die menschliche Körper in unterschiedlichen Praktiken annehmen, Vollzugsleiblichkeit die ihrerseits praktikenadäquate Weise ihrer sinnlich-reflexiven Ausformung.

Allerdings birgt die begriffliche Unterscheidung von Körper und Leib das Risiko, diese beiden Aspekte des In-der-Welt- und Zur-Welt-Seins als getrennte Entitäten zu verstehen, und zwar auch dann, wenn ihr Verhältnis nicht als ein Dualismus, sondern als eine Dualität, d.h. als eine unauflösbare Verbundenheit von Unterschiedenem verstanden wird. Dieses mögliche Missverständnis ließe sich bereits sprachlich vermeiden, wenn man stattdessen – in Anlehnung an die im Englischen gebräuchliche Unterscheidung zwischen »physical body« und »lived body« (vgl. z.B. Crossley 1995) – von einer Doppelaspektivität des (Vollzugs-)Körpers spräche.[3] Motorik und Sensorik, Bewegen und Wahrnehmen, Spüren und sinnliches Erkennen träten in diesem Sprachspiel deutlich erkennbar als konstitutiv aufeinander bezogene Aspekte *eines* materialen Vollzugsgeschehens in Erscheinung. Dies schlösse keineswegs aus, auch weiterhin jenes detaillierte Beschreibungsvokabular zu nutzen, das die (Leib-)Phänomenologie anbietet, um die Genese und Wirkung jener Modi des (Selbst-)Erlebens in den gesellschaftlichen Verhältnissen zur

3 Ich verdanke diese Idee einem Kapitelentwurf aus der Dissertation von Denise Baumann.

Sprache zu bringen, die in einer einseitig auf strukturelle Formatierungen verkörperter Selbste sich fokussierenden Praxis- und Körpersoziologie stumm bleiben und folglich aus dem Blick geraten. Die sich in der Praxis eventuell ergebende Differenzen zwischen der dem Körper auferlegten ›mustergültigen Ordnung‹ einerseits und ›dem leiblichen Erleben‹ andererseits ließe sich dann als eine gewissermaßen intra-korporale Differenz begreifen (vgl. auch Bedorf 2017).

Gesa Lindemann (2013) betont in ihrem Beitrag zur Subjektivierungsanalyse die normative Dimension der Subjektwerdung, begreift Menschen im kritischen Anschluss an die Systemtheorie Niklas Luhmanns als »kommunikativ integrierte und subjektivierte« Operatoren der modernen Gesellschaft (ebd.: 121), und fordert auf dieser Folie nicht nur die Explikation der »normativen Strukturvorgaben« (ebd.: 122), denen Menschen sich ›unterwerfen‹ müssen, um als Subjekte intelligibel zu sein, sondern auch jener Normen, die aus einer machtkritischen Perspektive als ein Maßstab der Kritik an dieser ›Unterwerfung‹ herangezogen werden. Mittels des Konzepts der inter-korporalen Differenz ließe sich darüber hinaus auch die konstitutive Bedeutung der Differenzerfahrung für die Subjektkonstitution beleuchten. Denn solange Menschen nur als ›Vollzugsbeamte‹ normativer Strukturvorgaben beobachtet werden, bleibt ein zentrales Moment dessen, was ihre Subjekthaftigkeit auszeichnet, unsichtbar, nämlich die in den Relationen von Praktiken erfolgende Befähigung (vgl. Alkemeyer/Buschmann 2017) dazu, aus dem Geschehensfluss sozialer Prozesse gleichsam herauszutreten und Abstand zu gewinnen.

Intra-korporale Differenzerfahrungen sind Bedingung und Motor solcher Abstandnahme. Insofern bestünde eine Herausforderung künftiger soziologischer Subjektivierungsanalysen darin, den Bedingungen nachzugehen, unter denen sich situativ erlebte Differenzerfahrungen so akkumulieren und in Resonanz zueinander treten, dass sie zur Genese einer Handlungsmacht und Freiheit beitragen, die es nicht nur gestattet, in den etablierten Ordnungen *mit*zuspielen und zwischen den Erwartungen zu vermitteln, die die Akteure unter den modernen Bedingungen gesellschaftlicher (funktionaler) Differenzierung konfligierend bedrängen, sondern diese Ordnungen auch verantwortlich zu *be*spielen.

Eine solche Handlungsmacht und Freiheit ist nicht zu verwechseln mit der »Willkür-Freiheit« (Schürmann 2014: 219) eines als autonom gedachten Subjekts. Sie bemisst sich folglich auch nicht an der Norm, im Prinzip tun und lassen zu können, was man möchte, sondern an den empirischen Möglichkeiten dazu, die im Fluss sozialer Prozesse sich ergebenden Situationspotenziale der Abstandnahme zu ergreifen und das komplexe Wechselspiel von Heteronomie und Autonomie ›kompetent‹ mitzugestalten.

Literatur

Alkemeyer, Thomas/Kristina Brümmer/Rea Kodalle/Thomas Pille (Hg.) (2009): *Ordnung in Bewegung – Choreographien des Sozialen. Körper in Sport, Tanz, Arbeit und Bildung*, Bielefeld: transcript.

Alkemeyer, Thomas/Nikolaus Buschmann (2017): »Learning in and across Practices. Enablement as Subjectivation«, in: Allison Hui/Theodore Schatzki/Elizabeth Shove (Hg.): *The Nexus of Practices: Connections, constellations, practitioners*, London: Routledge, 8–23.

Alkemeyer, Thomas/Nikolaus Buschman/ Matthias Michaeler (2015): »Kritik der Praxis. Plädoyer für eine subjektivierungstheoretische Erweiterung der Praxistheorien«, in: Thomas Alkemeyer/Volker Schürmann/Jörg Volbers (Hg.): *Praxis denken. Konzepte und Kritik*, Wiesbaden: Springer VS, 25–50.

Alkemeyer, Thomas/Matthias Michaeler (2013): »Die Ausformung mitspielfähiger ›Vollzugskörper‹. Praxistheoretisch-empirische Überlegungen am Beispiel des Volleyballspiels«, *Sport und Gesellschaft* (10/3), 213–239.

Bedorf, Thomas (2015): »Leibliche Praxis. Zum Körperbegriff der Praxistheorien«, in: Thomas Alkemeyer/Volker Schürmann /Jörg Volbers (Hg.): *Praxis denken. Konzepte und Kritik*, Wiesbaden: Springer VS, 129–150.

Bedorf, Thomas (2017): »Selbstdifferenz in Praktiken. Phänomenologie, Anthropologie und die korporale Differenz«, *Phänomenologische Forschungen* (2), 57–76.

Böhle, Fritz/Dirk Fross (2009): »Erfahrungsgeleitete und leibliche Kommunikation und Kooperation in der Arbeitswelt«, in: Thomas Alkemeyer/Kristina Brümmer/Rea Kodalle/Thomas Pille (Hg.): *Ordnung in Bewegung*, Bielefeld: transcript, 107–126.

Boll, Tobias (2019): *Autopornografie: Eine Autoethnografie mediatisierter Körper*, Berlin/Boston: de Gruyter.

Bourdieu, Pierre (1987): *Sozialer Sinn. Kritik der theoretischen Vernunft*, Frankfurt am Main: Suhrkamp.

Bourdieu, Pierre (2001): *Meditationen. Zur Kritik der scholastischen Vernunft*, Frankfurt am Main: Suhrkamp.

Brümmer, Kristina (2015): *Mitspielfähigkeit. Sportliches Training als formative Praxis*, Bielefeld: transcript.

Crossley, Nick (1995): »Merleau-Ponty, the elusive body and carnal sociology«, *Body & Society* (1), 43–64.

Fritz-Hoffmann, Christian (2017): *Die Formen des Berührens. Zur vermittelten Unmittelbarkeit sozialer Praxis*, Dissertation: Oldenburg.

Giddens, Anthony (1995): *Die Konstitution der Gesellschaft. Grundzüge einer Theorie der Strukturierung*, Frankfurt/New York: Campus.

Gugutzer, Robert (2010): »Soziologie am Leitfaden des Leibes. Zur Neophänomenologie sozialen Handelns am Beispiel der Contact Improvisation«, in: Fritz Böhle/Margit Weihrich (Hg.): *Die Körperlichkeit sozialen Handelns. Soziale Ordnung jenseits von Normen und Institutionen*, Bielefeld: transcript, 165–184.

Lindemann, Gesa (1992): »Die leiblich-affektive Konstruktion des Geschlechts. Für eine Mikrosoziologie des Geschlechts unter der Haut«, *Zeitschrift für Soziologie* (215), 330–346.
Lindemann, Gesa (2013): »Subjektivierung in Relationen. Ein Versuch über die relationalistische Explikation von Sinn«, in: Thomas Alkemeyer/Gunilla Budde/Dagmar Freist (Hg.): *Selbst-Bildungen. Soziale und kulturelle Praktiken der Subjektivierung*, Bielefeld: transcript, 101–124.
Lindemann, Gesa (2014): *Weltzugänge. die mehrdimensionale Ordnung des Sozialen*, Velbrück: Weilerswist.
Lindemann, Gesa (2017): »Leiblichkeit und Körper«, in: Robert Gugutzer/Gabriele Klein/Michael Meuser (Hg.): *Handbuch Körpersoziologie Bd. 1.*, Wiesbaden: Springer VS, 57–66.
Lindemann, Gesa (2020): *Die Ordnung der Berührung. Staat, Gewalt und Kritik in der Coronakrise*, Weilerswist: Velbrück.
Meyer, Christian (2021): »Interkorporalität«, in: Kristina Brümmer/Alexandra Janetzko/Thomas Alkemeyer (Hg.): *Ansätze einer Kultursoziologie des Sports*, Baden-Baden: Nomos, 153–174.
Michaeler, Matthias (2019): »Subjektivierung eines Volleyballteams als spielfähiger Kollektivkörper«, in: Thomas Alkemeyer/Ulrich Bröckling/Tobias Peter (Hg.): *Jenseits der Person. Zur Subjektivierung von Kollektiven*, Bielefeld: transcript, 295–314.
Mitchell, Robert (2019*): Making Moves. A Sociological Story of a Study of Ballett and Taijiquan Practice*, Dissertation: Oldenburg.
Schürmann, Volker (2014): »Bedeutungen im Vollzug. Zum spezifischen Gewicht der Praxisphilosophie«, *Sport und Gesellschaft* (11/3), 212–231.
Villa, Paula-Irene (2013): »Rohstoffisierung. Zur De-Ontologisierung des Geschlechtskörpers«, in: Jana Rückert-John/Elena Esposito (Hg.): *Ontologien der Moderne*, Springer VS: Wiesbaden, 225–239.

Jonas Barth

Gesellschaftstheorie als Methode der Theorierationalisierung

Die Soziologie gilt bis auf Weiteres als multiparadigmatische Wissenschaft. Dies beinhaltet, dass miteinander inkommensurable sozialtheoretische Grundbegriffe parallel verwendet werden. Dazu gehören bspw. die Begriffe Handlung, Interaktion und Kommunikation, mit denen mitunter dieselben Themen beforscht werden. Sie versprechen einerseits Multiperspektivität, die für die Komplexität des Sozialen sensibilisiert. Andererseits stellt sich auch die Frage, ob es striktere wissenschaftliche Begründungen dafür gibt, eine Sozialtheorie der anderen vorzuziehen bzw. bestehende Sozialtheorien in bestimmter Weise fortzuentwickeln. Diese Frage ist besonders virulent, weil es sich bei solchen Begriffen gerade nicht um empirisch gehaltvolle Hypothesen handelt, die an der gesellschaftlichen Wirklichkeit überprüft werden könnten, sondern um Konzepte, die soziologische Forschung überhaupt erst anleiten, indem sie den Gegenstand bilden, der beforscht werden soll. Das erschwert ihre empirisch fundierte Kritik, weshalb der Rationalitätsmaßstab zur Revision von Sozialtheorien häufig philosophisch fundierten Methoden der Textkritik entnommen wird.

Wichtige Überlegungen über die Frage nach der Möglichkeit empirisch fundierter Kritik an sozialtheoretischen Grundbegriffen wurden u.a. von Gesa Lindemann (2008, 2014: 328ff.) vorgelegt. Sie argumentiert dafür, dass gesellschaftstheoretisches Denken als innersoziologische Ressource verwendet werden kann, Sozialtheorien sachlich fundierten Revisionen zu unterziehen, um sie auf diese Weise rational kontrolliert weiterentwickeln zu können. Zur Bezeichnung dieser Funktion bringt sie den vor allem von Foucault (1981) bekannten Begriff des Historischen Apriori in die Diskussion ein. Allerdings unterlässt sie es, seine Funktionsweise genauer zu erläutern. Überdies unterscheidet sie nicht klar zwischen dieser und weiterer Bestimmungen von Gesellschaftstheorie. Sie misst ihr gleichzeitig unterschiedliche Funktionen bei, denen im soziologischen Erkenntnisprozess systematisch unterschiedliche Positionen zukommen. Zum einen der in der Soziologie größtmögliche induktive Schluss und zum anderen die soziologische Erklärung der Bedingungen der Möglichkeiten solcher Schlüsse. Dadurch verliert ihr Argument, wie Gesellschaftstheorie als Rationalisierungsmethode von sozialtheoretischen Prämissen verwendet werden kann, an Präzision. Hier setzt der folgende Beitrag an. Zunächst soll ein Präzisionsvorschlag gemacht werden, wie Gesellschaftstheorie allgemein definiert und entlang der beiden genannten Positionen in unterschiedliche Theorietypen unterschieden werden kann. Das ermöglicht im zweiten Schritt eine genauere Klärung, wie die von Lindemann vorgeschlagene Aufgabe von Gesellschaftstheorie formuliert werden kann, sozialtheoretische Begriffe kontrollierten Revisionen zu unterziehen.

Der Beitrag ist so aufgebaut, dass zunächst an die von Lindemann vorgeschlagene Typendifferenzierung zwischen Sozialtheorien, Theorien begrenzter Reichweite und Gesellschaftstheorie erinnert wird. Diese ist nötig, um systematisch zwischen Aussagen, die soziologische Forschung allererst anleiten sollen und Aussagen, die einen bestimmten substantiellen empirischen Gehalt aufweisen, unterscheiden zu können. Gleichwohl werden auch die Schwierigkeiten deutlich, die Lindemann bei der Definition von Gesellschaftstheorie hat (1). Hieran muss ein Reformulierungsvorschlag ansetzen, der deutlicher herausstellt, was es heißt, von Gesellschaftstheorie im Sinne eines Historischen Apriori zu sprechen (2). Das versetzt mich schließlich dazu in die Lage, die Anwendungsmöglichkeit von Gesellschaftstheorie für die kontrollierte Veränderung sozialtheoretischer Prämissen herauszustellen (3) und im Fazit sowohl einen verdichteten Formulierungsvorschlag anzubieten als auch auf ein paar Schwierigkeiten hinzuweisen (4).

(1) Theoriearten in der Soziologie

Die Forschungsgegenstände der Soziologie werden nicht nur durch ihre Einbindung in das gesellschaftliche Leben, sondern durch die von ihr verwendeten Prämissen formatiert. Anstatt eine Bundestagswahl in Deutschland zu untersuchen, analysiert sie bspw. Wahl*handlungen*, politische *Kommunikation* oder *Interaktionen* zwischen z.B. potentiellen Wähler:innen. Auf diese Weise stellt sich der Soziologie die gesellschaftliche Wirklichkeit als multiple Wirklichkeit dar, die sie mithilfe ihrer Grundbegriffe erzeugt. Erst hierüber bezieht die Soziologie ihre Gegenstände, über die sie ihre empirischen Urteile fällt. Die Untersuchung von Wahlhandlungen analysiert den Inhalt solcher so aufgefassten Wahlen, während sie unterstellt, dass sie der Form von *Handlungen* gehorchen. Soziologische Grundbegriffe haben also realitätserschließenden Charakter und müssen aus diesem Grund als geltend unterstellt werden. Solche Grundbegriffe und die mit ihrer Hilfe erzielten empirischen Urteile sind demnach unterschiedliche Arten von Aussagen, mithin unterschiedliche Arten von Theorien. Es ist daher sinnvoll, sie eigens zu bezeichnen. Lindemann (2008) bezeichnet Grundbegriffe der Soziologie als Sozialtheorien und die mit ihrer Hilfe erzeugten empirischen Urteile als Theorien begrenzter Reichweite. Gesellschaftstheorien bestimmt sie demgegenüber als eigene Kategorie soziologischer Theorien. Die folgenden Ausführungen orientieren sich an Lindemann (2008).

Sozialtheorien legen fest, was als soziales Phänomen überhaupt begriffen werden kann. Auf dieser Ebene wird entschieden, ob etwa Handlungen oder Kommunikationen zentral gestellt werden, um Sozialität erfassen zu können. Sozialtheorien beinhalten nicht im eigentlichen Sinne Aussagen über die empirische Welt. Von daher sind Sozialtheorien diejenigen Theorien, die die größte Distanz zur empirischen Wirklichkeit aufweisen. Weil sie die theoretischen Grundbegriffe festlegen, mit denen im weiteren Forschungsprozess operiert wird, haben sie eine forschungsanleitende Funktion und einen apriorisch-universalen Charakter. Sie haben insofern eine konstruktive Funktion, weil die Festlegung eines Sozialitätskonzepts auch eine Festlegung darüber beinhaltet, was als empirisches Datum in Erscheinung treten kann und was nicht: Wenn ich Kommunikationen beobachte, werde ich keine Handlungen sehen können und umgekehrt. Sozialtheorien sind also keine substantiellen Theorien über einen Ausschnitt aus der empirischen Welt, sondern Konzepte, die Forschung erst anleiten, d.h. einen Gegenstand soweit vorentwerfen, dass er empirisch überhaupt erfasst werden kann. In diesem Sinne handelt es sich um »sensitizing concepts« gegenüber »definitive concepts« (Blumer 1954: 7). Sozialtheoretische Festlegungen beinhalten methodologische Folgerungen, in welcher Weise eine festgelegte Form von Sozialität zu beobachten ist, d.h. der jeweilige Begriff von Sozialität muss auch eine (sehr allgemeine) Regel über die Art der Bezugnahme von Begriff und empirischem Datum beinhalten. Wer Handlungen zentral stellt, sollte auf individualisierbare Äußerungsformen schauen, die vermutlich von Lebewesen erzeugt wurden, die der Gattung Homo sapiens zuzuordnen sind. Bei Kommunikationen sollte stattdessen auf die Einheit der Unterscheidung von Sender und Empfänger geblickt werden.

Erst mit den *Theorien begrenzter Reichweite* werden Aussagen über die empirische Wirklichkeit getroffen. Auf Basis einer Sozialtheorie sind Theorien begrenzter Reichweite Aussagen über einen begrenzten Ausschnitt oder einen bestimmten Fall empirischer Wirklichkeit. Entsprechend sind diese Theorien in besonderer Nähe zur empirischen Wirklichkeit. Die Anfertigung neuer, Variation oder Überprüfung alter Theorien begrenzter Reichweite ist das Kerngeschäft jeder Soziologie, die sich als empirische Wissenschaft begreift. In diesem Sinne könnte das Wahlergebnis der letzten US-amerikanischen Präsidentschaftswahl z.B. auf der Basis von Wahlentscheidungen im Sinne rationaler Wahlhandlungen untersucht werden oder aber als Praktiken, die Teil einer umfassenderen politischen Praxis sind. Dieser Theorietyp umfasst daher sowohl Theorien mittlerer Reichweite (Merton) als auch gegenstandsgegründete Theorien wie bspw. Grounded Theories.

Gesellschaftstheorien schließlich dienen der Identifikation »historischer Großformationen«, wie z.B. die bürgerlich-kapitalistische oder die funktional differenzierte Gesellschaft. Nach Ansicht Lindemanns werden Gesellschaftstheorien in besonderer Weise an die empirische Wirklichkeit zurückgebunden. Einerseits beruhen sie auf einer (möglichst großen) Anzahl an Theorien begrenzter Reichweite. Andererseits beinhalten sie einen Schluss, der von den Theorien begrenzter Reichweite nur bedingt gedeckt ist: Ausgehend von jenen Theorien werde eine möglichst mit allen Theorien konforme Gestalt extrapoliert. Kennzeichnend für diese Gestalt ist jedoch, dass sie über die Theorien begrenzter Reichweite hinausgeht. Gesellschaftstheorien sind zwar empirisch fundiert, aber unterbestimmt. Es handelt sich bei ihnen um zwar empirisch fundierte, jedoch aufgrund ihrer Abstraktionslage und empirischen Unterbestimmtheit verhältnismäßig unsichere induktive Schlüsse mit der in der Soziologie potenziell größten Geltungsreichweite.

In ihrem Definitionsvorschlag konzipiert Lindemann Gesellschaftstheorie als Projekt, worauf die Soziologie ultimativ abzielen sollte, indem sie umfassende Strukturprinzipien historisch vorkommender Gesellschaften erfasst. Allerdings ist dieses Projekt nicht isoliert zu verfolgen, sondern fundamental abhängig von den Entwicklungen der anderen genannten Theorietypen. Die *Begründung* von Gesellschaftstheorie erfolgt hierbei aufsteigend auf der Grundlage von Sozialtheorien und Theorien begrenzter Reichweite. Ich bezeichne diese Definitionsstrategie als konstitutionstheoretisches Vorgehen.

An jenen Stellen jedoch, an denen Lindemann Gesellschaftstheorie mit der Überlegung zusammenbringt, dass sie der Rationalisierung von Sozialtheorien dienen könnte, verwendet Lindemann einen anderen Bezug auf Gesellschaftstheorie. So schreibt sie: »Das historische Apriori ist das Ergebnis einer extrapolierenden Reflexion, die Theorien begrenzter Reichweite so zusammenführt, dass sich in idealtypischer Weise die Konstruktionsprinzipien einer bestimmten historischen Ordnung formulieren lassen« (Lindemann 2014: 331). *Gleichzeitig* spricht sie vom historischen Apriori aber auch in der Funktion der Rolle, die Sozialtheorie empirisch aufzuklären: »Theorietechnisch bildet die extrapolierende Generalisierung die *Voraussetzung* für eine rationale Theoriekonstruktion. Denn sie ermöglicht die Formulierung eines historischen Apriori« (Lindemann 2014: 331, Herv. JB).

(2) Was ist Gesellschaftstheorie?

Die extrapolierende Generalisierung und das historische Apriori werden hier zusammengedacht, wenngleich ihnen unterschiedliche Positionen im soziologischen Erkenntnisprozess zukommen. Zudem unterlässt Lindemann es, diese Konzepte oder Methoden umfassender zu erläutern und klar zu definieren. Hieran schließe ich nun an.

Die in der Soziologie diskutierten gesellschaftstheoretischen Ansätze unterscheiden sich mitunter beträchtlich und sind z.T. miteinander inkommensurabel. Dennoch teilen sie Gemeinsamkeiten, die allgemein benennbar sind und sie gegenüber anderen Theorietypen unterscheidbar machen. Gesellschaftstheorien beinhalten stets drei Merkmale:

(1) Sie bilden einen Satz an Aussagen, der eine gesellschaftliche Großformation empirisch möglichst genau erfassen soll. Dieser Punkt wurde von Lindemann bereits deutlich hervorgehoben. Hierin liegt der Grund, warum Gesellschaftstheorien nicht in die Philosophie ausgelagert werden können.
(2) Gesellschaftstheorien beziehen sich hierzu immer auf Sozialtheorien, die ihre Prämissen bilden. Dies ergibt sich aus dem ersten Merkmal mit logischer Notwendigkeit.
(3) Gesellschaftstheorien zeichnen sich gegenüber anderen Arten soziologischer Theorien durch eine besondere Form von Reflexivität aus: Sie reflektieren darauf, dass ihre Aussagen unter jenen Bedingungen formuliert wurden, die mit ihnen erfasst werden sollen und erheben diesen Sachverhalt zum konstitutiven Bestandteil der Art und Weise der Formulierung gesellschaftstheoretischer Aussagen.

Für einige Vertreter:innen gesellschaftstheoretischen Denkens sei dieses daher nicht aus der Philosophie auszulagern. Das hängt damit zusammen, dass es sich um inbegriffliches Denken handelt, also um ein »Fragen, in dem wir in das Ganze des Seienden hineinfragen und so fragen, daß wir selbst, die Fragenden, dabei mit in die Frage gestellt, in Frage gestellt werden« (Heidegger 1983: § 3). In jedem Fall aber findet sich dieses inbegriffliche Denken in der Systemtheorie genauso, wie in der Kritischen Theorie als auch in gesellschaftstheoretisch orientierten Teilen der Praxistheorie. Z.B. als »Paradoxie der Kommunikation über Gesellschaft *in* der Gesellschaft« (Luhmann 1997: 20), als Berücksichtigung gesellschaftstheoretischen Denkens als Bestandteil gesellschaftlicher Arbeitsteilung (Horkheimer 1992/2005: 215f.) bzw. als Reflexion auf die »gesellschaftlichen Bedingungen der Möglichkeit« eigenen wissenschaftlichen Arbeitens (Bourdieu 2013: 154).

Man mag noch weitere Merkmale von Gesellschaftstheorien anführen, z.B. dass sie primär kulturtheoretisch, differenzierungstheoretisch oder schichtungstheoretisch ausgerichtet sein können (Schimank 2015). Die Erhöhung von Spezifität untergräbt allerdings die Konsensfähigkeit allgemeiner definitorischer Bemühungen. Der Allgemeinheitsanspruch wird durch diese drei Merkmale bereits genügend herausgefordert. Zu den Merkmalen (1) und (3) lässt sich festhalten, dass sich hier konkrete Gesellschafstheorien so unterscheiden lassen, dass bei ihnen ein Engpass mal stärker beim ersten, mal beim dritten Merkmal besteht – ohne, dass dieses Merkmal jedoch aufgegeben und dennoch daran festgehalten würde, gesellschaftstheoretische Aussagen formuliert zu haben.

Anders sieht es hingegen beim zweiten Merkmal aus. Ausgehend vom dritten Merkmal, der Reflexivität, besteht die Tendenz von Gesellschaftstheorien darin, Sozialtheorien gesellschaftstheoretisch zu substituieren (Göbel 2011). Der Rechtfertigung der Unterscheidung zwischen Sozial- und Gesellschaftstheorie sollte gewiss mehr Platz eingeräumt werden, als es in diesem Text der Fall ist. Nur so viel: Sieht man von der Notwendigkeit ab, dass die Unterscheidung zwischen Sozial- und Gesellschaftstheorie für die Argumentation dieses Textes benötigt wird, ist doch klar, dass ihre Preisgabe inkonsequent ist gegenüber dem ersten Merkmal von Gesellschaftstheorien. Wer die Empirizität von Gesellschaftstheorie anerkennt, muss berücksichtigen, dass sie auf Theorien begrenzter Reichweite beruht, die wiederum auf Prämissen basieren, die im Sinne universaler Aprioris gehandhabt werden. Zudem lassen sich nur auf Basis solcher Aprioris Geltungsansprüche erheben, die der wissenschaftlichen Kritik ausgeliefert werden können. Andernfalls stünden empirische Aussagen von Vornherein unter dem Verdikt der Kontingenz ihrer eigenen Möglichkeit. Und schließlich desensibilisiert die Auflösung der Unterscheidung dafür, dass gesellschaftstheoretische Aussagen ebenfalls die Rolle eines universalen Aprioris übernehmen können: »Am Anfang war die funktionale Differenzierung und X sah, dass es gut war.«

Mit Bezug auf die Gattungsunterscheidung unterschiedlicher Arten soziologischer Theorie und den drei Merkmalen von Gesellschaftstheorien lassen sich nun zwei unterschiedliche Arten unterscheiden, von Gesellschaftstheorie Gebrauch zu machen. Sie kann an erster oder letzter Stelle im Forschungsprozess stehen. Steht sie am Ende des Forschungsprozesses, stellt sie im oben genannten konstitutionstheoretischen Sinne die große Unbekannte dar, auf die geschlossen werden soll. Steht sie hingegen zu Beginn des Forschungsprozesses, dient sie der genetischen Relativierung sozialtheoretischer Prämissen. An dieser Stelle steht sie im Sinne der Formulierung, die Lindemann gebraucht aber nicht erläutert: Als *Historisches Apriori*. Sie beruft sich hierbei auf Misch und Foucault (Lindemann 2014: 25). Ihre Explikation mit Bezug auf die Literatur erfolgt nicht. Tatsächlich verwendet Lindemann den Terminus eher im Sinne Husserls, der am Beispiel der euklidischen Geometrie von historisch variablen Sinnformatierungen universaler Aprioris ausging (Husserl 1962: 365ff.). Demnach müssen ein historisches Apriori Lindemann zufolge Aussagen enthalten über bestimmte Ordnungsdimensionen, deren Vorgaben allerdings der Sozialtheorie entstammen (Lindemann 2014: 25). Die luzideste Definition eines Historischen Apriori bei Foucault hingegen entstammt bekanntlich der Archäologie des Wissens:

> »[I]ch will damit ein Apriori bezeichnen, das nicht Gültigkeitsbedingung für Urteile, sondern Realitätsbedingung für Aussagen ist. [...] Ein Apriori nicht von Wahrheiten, die niemals gesagt werden oder wirklich der Erfahrung gegeben werden könnten; sondern einer Geschichte, die gegeben ist, denn es ist die der wirklich gesagten Dinge. [...] Gegenüber den formalen Aprioris, deren Instanz sich zufallslos ausdehnt, ist es eine rein empirische Figur: aber auf der anderen Seite muß es, da es gestattet, die Diskurse im Gesetz ihres wirklichen Werdens zu erfassen, die Tatsache erklären können, daß ein bestimmter Diskurs zu einem gegebenen Zeitpunkt diese oder jene formale Struktur aufnehmen und anwenden oder im Gegenteil ausschließen, vergessen oder verkennen kann« (Foucault 1981: 184f.).

Das Historische Apriori soll demnach Auskunft darüber geben, unter welchen historisch-gesellschaftlichen Bedingungen die Formulierung universaler Aprioris möglich ist. Das Historische Apriori relativiert nicht die Geltung universaler Aprioris, verweist sie jedoch auf ihre Genesis. Es ist entscheidend, dass diese Bedingungen nicht mit universalen Aprioris verwechselt werden, dass es sich bei ihnen also mithin um wirkliche empirische Sachverhalte handelt.

(3) Gesellschaftstheorie und Theorierationalität

Mit einem Schluss auf das Historische Apriori erfasst man also letztlich kontingente Entstehungs- und Akzeptabilitätsbedingungen sozialtheoretischer Prämissen. Bessere Klarheit über diese Definition von Gesellschaftstheorie und ihren Nutzen für die rationale Revision sozialtheoretischer Prämissen bekommt man an einem Beispiel. Diesem gehe ich nun nach.

Berger und Luckmann (1969/2010) gehen in ihrer Institutionalisierungstheorie davon aus, dass Institutionen auf reziproken sinnhaften Typisierungen von Handlungen und Handelnden zurückgehen. Mit Hilfe dieser Sozialtheorie sollen auch gesellschaftliche Großgebilde erfassbar werden im Sinne eines schichthaften Aufbaus sozialen Sinns. Ein im konstitutionstheoretischen Sinne gesellschaftstheoretisches Vorhaben wird so sozialtheoretisch angeleitet. Bestimmte Strukturelemente moderner Vergesellschaftung kann diese Sozialtheorie jedoch nicht erfassen, nämlich jene, die in diesen sozialtheoretischen Prämissen als geltend vorausgesetzt werden. Auf die Erfassung dieser Strukturelemente zielt die Analyse eines Historischen Apriori. Werden sie aufgewiesen, können sozialtheoretische Prämissen so geändert werden, dass sie dazu in der Lage sind, solche Strukturelemente empirisch zu erfassen.

Berger und Luckmann müssen voraussetzen, dass es
(a) Menschen sind, die als Bedingung der Möglichkeit von Sinnvorschlägen fungieren und (b), dass diese Menschen von vornherein voneinander unterschieden bzw. individualisiert sind, damit sie reziprok Sinn typisieren können.

Lindemann erfasst diese Voraussetzungen als ein Historisches Apriori der Moderne – dem von ihr sog. Anthropologischen Quadrat (Lindemann 2018: Kap. 1.3). Man kann nun leicht angeben, warum diese Art von Gesellschaftstheorie probat ist, um sozialtheoretische Prämissen einer rationalen Revision zu unterziehen.

Die genannten Voraussetzungen können mithilfe der Sozialtheorie von Berger und Luckmann empirisch in ihrem Sosein und ihrer Genese nicht untersucht werden. Hierzu müsste ihre fraglose Geltung in den Prämissen aufgegeben und reflexiv zu einem erforschbaren empirischen Gegenstand gemacht werden. Man müsste also sozialtheoretisch einen Weg finden, um – mit Berger und Luckmann zu sprechen – die Annahme, dass nur Menschen soziale Wesen seien und dass es sich bei ihnen um Individuen handele, als *institutionalisierte* Sachverhalte untersuchen zu können. Man müsste also die sozialtheoretischen Prämissen Berger und Luckmanns für diesen Zweck einer Revision unterziehen. Gleichzeitig ist der Maßstab dieser Revision mit angegeben: Die revidierten sozialtheoretischen Prämissen dürfen den semantischen Gehalt einer positiven Anthropologie und einer Präferenz für Individualismus operativ nicht reproduzieren. Daran kann und muss die Revision gemessen werden.

Dieser Revisionsprozess ist im vollen Gange. Verteiltes Handeln (Rammert), symmetrische Anthropologie (Latour) oder die soziale Unentschiedenheitsrelation (Lindemann) sind Ansätze dazu, die sich alle an demselben hier benannten Maßstab messen lassen können und müssen. Vor diesem Hintergrund lässt sich also begründet entscheiden, welcher Ansatz dem Maßstab besser entspricht und angeben, in welcher Richtung bestehende Ansätze weiterentwickelt werden müssen.

(4) Fazit

Sozialtheorien unterscheiden sich nicht nur dahingehend, welche Forschungsperspektive sie auf einen Gegenstand eröffnen, sondern auch hinsichtlich ihrer Leistungsfähigkeit, bestimmte empirische Forschungen anzuleiten. Ein Bezug auf Gesellschaftstheorie im Sinne eines Historischen Apriori kann dafür verwendet werden, die Leistungsfähigkeit von Sozialtheorien empirisch fundiert zu ermitteln. Sie gibt gleichsam eine Entscheidungsgrundlage dafür an, wann welche Sozialtheorie gegenüber anderen eher vorzuziehen ist, und bietet Orientierung, in welcher Richtung sie weiterentwickeln werden sollte.

Der Bezug auf ein Historisches Apriori besteht in einer kontrollierten Form genetischer Relativierung von als apriorisch geltend angenommenen Aussagen: Führt man solche Aussagen auf ihre Genesis zurück, lässt sich auf diese Weise zeigen, dass sie die Semantik ihres Entstehungshintergrunds operativ reproduzieren. Wenn der Sachverhalt zutrifft, dass solche Aussagen u.a. den Zweck haben, diesen Entstehungshintergrund empirisch erforschbar zu machen, besteht zwischen dem Erklärungsinteresse und der Operativität solcher Aussagen ein zirkuläres Verhältnis. Ein solches wirft jedoch Probleme hinsichtlich der intendierten Leistungsfähigkeit solcher Aussagen auf, weil der empirisch zu erzielende Aussagegehalt dann gar nicht auf Beobachtung, sondern auf die investierten Prämissen zurückginge, was inhaltlich eine Nullaussage darstellte bzw. die Beobachtung obsolet werden ließe. Die Identifikation solcher Zirkel veranlasst daher die Bildung neuer Aussagen, die diesen Zirkel unterbrechen und das zu Erklärende im eigenen Operieren nicht bzw. für das Forschungsanliegen wenigstens nicht im problematischen Maße blind reproduzieren, wobei der inhaltliche Bewährungsmaßstab in diesem Revisionsprozess durch die inhaltliche Identifikation des Zirkels stets mitgeliefert und daher auch externer Evaluation zugänglich gemacht wird.

Gleichwohl: Die Erfassung eines Historischen Apriori ist nur inbegrifflich möglich. Das bedeutet, dass hierzu Mittel aufgewandt werden, die dem Historischen Apriori selbst entstammen. Das heißt, dass mithilfe des Bezugs auf das Historische Apriori zwar bestimmte blinde Flecken aufgelöst werden können, freilich jedoch nur zu dem Preis der Inanspruchnahme von als universell apriorisch geltenden Prämissen, die das zu erfassende Historische Aprioi in Teilen operativ reproduzieren. Gerade deshalb kann so ein gesellschaftstheoretisches Vorgehen nie in dem Merkmal der Reflexivität aufgelöst werden.

Für eine multiparadigmatisch verfasste Disziplin ist dies dennoch eine gute Möglichkeit, die Paradigmen der Soziologie in Bezug auf bestimmte Erkenntnisinteressen einem kontrollierten Wettbewerb auszusetzen und sich für bestimmte Ansätze jenseits kontingenter Sozialisationsbedingungen konkreter Lehr- und Lernorte der Soziologie zu entscheiden.

Literatur

Berger, Peter L./Luckmann, Thomas (1969/2010): *Die gesellschaftliche Konstruktion der Wirklichkeit*, Frankfurt am Main: Fischer.

Blumer, Herbert (1954): »What is Wrong with Social Theory?«, *American Sociological Review* (19/1), 3–10.

Bourdieu, Pierre (2013): *Meditationen. Zur Kritik der scholastischen Vernunft*, Frankfurt am Main: Suhrkamp.

Foucault, Michel (1981): *Archäologie des Wissens*, Frankfurt am Main: Suhrkamp.

Göbel, Andreas (2011): »Dritter Sein / Being the Third«, *Zeitschrift für Soziologie* (40/2), 142–155.

Heidegger, Martin (1983): *Die Grundbegriffe der Metaphysik. Welt, Endlichkeit, Einsamkeit; [Freiburger Vorlesung Wintersemester 1929/30]*, hg. v. Herrmann, Friedrich-Wilhelm von. Frankfurt am Main: Vittorio Klostermann.

Horkheimer, Max (1992/2005): *Traditionelle und kritische Theorie. Fünf Aufsätze*, Frankfurt am Main: Fischer.

Husserl, Edmund (1962): *Die Krisis der europäischen Wissenschaften und die transzendentale Phänomenologie. Eine Einleitung in die phänomenologische Philosophie*, Den Haag: Nijhoff.

Lindemann, Gesa (2008): »Theoriekonstruktion und empirische Forschung«, in: Herbert Kalthoff/Stefan Hirschauer/Gesa Lindemann (Hg.): *Theoretische Empirie. Zur Relevanz qualitativer Forschung*, Frankfurt am Main: Suhrkamp, 107–128.

Lindemann, Gesa (2014): *Weltzugänge. Die mehrdimensionale Ordnung des Sozialen*, Weilerswist: Velbrück Wissenschaft.

Lindemann, Gesa (2018): *Strukturnotwendige Kritik*, Weilerswist: Velbrück Wissenschaft.

Luhmann, Niklas (1997): *Die Gesellschaft der Gesellschaft. Band 1*, Frankfurt am Main: Suhrkamp.

Schimank, Uwe (2015): »Grundriss einer integrativen Theorie der modernen Gesellschaft«, in: *Zeitschrift für theoretische Soziologie* (4/2), 236–268.

Wolfgang Essbach

Rückblick auf das Sexualitätsdispositiv

Marginalien zu Foucaults »Die Geständnisse des Fleisches«

Mit dem ersten Band seiner angekündigten *Histoire de la sexualité* intervenierte Foucault 1976 in die Debatten der aus den Revolten der *Sixties* hervorgegangenen Bewegungen, die sich die Befreiung der Sexualität aus älteren Geschlechterrollen auf die Fahnen geschrieben hatten (Foucault 1976). Im Zentrum des Pilotbandes stand die Kritik der ›Repressionshypothese‹, die ein schiefes Bild der Funktionsweise von Macht und eine sehr preiswerte Ideologie der Befreiung mitführt: »Glauben wir nicht, daß man zur Macht nein sagt, indem man zum Sex ja sagt; man folgt damit vielmehr dem Lauf des allgemeinen Sexualitätsdispositivs« (Foucault 1976: 187).

Foucaults Rede vom »Sexualitätsdispositiv« führte zu Irritationen. Das »Nein zum König Sex« klang für viele so wie die Parolen der Abtreibungsgegner der Bewegung *Laissez-les-vivre – SOS futures mères*. Foucault trat der Unterstellung entgegen, er habe behauptet, »zwischen dem Diskurs der Sittenwächter und dem der Befreiung des Sexes gäbe es keinen wirklichen Unterschied« (Foucault 2003a: 351). Es gäbe im Sexualitätsdispositiv allerdings durchaus eine gemeinsame Ebene zwischen der Repression der Sexualität und dem Widerstand dagegen. So hätten die auf ihre Frauenrolle und ihr Geschlecht reduzierten feministischen Bewegungen »die Herausforderung angenommen. Wir sind von Natur aus Geschlecht? Nun gut, seien wir es, doch dann bitte in seiner irreduziblen Einzigartigkeit und Besonderheit. Ziehen wir daraus die Konsequenzen und erfinden wir unsere eigene Art Existenz, politisch, ökonomisch, kulturell ... Immer dieselbe Bewegung – sie gehen von jener Sexualität aus, in der man sie kolonisieren will, und durchqueren sie, um zu anderen Bejahungen zu gelangen« (Foucault 2003a: 343). Dazu gehöre freilich eine nicht einfach zu realisierende Beweglichkeit, die dahin geht, die ganze Szenerie, in der man sich auf der »guten Seite« eingerichtet hat, zu drehen. Dem Rat, von der »guten Seite« wegzugehen, sich von der mechanischen Binarität von Täter und Opfer freizumachen, »um die falsche Einheit und die trügerische Natur« der Seite, »für die man Partei ergriffen hat, aufzulösen«, war nicht so leicht und locker nachzukommen (Foucault 2003a: 349).

So lief die Frauenbewegung Gefahr, in die Falle zu gehen, ihren Ausgangspunkt, das geschlechtliche Existential, zu einer wesenhaften

Identität zu versteifen. Die Protagonistinnen setzten auf den Mechanismus, der der heute wuchernden Identitätspolitik zugrunde liegt. Ausgangspunkt ist ein Repressionsgeschehen, dessen Opfer Menschen mit bestimmten Merkmalen sind, die oftmals aus den gegebenen Gattungsunterschieden – Ethnien, Lebensalter, Geschlecht – abgeleitet sind. Das Wissen um diese Gattungsunterschiede wird von Theorie und Empirie der Humanwissenschaften nach dem jeweiligen Wissensstand und *state oft the art* formuliert. Die Unterdrückten beziehen sich auf dieses Wissen und schließen ihre persönliche Erfahrung daran an. Sie ordnen sich entsprechend ein und formulieren ihre Vorstellungen im Rahmen des jeweiligen Bio-Dispositivs. So sollen wir glauben, dass nur Schwarzhäutige authentisch über Schwarzhäutige sprechen können, dass nur Homosexuelle die Wahrheit des Schwulseins kennen und dass nur Frauen wissen, was es heißt, eine Frau zu sein. Elfriede Jelinek brachte die Identitätsduselei auf den Punkt: »Was von einer Frau kommt, ist sowieso gut, wenn die Frau einem dabei ständig sagt, daß sie eine solche ist und daher leidet« (Jelinek 1977: 30).

Wie tief der Spalt war, den *Sexualität und Wahrheit 1* in den identitären Feminismus getrieben hatte, wurde schließlich mit Judith Butlers *Gender Trouble. Feminism and the Subversion of Identity* deutlich (Butler 1990). Die feministische Gender/Sex-Unterscheidung wurde bei Butler so weit radikalisiert, daß Sex als biologischem Geschlecht ein konstitutioneller Zusammenhang mit sozialen und kulturellen Geschlechterrollen abgesprochen wird.

Es gehört zu den drei Dauerthemen progressiver Bestrebungen, neben der Transformation von der Hierarchie zur Egalität und zweitens der Herstellung der Gütergemeinschaft, die Begrenzung der biologisch begründeten Macht der Familie im Sinne eines Abbaus der Schicksalhaftigkeit von Ethnie, Alter und Geschlecht anzustreben. Vom Wunschkind bis zum Wunschgeschlecht entfaltet sich in der Moderne der Traum einer Loslösung von Zwängen der Natur, der Entbiologisierung dessen, was den Weg einer von der Naturnotwendigkeit ins Reich universeller Freiheit emanzipierten Menschheit behindert. Es gehört zu den eigentümlichen Paradoxien der Gegenwart, dass in dem Maße, in dem mit Erderwärmung und Virenwanderung die Natur ihr Recht fordert, für den progressiven Humanismus die Biologie des Menschen keine determinierende Kraft mehr entfalten soll.

Freilich ist der Weg dorthin schneller proklamiert als gegangen. Dies hat Gesa Lindemann in ihrer Pionierstudie *Das paradoxe Geschlecht*, die ein Klassiker zur Transsexualität wurde, empirisch eindrucksvoll und theoretisch auf anspruchsvollem Niveau gezeigt (Lindemann 1993a, 2011). Die transsexuellen Perspektiven, die in den Interviews hörbar werden, erschließen sich für Gesa Lindemann in der Doppelung von sichtbarem und aktionsfähigem Körper und gespürtem Leib, wie sie in

Hermann Schmitz' Phänomenologie und Helmuth Plessners Philosophischer Anthropologie entwickelt wurden. Bei Gesa Lindemann kann man lernen, dass ohne eine Offenlegung und kritische Reflexion der impliziten Anthropologien, die in der Geschlechterdebatte und darüber hinaus herumgeistern, kein theoretischer Fortschritt zu erreichen ist. *Wider die Verdrängung des Leibes aus der Geschlechtskonstruktion* hat sie ihre zeitgleich erschienene Butler-Kritik überschrieben (Lindemann 1993b).

Und als man Foucaults Vorlesung *Die Anormalen* posthum nach fast 20 Jahren lesen konnte, würdigte sie Foucaults prinzipielle Kritik an den modernen Machtpraktiken, »normative Vorstellungen davon durchzusetzen, wie Menschen zu sein haben«. In dieser Kritik stecke »ein subtiles und radikales Freiheitsethos, dessen anthropologischer Bezug verschwiegen wird« (Lindemann 2003). Mit der beeindruckenden Ausarbeitung einer Reflexiven Anthropologie, die die Grenzen des Sozialen, d. h. die Modalitäten untersucht, in denen Gesellschaften den Kreis sozialer Personen begrenzen (Lebensanfang, Lebensende, Mensch/Tier sowie Mensch/Maschine), hat Gesa Lindemann einen Weg eröffnet, den identitären Fallen des Sexualitätsdispositivs zu entkommen.

*

Foucault starb am 25. Juni 1984 im Alter von 57 Jahren. Kurz zuvor waren *Sexualität und Wahrheit* Band 2 und 3 erschienen, die nichts von dem enthielten, was den Lesern sieben Jahre zuvor versprochen worden war. Aber nicht nur dies. Foucault überraschte mit einer entschiedenen Veränderung des Zeitrahmens von *Sexualität und Wahrheit.* Keine Fortsetzung seiner Untersuchungen zur Moderne, sondern ein Zeitsprung in die griechisch-römische Antike. Aber wer daran dachte, in diesen Bänden etwas von der freudigen Bejahung der Erotik in der griechischen Männergesellschaft zu erfahren, wurde enttäuscht. Nichts von den dionysischen Phalluskulten oder der religiösen Prostitution, von der Feier öffentlicher Nacktheit der Athleten bei den olympischen Kampfspielen oder vom rituellen Kleidertausch bei Hochzeiten, von den Kulten des Hermaphroditos, dessen Statuen und Gemälde Privathäuser und Bäder schmückten.

Der Autor vollzog eine Achsendrehung um 180 Grad. Foucault stellt einen neuen Plan vor, in dessen Zentrum nicht »Sexualität«, sondern die Geschichte des »Begehrensmenschen (l'homme du désir)« steht, das heißt des Menschen, der sein Begehren weit über den Sex hinaus mit Sorge betrachtet und ethisch problematisiert. Hauptquellen sind die römischen Stoiker und ihre Verhaltensvorschriften, Ratschläge und Praktiken, die dazu führen sollen, dass Individuen auf sich selbst achten und dass sie sich und andere einer Hermeneutik des Begehrens unterziehen. Foucault spricht von »Selbsttechniken« und von »Künsten der Existenz« (Foucault 1986a: 18).

Man konnte in Foucaults Wende in die Antike eine Wende von der Sexualität zum Selbst erkennen. Sie erinnerte an die Kontroversen, die Heinz Kohut mit seiner Rehabilitation des Narzissmus bei Psychoanalytikern ausgelöst hatte.[1] »Die Sorge um sich« konnte sich auch in die in den 1980er-Jahren aufblühende soziologische Debatte um einen neuen Individualisierungsschub in modernen Gesellschaften einfügen, die bis heute weitergeführt wird (Reckwitz 2017). Kurz gefasst: Die 1984er-Bände von *Sexualität und Wahrheit* enthielten weniger Sex, dafür viel Wahrheit. Foucault zeigte sich als Ethiker. Das wahre Begehren des »Begehrensmenschen« ist das Begehren nach Wahrheit.

Foucaults testamentarische Verfügung: »Keine posthume Veröffentlichung« war von nicht zu überbietender Klarheit. Der Einfluss des Testaments und die strikten, erst sehr langsam gelockerten Praktiken der Edition auf die Rezeptionsgeschichte der Jahrzehnte nach Foucaults Tod sind nicht zu unterschätzen. Die Erbengemeinschaft hielt sich zehn Jahre streng an die testamentarische Verfügung, begann dann Mitte der 1990er-Jahre langsam, den Terminus »Veröffentlichungen« aufzuweichen.

Hatte Foucault das Vorhaben, die Repressionshypothese genealogisch im Kontext der christlichen Sexualverdrängung, den Lehren von der Sündhaftigkeit des Fleisches und der Misogynie der Kirche zu verankern, abgebrochen? Informationen, es gäbe einen fast fertig geschriebenen Band von *Sexualität und Wahrheit*, weggeschlossen im Banksafe der Nachlassverwalter, hatten nach Foucaults Tod die Runde gemacht; andere berichteten, der Autor habe ein Manuskript vernichtet. Mit dem posthumen Erscheinen der *Geständnisse des Fleisches* 2018 in Frankreich und im Juni 2019 gibt es nun Klarheit über die Werkgeschichte (Foucault 2019).

Nachdem Foucault das Projekt über die Sexualität in der Moderne fallengelassen hatte, arbeitete er ab 1977 an zwei weit auseinanderliegenden Baustellen: Mit seinen Vorlesungen zur Gouvernementalität entfaltete er seinen Begriff von Bio-Macht und bezog sich dabei auf Sicherheit und Territorium, Staat und Ökonomie, Liberalismus und soziale Marktwirtschaft. Daran fanden Autoren der *Anglo-neo-Foucauldian*-Perspektive insbesondere in Großbritannien in einer Zeit Interesse, in der die Staatlichkeit eine neoliberale Phase erlebt hatte, geprägt von einer Rationalisierung der Regierungspraxis, die ältere Praktiken eines verbietenden Gesetzes-Staates reduzierte (Lemke 2000). Die »Künste der Existenz« aus Foucaults letzten Büchern zur Antike schienen auch zur Ideologie einer selbstoptimierten neoliberalen Subjektivität zu passen. Auf der zweiten Baustelle ging es gleichsam kontrapunktisch um die Linien, entlang

1 Zu Freud und Kohut und die Gleichrangigkeit von Beziehung und Selbstkohärenz siehe Eßbach 1982: 124–134.

derer frühchristlich Sexualität ausbuchstabiert wurde.[2] Frédéric Gros datiert die Abgabe des Manuskripts über das christliche Fleisch bei Gallimard und die Anfertigung des Typoskripts auf Herbst 1982 (Foucault 2019: 14).

Dennoch gab es einen Kreuzungspunkt, den die Vorlesungen zur Gouvernementalität zeigen, nämlich die Problematisierung zweier Formen der Regierung: der Regierung der Polis und der Regierung der Gläubigen in den ersten Klöstern und Gemeinden der Christen (Foucault 2004: 173ff., weiterentwickelt bei Bröckling 2017). Es ist dies ein sehr enger Kreuzungspunkt, der eine Genderfrage impliziert, die in den Vorlesungen zur Gouvernementalität abgeblendet ist. Die Regierung der Polis ist die Regierung einer Männergesellschaft. Jesus, der göttliche Hirte, dagegen ist von Männern und Frauen umgeben, das heißt, die pastorale Regierung bezieht sich auf beide Geschlechter. Damit rückt die Sexualität auf eine andere Art ins Zentrum, als dies in der Polis der Fall ist, in der die Ethik homosexueller Beziehungen im Mittelpunkt steht.

Als einen Grund für seine überraschende Wende zur Antike hatte Foucault erklärt, der Althistoriker Paul Veyne habe ihn belehrt, dass vieles, das man der christlichen Sexualauffassung zugeschrieben hatte, bereits in der Antike vorhanden war (Foucault 2003b: 704). Dies konnte 1984 so verstanden werden, dass im Christentum eine wenig kreative Übernahme stoischer Lebensregeln stattgehabt habe. Im posthumen Band der *Geständnisse* kommt Foucault bei zentralen Themen zu einer gegenteiligen Einschätzung. Hier arbeitet Foucault die schöpferischen Leistungen der frühen Kirche heraus.

*

Als roter Faden zieht sich durch die *Geständnisse* die These, die antiken Philosophen und Mediziner, insbesondere die Stoiker, hätten die sexuelle Begierde als etwas verstanden, das es zu beherrschen, zu mäßigen und in eine allgemeine Ökonomie der Lüste einzugliedern gilt, die mit der Ordnung des Kosmos im Einklang stand. Im Unterschied dazu habe die christliche Sexualethik eine positive Analytik des Subjekts der Begierde entwickelt, die es ermöglicht, libidinöses Begehren, die Suche nach Wahrheit und eine rechtliche Ordnung der Gesellschaft miteinander zu verbinden. Voraussetzung dafür war die »Aufspaltung jenes ›konvulsivischen Blocks‹, als den man den Geschlechtsakt und die ihm innewohnende Gefahr dachte« (Foucault 2019: 452). Vier Themen seien hervorgehoben: die Zentralität der Sexualität, die Jungfräulichkeit, die neue Ehemoral und die sozialen Praktiken von Metanoia und Rekonziliation.

2 Foucault liest Texte von Justin, Hermias, Clemens von Alexandrien, Tertullian, Origenes, Athanasius, Basilius, Gregor von Nazianz, Cassian, Johannes Chrysostomus, Ambrosius, Augustinus u.a.m.

Foucault arbeitet erstens heraus: Das Christentum habe »dem Verhältnis des Subjekts zu seiner sexuellen Aktivität eine Wichtigkeit verliehen, die der Antike nie eingefallen wäre« (Foucault 2019: 272). In Griechenland waren die Frauen in den Oikos eingeschlossen, sie hatten für Nachwuchs zu sorgen, und den Philosophen waren sie eine Last. Reflexionen über die Ehe findet man erst in der späten Stoa. Im Unterschied zu gnostischen Bewegungen, die in der Geschlechterdifferenz ein Teufelswerk sahen, glaubten die frühen Christen an ein Werk Gottes.

Wenn Clemens von Alexandrien über den günstigen Augenblick für die Zeugung nachdenkt, so fügt er das Zeugungsgeschehen »in eine religiöse Vorstellung von der Natur, vom *Logos* und vom Heil« ein (Foucault 2019: 41). Der Körper ist die Wohnstätte des *Logos*, des Heilands, des Gottessohnes, und im Geschlechtsakt ereignet sich ein Zusammenwirken von Gott und Mensch, der somit an der Kraft und Menschenliebe Gottes teilhat (Foucault 2019: 46). Im Anfang der Zeiten war Chrysostomos zufolge die inzestuöse Verpaarung unvermeidbar gewesen, und er fragt, woher die Kraft kommt, die Menschen aus der Innigkeit des seligen Inzests heraustreibt und sie dazu bringt, sich mit Fremden zu paaren. Für den Kirchenvater ist diese Kraft stärker als alle Kräfte der Natur, sie vereint die Gegensätze von Dauer und Taumel, und sie ist eine Kraft, die in uns, tief verborgen, plötzlich auftaucht (Foucault 2019: 343–346). Plötzliche Verliebtheit als Ausgangspunkt religiöser Erfahrung findet man bis heute in der Religionsforschung (z. B. Joas 2017).

Als zweites Thema hebt Foucault hervor, im relativ stabilen antiken Moralkodex stelle Jungfräulichkeit eine singuläre neue Praktik dar (Foucault 2019: 46). Es handele sich nicht um die einfache Fortsetzung einer restriktiven Ökonomie der Lüste des Körpers. Foucault trennt sie strikt von der paganen Enthaltsamkeit, etwa der temporären Keuschheit der Vestalin (Foucault 2019: 272, 242, 244). Von den Geboten oder Anempfehlungen der Enthaltsamkeit gelöst, ist Jungfräulichkeit »die Verkehrung eines negativen allgemeinen Rats in eine positive und einzelne Erfahrung« (Foucault 2019: 273). Die Kirchenväter beschreiben sie als Gipfel der Vollkommenheit, der Gottähnlichkeit am nächsten, der Zurückversetzung ins Paradies. Jungfräulichkeit meint einen Zustand gleich nahe der Geburt, beziehungsweise einer täuflichen, ursprünglichen Reinheit und der Wiederauferstehung nach dem Tod, dem Erreichen schlussendlicher Unverdorbenheit (Foucault 2019: 272, 242, 244). Dieser Zustand gründet nicht in einem Verbot, und er resultiert nicht auf der Verinnerlichung von Verboten, es handelt sich auch nicht um eine Ablehnung des Körpers, sondern um eine Arbeit der Seele an sich selbst, bei der die äußere Seite der Enthaltung und die innere Seite der Bewegung des Herzens sich verschränken. Dies ermöglicht, einen neuen Bereich zu erschließen, »nämlich des Bereichs des Denkens mit seinem unregelmäßigen, spontanen Verlauf, mit seinen Bildern, seinen Erinnerungen, seinen Wahrnehmungen, mit seinen Bewegungen und Eindrücken, die vom Körper an die Seele und von der Seele an den Körper ergehen« (Foucault 2019: 329).

Foucault zufolge handelt es sich bei der christlichen Ethik um eine Selbsttechnik, die nicht um die Kategorie des Vergehens, sondern um den Begriff der Versuchung herum entwickelt wurde (Foucault 2019: 311). Es geht um Erkenntnisakte, die das Thema des geistigen Begehrens betreffen.

Foucault legt drittens besonderen Wert auf den Umbau der Sexualethik im Prozess der Anpassung der asketischen Werte des Mönchslebens an das Leben in der Welt. Es galt die Vorstellung einer Identität von Keuschheit und Ehelosigkeit zu verabschieden und zu einer geistigen Aufwertung der Ehe zu gelangen, die das enge antike Verständnis der Ehe als Ort von Zeugung und Geburt der Kinder ausweitet. Neu war die Lehre, dass Zweck der Ehe nicht primär die Zeugung, sondern die Vermeidung von Unzucht ist (Foucault 2019: 260). Es gibt keinen Vorrang des Mannes auf der Ebene des Sexes (Foucault 2019: 369). Einem vielzitierten Pauluswort (1. Kor 7,1–9: 4) zufolge gehört der Leib des Mannes der Frau und umgekehrt. Chrysostomos nennt als Kriterium für die Wahl einer Frau als Ehefrau, »daß man in der Lage sein muß, sie zu lieben« und zwar, wie es heißt, »mit tiefer Zärtlichkeit« (Foucault 2019: 354).

So sehr das Verlieben und das Beben, das die Körper im Geschlechtsakt erfasst, *spiritualiter* als ein Zusammenwirken von Gott und Mensch aufgefasst wird, für die Kirchenväter stellt sich das Problem der Wollust. »Selbst in der Zweierform der Ehe ist das Hauptproblem die Frage, was man mit seiner eigenen Wollust machen soll, mithin die Beziehung zu sich selbst. Das Recht auf innerehelichen Sex wurde in erster Linie als eine Form eingerichtet, die grundlegende Beziehung zu sich selbst vermittels des anderen zu gestalten« (Foucault 2019: 379). Selbsterkenntnis bedarf der ehelichen Beziehung, in der aus der Wollust eines jeden eine intime soziale Form gebildet wird. Diese Berücksichtigung der Wollust des anderen als eine eheliche Pflicht ist in der Antike etwas Neues und konnte eine tiefere Umformung der Psyche bewirken als die zweckgebundene Beratung der Philosophen (Foucault 2019: 416). Während die Ethik der Stoiker bis in unsere Gegenwart für Konzepte der Individualisierung oder zur Begründung einer Existenz als Single genutzt werden kann, kennt die Ethik der Kirchenväter nur Ehe oder Klostergemeinschaft und Ehe ist Pflicht für alle, die nicht ins Kloster gehen (Foucault 2019: 348, 239, 381, 267).

Foucault arbeitet heraus, wie eheliche Sexualität als eine Form der Eigentumsübertragung den Weg in eine Juridifizierung eröffnet (Foucault 2019: 372, 376). Allerdings gilt die gegenseitige Verfügung nicht allein als Vertrag, eine Vorstellung, die man auch bei Kant findet. Augustinus verbindet *pactus* und *foedus*, Vertrag und Vertrauen, das auf der natürlichen Freundschaft basiert, die zum Menschen als einem sozialen Wesen gehört (Foucault 2019: 417, 418, 410).

Freilich kann die Integration der anarchischen Wollust in die Ehe als Grundform des Sozialen scheitern. Aber wessen Ehe scheitert, könne sich Augustinus zufolge nach einem Treuebruch nicht »hinter der Erklärung verstecken, dass nicht er gehandelt hat, sondern die Begierde in ihm«. Augustinus kappt das Moment der Unwillkürlichkeit aus der Wollust und macht aus der Begierde eine Form des Willens. Wer der Wollust die Schuld des Scheiterns gebe, »würde nur beweisen, daß er sich selbst nicht kennt« (Foucault 2019: 467). Damit werden Elemente der Askese, der jungfräulichen Praktiken einer Wachsamkeit hinsichtlich der leisesten Regungen für rechtliche Formen relevant. Mit Augustin trete man Foucault zufolge »in eine Sexualmoral ein, die um ein juristisches Subjekt zentriert ist« (Foucault 2019: 76). Diese Institution hat bis heute zum Hin und Her weitschweifiger Vorschriften für Sexregeln die Grundlage abgegeben.

Viertens: Es sind Foucault zufolge zwei neue Elemente, die das Christentum in die antike Sexualethik eingeführt hat: Neben der klösterlichen Askese der Jungfräulichkeit, ist es die Disziplin der Buße (Foucault 2019: 76). Was ist mit Buße gemeint? Im griechischen Text der Bibel steht dafür das Wort *metanoia* (μετάνοια). Ins Lateinische übersetzte Hieronymus im 4. Jh. n. Chr. die Mahnungen Johannes des Täufers in der Wüste (Mt. 3.2) mit *poenitentiam agite,* was Luther wiederum mit »Tut Buße!« ins Deutsche übersetzte. *Poena* war die römische Göttin der Rache und der Strafe. Erasmus von Rotterdam korrigierte die Bibel des Hieronymus und übersetzte stattdessen das griechische *metanoeite* mit dem Imperativ *resispicite,* »denkt um!« (MacCulloch 2008: 146). Die Hieronymus-Übersetzung verweist auf den Prozess der Juridifizierung der Ethik, die Erasmus-Übersetzung, die nicht hegemonial wurde, hält die ursprüngliche Intention einer Umkehr des Denkens hin zu einem Wahrsprechen fest. Foucault pointiert die Differenz: Während die Vorschriften für das Eheleben »eher die Form einer Jurisdiktion« annehmen, geht es im mönchischen Leben eher um die Form der »Veridiktion«. Sowohl die Askese der Jungfräulichkeit als auch die Disziplin der Buße verknüpfen »Böses-Machen« und »Wahr-Sprechen« (Foucault 2019: 378, 76). Im Zentrum steht die *confessio*, das Bekennen eines falschen Weges, den man gegangen ist, oder auch der Versuchungen, ihn zu gehen. *Confessio* ist somit zugleich ein Akt der Erkenntnis und das Bekenntnis des Sinneswandels. Entscheidend ist, dass dieser individuelle Akt sozial organisiert ist. Das Wahrsprechen ist ebenso auf Hörer angewiesen wie das Bekenntnis.

Auch in der Frage, ob diejenigen, die vom wahren Weg abgekommen waren, eine zweite Chance für ein neues Reue-Bekenntnis erhalten sollten, wurden die asketischen Werte des Mönchslebens an das Leben in der römischen Gesellschaft angepasst, die ausschließliche Einmaligkeit der Taufe verabschiedet und den Sündern eine zweite Taufe gewährt.

Damit gewinnen zum einen die Praktiken der »Exomologese« (öffentliches Sündenbekenntnis im Bußkleid, Fasten, Niederwerfen und Erflehen der Fürbitte der Gemeinde) eine Form, in der »man nicht nur die Wahrheit dessen erklingen lassen [muss], was man Böses getan hat, sondern auch die Wahrheit dessen, was man ist« (Foucault 2019: 139). Hinzu tritt die Praxis der »Exagoreusis«, das heißt die Öffnung des Herzens gegenüber einem Seelenführer, dem die ganze Geschichte der inneren Anfeindungen und ihrer mehr oder weniger scheiternden Bekämpfung eröffnet wird, und zwar »weder, damit man seine eigene Souveränität herstellen kann noch damit man seine eigene Identität erkennen kann« (Foucault 2019: 200f.).

Die Praktiken in den antiken Philosophenschulen erscheinen dagegen simpel. So ginge es in der Stoa »nicht darum, sich vorzuwerfen, was man getan hat, sondern darum, für künftige Situationen rationale Verhaltensmuster zu erstellen, und auf diese Weise seine Autonomie so zu festigen, daß sie mit der Ordnung der Welt übereinstimmt« (Foucault 2019: 158). Dagegen handele es sich bei den christlichen Praktiken darum, »den Teil in sich zu erkennen, mit dem man Gott erkennen kann«, den Teil, der »zu ihm führen kann und ihn, indem er den Menschen von der äußeren Welt mit ihren materiellen Zierden löst, mit einer unverfälschten Schönheit versieht, die ihn Gott ähnlich macht« (Foucault 2019: 159). Insofern folgt der Seelenführer nicht dem Modell eines Lehrers. Der Gehorsam diesem gegenüber war »endlich, instrumentell und begrenzt«; er war auf ein bestimmtes Ziel gerichtet: Befreiung von einer Leidenschaft, Bewältigung von Trauer, Überwindung von Unsicherheit etc. Dazu wählte er »die passenden Mittel, und der vom Schüler verlangte Gehorsam erstreckte sich nur auf diese notwendigen Formen des Gehorsams« (Foucault 2019: 169). Es handelte sich um eine vorübergehende Unterwerfung.

Der Gehorsam des Mönches hatte ein anderes Ziel. »Der Gehorsam, den man den Mönchen auferlegt, verspricht ihnen nicht die Herrschaft über sich selbst, sondern eine Demut, die nichts anderes ist als der verstetigte Zustand des Gehorsams, als ständige Verfügbarkeit für alle anderen und fortwährendes Verhältnis zu sich selbst« (Foucault 2019: 174). Es geht um Willensverzicht und darum, der Geringste unter den Mitmenschen zu sein. Demut bedeutet Verzicht auf die Revolte und auf ein von Herrschsucht und Egozentrik erlöstes Sein (Foucault 2019: 170–173) Bei diesem radikalen Sozialgehorsam sind nicht die Inhalte, sondern die Form der Unterwerfung das Entscheidende. Die »Furcht des Herrn«, die in Hegels Dialektik von Herr und Knecht letzteren im Innersten erschüttert und um sein Leben bangen lässt – bei den Kirchenvätern führt sie nicht wie bei Hegel, gut protestantisch, zum Endpunkt der Arbeit, sondern zum Endpunkt der Nächstenliebe als der Möglichkeit, aus »Liebe zum Guten« und »Freude an der Tugend« zu handeln (so Cassian, Foucault 2019: 176).

Der dem mönchischen Leben entwachsene Sozialgehorsam hat in der moralischen Verpflichtung, sich nach einer Verfehlung öffentlich zu entschuldigen, ein nicht unwichtiges Nachleben in der westlichen Moderne, nicht als Kotau vor einem Herrscher oder als erpresste Selbstkritik vor der Parteizentrale, sondern als Praktik, die anderen das Umdenken signalisiert, sich nicht mehr innerlich abkapseln oder in verführerischer Autonomie schwelgen zu wollen.

*

Im Rückblick auf das Sexualitätsdispositiv teilten viele die Auffassung, Foucault habe ausgehend von *Der Wille zum Wissen* aus dem Jahr 1976 das Thema Sexualität nach und nach marginalisiert und sei zur Beschäftigung mit Gouvernementalität und antiken Lebenskünsten übergegangen, in deren Zentrum Foucault schließlich die Sorge um sich gestellt hat (Foucault 1986b: 305f.). Wer sich dagegen die Mühe macht, den posthumen Band *Sexualität und Wahrheit* 4 zu lesen, kann sehen, dass die zuerst aufgeworfene Grundfrage nach der »Repressionshypothese« und dem »Nein zum König Sex« einen anderen Schluss bekommen hat: nicht Sorge um sich, sondern Demut und Nächstenliebe.

Literatur

Bröckling, Ulrich (2017): *Gute Hirten führen sanft – Über Menschenregierungskünste*, Berlin: Suhrkamp.

Butler, Judith (1990): *Gender Trouble. Feminism and the Subversion of Identity*, New York: Routledge.

Eßbach, Wolfgang (1982): *Gegenzüge. Der Materialismus des Selbst und seine Ausgrenzung aus dem Marxismus. Mit einem Anhang: Sexualität und Gesellschaftstheorie*, Frankfurt am Main: Materialis-Verlag.

Foucault, Michel (1976): *Sexualität und Wahrheit 1. Der Wille zum Wissen* (frz. 1976), Frankfurt am Main: Suhrkamp.

Foucault, Michel (1986a): *Sexualität und Wahrheit 2. Der Gebrauch der Lüste* (frz. 1984), Frankfurt am Main: Suhrkamp.

Foucault, Michel (1986b): *Sexualität und Wahrheit 3. Die Sorge um sich* (frz. 1984), Frankfurt am Main: Suhrkamp, S. 305f.

Foucault, Michel (2003a): »Nein zum König Sex«, in: ders., *Schriften in vier Bänden. Dits et Ecrits*, Band III, 1976–1979, Frankfurt am Main, S. 336–354.

Foucault, Michel (2003b): »Sexualität und Macht«, in: ders., *Schriften in vier Bänden. Dits et Ecrits*, Band III, 1976–1979, Frankfurt am Main, S. 695–718.

Foucault, Michel (2004): *Geschichte der Gouvernementalität, Bd. 1. Sicherheit, Territorium, Bevölkerung. Vorlesung am Collège de France 1977–1978* (frz. 2004), Frankfurt am Main: Suhrkamp.
Foucault, Michel (2019): *Sexualität und Wahrheit 4. Die Geständnisse des Fleisches* (frz. 2018), Frankfurt am Main: Suhrkamp.
Jelinek, Elfriede (1977): »Eine Versammlung«, in, *Die Schwarze Botin*, Nr. 2, Berlin: Frauenbuchvertrieb Marina Auder, S. 30–31.
Joas, Hans (2017): »Moralische Universalisten aller Länder und Religionen vereinigt euch« (Moderation: Simone Miller), in, *Deutschlandfunk Kultur – Sein und Streit*, Beitrag vom 17.12.2017.
Lemke, Thomas (2000): »Neoliberalismus, Staat und Selbsttechnologien. Ein kritischer Überblick über die governmentality studies«, in, *Politische Vierteljahresschrift*, Vol. 41, No. 1 (März 2000), S. 31–47.
Lindemann, Gesa (1993a): *Das paradoxe Geschlecht. Transsexualität im Spannungsfeld von Körper, Leib und Gefühl*, Frankfurt am Main: Fischer Taschenbuch, (Neuauflage, VS Verlag für Sozialwissenschaften: Wiesbaden 2011).
Lindemann, Gesa (1993b): »Wider die Verdrängung des Leibes aus der Geschlechtskonstruktion«, in, *Feministische Studien. Zeitschrift für interdisziplinäre Frauen- und Geschlechterforschung*, Stuttgart. Heft: 2 Band: 11, S. 44–54.
Lindemann, Gesa (2003): »Prinzipiell sind alle verdächtig«, in, *Frankfurter Rundschau* vom 19.08.2003.
MacCulloch, Diarmaid (2008): *Die Reformation von 1490–1700*, München: DVA.
Reckwitz, Andreas (2017): *Die Gesellschaft der Singularitäten. Zum Strukturwandel der Moderne*, 5. Aufl., Berlin: Suhrkamp.

Joachim Fischer

»Stufen des Organischen und der Mensch« (1928) und »Macht und menschliche Natur« (1931)

Eine Kontroverse um das Verhältnis zweier Plessner-Bücher

Einleitung

Um »Macht und menschliche Natur. Ein Versuch zur Anthropologie der geschichtlichen Weltansicht« ist in der Plessner-Forschung eine Zeitlang ein gewisser philosophischer und soziologischer Hype entstanden, der dieses Plessner-Buch neben den »Stufen« zu einem »zweiten anthropologischen Hauptwerk« (Wunsch 2014) stilisiert.

Dem soll aus Gründen widersprochen werden. Die Argumentation baut sich in vier Schritten auf: (1) Zunächst wird kurz die Genese des Plessner'schen philosophisch-anthropologischen Denkens seit Beginn der 20er Jahre bis Anfang der 30er skizziert – von den ›Stufen‹ (1928) zum ›Macht-Buch‹ (1931). (2) Es wird die neuere Tendenz einer bestimmten Plessner-Forschung seit den 1990er Jahren rekapituliert, neben den ›Stufen‹ dem späteren ›Macht-Buch‹ einen eigenen und sogar überlegenen Status im Verhältnis zum ›Stufen-Buch‹ von 1928 zuzusprechen. Die Gegenargumentation zur Präferenz des ›Macht-Buches‹ geht so: (3) *Philologisch* gesehen hat Plessner selbst später diese eigene Schrift »Macht und menschliche Natur« innerhalb seiner Werkbiografie gar nicht als exzeptionell eingeschätzt und gepflegt. (4) *Philosophisch* kann eine systematische Aufklärung darüber hinaus zeigen, dass die ›Macht-Schrift‹ als »Versuch einer Anthropologie der geschichtlichen Weltansicht« alles in allem nichts weiter ist als die Ausarbeitung einer im ›Stufen-Buch‹ aus dem zweiten »anthropologischen Grundgesetz« der »vermittelten Unmittelbarkeit« bereits abgeleiteten Theorie der unhintergehbaren Geschichtlichkeit und Sprachendiversität der Menschen. Das »Prinzip der Unergründlichkeit«, das im Macht-Buch 1931 expliziert wird, folgt sachlich gesehen in der Plessner-Logik aus dem »anthropologischen Grundgesetz« der »vermittelten Unmittelbarkeit« von 1928.

Die These ist: Die gesamte Prämisse der Macht-Buch-Präferenz einer gewissen Plessner-Interpretation ist falsch: Es gibt kein »zweites anthropologisches Hauptwerk« Plessners, sondern die naturphilosophisch argumentierende Grundlegung der »Stufen des Organischen und der Mensch« ist und bleibt Plessners philosophisch-anthropologisches Hauptwerk, dem er alle anderen und späteren Schriften – einschließlich der ›Macht-Schrift‹ – zuordnet. Insofern ist sachlich auch Plessners Naturphilosophie seiner Geschichtstheorie vorgeordnet. Nur dadurch wahrt Plessner die Einheit seines Werkes und seines Ansatzes einer »Philosophischen Anthropologie«.

Das betrifft natürlich zunächst nur eine *interne* Kontroverse innerhalb der Plessner-Interpret:innen, ein Ringen eben um das Verhältnis zweier Bücher eines Denkers im 20. Jahrhundert. Da Helmuth Plessner aber nun inzwischen im 21. Jahrhundert eine in der Sachforschung *zwischen* den Lebens- und den Sozial- und Kulturwissenschaften oft herangezogene philosophisch-soziologisch bedeutende Bezugsfigur der Philosophischen Anthropologie geworden ist, kommt es doch sehr darauf an, wie das Werkgefüge Plessners insgesamt, wie die Einheit seines Werkes nicht – *oder* recht verstanden wird.

(1) Plessners Durchbruch zur Philosophischen Anthropologie Anfang der 20er bis Anfang der 30er Jahre: Zum faktischen Verhältnis von »Stufen des Organischen und der Mensch« (1928) und »Macht und menschliche Natur« (1931)

Helmuth Plessner, ausgebildeter Physiologe und Zoologe und promovierter und habilitierter Philosoph, hat seit Anfang der 1920er Jahre konsequent nach einer non-reduktiven naturphilosophischen Grundierung geistiger Lebenswelten des Menschen gefahndet – so z.B. 1923/24 »unter dem Titel ›Pflanze, Tier, Mensch – Elemente einer Kosmologie der lebendigen Form‹«, die die »Darstellung der Prinzipien der Anthropologie« vorsehe (Plessner 2002: 12). Dieses Werk schreibt er 1927 zu Ende – es erscheint Anfang 1928 unter dem Titel »Die Stufen des Organischen und der Mensch«. Man muss dabei in Erinnerung behalten, dass Plessner den geplanten Untertitel »Grundlegung der philosophischen Anthropologie« auf Veranlassung des älteren Kölner Rivalen Max Scheler in »Einführung in die philosophische Anthropologie« abändern musste. Gemeint war also epistemologisch »*Grundlegung* der philosophischen Anthropologie« – und ontologisch meinte diese Grundlegung die emergenztheoretisch rekonstruierte Konstitution der menschlichen sinnhaften Lebenswelt in der Welt des Lebendigen, eine Grundlegung, die über eine »Naturphilosophie« und »philosophische Biologie« zu einer »philosophischen Anthropologie« führt, welche wiederum die »Theorie der

Geisteswissenschaften«, die hermeneutisch verfahrenden Kultur-, Geschichts- und Sozialwissenschaften fundieren soll. Die ganze sachbezogene Argumentation der ›Stufen‹ vom anorganischen Ding über das lebendige Ding bis zum menschlichen Lebewesen ist – vor allem in Inspiration durch Nicolai Hartmann – schichtenontologisch aufgebaut, wie Plessner nachträglich in einem Brief an Josef König in Abgrenzung von Heideggers zeitgleichem Vorgehen einer Daseinsanalyse erläutert: »Bei ihm [Heidegger] erscheinen freilich die Strukturen [...] in *Einer* Schicht, während ich darin weiter zu sein glaube, indem sich die Strukturen auf verschiedene Schichten verteilen und der Mensch (Dasein) die Schichten in sich enthält – was Heidegger verborgen bleiben muß.« (König/Plessner 1994: 181).

Recht verstanden sind nämlich in »exzentrischer Positionalität« als Plessners in naturphilosophischer Linienführung gewonnener Schlüsselbegriff für menschliche Lebewesen die anorganische Schicht (*Position*), die organische Schicht (*Positionalität*), die psychische Schicht (*zentrische Positionalität*) und schließlich die noetische Dimension angesprochen (*Exzentrizität*). Im 7. Kapitel der ›Stufen‹ postuliert Plessner aus der aufgewiesenen »exzentrischen Positionalität« drei »anthropologische Grundgesetze« menschlicher Lebewesen – »natürliche Künstlichkeit«, »vermittelte Unmittelbarkeit«, »utopischer Standort«. Und aus diesen drei *anthropologischen Grundgesetzen* (die keine Naturgesetze und keine Logikgesetze sind) exponiert er wiederum in den ›Stufen‹ bereits Themen und Topoi der *spezifisch* menschlichen Lebenswelt: Technik, Recht (Satzung), Erkenntnis, Geschichtlichkeit, Sprache, Kultur, Sozialität, Religiosität.

In diesem naturphilosophisch grundierten philosophisch-anthropologischen Kontext seines Ansatzes (1928) ergriff Plessner 1930 die Aufforderung, einen Band zur »Politischen Anthropologie« zu schreiben als Gelegenheit, das »Politische« als zum Wesen des Menschen gehörendes Monopol anthropologisch zu exponieren und zu reflektieren – unter wechselnden Arbeitstiteln wie »Der politische Begriff des Menschen« oder »Mensch und Politik«, »Politische Anthropologie« und schließlich »Macht und menschliche Natur« (1981).[1] An den Dilthey-Schüler und Werkherausgeber Georg Misch schreibt Plessner im September 1930, er versuche »die ›Ableitung‹ der exzentrischen Positionalität als einer das Politische (›Historische‹) eröffnenden Struktur«.[2]

1 Vgl. die Korrespondenz Plessners mit dem Herausgeber E. v. Hippel 1929–1930; Nachlaß Plessner Uni Groningen, Korrespondenz 1924–1950.

2 Plessner an Misch 7.9.30, Nachlaß Misch Uni Göttingen, Briefwechsel Plessner.

(2) Tenor einer gewissen Plessner-Rezeption seit den 1990er Jahren: »Macht und menschliche Natur« sei das »zweite anthropologische Hauptwerk« Plessners *nach* und *neben* und *vor* den ›Stufen‹

Plessners ›Macht und menschliche Natur‹ ist seit Mitte der 1990er Jahre von einigen *philosophisch* und *soziologisch* interessierten Plessner-Expert:innen entdeckt und nun in immer erneuten, sich steigernden Auslegungen der anscheinend unüberbietbaren Reflexionsspirale gerade dieses Plessner-Buches *nach* und *neben* und systematisch sogar *vor* den ›Stufen‹ als »zweites anthropologisches Hauptwerk« behauptet worden (Wunsch 2014: 215): In alphabetischer Reihenfolge – Gerhard Arlt (1993), Volker Schürmann (1997; 2014), Hans Peter Krüger (1996; 2015, 2019), Olivia Mitscherlich (2007), Gesa Lindemann (2005; 2006; 2014) und Matthias Wunsch (2014).

Bereits 2011 hat Thomas Bek (der sich ebenfalls in diesen Bias zugunsten der ›Macht-Schrift‹ einfügte) die avancierten Interpretationen der ›Macht-Schrift‹ im Verhältnis zu den ›Stufen‹ hinsichtlich ihres Eskalationspotentials zu typisieren versucht: Die Macht-Schrift »als Neueinsatz und Bruch mit den ›Stufen‹ [...]; als Weiterführung der ›Stufen‹ zu einer politischen Anthropologie [...]; als methodische Weiterentwicklung und Diskussion der Fundierung der ›Stufen‹; [...] als Perspektivenwechsel, als zweiter Zugang und damit erst als Klärung der Intention der ›Stufen‹.« (Bek 2011: 192)

Während bei Gerhard Arlt das »Prinzip der Unergründlichkeit« 1993 in den Status eines vierten anthropologischen Grundgesetzes neben die »natürliche Künstlichkeit«, die »vermittelte Unmittelbarkeit« und das Gesetz des »utopischen Standortes« rückt (Arlt 1993: 118), geht Volker Schürmann 1997 einen radikalen Schritt weiter in der Verselbständigung der ›Macht-Schrift‹ gegenüber den ›Stufen‹: »es [handelt] sich bei dem Theorem der Unergründlichkeit um ein eigenes ›*Prinzip*‹ [...], das Plessner dem Prinzip der Exzentrizität isothenisch zugeordnet hat« – was »mehr ist als nur ein viertes anthropologisches Grundgesetz neben den drei in den ›Stufen‹ formulierten.« Um dann die nachträgliche Gleich-, dann Vorordnung der »Macht-Schrift« vor den ›Stufen‹ zu formulieren: »Das Theorem der Unergründlichkeit expliziert nicht nur ein wesentliches Moment dessen, was Exzentrizität meint, sondern ist, darüber hinaus, in sehr eigentümlicher Weise selbst Ermöglichungsgrund von Exzentrizität.« (Schürmann 2014: 32) Das »Prinzip der Unergründlichkeit« liest Schürmann als »Prinzip der Ansprechbarkeit« (wer oder was zur Sphäre des Menschen gehört) und kann damit die ›Stufen‹ im Lichte der ›Macht-Schrift‹ lesen: »Mit Plessner kann man nicht sagen, dass Menschen exzentrisch positioniert *sind*, sondern dass man sie als exzentrisch positioniert *ansprechen* kann.« (Schürmann 2014: 232)

»Schürmanns Text [»Unergründlichkeit und Kritik-Begriff« (1997)] muß nach wie vor als der in der Plessnerforschung wegweisende Text zum Verständnis von ›Macht und menschliche Natur‹ gelten« (Wunsch 2014: 222). Da ein in den ›Stufen‹ vorgelegter rein »naturphilosophischer Ansatz die angemessene Berücksichtigung der Geschichtlichkeit aus[schließe]«, wie Wunsch in seiner Plessner-Interpretation konstatiert, sehe sich Plessner in der Anforderung an die Philosophische Anthropologie, »Natur und Geschichte zusammenzudenken«, veranlasst, das »zweite anthropologische Hauptwerk ›Macht und menschliche Natur‹ (1931)« zu verfassen. Konsequenterweise spricht Wunsch von den *zwei* anthropologischen Konzeptionen Plessners, »die an der Natur und die an der Geschichte orientierten Anthropologiekonzeptionen Plessners« (Wunsch 2014: 216). »Die in ›Macht und menschliche Natur‹ mit der ›Geschichte‹ ins Spiel gebrachte Größe muss mit der ›Natur‹ aus den ›Stufen des Organischen‹ als gleichursprünglich gelten.« Für Plessner gelte: »Daher ist der Mensch ebenso sehr durch und durch ein Geschichtswesen wie er durch und durch ein Naturwesen ist.« Und Plessner operiere in seinem Werk entlang eines wohlüberlegten Dualismus, indem er in den ›Stufen‹ eine »vertikale Richtung« des Vergleichs des menschlichen Lebewesens in der Reihe der Organismen unternehme, während er ganz unabhängig davon in der »horizontalen Untersuchungsachse [...] historisch und kulturell differente ›Menschentümer‹« vergleiche (Wunsch 2014: 256).

Wunsch schließt an eine von Krüger vorgegebene Interpretation (Krüger 2019: 35; 500) an, die im Gesamtwerk »die für Plessners Unternehmen der Philosophischen Anthropologie kardinale Unterscheidung zwischen der vertikalen und der horizontalen Untersuchungsrichtung« angelegt sieht (Krüger 2019: 534). Angelehnt an die von Plessner selbst eingeführte terminologische Differenz vertikaler und horizontaler Untersuchungsrichtungen, die dieser in den ›Stufen‹ *allein* mit Bezug auf die *spezielle* Differenz zwischen seinen Werken ›Einheit der Sinne‹ (1923) und ›Stufen des Organischen‹ (1928) erläutert, *generalisiert* Krüger die von Plessner 1928 vorgenommene spezielle Unterscheidung und ordnet Plessners Gesamtwerk insgesamt in zwei fundamental verschieden verfahrende Text-Gruppen: Der »geschichtsphilosophisch-horizontalen Richtung« des geschichtlichen Vergleichs zwischen Kulturen folgen Krüger zufolge nicht nur ›Einheit der Sinne‹, sondern auch ›Grenzen der Gemeinschaft‹, ›Macht und menschliche Natur‹ und ›Verspätete Nation‹. Die »naturphilosophisch-vertikale Richtung« des Vergleichs verschiedener Organismen hingegen veranschlage Plessner bereits in ›Deutung des mimischen Ausdrucks‹, dann in den ›Stufen des Organischen und der Mensch‹ und auch in ›Lachen und Weinen.‹ (Krüger 2019) Laut Plessner habe »der anthropologische Vergleich [...] nicht nur vertikal, daß heißt zwischen den menschlichen und den nichtmenschlichen Lebensformen, zu erfolgen, sondern auch horizontal, daß heißt unter den Soziokulturen des homo sapiens selbst im Medium der Geschichte (Plessner 1975: 30–32).« (Krüger 2019: 396) Das *vertikale* Verfahren (v.a. in den ›Stufen‹) werde auf dem Wege der Naturphilosophie fundiert, das davon vollkommen verschiedene *horizontale* Verfahren (v.a. in der ›Macht-Schrift‹) auf dem Wege der Geschichtsphilosophie. Während die Schlüsselkategorie des naturphilosophischen Pfades für die menschliche Lebensform in den ›Stufen‹ »exzentrische Positionalität« sei, sei die Schlüsselkategorie des geschichtsphilosophischen Pfades »homo absconditus« – ein Begriff, den Plessner etwas später für die im ›Macht-Buch‹ entwickelte »These von der Unergründlichkeit des Menschen im Ganzen« (Krüger 2019: 407) einführe.

Diese behauptete strikte Unterscheidung zwischen dem naturphilosophischen Verfahren der ›Stufen‹ *und* dem geschichtsphilosophischen Vorgehen von ›Macht‹ wird von Mitscherlich als gleichrangiges Limitierungs- und Verschränkungsverhältnis erläutert (Mitscherlich 2006). Noch einen Schritt weiter nutzt die Soziologin Gesa Lindemann die interpretative Schwerpunktverschiebung von den ›Stufen‹ zum ›Macht-Buch‹, indem sie – wie in einer Kipp-Figur – das »Prinzip der Unergründlichkeit» (aus dem ›Macht-Buch‹) nachträglich in Plessners Mitwelt-Konzeption (aus den ›Stufen‹) einschleust (Lindemann 2014). Methodisch und systematisch wird damit das ›Macht-Buch‹ den ›Stufen‹ vorgeordnet. In der forcierten Umdeutung der anthropologischen Gesamtkonzeption der ›Stufen‹ aus einer immer schon vorausgesetzten »Mitwelt« (Sozialität) wird vom »Prinzip der Unergründlichkeit« her das Theorem der je historisch-kontingenten »gesellschaftlichen Grenzregime« (Lindemann 2004; 2006) entwickelt. Konträr zum von Plessner deklarierten naturphilosophischen Aufbau der ›Stufen‹ legt nun die jeweilige Sozialität (Mitwelt) im jeweiligen empirischen Vollzug die »Grenzen des Sozialen« zwischen Menschlichem und Nichtmenschlichem fest – wer oder was als »exzentrische Positionalität« gelten soll, wer oder was als Person dazu gehört oder nicht. »Exzentrische Positionalität« (aus den ›Stufen‹) ist dann als ein »Prinzip der Ansprechbarkeit« (Schürmann) von [Menschen] aus der jeweiligen historisch-kontingenten Mitwelt (vom ›Macht-Buch‹ her) zu verstehen. Dieses Vorhaben, das deutlich Züge einer *soziologischen Anthropologie* bzw. einer *historischen Anthropologie* trägt, gibt bewusst auch den Plessner-Titel einer »*Philosophischen Anthropologie*« zugunsten einer »*reflexiven Anthropologie*« auf (Lindemann 2005) – genauer einer »reflexiven Sozialanthropologie« (Krüger 2019: 57).[3]

3 Zur ausführlichen und instruktiven Kritik an Lindemanns Plessner-Interpretation vgl. Olivia Mitscherlich 2006, 338–339. Auch Fischer 2004, 227–232. In Frage steht nicht die Originalität und Produktivität von Lindemanns

Es geht hier nicht um die zum Teil subtilen Erörterungen, die bei den verschiedenen Interpreten aus ihrer Primat-Setzung der ›Macht-Schrift‹ neben oder vor den ›Stufen‹ zu folgen scheinen. Die These hier lautet allein: Die Prämisse all dieser Plessner-Interpret:innen ist nicht triftig – *›Macht und menschliche Natur‹ kann kein »zweites anthropologisches Hauptwerk« Plessners sein.* Argumentativ lassen sich *philologische* Einwände einerseits, *philosophische* Aufklärungen andererseits anführen.

(3) Philologisches Korrektiv: Werkbiografisch fand Plessner selbst »Macht und menschliche Natur« nicht *so* wichtig

Wenn man philologisch Plessners eigenes Verhältnis zur ›Macht-Schrift‹ beobachtet, lässt sich resümieren: In seiner weiteren intellektuellen Karriere war ihm die ›Macht-Schrift‹ nicht *so* wichtig, wie sie seitens bestimmter späterer Interpret:innen nachträglich stilisiert wird. Anders als bei anderen Werken – wie »Lachen und Weinen« (2. Aufl. 1950), »Stufen des Organischen« (2. Aufl. 1965), »Schicksal deutschen Geistes« (2. Aufl. 1959 unter dem Titel »Verspätete Nation«) und auch »Einheit der Sinne« (in deren Umschreibung in eine »Anthropologie der Sinne« 1975) – hat sich Plessner seit den 1950er Jahren *nicht* mehr um eine eigenständige Wiederauflage des Buches ›Macht und menschliche Natur‹ von 1931 bemüht.

Noch aufschlussreicher allerdings ist: In den zwei Texten, in denen er in den 1960er Jahren konzentriert auf die ›Stufen‹ und auf sein Werkgefüge insgesamt zurückblickt – nämlich im Vorwort zur 2. Auflage der ›Stufen‹ 1965 (Plessner 1975) *und* in der für einen Band zeitgenössischer Philosophen verfassten »Selbstdarstellung« von 1969 (Plessner 1985) – hat er die Macht-Schrift *nicht* gewürdigt geschweige denn in sachlicher oder methodologischer Hinsicht hervorgehoben. Hätte diese Schrift vom Anfang der 30er Jahre für Plessner also *die* systematische bzw. methodologische Relevanz eines »zweiten anthropologischen Hauptwerkes« aus geschichtsphilosophischer Perspektive gehabt, die ihm in Teilen der Plessner-Forschung nachträglich zugeschrieben wird, hätte er hier die zwei Gelegenheiten gehabt, eine entsprechende Fährte zu legen – was er nicht getan hat.

Außerdem spielt in seinen zwei späten Großtexten zur »Philosophischen Anthropologie« vom Ende der 50er, Anfang der 60er Jahre, in denen Plessner sein originäres Projekt einer »Philosophischen

Sozialtheorie der »Grenzen des Sozialen«, sondern inwiefern es aussichtsreich ist, diesen soziologischen Theorievorschlag Plessners Werk und Konzeption anzuheften.

Anthropologie« noch einmal resümiert und pointiert, der Bezug auf »Macht und menschliche Natur« als einem eigenständigen Ansatz, als eventuell einem »zweiten anthropologischem Hauptwerk« keine Rolle. Weder in dem 1961 veröffentlichten 100seitigen Beitrag »Conditio humana« (Plessner 1983) im ersten Band des historischen Großprojektes einer zehnbändigen Propyläen-Weltgeschichte noch in der zeitgleichen Göttinger Abschluss-Vorlesung »Philosophische Anthropologie« rekurriert Plessner auf die Macht-Schrift und ihrem angeblichen geschichtsphilosophischen Vorgehen. Obwohl Plessner diese Abhandlung zur »Conditio humana« als Eingangstheorie einer *Universalgeschichte* verfasst, die vom Anspruch des enzyklopädischen Projektes seitens der Herausgeber, den Historikern Alfred Heuss und Golo Mann, sowohl nicht- wie außereuropäische Soziokulturen einbezieht, verfolgt er gerade in diesem Text *nicht* einen sogenannten ›geschichtsphilosophischen Zugang‹, etwa in Anlehnung an die »Anthropologie der geschichtlichen Weltansicht« von 1931, – wie die interessierte Plessner-Community der ›Macht-Schrift‹ erwarten dürfte und müsste –, sondern verweist im Gegenteil am Schluss der Ausführungen dezidiert auf die naturphilosophische Fundierung der »geschichtlichen Variabilität« des Menschen.

Schließlich ist der in Teilen der Plessner-Forschung nachträglich lancierte Dualismus von *vertikalen und horizontalen Vergleichsreihen* in Plessners Verhältnis von ›Stufen‹ und ›Macht‹ (Krüger u.a.) philologisch zu korrigieren: Helmuth Plessner hat in den ›Stufen des Organischen und der Mensch‹ (1928) die Terminologie von »vertikalen« und »horizontalen« Vorgehensweisen *nur* eingeführt (Plessner 1975: 36), um *dort* sein erstes Werk der ›Ästhesiologie des Geistes‹ (1923) von dem ›Stufen-Buch‹ durch zwei Vergleichsverfahren voneinander zu unterscheiden: das dezidiert naturphilosophische Verfahren der ›Stufen‹ (1928) von dem kulturphilosophischen Verfahren der ›Einheit der Sinne‹ (1923). Allerdings geht es bereits in der ›Ästhesiologie des Geistes‹ – naturphilosophisch gesonnen – um Aufklärung der *sinnlichen Natur* im menschlichen Körper, der Differenz der *Sinnesmodalitäten*, der Differenz des Sehens gegenüber dem Hören und gegenüber dem Tasten.

Für die spätere »Anthropologie der geschichtlichen Weltansicht« in ›Macht und menschliche Natur‹ (1931) – dem Vergleich von verschiedenen Kulturen und Epochen – hat Plessner den Terminus ›horizontales‹ Verfahren hingegen dezidiert *nicht* verwendet, wie von Krüger und anderen Plessner-Interpreten immer erneut supponiert – oder suggeriert – wird. Obwohl Plessner das ja durchaus in der frischen Erinnerung an die entsprechende ›Stufen-Stelle‹ von 1928 hätte tun können, wenn er es sachlich passend gefunden hätte. Er hat aber genau diese dualistische Terminologie von vertikaler und horizontaler Vergleichsreihe *dort* im »Versuch zu einer Anthropologie der geschichtlichen Weltansicht« *vermieden* – vermutlich, weil sie sein Einheitsprojekt seit der naturphilosophischen Stufen-Argumentation erneut in einen Dualismus zurückgeworfen hätte. Zum Zeitpunkt der Abfassung des Macht-Buches war sich Plessner seit den ›Stufen‹ nämlich der naturphilosophischen Fundierung der philosophischen Anthropologie und ihrer Konsequenz für die Theorie der Geisteswissenschaft schon sicher.

(4) Philosophisches Korrektiv: Systematisch gesehen ist »Macht und menschliche Natur« eine Konsequenz der Philosophischen Anthropologie des »Stufen-Buches«

Bevor man philosophisch eine systematische Eigenständigkeit der ›Macht-Schrift‹ gegenüber den ›Stufen‹ behaupten könnte, müsste man inhaltlich hinsichtlich einer anthropologischen Theorie der Geschichtlichkeit die systematische Verknüpfung zwischen dem ›Macht-Buch‹ (1931) und dem ›Stufen-Buch‹ (1928) prüfen. Nimmt man diese Prüfung auf sich, dann wird das Thesengefüge zum »Prinzip der Unergründlichkeit« im »Versuch einer Anthropologie der geschichtlichen Weltansicht« von 1931 als *Konsequenz* des Stufen-Buches von 1928 und dessen »Philosophischer Anthropologie« transparent. Bereits mit dem zweiten anthropologischen Grundgesetz der »vermittelten Unmittelbarkeit« hatte Plessner 1928 eine Theorie der Geschichte, genauer gesagt der Geschichtlichkeit hergeleitet, *und* zugleich eine Theorie der anthropologisch unhintergehbaren Diversität der Sprachen exponiert. Kurz gesagt wird in den ›Stufen‹ bereits eine Pluralität der Kulturen menschlicher Lebewesen als ontologische Voraussetzung der Geisteswissenschaften erarbeitet, die – sachlich gesehen – dem ›Macht-Buch‹ und seiner »Anthropologie der geschichtlichen Weltansicht« vorausgeht und zugrunde liegt.

›Stufen der Organischen und der Mensch‹: Das anthropologische Grundgesetz der »vermittelten Unmittelbarkeit« als Basis von Plessners Theorie der Geschichtlichkeit und der Pluralität der Sprachen und Kulturen

Basis für Plessners Geschichtstheorie im naturphilosophischen Rahmen der ›Stufen‹ ist die »Ausdruckshaftigkeit« von Organismen überhaupt an ihrer Grenzfläche, die dann unter der Bedingung »exzentrischer Positionalität« zur spezifischen »Expressivität« menschlicher Lebewesen führt, die im anthropologischen Grundgesetz der »vermittelten Unmittelbarkeit« aufgeklärt werden kann: Tatsächlich bringt der Mensch seine *unmittelbaren* Intentionen jeweils in seinen kulturellen Expressionen

– »in Tat, Sage oder Mimus« – zum Ausdruck, aber eben nach dem zweiten anthropologischen Grundgesetz nur *vermittelt* – und damit ist die ursprüngliche Intention im Ausdruck gebrochen, damit kommt die menschliche Intentionsfülle jeweils nicht adäquat zum Ausdruck: Das menschliche Lebewesen hat sich nicht *abschließend* erkundet und ergründet. Der Mensch muss »das Gelingen *von Neuem* versuchen, der Mensch muss sich erneut an's Werk machen« (Plessner 1975: 339), um in der unendlichen Geschichtlichkeit zu erfahren, wer er alles sein kann. Plessner nimmt hier im anthropologischen Grundgesetz der »vermittelten Unmittelbarkeit« bereits das Faktum der Geschichtlichkeit und damit das »Prinzip der Unergründlichkeit« des Menschen vorweg. »Durch seine Expressivität ist [der Mensch] also ein Wesen, das selbst bei kontinuierlich sich erhaltender Intention nach immer *anderer* Verwirklichung drängt und so eine *Geschichte* hinter sich zurückläßt. Nur in der Expressivität liegt der innere Grund für den historischen Charakter seiner Existenz.« (Plessner 1975, 339) »In der Expressivität liegt der eigentliche Motor, die spezifisch historische Dynamik menschlichen Lebens. Durch seine Taten und Werke, die ihm das von Natur verwehrte Gleichgewicht geben sollen *und auch wirklich geben* [= das erste anthropologische Grundgesetz der ›natürlichen Künstlichkeit‹], wird der Mensch zugleich aus ihm wieder herausgeworfen, um es auf's Neue mit Glück und doch vergeblich zu versuchen.« (Plessner 1975: 339) »Ihn stößt das [zweite] Gesetz der vermittelten Unmittelbarkeit ewig aus der Ruhelage, in die er immer wieder zurückkehren will. Aus dieser Grundbewegung ergibt sich die Geschichte. Ihr Sinn ist die Wiedererlangung des Verlorenen mit neuen Mitteln, Herstellung des Gleichgewichts durch grundstürzende Änderung, Bewahrung des Alten durch Wendung nach vorwärts.«

So begründet Plessner bereits in dem naturphilosophisch exponierten zweiten anthropologischen Grundgesetz der »vermittelten Unmittelbarkeit« der ›Stufen des Organischen und der Mensch‹ das geschichtliche Faktum verschiedener, *nacheinander* auftauchender Epochen menschlicher Lebenswelten (vor allem ihrer jeweiligen *Lebensstile*) *und* das Faktum verschiedener, weltweit gleichzeitig *nebeneinander* existierender Kulturen.

In unmittelbarer Nachbarschaft zur philosophisch-anthropologischen *Theorie der Geschichtlichkeit* in den ›Stufen‹ formuliert Plessner innerhalb desselben Abschnittes der ›Stufen‹ im 7. Kapitel aus dem anthropologischen Grundgesetz der »vermittelten Unmittelbarkeit« die Theorie der Sprache als *Theorie der unhintergehbaren Sprachendiversität*. Er leitet das ebenfalls aus der von ihm in den ›Stufen‹ naturphilosophisch verankerten, geisteswissenschaftlich zentralen Kategorie des »Ausdrucks« her, aus dem anthropologischen Gesetz »vermittelter Unmittelbarkeit«. Sprache ist nach Plessner Inbegriff der Expressivität des Menschen: »Sie macht das Ausdrucksverhältnis des Menschen, mit dem er mit der Welt lebt, zum Gegenstand von Ausdrücken.« »Zugleich bewährt sich an der Sprache das Gesetz der Expressivität [...]. Es gibt nicht die Sprache, sondern Sprachen. Die Einheit der Intention hält sich nur in der Zersplitterung in verschiedene Idiome. Und man darf den Satz wagen, daß alles Suchen nach einer Ursprache nicht nur aus empirischen Gründen zur Erfolglosigkeit verurteilt ist.« »Eine Sprache – könnte nichts sagen. Die Brechbarkeit der Intentionen als Bedingung ihrer Erfüllung, diese ihre Elastizität, welche zugleich der Grund ihrer Differenzierung in verschiedene Sprachen, ihrer Selektion in verschiedene Typen ist, gibt die Gewähr für ihre Wirklichkeitskraft und mögliche Wirklichkeitstreue.« (Plessner 1975: 340) Auch hier nimmt Plessner hinsichtlich der anthropologischen Notwendigkeit verschiedener Sprachen das »Prinzip der Unergründlichkeit« der ›Macht-Schrift‹ vorweg. Wegen ihrer *Vermitteltheit* in jeweiliger Grammatik und jeweiligem Wortschatz bringt die jeweilige Sprache einen unmittelbar klaren Sachverhalt oder eine seelische Regung oder einen Appell an den Anderen tatsächlich zum Ausdruck – aber eben nur *vermittelt* und damit nur begrenzt. Philosophisch-anthropologisch gesehen kann und muss es andere Sprachen geben – andere Kulturen.

Wenn man erinnert, dass Plessner mit dem ›Stufen-Buch‹ 1928 eine »Neuschöpfung der Philosophie unter dem Aspekt einer Begründung der Lebenserfahrung in Kulturwissenschaft und Weltgeschichte« leisten will, dann läuft das naturphilosophisch angelegte ›Stufen-Buch‹ von der Konzeption her auf eine »Theorie der Geisteswissenschaften« hinaus. Diese »Theorie der Geisteswissenschaft« ist sich selbstverständlich bewusst, dass die Schlüsseldisziplinen der Geisteswissenschaften seit dem 19. Jahrhundert die Geschichtswissenschaft einerseits, die Sprachwissenschaften andererseits sind. Damit handelt es sich bei dieser Exposition von *Geschichtlichkeit* und *Sprachendiversität* aus dem anthropologischen Grundgesetz der »vermittelten Unmittelbarkeit« im 7. Kapitel um eine Schlüsselstelle von Plessners gesamter ›Stufen-Argumentation‹, wenn man den »Arbeitsplan« der ›Stufen‹ erinnert: »Grundlegung der Geisteswissenschaften durch Hermeneutik, Konstituierung der Hermeneutik als philosophische Anthropologie, Durchführung der Anthropologie auf Grund einer Philosophie des lebendigen Daseins und seiner natürlichen Horizonte.« (Plessner 1975: 30) Plessners naturphilosophische Grundlegung der »Expressivität« des Lebendigen bietet also den Geisteswissenschaften über die naturphilosophische Theorie des Lebendigen und in der philosophisch-anthropologischen Theorie der »exzentrischen Positionalität« eine natur- und lebensphilosophische Fundierung der Schlüsselkategorie »Ausdruck«, mit dem der Dilthey-Entwurf der Geisteswissenschaften in der hermeneutischen Forschung immer schon ansetzt.

Das »Prinzip der Unergründlichkeit« im ›Macht-Buch‹ als Supplement von Plessners Theorie der Geschichtlichkeit und Sprachendiversität in den ›Stufen‹

Jetzt kann man den *inneren sachlichen Zusammenhang zwischen der Argumentation in den ›Stufen‹ und in der ›Macht-Schrift‹* gut erkennen. Unter der Voraussetzung, dass Plessner in den ›Stufen‹ bereits eine lebensontologische (philosophische Biologie) bzw. anthropologische Grundlegung (philosophische Anthropologie) der »Theorie der Geisteswissenschaften« geleistet hat, erläutert er seine Theorie der Geschichtlichkeit *und* der Sprachendiversität den Geisteswissenschaftler:innen im »Versuch einer Anthropologie der geschichtlichen Weltansicht« (1931) gleichsam noch einmal, diesmal aus ihrer eigenen Wissenschaftsperspektive – aber immer unter der Voraussetzung der naturphilosophisch argumentierenden »Theorie der Geisteswissenschaft« der ›Stufen‹. Liest man die Schlüsselpassagen in den ›Stufen‹ zur Begründung der Theorie der Geisteswissenschaften (Geschichtlichkeit und Sprachendiversität aus vermittelter »Expressivität«) genau, dann hat Plessner bereits dort eine »universale Anthropologie« und in ihr die »Unergründlichkeit« der menschlichen Natur exponiert. Der Sache nach kennt Plessner die Denkfigur des »homo absconditus« also bereits im 7. Kapitel der ›Stufen‹, obwohl er den Begriff erst später als Kehrseite der »exzentrischen Positionalität« einführt (Plessner 1983b, 134).

»Macht und menschliche Natur« oder »Politische Anthropologie«

Das Originäre an Plessners ›Macht-Buch‹ von 1931 ist also nicht die Theorie der Geschichtlichkeit, die ja bereits in den ›Stufen‹ vorliegt, sondern die *philosophisch-anthropologisch Exponierung des »Politischen«* als Wesenszug des menschlichen Lebewesens. Jetzt kann man das ›Macht-Buch‹ als Konsequenz der ›Stufen‹ *und* zugleich als inhaltlich-sachliche Innovation über sie hinaus nachvollziehen – so wie Plessner dieses Werk selbst verstanden und auch erinnert hat. In *Macht und menschliche Natur* von 1931 verfasst Plessner eine Philosophie der Kultur, genauer gesagt seine Philosophie der *Kulturen*, die in den ›Stufen‹ bereits exponiert ist, um aus ihr eine Philosophie des *Politischen* zu exponieren: Die Schrift *Macht und menschliche Natur* zieht aus dem Faktum, das der Mensch oder die ›Menschheit‹ je nur in *verschiedenen Kulturen* leben und durch sie in ihrer Existenz je vermittelt sind, das Theorem von der prinzipiellen »Unergründlichkeit« des Menschen. Aus dieser anthropologischen Einsicht folgt einerseits notwendig der Respekt vor der Differenz, vor dem fremden Ausdruck des Anderen – weil seine Kultur eben eine andere

Möglichkeit des prinzipiell unergründlichen Menschen ist, des »homo absconditus« (wie er später formulieren wird: Plessner 1983b); *und* andererseits folgt nach Plessner für menschliche Lebewesen, die je in einer »Vertrautheitszone« sich orientieren, plausibel daraus der je eigene Wille, ja die »Pflicht zur Macht«, den je eigenen kulturellen Ausdruck (z.B. die je eigene konkrete Sprache) politisch, machtbewusst im konkurrierenden Kontakt mit den anderen Kulturen durchzuhalten – zu optimieren, nicht zu maximieren.[4]

Primat der Naturphilosophie gegenüber der Geschichtstheorie

Unter der Voraussetzung der durchgehenden naturphilosophischen Fundierung von Geschichtlichkeit, Kulturen und Politik in seinem Werk hat Plessner immer erneut die *historische* Ermöglichung seines naturphilosophischen Ansatzes einer Anthropologie reflektiert (die moderne Evolutionsbiologie Darwins, die moderne Lebensphilosophie insgesamt, die europäischen *Krisen der Moderne* einschließlich ihrer deutschen Spezifizierung (Fischer 2016, 35–68)). Diese geschichtlich begleitende Reflexion auf die Voraussetzungen des eigenen naturphilosophischen Ansatzes kippt aber bei Plessner zu keinem Zeitpunkt in eine »reflexive Anthropologie« (Lindemann 2004) um. Dieses Umschlagen in einen radikalen historistischen bzw. soziologistischen Ansatz wäre für Plessner nur der Rückfall in den Historismus und Relativismus Diltheys gewesen, eine ›Panhermeneutik‹, wohingegen er doch gerade in der *naturphilosophisch* fundierten »Theorie der Geisteswissenschaften« einschließlich einer Theorie der Soziologie *ausdruckstheoretisch* deren ontologische Voraussetzungen zu klären versucht.

Man muss »zwischen dem durchgehend herrschenden Grundverhalt der exzentrischen Positionalität einerseits und der historischen Phase ihrer Entdeckung andererseits unterscheiden.« Der Zwang zum geschichtlichen Handeln versteht sich »aus der vor- und überhistorischen Struktur der exzentrischen Positionalität selbst. Im geschichtlichen Handlungsverlauf stellen sich [...] Krisen ein, in denen der anthropologische Grundverhalt der exzentrischen Positionalität bewusst werden kann. [...] Solche Krisen, die ihren Grund, sozusagen ihre ratio essendi, ontologisch und strukturanthropologisch in der exzentrischen Positionalität haben,

4 Diese philosophisch-anthropologische Theorie des Politischen als Kern von »Macht und menschliche Natur«, in der Plessner das Politische in die Conditio humana hineinnimmt, hat die Plessner-Rezeption seitens der politischen Theoretiker:innen seit Mitte der 1980er, Anfang der 1990er Jahre bis in die Gegenwart kritisch und produktiv fasziniert (Seitter 1984; Kramme 1989; Richter 2005; Delitz/Seyfert 2018 in der Einleitung zur englischen Ausgabe »Political Anthropology«).

sind ihrerseits die ratio cognoscendi für die Entdeckung der exzentrischen Positionalität.« (Orth 1991: 268)

(5) Fazit: Das aufgeklärte Verhältnis der ›Macht-Schrift‹ zu den ›Stufen‹

Plessner schreibt ›Macht und menschliche‹ als »Anthropologie der geschichtlichen« Weltansicht, *nachdem* er sich in den ›Stufen des Organischen und der Mensch‹ für den naturphilosophischen Ansatz bei der »Grundlegung der Philosophischen Anthropologie« *entschieden* hat. Die einschlägige Erläuterung dazu steht im Brief an König Februar 1928 – unmittelbar nach Erscheinen der ›Stufen‹: Er, Plessner, möchte begründen, »daß die exzentrische Position die Legitimation (nicht ›auch‹ eines naturphilosophischen Ansatzes ist, wie ich es bei der Niederschrift des Buches und bei der Einleitung noch glaubte, sondern) ›nur‹ eines naturphilosophischen Ansatzes ist« (Plessner/König 1994: 175).

Plessner hat im Verlauf seines intellektuellen Weges konsequent alle seine Theoreme – auch aus den vor den ›Stufen‹ erdachten und veröffentlichten Schriften – in die naturphilosophische Fundierung der »exzentrischen Positionalität« in den ›Stufen‹ eingeholt: So die »Ästhesiologie des Geistes« (1923) in die »Anthropologie der Sinne (1970) wie auch die Sozialtheorie der »Grenzen der Gemeinschaft« (1924) in die Anthropologie von »Soziale Rolle und menschliche Natur« (1960). Das gilt umso mehr für die im ›Macht-Buch‹ wiederholte Geschichtlichkeitstheorie, die er in der Schrift »Conditio humana« (1960) als »Welt-Umwelt-Verhältnis« einholt. »Die Erkenntnis ihres Potentials [geschichtliche Variabilität] sieht sich auf die Geschichte verwiesen, die Erkenntnis ihrer Möglichkeit nicht. Aus diesem Grunde haben wir versucht, sie an die vitalen Bedingungen zu knüpfen, denen der Mensch von Natur aus unterworfen ist.« (Plessner 1983: 217).

Damit ist die Vorrangigkeit von Plessners ›Stufen‹ vor dem ›Machtbuch‹, aber auch der sachliche Vorrang der Naturphilosophie vor der Geschichtstheorie aufgeklärt. Das ist ein Zurücksteigen aus der Verstiegenheit *der* Plessner-Interpreten, die – ohne Respekt für die veritable Geschichts- und Sprachen- und Kulturentheorie der ›Stufen‹ *und* ohne Rücksicht auf Plessners eigenes werkbiographisches Verhältnis zur ›Macht-Schrift‹ – ›Macht und menschliche Natur‹ als vollkommen eigenständige geschichtsphilosophische bzw. sozialanthropologische Schlüsselschrift Plessners stilisieren. Es ist ein Auf-den-Teppich-Zurückholen von Plessners Werkgefüge einschließlich seines eigenen Umganges damit. Beobachtet man Plessners Gesamtwerk und seinen Ansatz der »Philosophischen Anthropologie« philologisch *und* philosophisch genau, kann es *kein* ›zweites anthropologisches Hauptwerk‹ nach den »Stufen des Organischen und der Mensch« geben. Es gibt *keinen* Dualismus von einem vertikalem naturphilosophischen *und* einem horizontalem geschichtsphilosophischem Verfahren in Plessners *originären Ansatz der Philosophischen Anthropologie.*

Literatur

Arlt, Gerhard (1994): »Fundament oder Zirkel? Über die Schwierigkeit, Helmuth Plessners Werk als Einheit darzustellen«, *Philosophische Rundschau* (41/2), 158–165.

Bek, Thomas (2011): *Helmuth Plessners geläuterte Anthropologie. Natur und Geschichte: zwei Wege einer Grundlegung Philosophischer Anthropologie verleiblichter Zweideutigkeit*, Würzburg: Königshausen u. Neumann.

Delitz, Heike/ Robert Seyfert (2018): »Political Anthropology. Introduction«, in: *Helmuth Plessner, Political Anthropology*, Evanston: Northwestern University Press, vii–xxv.

Fischer, Joachim (2016): »Die exzentrische Nation, der entsicherte Mensch und das Ende der deutschen Weltstunde. Über eine Korrespondenz zwischen Helmuth Plessners philosophischer Anthropologie und seiner Deutschlandstudie« [1990], in: ders.: *Exzentrische Positionalität. Studien zu Helmuth Plessner*, Weilerswist: Velbrück, 35–68.

Fischer, Joachim (2004): »Rezension zu Gesa Lindemann, Die Grenzen des Sozialen«, *Soziologische Revue*, (27/2), 227–232.

Fischer, Joachim (2018): »Epilogue: Political Anthropology: Plessner's Fascinating Voice from Weimar«, in: Helmut Plessner, *Political Anthropology*, Evanston: Northwestern University Press, 89–110.

König, Josef/Plessner, Helmuth (1994): *Briefwechsel 1923–1933*, hg. v. Hans Ulrich Lessing/Almut Mutzenbecher, Freiburg/München: Alber.

Kramme, Rüdiger (1989): *Helmuth Plessner und Carl Schmitt. Eine historische Fallstudie zum Verhältnis von Anthropologie und Politik in der deutschen Philosophie der zwanziger Jahre*, Berlin: Duncker u. Humblot.

Krüger, Hans Peter (2019): »Die säkulare Fraglichkeit des Menschen im globalen Hochkapitalismus – Zur Philosophie der Geschichte in Plessners Philosophischer Anthropologie« [2013], in: ders.: *Homo absconditus. Helmuth Plessners Philosophische Anthropologie im Vergleich*, Berlin: de Gruyter, 431–461.

Krüger, Hans Peter (2019): *Homo absconditus. Helmuth Plessners Philosophische Anthropologie im Vergleich*, Berlin: de Gruyter.

Lindemann, Gesa (2004): »Reflexive Anthropologie und die Analyse des Grenzregimes. Zur Aktualität Helmuth Plessners«, in: Ulrich Bröckling u.a. (Hg.), *Disziplinen des Lebens. Zwischen Anthropologie, Literatur und Politik*, Tübingen: Narr, 23–34.

Lindemann, Gesa (2006): »Soziologie – Anthropologie und die Analyse gesellschaftlicher Grenzregimes«, in: dies./Hans Peter Krüger (Hg.), *Philosophische Anthropologie im 21. Jahrhundert,* Berlin: Akademie, 42–62.

Mitscherlich, Olivia (2007): *Natur und Geschichte. Helmuth Plessners in sich gebrochene Lebensphilosophie*, Berlin: Akademie.

Orth, Ernst Wolfgang (1991): »Philosophische Anthropologie als Erste Philosophie. Ein Vergleich zwischen Ernst Cassirer und Helmuth Plessner«, in: *Dilthey-Jahrbuch für Philosophie und Geschichte der Geisteswissenschaften, Bd.* 7, Göttingen: Vandenhoeck & Ruprecht, 250–274.

Plessner, Helmuth (^{3}1975): *Die Stufen des Organischen und der Mensch. Einleitung in die philosophische Anthropologie* [1928], Berlin/New York: de Gruyter.

Plessner, Helmuth (1980): Die Einheit der Sinne. Grundlinien einer Ästhesiologie des Geistes [1923], in: ders., *Gesammelte Schriften*, Bd. III, Frankfurt am Main: Suhrkamp, S. 7–315.

Plessner, Helmuth (1981): Macht und menschliche Natur. Ein Versuch zur Anthropologie der geschichtlichen Weltansicht [1931], in: ders., *Gesammelte Schriften*, Bd. V, Frankfurt am Main: Suhrkamp, 135–234.

Plessner, Helmuth (1983a): Die Frage nach der Conditio humana [1961], ders., *Gesammelte Schriften*, Bd. VIII, Frankfurt am Main: Suhrkamp, 136–217.

Plessner, Helmuth (1983b): »Über einige Motive der Philosophischen Anthropologie« [1956], in: Ders., *Gesammelte Schriften*, Bd. VIII, Frankfurt am Main: Suhrkamp, 116–135.

Plessner, Helmuth (1985): »Selbstdarstellung«, in: ders., *Gesammelte Schriften*, Bd. X, Frankfurt am Main: Suhrkamp, 302–341.

Plessner, Helmuth (2002a): *Grenzen der Gemeinschaft. Eine Kritik des sozialen Radikalismus* [1924]. Mit einem Nachwort von Joachim Fischer, Frankfurt am Main: Suhrkamp.

Plessner, Helmuth (2019): *Philosophische Anthropologie. Göttinger Vorlesung vom Sommersemester 1961*, hg. v. Julia Gruevska/Hans Ulrich Lessing/Kevin Liggieri, Berlin: Suhrkamp.

Richter, Norbert A. (2005): *Grenzen der Ordnung: Bausteine einer Philosophie des politischen Handelns nach Plessner und Foucault*, Frankfurt am Main: Campus.

Schürmann, Volker (1997): »Unergründlichkeit und Kritik-Begriff. Plessners Philosophische Anthropologie als Absage an die Schulphilosophie«, *Deutsche Zeitschrift für Philosophie* (45), 345–361.

Schürmann, Volker (2014): *Souveränität als Lebensform. Plessners urbane Philosophie der Moderne*, Paderborn: Wilhelm Fink.

Seitter, Walter (1984): »Besprechung: Helmuth Plessner, Gesammelte Schriften Bd. I–VIII, hrsg. von Günter Dux, Odo Marquard und Elisabeth Ströker«, in: *Philosophisches Jahrbuch* 91 (2): 400.

Wunsch, Matthias (2014): *Fragen nach dem Menschen. Philosophische Anthropologie, Daseinsontologie und Kulturphilosophie*, Frankfurt am Main: Klostermann.

Robert Gugutzer

Phänomenologie der Kraft

Ein Entwurf in soziologischer Absicht

Zu den besonderen wissenschaftlichen Verdiensten von Gesa Lindemann zähle ich, dass sie die Soziologie mit der Philosophie von Hermann Schmitz bekannt gemacht hat. Wegweisend hierfür waren ihre geschlechtersoziologischen Arbeiten in den 1990er Jahren, in denen Schmitz' Leibphänomenologie eine zentrale Rolle spielte (Lindemann 1992, 1993, 1996). Aber auch mit ihren späteren, sozial- und gesellschaftstheoretischen Untersuchungen, in denen zusätzlich Schmitz' Raumtheorie relevant wurde (Lindemann 2009, 2014), hat Gesa Lindemann immer wieder sehr überzeugend das soziologische Erkenntnispotenzial der Neuen Phänomenologie von Schmitz nachgewiesen. Sie kann damit als Wegbereiterin einer phänomenologisch fundierten Soziologie bezeichnet werden, die sich als Alternative zur vorherrschenden phänomenologischen Soziologie begreift, welche in der Tradition von Edmund Husserl und Alfred Schütz steht und gegenwärtig vor allem als Wissenssoziologie in Erscheinung tritt. So verdankt sich auch mein eigener Vorschlag einer solchen Alternative, den ich »Neophänomenologische Soziologie« (Gugutzer 2017, 2018, 2020) nenne, ganz wesentlich der Rückendeckung, die mir Gesa Lindemanns neophänomenologisch inspirierte Arbeiten seit vielen Jahren geben. Ihre Publikationen wie auch gelegentliche Gespräche mit ihr haben mich jedes Mal aufs Neue darin bestätigt und bestärkt, dass die Neue Phänomenologie ein philosophischer Ansatz ist, von dem die Soziologie enorm profitieren kann.

Aus Sicht der Neophänomenologischen Soziologie (NPS) besteht der Gewinn, den die Soziologie aus der Inanspruchnahme der Neuen Phänomenologie erzielt, darin, dass sie es ermöglicht, das Soziale »mit anderen Augen« (Helmuth Plessner) zu sehen. Mit Schmitz rücken bspw. die Leiblichkeit und die leibliche Kommunikation sozialer Akteure bzw. Patheure in den Fokus der soziologischen Analyse; Schmitz sensibilisiert für die soziale Relevanz von Atmosphären als machtvoll ergreifenden Gefühlen und von Halbdingen wie den Rhythmus, die Stimme oder den Wind; durch Schmitz öffnet sich der Blick auf den Weite- und Richtungsraum als relevanten räumlichen Dimensionen des Sozialen wie auch auf transsituative Situationen, die sowohl zuständliche als auch makrosoziale Situationen umfassen; mit Schmitz lassen sich Tiere und Artefakte als Sozialpartner begreifen und damit die Grenzen des Sozialen im Sinne einer »transhumanen Soziologie« (Uzarewicz 2011) erweitern. Der durch die Neue Phänomenologie geschulte »andere Blick« auf das Soziale ermöglicht es somit, sozial relevante Phänomene zu identifizieren und zu beschreiben, die gemeinhin von der Soziologie übersehen werden. Ein Beispiel dafür ist das Phänomen *Kraft*.[1]

Kraft ist kein Thema der Soziologie. Weder ist sie expliziter Gegenstand soziologischer Untersuchungen – selbst in der seit 1922 existierenden Zeitschrift *Social Forces* spielt Kraft nur eine randständige Rolle[2] –, noch ist Kraft ein soziologischer Grundbegriff. Soziologinnen und Soziologen nutzen selbstredend das Wort »Kraft« in ihren Arbeiten, doch tun sie das mehrheitlich unsystematisch und begrifflich ungenau, erkennbar etwa daran, dass Kraft oft in einem Atemzug mit »Energie«, »Dynamik« oder »Macht« genannt wird oder diese Ausdrücke gleich als Synonyme verwendet werden. Aus der Sicht einer phänomenologischen Soziologie – einerlei welcher Provenienz – ist es allerdings zu bezweifeln, dass Kraft, Energie, Dynamik, Macht dieselben Phänomene sind. Jeder phänomenologisch fundierten Soziologie sollte es daher um die Klärung der Frage gehen, um welche Phänomene es sich bei Kraft, Energie etc. handelt. Denn erst wenn die Frage geklärt ist, was – worum es im Weiteren allein gehen wird – Kraft als *Phänomen* auszeichnet, kann Kraft auch als *Gegenstand* der Soziologie angemessen thematisiert werden. Dies deshalb, weil Phänomene den Gegenständen vorausliegen. Wissenschaftliche Gegenstände – auch jene der Naturwissenschaften – sind grundsätzlich »erkenntnistheoretisch in Phänomenen fundiert« (Rappe 2018: 13).

Vor diesem Hintergrund werde ich im Folgenden in der gebotenen Kürze den Phänomenbegriff und die Methode der Neuen Phänomenologie vorstellen und diese für eine neophänomenologische Kraftanalyse nutzen. Der soziologische Nutzen dieses phänomenologischen Kraftbegriffs wird abschließend knapp umrissen.

(1) Phänomenbegriff und Methode der Neuen Phänomenologie

Welches Phänomen ist Kraft? Für die Beantwortung dieser Frage ist es notwendig zu klären, was ein »Phänomen« ist. Im ersten Band seines

1 Die Wahl dieses Beispiels ist motiviert durch meinen fünfmonatigen Aufenthalt als Fellow in der DFG-Kolleg-Forschungsgruppe »Imaginarien der Kraft« an der Universität Hamburg im Wintersemester 2021/2022. Ich danke der Leiterin und dem Leiter der Kolleg-Forschungsgruppe, Cornelia Zumbusch und Frank Fehrenbach, für die Einladung in die Forschungsgruppe und den Kollegiat:innen für zahlreiche anregende Einblicke in mir bis dato unbekannte wissenschaftliche Kraft-Diskurse wie auch für die Augen öffnenden Erläuterungen zur Kraft in der Kunst.

2 Vgl. hierzu: https://academic.oup.com/sf

aus zehn Teilbänden bestehenden Hauptwerks »System der Philosophie« folgt Schmitz Heideggers Begriffsbestimmung, der zufolge ein Phänomen das ist, »was sich zeigt« (Schmitz 1964: 139). In seinen späteren Arbeiten distanziert sich Schmitz von dieser Definition, weil ihr ein »naiver Sachbegriff« zugrunde liege: Es sei naiv anzunehmen, dass ein vollumfängliches oder endgültiges »Zurück zu den Sachen selbst«, wie Husserl es formuliert hatte, möglich ist. Das Wesen eines Phänomens ist nicht erfassbar, da das Phänomen nicht ›als solches‹ erscheint, sondern einem Menschen, der eine Biografie hat und kulturell geprägt ist. Die bescheidenere, dafür aber realistische phänomenologische Aufgabe ist es deshalb zu bestimmen, als *was* sich ein Phänomen zeigt, und das ist Schmitz zufolge ein »Sachverhalt« (Schmitz 2003: 1f.). Unter einem *Phänomen* versteht Schmitz entsprechend »für jemand zu einer Zeit« einen »Sachverhalt, dem der Betreffende dann trotz tunlichster Variation seiner Annahmen nicht im Ernst den Glauben entziehen kann, dass es sich um eine Tatsache handelt, so dass er ihn als solche gelten lassen muss« (ebd.). Die doppelte Relativierung »für jemand zu einer Zeit« lässt erkennen, dass es Schmitz eben nicht wie Husserl um die Wesensbestimmung eines Phänomens geht, sondern um die Frage: »Was muss ich gelten lassen?« (ebd.) Was ich gelten lassen muss, kann sich im Laufe der Zeit und in Auseinandersetzung mit den Erfahrungen anderer Menschen und/oder der Lektüre von Texten ändern, sodass ich immer wieder zu überprüfen habe, ob das Phänomen noch Phänomen für mich ist. In diesem Sinne erweist sich die Neue Phänomenologie als eine empirisch ausgerichtete Wissenschaft (Schmitz 2009: 13).

Wissenschaft ist die Neue Phänomenologie darüber hinaus auch deshalb, weil sie ein methodisches Verfahren nutzt, mit dem die Forscherin oder der Forscher bestimmen kann, was er oder sie als Phänomen gelten lassen muss. Schmitz nennt seine Methode – abgrenzend zu den beiden Kernstücken von Husserls Methode, der »transzendental-phänomenologischen Reduktion« und der »eidetischen Reduktion« – »phänomenologische Revision«. Deren Ziel ist es, »sich an die unwillkürliche Lebenserfahrung heranzutasten, d. h. an das, was Menschen merklich widerfährt, ohne dass sie es sich absichtlich zurechtgelegt haben« (Schmitz 2009: 13). Schmitz schlägt hierfür eine »Dreistadienmethode« vor (Schmitz 1964: 141): (1) Im *deskriptiven* Stadium wird ein Phänomenbereich mit den Mitteln der Alltagssprache beschrieben. Dieser Phänomenbereich wird mit einem Wort bezeichnet, mit dessen Hilfe er von anderen Phänomenbereichen abgegrenzt werden kann – in unserem Fall das Wort »Kraft«. (2) Im *analytischen* Stadium werden die wiederkehrenden, charakteristischen Grundzüge des Phänomenbereichs identifiziert und terminologisch fixiert. Es wird eine Art »Alphabet« entwickelt, »mit dessen Hilfe das betreffende Phänomengebiet nachbuchstabiert werden kann«

(ebd.).[3] Ziel dieses Analyseschrittes ist die Entwicklung eines Kategoriensystems, das die Strukturmerkmale des identifizierten Phänomens benennt – siehe dazu das folgende Kapitel. (3) Im *kombinatorischen* Stadium werden die Grundzüge bzw. die sie bezeichnenden Begriffe verknüpft, um einzelne Phänomene des gewählten Bereichs zu rekonstruieren. Die ›Buchstaben‹ des im zweiten Schritt entwickelten Alphabets werden gewissermaßen zu ›Wörtern‹ zusammengesetzt, mit denen das je interessierende Phänomen so genau als möglich beschrieben wird. Die phänomenologische Analyse endet mit einer »Realdefinition, die [...] den Erkenntnisgewinn zusammenfaßt [sic]« (ebd.). Das folgende Kapitel präsentiert eine Realdefinition von »Kraft«.

Schmitz hat die Dreistadienmethode am eindrucksvollsten in seinen umfassenden phänomenologischen Analysen der Leiblichkeit, des Raums und der Gefühle angewandt (Schmitz 2007), kurz und prägnant etwa in seiner phänomenologischen Abhandlung zur Sucht (Schmitz 2017). Dieses methodische Verfahren ist nun aber nicht nur für die Phänomenologie nützlich, sondern kann ebenso »für die nicht-phänomenologischen Wissenschaften fruchtbar werden, indem es dazu beiträgt, deren Grundbegriffe durch genauere Sichtung des Erfahrungsbodens, woraus diese geschöpft sind, schärfer zu bestimmen [...]« (Schmitz 1967: 6). In diesem Sinne kann auch die Soziologie sich der Methode der phänomenologischen Revision bedienen, um einen »scharfen« Kraftbegriff zu entwickeln, der in der Erfahrungswelt der Menschen fundiert ist und sich beispielsweise von dem Begriff »Macht« abgrenzen lässt. Voraussetzung dafür ist, Kraft als Phänomen zu bestimmen, also festzulegen, was für mich zum jetzigen Zeitpunkt gilt, wenn ich von Kraft als Phänomen spreche. Diese Phänomenbestimmung muss sich sodann im intersubjektiven Diskurs bewähren.

(2) Phänomenologie der Kraft

Kraft als unwillkürliche Lebenserfahrung ist etwas anderes als Kraft im physikalischen Sinne (siehe dazu Jammer 1957; Tschirk 2021: 15–32). In der klassischen Mechanik ist Kraft definiert als Wirkung auf feste, unbelebte Körper, wobei zwischen einer »dynamischen« und einer »statischen« Wirkung unterschieden wird: Im ersten Fall führt Kraft zur kausalen Änderung

3 So spricht Schmitz bspw. vom »Alphabet der Leiblichkeit«, das wie folgt lautet: »Die Momente oder Bausteine dieser Struktur sind die *Kategorien* des Leiblichen. Ich zähle sie nochmals auf: Enge, Weite, Engung, Weitung, Richtung, Spannung, Schwellung, Intensität, Rhythmus, (leibliche Ökonomie als das Ganze von Intensität und Rhythmus), privative Weitung, privative Engung, protopathische Tendenz, epikritische Tendenz, Leibinselbildung, Leibinselschwund« (Schmitz 1965: 170; Herv. im Orig.).

des Bewegungszustands eines Körpers, also zur Vergrößerung oder Verringerung seiner Geschwindigkeit, im zweiten Fall ist Kraft die kausale Ursache einer Formänderung des Körpers (Stuart/Klages 2010: 14). Kraft im physikalischen Sinne ist quantifizier- und messbar sowie naturgesetzlich bestimmbar, etwa als dynamisches Grundgesetz $F = m * a$, das besagt, dass die Kraft F die Wirkung bei der Beschleunigung a eines Körpers der Masse m ist (ebd.: 14). Mit Schmitz gesprochen ist dieses physikalische Kraftverständnis ein Beispiel für die »psychologistisch-reduktionistisch-introjektionistische Vergegenständlichung« der europäischen Intellektualkultur (Schmitz 2003: 5) und der damit einhergehenden Weltspaltung in Außen- und Innenwelt sowie der Selbstspaltung in Körper und Seele. Die Physik interessiert sich für die Außenwelt (Natur) und reduziert Kraft auf Körperkraft als einem spezifischen wissenschaftlichen Gegenstand. Die Phänomenologie vertritt demgegenüber eine nicht-reduktionistische Position, die Kraft auf den lebensweltlichen »Erfahrungsboden« (Schmitz) zurückholt. Die Phänomenologie will wissen: Wie erscheint Kraft in der *Ersten-Person-Perspektive*? Als welches *merkliche Widerfahrnis* zeigt sich Kraft dem Menschen?

Einen ersten, indirekt phänomenologischen Hinweis liefert die Etymologie des Wortes »Kraft«. Aus dem Indogermanischen stammend, verweist »Kraft« auf das Zusammenziehen oder Anspannen der Muskeln (Duden 1997: 382) und damit auf den lebendigen Körper – ein toter Körper kann keine Muskeln zusammenziehen. Im phänomenologischen Sinne ist der lebendige Körper der *Leib* (Schmitz 2011; siehe dazu auch Lindemann 2017), weshalb gesagt werden kann, dass in der Ersten-Person-Perspektive Kraft als ein *leibliches* Phänomen erscheint – das Anspannen der Muskeln spürt man. In Anlehnung an Christoph Menke (Menke 2017: 9) lässt sich dies weiter präzisieren und Kraft als subjektiver Sachverhalt leiblichen *Wirkens* bezeichnen. Kraft wirkt, und zwar nicht in einem funktionalen Sinne als Ursache von etwas (z.B. einer Bewegung), sondern im phänomenologischen Sinne als das sich-subjektiv-Zeigende (z.B. als niederdrückend). Kraft als Wirken ist ein phänomenales Geschehen und unterscheidet sich damit auch von Kraft als Wirkung, das heißt als physikalisch messbarer Effekt. Mit Schmitz gesprochen ist Kraft ein »Halbding«, das sich von (Voll-)Dingen aufgrund seiner »inkonstante[n] Dauer und zweigliedrige[n] Kausalität« (Schmitz 2003: 14) abhebt: Kraft existiert, wenn und weil sie wirkt, davor und danach ist sie inexistent; zweigliedrig kausal ist das Wirken der Kraft, insofern im Wirken Ursache und Effekt zusammenfallen: Die Kraft des Windes ist wirklich, wenn und weil er mir ins Gesicht schlägt – der gespürte Schlag ist die kausal-unmittelbar wirkende Windkraft.[4] Kraft

4 Bei Schmitz heißt es dazu: Der stürmische Wind »wird als nackte Kraft erfahren, nicht als Äußerung eines Angreifers, der diese Kraft bloß ausübt, wie

in der Ersten-Person-Perspektive ist weder Einwirkung (Ursache) noch Auswirkung (Effekt), sondern leiblich erfahrbares Wirken (Geschehen). Kraft ist, so viel lässt sich bis hierher festhalten, *leiblich zudringliches Wirken.*

Das leiblich zudringliche Wirken einer Kraft kann sich aus unterschiedlichen *Kraftquellen* speisen. (1) Das Beispiel des schlagenden Windes verweist auf das subjektive Erleben von Kräften der *Natur*, unter denen die Schwerkraft die bedeutsamste ist. Sie drängt sich merklich auf, beispielsweise in Momenten des Stolperns und Fallens, nämlich als nach unten ziehende Kraft. Umgekehrt erscheint diese grundlegende Kraft der Natur als spürbarer Widerstand, den es bei allen Körperbewegungen nach oben zu überwinden gilt. Typische Kraftquellen der Natur sind auch Berge, das Meer oder Wälder, die von manchen Menschen als Kraftorte empfunden werden. (2) Kraftquellen können ebenso *Artefakte* sein. Brücken, Kirchen, Skulpturen, Autos etc. entfalten ihre phänomenale Kraft als unwillkürlich spürbares Fasziniertsein oder Mitgerissenwerden. (3) Ein leiblich zudringliches Wirken charakterisiert auch alle *Halbdinge*, insofern sie dem Menschen auf den Leib rücken. Das gilt im Besonderen für Gefühle, die Schmitz als räumlich ausgebreitete Atmosphären bezeichnet (Schmitz 2007: 23) und von denen man spürbar ergriffen sein kann, und zwar gleichermaßen von persönlichen Gefühlen (Wut, Hass, Ärger) wie von kollektiven Gefühlen (Arbeits- oder Stadionatmosphäre). Aber auch eine menschliche Stimme, der Rhythmus eines Musikstücks oder eines Gedichts, die Morgen- oder Abendstimmung können Kraftquellen in dem hier gemeinten wertfreien Sinne sein, dass sie leiblich zudringlich wirken. Ein weiteres Halbding ist der Blick, durch den erkenntlich wird, dass (4) *soziale Situationen* ebenfalls Kraftquellen sind – der liebevolle Blick des Gegenübers tröstet und spendet Kraft, der rührende Dackelblick entfaltet seine Kraft dadurch, dass man ›schwach wird‹ (Gugutzer/Holterman 2017). Leiblich zudringlich kann die Anziehungskraft eines anderen Menschen wirken oder der Schrecken, den ein Mensch verbreitet, sowie jedwede Machtstrukturen, die subjektiv real sind, insofern sie als Kraftquellen erfahren werden, bspw. als ad hoc empfundene Nervosität in einem Vorstellungsgespräch. (5) Eine weitere Kraftquelle sind *Gedanken* (Phantasie, Einbildungs- oder Vorstellungskraft, Gedankenschleifen etc.), die leiblich zudringlich wirken, wenn sie spürbar er- oder aufregen, lähmen oder anschieben etc. (6)

wenn ein Riese uns wegstieße; diesen Riesen denken wir aber hinzu, indem wir den Wind als stürmisch sich bewegende Luft erdeuten, und mit diesem Zusatz eines kräftigen Dinges oder Stoffes zu der nackten Kraft machen wir uns das Geschehen berechenbar« (Schmitz 2003: 103). Eine solche »Verdinglichung der Kräfte« (ebd.) ist kennzeichnend für das naturwissenschaftliche Kraftverständnis.

Schließlich ist der *eigene Körper* eine leibliche Kraftquelle von hervorgehobener Art. Der eigene Körper übt immer eine spürbare Kraft aus, vor allem das eigene Körpergewicht. Aber auch jeder körperliche Kraftaufwand ist ein leiblich-zudringliches Widerfahrnis. Heben, Stehen, Gehen, Schieben, Ziehen, Stoßen, Werfen, Drücken, Springen, Laufen, Rollen, Schwimmen etc., all diese körperlichen Aktivitäten erfordern Körperkraft, die in der Ersten-Person-Perspektive als mehr oder minder starke Anstrengung gespürt wird. Das gilt ebenso für den Zustand körperlicher Kraftlosigkeit, der im leiblichen Sinne anstrengend ist, weil er als spürbarer Widerstand erfahren wird. Der eigene Körper ist die basale menschliche Kraftquelle, der eigene Leib der damit korrelierende Kraftort. Der Leib ist jener Ort, an dem Kraft als subjektive Tatsache erfahren wird.

Diese Übersicht über verschiedene leiblich erfahrbare Kraftquellen hilft, um Kraft phänomenologisch weiter zu präzisieren. Mit einem Begriff von Schmitz weisen die sechs Kraftquellen nämlich darauf hin, dass Kraft die zudringlich wirkende Erscheinungsform »einseitiger Einleibung« (Schmitz 2011: 38ff.) ist. Natur, Artefakte, Halbdinge, soziale Situationen, Gedanken und der eigene Körper sind Sachverhalte, von denen der Mensch so sehr spürbar betroffen sein kann, dass er mindestens in Versuchung ist, sich unwillkürlich danach zu richten. Das gilt auch für den eigenen Körper, wenn man wie Schmitz davon ausgeht, dass Leib und Körper ontologisch getrennte Entitäten sind (vgl. Gugutzer 2022). Weil Leib und Körper Verschiedenes – zwar relational verbunden, aber eben nicht Eins – sind, kann der eigene Körper mit dem eigenen Leib in eine einseitige leibliche Kommunikation treten, genauer: eine einseitig »interne Einleibung« (ebd.: 29). Einseitig (und nicht wechselseitig) ist diese leibliche Kommunikation deshalb, weil die dominante Rolle der Körper als Kraftquelle innehat und nicht der Leib als Kraftort: Das Körpergewicht ist der dominante Kommunikationspartner, der als Zug nach unten spürbare Leib der dominierte Kommunikationspartner. Vor diesem Hintergrund lässt sich die oben genannte phänomenologische Kraftdefinition noch genauer fassen: *Kraft ist zudringliches Wirken durch einseitige Einleibung.*[5]

Kraft als zudringlich erfahrene einseitige Einleibung wirkt auf verschiedene Weisen. Als grundlegendes Kategorienpaar lässt sich der Gegensatz von *Zug* und *Druck* mit den beiden phänomenalen Tendenzen *Ziehen* und *Drücken* bestimmen. Vermutlich bewegen sich alle menschlichen Krafterfahrungen, unabhängig von der jeweiligen Kraftquelle, im Spannungsfeld von Zug bzw. Ziehen und Druck bzw. Drücken. So wirkt

5 Diese Definition ist nicht zufällig verwandt mit Schmitz' Definition von Sucht als »habituelle Fixierung durch einseitige Einleibung« (Schmitz 2017). Auch »Fixierung« ist ein Kraftphänomen, nämlich ein starkes Hingezogensein an oder Angezogenwerden von etwas aufgrund einseitiger Einleibung. Sucht kann daher als ein Kraftphänomen verstanden werden.

Kraft als *Ziehen* immer dann, wenn ein Mensch leiblich von etwas oder jemanden angezogen ist, weg- oder runtergezogen wird, von etwas oder jemanden fasziniert oder gefesselt, hin- oder mitgerissen ist, er in einen Sog oder Bann gerät, einen starken Drang oder Antrieb verspürt etc. Man denke an die Natur, in die es einen zieht, oder das neueste Gadget, von dem man magisch angezogen ist, die attraktive Stimme, die einen dahinschmelzen lässt, oder das Gemälde, von dem man gefangengenommen wird. Leiblich *drückend* wirkt Kraft dagegen immer dann, wenn etwas oder jemand als Last oder Gewicht bzw. als belastend oder gewichtig empfunden wird, wenn die Kraft als schiebend, (ab)stoßend, (er)schlagend, umwerfend etc. wahrgenommen wird. So wirkt der Föhn drückend auf die »Leibesinsel« (Schmitz 2011: 8ff., 25ff.) Kopf, ein niedriger Raum wirkt bedrückend, Vortragssituationen oder ›unnötige‹ Gedanken können als belastend empfunden werden, das Verhalten eines anderen kann wie ein Schlag ins Gesicht wirken etc.

Kraft als zudringliches Wirken durch einseitige Einleibung lässt sich kategorial weiter systematisieren, indem man sie analytisch nach ihrer leiblichen Richtung und Intensität differenziert. In Hinblick auf ihre leibliche Richtung erscheint Kraft in der Ersten-Person-Perspektive entweder als *nach innen* oder *als nach außen wirkend* sowie als entweder *hebend* oder *senkend*. *Nach innen wirkende*, sozusagen zentripetale Kräfte sind primär drückende Kräfte, die auf die Leiblichkeit des Betroffenen einwirken, etwa der Widerstand, gegen den man im wörtlichen oder übertragenen Sinne prallt, Schläge, körperlicher wie verbaler Art, die man einsteckt, Gefühle, von denen man ergriffen wird, etc. *Nach außen wirkende*, sozusagen zentrifugale Kräfte sind überwiegend leiblich ziehende Kräfte wie die Sehnsucht nach etwas oder jemanden, der Sog, den ein faszinierendes Buch ausübt, der starke Drang, etwas tun oder konsumieren zu müssen, ein verführerischer Mensch, attraktive Dinge etc. Es gibt aber auch drückende Kräfte, die nach außen wirkend erlebt werden, beispielsweise schiebende Phänomene wie der Wind, der von hinten schiebt und nach vorne zieht. Während nach innen und außen wirkende Kräfte leiblich horizontal in Erscheinung treten, wirken hebende oder senkende Kräfte leiblich vertikal. Kraftvoll *hebend* ist die spontane Freude, aufgrund derer man Luftsprünge vollführt, die Erleichterung nach erfolgreichem Bestehen einer Prüfung, die Erhabenheit einer Landschaft, deren Betrachtung spürbar erhebend ist. *Senkend* wirkende Kräfte ziehen oder drücken nach unten, etwa ein – im wörtlichen wie übertragenen Sinne – schwerer Rucksack, den man zu tragen hat, eine depressive Verstimmung, existenzielle Sorgen oder die große soziale Verantwortung, unter der man fast zusammenbricht.

Hinsichtlich ihrer leiblichen Intensität weisen Krafterfahrungen die phänomenalen Ausprägungen *stark* und *schwach* sowie *schwer* und *leicht* auf. Unabhängig von der Kraftquelle ist Kraft eine subjektive Tatsache, deren Wirken immer irgendwo zwischen *stark* (mit dem

Extrempol leiblicher Vernichtung) und *schwach* (mit dem Extrempol minimal gespürter Berührung) erlebt wird. Eine durch einseitige Einleibung wirkende maximale Stärke ist der Schock, der zum Bewusstseinsschwund führt, während das, wovon man hauchzart gestreift wird (Blick, körperliche Berührung, Worte), häufig als extrem schwach wirkend erlebt wird. Als *schwer* erscheinen wiederum Krafterfahrungen, die durch einseitige Einleibung mit Gewichten oder Lasten aller Art bewirkt werden, wobei es insbesondere der von diesen Gewichten oder Lasten ausgelöste Widerstand ist, der die Schwere spürbar werden lässt. Bergaufgehen, eine Hantel hochheben, Widerworte in einer verbalen Auseinandersetzung und Schwierigkeiten aller Art sind Belastungen im leiblichen Sinne, weil sie spürbar schwer wiegen. Das Überwinden solcher spürbaren Widerstände, für das ein mehr oder minder großer Krafteinsatz erforderlich ist, kann diesen als *leicht* oder erleichternd erscheinen lassen. In der Ersten-Person-Perspektive ist Kraft eine leichte oder erleichternde Erfahrung beispielsweise immer dann, wenn eine anstrengende Tätigkeit leicht ›von der Hand‹ geht, also leicht gelingt. Wer sportlich in Topform ist und sich im ›Flow‹ befindet, wird am Ende des Rennens trotz schwerer Beine das Gefühl haben, ins Ziel zu ›fliegen‹.

Die phänomenologische Kraftanalyse – Teil zwei der Dreistadienmethode – soll an dieser Stelle beendet werden. Als Ergebnis lässt sich festhalten: Das *phänomenologische Alphabet der Kraft* besteht aus den Buchstaben Zug, Druck, ziehen, drücken, nach innen wirkend, nach außen wirkend, hebend, senkend, stark, schwach, leicht, schwer. Diese zwölf Buchstaben ließen sich nun – im dritten methodischen Schritt – zu verschiedenen Wörtern kombinieren, mit Hilfe derer es dann möglich wäre, spezifische Krafterfahrungen phänomengerecht zu beschreiben und das Phänomengebiet Kraft umfassend zu rekonstruieren.

(3) Spaltende und integrierende soziale Kräfte

Welchen soziologischen Nutzen hat ein solcher phänomenologischer Kraftbegriff? Einen Anhaltspunkt dafür bietet die zeitdiagnostische Studie von Gesa Lindemann zur Corona-Krise (Lindemann 2020). Lindemann verweist mit dieser Studie auf den grundsätzlichen Sachverhalt, dass zu den Strukturen jeder Gesellschaft eine »Ordnung der Berührung« gehört: »Alltäglich bewegen wir uns immer in einer Ordnung, durch die festgelegt wird, wie nah wir einander kommen können, wie fern wir voreinander bleiben sollten. Wer wen auf welche Weise ansehen darf. Wer wem gegenüber den Blick senken sollte usw. Diese Ordnung der alltäglichen Begegnungen können wir ›Berührungsordnung‹ nennen« (ebd.: 14). Aufgrund von Sozialisationsprozessen ist dem Menschen die gesellschaftlich herrschende Berührungsordnung in aller Regel so vertraut, dass sie ihm typischerweise nur in Krisenmomenten bewusst wird. Die Corona-Krise ist hierfür ein herausragendes Beispiel, da sie die gesellschaftlich herrschende Berührungsordnung aufzeigt, indem sie diese aus den Angeln hebt. Staatliche Verordnungen wie körperlicher Mindestabstand (»social distancing«), Kontaktbeschränkungen, Quarantäneregeln etc. greifen massiv in die gewohnte gesellschaftliche Ordnung der Berührung ein, transformieren sie und institutionalisieren für die Dauer der Corona-Pandemie eine neue Berührungsordnung (ebd.: 57–62).

Diese Berührungsordnung betrifft nicht nur das körperliche Nähe-Distanz-Verhältnis der Menschen zueinander, sondern ebenso ihr *leibliches Nähe-Distanz-Verhältnis*. Das »Virus wird für uns alle real – auch für die Nichtinfizierten –, indem wir unsere leiblichen Beziehungen an den Kontaktbeschränkungen orientieren« (ebd.: 15). Über die körperlichen Kontaktbeschränkungen hinaus hat das Corona-Virus die leiblichen Beziehungen auf einer gesamtgesellschaftlichen Ebene verändert, indem es zu einer Neujustierung der zwischenmenschlichen Nähe-Distanz-Verhältnisse geführt hat, wofür sich im öffentlichen Diskurs das Schlagwort »Spaltung« durchgesetzt hat. Die Gesellschaft ist augenscheinlich gespalten in Befürworter versus Kritiker der Corona-Maßnahmen, in Wissenschafts- versus Verschwörungsgläubige, in demokratisch und rechtsstaatlich gesinnte versus extremistische und rechtsradikale Gruppen etc. Fragt man, wie es zu dieser Spaltung kommen konnte, so lässt sich allgemein sagen, dass hier offenkundig *soziale Kräfte* im Spiel sind, die zu einer *Un- bzw. Umordnung der bekannten Berührungsordnung* geführt haben. Um eine durch soziale Kräfte bewirkte Transformation der leiblichen Berührungsordnung handelt es sich insofern, als viele der gewohnten und liebgewonnenen Nähe-Distanz-Verhältnisse ins Wanken geraten sind oder nicht mehr existieren, sich zugleich aber auch ganz neue Nähe-Distanz-Verhältnisse herausgebildet haben. Die Corona-Krise hat Familien gespalten, Freundschaften zerstört, Bekanntenkreise aufgelöst, Nachbarschaftsverhältnisse erkalten lassen, wie sie umgekehrt dazu geführt hat, dass sich Menschen zusammengefunden haben, die vor der Corona-Krise nichts miteinander zu tun hatten und wohl auch nie etwas miteinander hätten zu tun haben wollen. Die Corona-Krise ist ganz wesentlich durch das Wirken solcher widerstrebenden sozialen Kräfte charakterisiert.

Das spaltende und integrierende Wirken sozialer Kräfte kann als soziologische Übersetzung der oben vorgestellten phänomenologischen Kraftkategorien verstanden werden. *Spaltende soziale Kräfte* wirken (be)drückend, wenn und weil sie einen Keil in ein soziales Gefüge treiben. Insofern sie Menschen auseinandertreiben, sind spaltende Kräfte sozial nach außen wirkend. Die davon betroffenen Menschen erleben dies vermutlich als starke, schwere, belastende Kräfte. *Integrierende soziale Kräfte* wirken demgegenüber (an)ziehend, insofern sich Menschen von einer Gruppe oder Ideologie angesprochen fühlen. Die integrierende Kraft erscheint den Betroffenen als sozial nach innen wirkend, als Zugehörigkeits- oder Wirgefühl, das Betroffene wohl als eine starke und gleichermaßen erleichternde oder erhebende Kraft empfinden.

Aus neophänomenologisch-soziologischer Sicht zeigt sich an der Corona-Krise somit paradigmatisch, dass Menschen in »Spannungsfeldern« leben, weshalb »die *Zug- und Druckkräfte* im Feld [...] menschliches Verhalten besser beschreiben [können] als die herkömmlichen Begriffe« (Lück 1996: 8; Herv.: R.G.).[6] In Anbetracht dessen, dass die Soziologie bis dato keinen Kraftbegriff hat, obgleich es offensichtlich gesellschaftliche Ereignisse gibt, deren sachangemessene Untersuchung einen Kraftbegriff erfordert oder mindestens nahelegt, lässt sich daher sagen: Der soziologische Nutzen der hier vorgelegten phänomenologischen Kraftanalyse besteht darin, dass sie »durch genauere Sichtung des Erfahrungsbodens« einen soziologischen Kraftbegriff »schärfer zu bestimmen« (Schmitz) in der Lage ist, als dies der Soziologie bisher gelang. Die Schärfe dieses phänomenologisch fundierten soziologischen Kraftbegriffs erweist sich dabei auch in seiner Differenz zu anderen soziologischen Grundbegriffen, allen voran zum soziologischen Machtbegriff: Während Macht ein soziales Strukturmerkmal und damit ein Vermögen (Potenzial) ist, ist Kraft ein reales Geschehen, das sozial wirksam ist (Aktualität). Gesa Lindemann ist bekanntermaßen und erfreulicherweise eine Soziologin, die solche scharfen begrifflichen Bestimmungen zu schätzen weiß.

Literatur

Duden (1997): *Das Herkunftswörterbuch. Etymologie der deutschen Sprache*, Mannheim et al.: Dudenverlag.

Gugutzer, Robert (2017): »Leib und Situation. Zum Theorie- und Forschungsprogramm der Neophänomenologischen Soziologie«, *Zeitschrift für Soziologie* (46/3), 147–166.

Gugutzer, Robert (2018): »Situationsprobleme und kreatives Handeln. Neopragmatismus und Neophänomenologie im Dialog«, in: Robert Gugutzer/Charlotte Uzarewicz/Thomas Latka/Michael Uzarewicz (Hg.), *Irritation und Improvisation. Zum kreativen Umgang mit Unerwartetem*, Freiburg/München: Alber, 28–57.

Gugutzer, Robert (2020): »Atmosphären, Situationen und der Sport. Ein neophänomenologischer Beitrag zur soziologischen Atmosphärenforschung«, *Zeitschrift für Soziologie* (49/5-6), 371–390.

6 Lück spricht hier von der Feldtheorie Kurt Lewins, deren Kraftbegriff eine gewisse Nähe zu dem hier vorgestellten neophänomenologischen Kraftbegriff aufweist (Lewin 2012: v.a. 288–301).

Gugutzer, Robert (2022): »Fußball spielen mit Plessner und Schmitz«, in Aida Bosch/Joachim Fischer/Robert Gugutzer (Hg.), *Körper, Leib und Sozialität. Philosophische Anthropologie und Leibphänomenologie: Helmuth Plessner und Hermann Schmitz im Dialog*, Wiesbaden: Springer VS.

Gugutzer, Robert/Natascha Holterman (2017): »Der Dackelblick. Phänomenologie einer besonderen Hund-Mensch-Vergemeinschaftung«, in: Roland Hitzler/Nicole Burzan (Hg.), *Auf den Hund gekommen. Interdisziplinäre Annäherung an ein Verhältnis*, Wiesbaden: Springer VS, 265–284.

Jammer, Max (1957): *Concepts of Force. A Study in the Foundations of Dynamics*, Cambridge/MA: Harvard University Press.

Lewin, Kurt (2012 [1946]): »Verhalten und Entwicklung als eine Funktion der Gesamtsituation«, in: ders., *Feldtheorie in den Sozialwissenschaften. Ausgewählte theoretische Schriften*, Bern: Huber, 271–329.

Lindemann, Gesa (1992): »Die leiblich-affektive Konstruktion des Geschlechts. Für eine Mikrosoziologie des Geschlechts unter der Haut«, in *Zeitschrift für Soziologie* (21/5), 330–346.

Lindemann, Gesa (1993): *Das paradoxe Geschlecht. Transsexualität im Spannungsfeld von Körper, Leib und Gefühl*, Frankfurt am Main: S. Fischer.

Lindemann, Gesa (1996): »Zeichentheoretische Überlegungen zum Verhältnis von Körper und Leib«, in Annette Barkhaus/Matthias Mayer/Neil Roughley/Donatus Thürnau (Hg.), *Identität, Leiblichkeit, Normativität. Neue Horizonte anthropologischen Denkens*, Frankfurt am Main: Suhrkamp, 146–175.

Lindemann, Gesa (2009): *Das Soziale von seinen Grenzen her denken*, Weilerswilst: Velbrück.

Lindemann, Gesa (2014): *Weltzugänge. Die mehrdimensionale Ordnung des Sozialen*, Weilerswist: Velbrück.

Lindemann, Gesa (2017): »Leiblichkeit und Körper«, in Robert Gugutzer/Gabriele Klein/Michael Meuser (Hg.), *Handbuch Körpersoziologie, Bd. 1: Grundbegriffe und theoretische Perspektiven*, Wiesbaden: Springer VS, 57–66.

Lindemann, Gesa (2020): *Die Ordnung der Berührung. Staat, Gewalt und Kritik in Zeiten der Coronakrise*, Weilerswilst: Velbrück.

Lück, Helmuth E. (1996): *Die Feldtheorie und Kurt Lewin. Eine Einführung*, Weinheim: Beltz.

Menke, Christoph (2017): *Kraft. Ein Grundbegriff ästhetischer Anthropologie*, Berlin: Suhrkamp.

Rappe, Guido (2018): *Einführung in die moderne Phänomenologie. Phänomen / Leib / Subjektivität*, Bochum/Freiburg: projektverlag.

Schmitz, Hermann (1964): *Die Gegenwart*, in: *System der Philosophie* Bd. 1, hrsg. v. ders., Bonn: Bouvier.

Schmitz, Hermann (1965): *Der Leib* (Halbbd. I), in: *System der Philosophie* Bd. 2, hrsg. v. ders., Bonn: Bouvier

Schmitz, Hermann (1967): *Der leibliche Raum* (Halbbd. I), in *System der Philosophie* Bd. 3, hrsg. v. ders, Bonn: Bouvier.

Schmitz, Hermann (2003): *Was ist Neue Phänomenologie?*, Rostock: Koch.
Schmitz, Hermann (2007): *Der Leib, der Raum und die Gefühle* (2. Aufl.), Bielefeld/Locarno: Edition Sirius.
Schmitz, Hermann (2009): *Kurze Einführung in die Neue Phänomenologie*, Freiburg/München: Alber.
Schmitz, Hermann (2011): *Der Leib*, Berlin/New York: de Gruyter.
Schmitz, Hermann (2017): Sucht als habituelle Fixierung durch einseitige Einleibung, in: ders., *Zur Epigenese der Person*, Freiburg/München: Alber, 104–121.
»*Social Forces*. An International Journal of Social Research«, *https://academic.oup.com/sf* (Zugriff: 01.02.2022).
Stuart, Herbert A./Gerhard Klages (2010): *Kurzes Lehrbuch der Physik* (19 Aufl.), Berlin: Springer.
Tschirk, Wolfgang (2021): *Vom Universum. Eine Geistesgeschichte der Physik*, Berlin: Springer.
Uzarewicz, Michael (2011): *Der Leib und die Grenzen der Gesellschaft. Eine neophänomenologische Soziologie des Transhumanen*, Stuttgart: Lucius & Lucius.

Anna Henkel

Aufgeklärte Theoriebildung

Zum Verhältnis der Theorie der Weltzugänge zur Systemtheorie sozialer Systeme

Gesa Lindemann bezieht sich in ihrem Werk vielfach auf die Systemtheorie Niklas Luhmanns. Einerseits erfolgt dies in abgrenzender Weise. Zentrale Kritik ist, dass die Systemtheorie den unausgesprochenen theoretischen Konsens der Soziologie einer dyadischen Emergenzkonstellation teile, nach dem zwei Entitäten – Ego und Alter – konstitutiv für Sozialität sind (Lindemann 2009a: 139ff.). Derart dyadisch verfasst könne die Systemtheorie (wie eine diesen impliziten Konsens teilende Soziologie insgesamt) konzeptionell nicht untersuchen, wie zwischen legitimen Akteuren und anderen Entitäten unterschieden wird (ebd.: 161). Andererseits bezieht sich Lindemann in einer für die eigene Theorieentwicklung produktiv anschließenden Weise auf Luhmanns Systemtheorie. Insbesondere erfolgt dies im Konzept der Grenzregime durch die Verbindung der Frage nach dem Kreis legitimer sozialer Akteure mit dem gesellschaftstheoretischen Konzept der funktionalen Differenzierung (vgl. insbesondere Lindemann 2009b). Zwar spricht Lindemann vor allem in den späteren Schriften von horizontaler anstelle funktionaler Differenzierung (Lindemann 2018: 137), was als Abgrenzung explizit intendiert ist. Doch bleibt der Bezug auf die systemtheoretische Anlage offensichtlich über die Strukturierung entlang von Sinndimensionen (die luhmannsche Sach-, Zeit- und Sozialdimension ergänzt um den Raum) und die Orientierung an abgrenzbaren gesellschaftlichen Teilbereichen bis ins aktuelle Werk hinein bestehen.

Angesichts dessen kann man fragen, in welchem Verhältnis die lindemannsche Theorie der Weltzugänge und die luhmannsche Theorie sozialer Systeme zueinanderstehen. Ist die Verbindung von Abgrenzung und konzeptionellen Anleihen ein Ausdruck von inhaltlicher Nähe oder handelt es sich lediglich um einen flüchtig-assoziativen Bezug? Im Folgenden wird dieser Frage nachgegangen. Ausgehend von der Kritik Lindemanns an der Systemtheorie (1) erfolgt die Darstellung ihrer Theorie der Weltzugänge (2) sowie daran anschließend eine Diskussion möglicher Affinität mit dem Fazit: Beide Ansätze bilden idealtypische Pole möglicher Soziologie (3).

(1) Wider den »engelsgleichen soziale Sinn«. Abgrenzungen

Ist ein Autor oder eine Autorin mit einem bestimmten Theoriewerk besonders vertraut, beruht Theorieentwicklung immer wieder auf der nur dadurch ermöglichten Auseinandersetzung mit jenem Werk. Denn sie lässt eine zentrale Schwachstelle erst derart erkennen, dass sie den Ausgangspunkt eigener Theorie(weiter)entwicklung bildet. Dies dürfte bspw. etwa gelten für Luhmann im Verhältnis zu Parsons oder Honneth im Verhältnis zu Habermas. Kritik und Abgrenzung beruhen in solchen Fällen jedenfalls auch auf der Intention einer Markierung der Ursprünge, von denen aus das eigene Theorieunterfangen sich entwickelt.

Bei Lindemann im Verhältnis zu Luhmann liegt der Fall anders, obwohl Lindemann mit dem Werk Luhmann besonders vertraut ist und insbesondere *Weltzugänge* (Lindemann 2014) flüchtig betrachtet durchaus jenen Eindruck erzeugen mag, weil Sinndimensionen den Aufbau prägen, der Begriff der *Differenzierung* im Werk sehr prominent ist und nicht weniger als 44 Sachregistereinträge umfasst sowie mit der *diabolischen Symbolisierung* eine doch recht spezielle Begrifflichkeit der Systemtheorie aufgegriffen wird. Und selbst wenn auf jedenfalls den ersten Blick auch *Strukturnotwendige Kritik* (Lindemann 2018) konzeptionelle Anlagen der luhmannschen Systemtheorie übernimmt, indem die Differenzierung von Politik, Recht, Wirtschaft und Wissenschaft als Merkmal der modernen Gesellschaft herausgearbeitet wird, ist der Ausgangspunkt für das Werk von Lindemann sicherlich nicht Luhmann. Will man überhaupt von einer Ausgangsreferenz sprechen, liegt sie eher noch bei Hermann Schmitz und Helmuth Plessner, und zwar von Beginn an in Verbindung miteinander. Denn diese Autoren inspirieren das gesamte Werk von der empirischen Arbeit bezüglich des paradoxen Geschlechts (Lindemann 1993) über die Arbeiten zum Hirntod (Lindemann 2003) bis hin zu den späten Schriften zur strukturnotwendigen Kritik (Lindemann 2018) oder zur Ordnung der Berührung (Lindemann 2020). Weil sich aber die eigenen Forschungsinteressen, von denen aus Lindemann von Anfang an ihr eigenes Werk entwickelt, so jedoch weder bei Schmitz noch bei Plessner finden, sind beide eher katalysierende Anknüpfungspunkte, allerdings eben von Anfang an.

Die Systemtheorie kommt überhaupt erst ins Spiel, als die ursprünglich ethnographisch-methodologische Orientierung eine gesellschaftstheoretische Wendung nimmt. Beruht *Das Paradoxe Geschlecht* hinsichtlich der Datengrundlage für die Theorieentwicklung noch wesentlich auf mikrosoziologisch-qualitativer Empirie von Beobachtung sowie Gespräch und prägt dies methodologisch auch die Anlage der Forschungsarbeiten zum Hirntod, tritt mit dem Konzept der Grenzregime eine gesellschaftstheoretische Perspektive prägnant auf die Bühne – und mit dieser eine Referenz auf die Systemtheorie. Ausgehend von der empirischen Beobachtung der sozio-technischen Konstruktion von Leben und Tod in der Intensivmedizin (Lindemann 2002) und der Rekonstruktion der Genese des Hirntodkonzeptes (Lindemann 2003) entwickelt Lindemann die These, dass es nicht nur ein biomedizinisches Grenzregime (ebd.) sich wandelnder Abgrenzung von Leben und Tod gibt, sondern auch ein gesellschaftliches Grenzregime sich wandelnder Abgrenzung sozialer Akteure generell (Lindemann 2009b). Letzteres aber ist eine genuin gesellschaftstheoretische Frage, die die große These involviert, dass sich im Zuge gesellschaftlicher Evolution neben gesellschaftlichen Semantiken und Strukturen auch wandelt, wer in einer Gesellschaft als sozialer Akteur gilt.

Diese gesellschaftstheoretisch orientierte These führt Lindemann sozialtheoretisch in die Nähe der Systemtheorie. Die Frage, ob es einen immanenten Zusammenhang zwischen dem Grenzregime der modernen Gesellschaft und ihrer Differenzierungsform gibt (Lindemann 2009b: 96), schließt an die systemtheoretische Differenzierungstheorie an und nimmt Luhmanns Ausführungen zur Funktion der Menschenrechte für funktionale Differenzierung auf. Mit solchen Anschlüssen verbindet Lindemann grundsätzliche Kritik und Abgrenzung gleichermaßen:

Die Soziologie, so Lindemann, teilt den begrifflichen und methodischen Konsens, nach dem eine Beziehung zwischen Alter und Ego konstitutive Bedingung der Entstehung einer spezifisch sozialen Ordnung ist (Lindemann 2003: 17). Die Selbstbezüglichkeit des Individuums, also die Möglichkeit, sich reflexiv auf den Vollzug der Vermittlung von Wahrnehmen und aktivem Sich-Verhalten zu beziehen, ist gerade bei Luhmann als irreduzibel sozialer Sachverhalt verstanden und vor allem im Konzept der (Erwartungs-)Erwartungen ausgedrückt (ebd.: 18). Gegenstand der Soziologie ist damit eine durch Akteure vorgedeutete Welt, so dass methodologisch lediglich Konstruktionen zweiter Ordnung möglich sind (ebd.: 19). Dies bringt mit sich, die Abgrenzung des Bereichs des Sozialen nicht explizit zum Gegenstand zu machen (ebd.: 20). Dadurch wird unsichtbar, dass die Abgrenzung des Sozialen auf zwei Ebenen existiert, nämlich als grundlegende beobachtungsleitende Annahme und als praktisch wirksame Abgrenzung im Objektbereich (ebd.).

An späterer Stelle widmet sich Lindemann ausführlicher der Systemtheorie. Sie rekonstruiert, wie Luhmann im Anschluss an Parsons davon ausgeht, dass sich die für Sozialität konstitutive Komplexität aus der doppelten Kontingenz ergibt, nach der Ego und Alter wechselseitig Erwartungen des anderen erwarten und dies in eigene Systemoperationen einbeziehen (Lindemann 2009a: 149). Kommunikation baut darauf auf, indem Verstehen – als kommunikationskonstitutive Selektion – an das Vorhandensein von Erwartungs-Erwartungen gebunden ist (ebd.). Im Zuge dieser Auseinandersetzung gesteht Lindemann zwar zu, dass emergente Systeme und die Semantiken, durch die diese sinnhaft stabilisiert werden, den primären Gegenstand soziologischer Forschung nach Luhmann bilden, was das Phänomen der funktionalen Differenzierung tiefenscharf beobachtbar macht (Lindemann 2009a: 151). Jedoch ändert dies nichts an ihrer Kritik: Indem sich in der Systemtheorie die an Kommunikation beteiligten Individuen als Bewusstseinssysteme in der Umwelt sozialer Systeme befinden, gerät die soziale Grenzziehung aus dem Blick (ebd.). Auch wenn zwischen Systemtheorie und direkter akteurstheoretisch ansetzenden soziologischen Theorien Unterschiede bestehen, handelt es sich nach Lindemann hier wie dort um Theorien des Sozialen, die eine dyadische Emergenzkonstellation zugrunde legen. Deshalb können sie die Frage nicht beantworten, wie die Entitäten festgelegt werden, die in der Ego-Alter-Relation in einer Beziehung zueinander stehen, die durch Erwartungs-Erwartungen strukturiert wird (Lindemann 2009a: 160f.). Die Möglichkeit, Sozialität als verkörpert zu denken, bleibt mehr oder weniger ausgeschlossen (Lindemann 2009a: 166). Diese unkörperlichen Variationen (ebd.), dieses »Feld des engelsgleichen sozialen Sinns« (Lindemann 2009a: 181) aber gilt es zu verlassen, um leiblich-affektive Zuständlichkeit sozialer Akteure, die Bedeutung physischer Gewalt für Sozialität und die Wirksamkeit von Technik als Medium der Abstimmung zwischen Ego und Alter soziologisch fassen zu können (Lindemann 2009a: 172).

(2) Es gibt leibliche Selbste. Soziologie jenseits des Konsens

Lindemanns Soziologie jenseits des Konsens einer ebenso dyadischen wie körperlosen Soziologie lässt sich auf einen Punkt bringen: Es gibt leibliche Selbste. Diese leiblichen Selbste sind aber nicht notwendig Menschen. Vielmehr geht Lindemann von variablen Grenzen des Sozialen aus, so dass sich die Frage nach der »Funktion von ›Menschsein‹ für die Konstruktion von Sozialität« (Lindemann 2002: 15) stellt. Mit dieser Frage sind besondere theoriebautechnische Anforderungen verbunden, denn eine entsprechende Untersuchung kann sich »theoretisch und methodisch nicht auf ›die Menschen‹ berufen« (ebd.: 15). »An die Stelle des Menschen tritt ein skrupulöser ethischer Zweifel, der ohne eine absolut gültige Sicherung auskommen muss« (ebd.: 16).

Lindemann entwirft von hier aus, also mit dem Ausgangspunkt einer Untersuchung variabler Grenzen des Sozialen, unter dem Begriff der *Weltzugänge* eine eigenständige Sozial- und Gesellschaftstheorie einer mehrdimensionalen Ordnung des Sozialen. Die Entwicklung einer reflexiven Anthropologie, das Konzept des »anthropologischen Quadrats«, die These variabler gesellschaftlicher Grenzregime und eine operative Theorie mehrdimensionaler Ordnungsbildung sind dabei zentral.

Lindemanns reflexive philosophische Anthropologie setzt keine normativen Annahmen über den Menschen absolut. Stattdessen geht sie systematisch davon aus, dass die Frage, wer ein sozialer Akteur ist, ausschließlich empirisch zu beantworten ist (vgl. etwa Lindemann 2002: 14). Personalität und Sozialität beziehen sich demnach nicht von vorn herein auf Menschen, sondern es ist einem »kontingenten Deutungsprozess anheim[ge]stellt, wie die Grenze zwischen der Sozialwelt und anderem gezogen wird« (Lindemann 2002: 15). Dem liegt die Annahme zugrunde, dass das Wesen des Menschen nicht festgelegt ist, sondern erst durch eine historisch-gesellschaftliche Praxis hervorgebracht werden muss (Lindemann 2002: 21). Über das einfache Ordnungsproblem der Möglichkeit sozialer Ordnung hinaus ergibt sich so die Fragestellung vom »erweiterten Ordnungsproblem der Soziologie« (Lindemann 2014: 31ff.), also der Frage, wer überhaupt als Mensch gilt.

Damit entsteht die Anforderung, die soziologisch relevante Bezugsgröße sozialtheoretisch zu bestimmen, ohne dabei auf den Menschen direkt zuzugreifen. Um dieser Anforderung gerecht zu werden, nutzt Lindemann die Theorie der Umweltbeziehungen von Helmut Plessner, wobei für sie vor allem die Unterscheidung zwischen zentrischer und exzentrischer Positionalität relevant ist: Während sich die Komplexität der Umweltbeziehung auf der Ebene zentrischer Positionalität darauf beschränkt, dass das lebendige Selbst zwischen Wahrnehmung und Eigenaktivität vermittelt (Lindemann 2014: 31), kommt auf der Ebene exzentrischer Positionalität hinzu, dass das Selbst nicht nur innerhalb, sondern auch außerhalb dieser Vermittlungsleistung steht, also auf die eigene Vermittlung von Wahrnehmung und Eigenaktivität reflektiert (ebd.: 32). Auf diese Weise entsteht für das lebendige Selbst die Möglichkeit zu fragen, inwieweit sich in der Umwelt noch andere befinden, bei denen ebenfalls eine exzentrisch positionale Umweltbeziehung besteht (ebd.: 38f.). Anders als die Theoriefigur doppelter Kontingenz wird hier im ersten Schritt offengelassen, welche begegnenden Wesen eine entsprechend komplexe Umweltbeziehung aufweisen (ebd.: 24), da die Frage nach dem wer oder was des Menschen in Prozessen gesellschaftlicher Deutung entschieden wird (ebd.: 26), wobei »der Dritte« Bedingung einer operativen Lösung des Grenzproblems ist (ebd.: 115f. sowie Lindemann 2006). Die Beziehung zwischen Ego und Alter wird damit um Tertius erweitert, woraus ein triadischer Kommunikationsbegriff resultiert (Lindemann 2014: 119ff.). Zugleich ist die Frage, wer ein sozialer Akteur ist, nunmehr ausschließlich empirisch beantwortbar (ebd.: 14).

Mittels dieses Ansatzes lassen sich jetzt gesellschaftliche Grenzregime untersuchen, also Prozesse der Selbstbegrenzung personaler

Vergesellschaftung und der Grenzrealisierung (Lindemann 2009a: 77f.). Das »anthropologische Quadrat« macht Lindemann als Grenzeinrichtung der Moderne aus (ebd.: 83ff.). Diese Theoriefigur beschreibt, wie die normative Sonderstellung des Menschen institutionalisiert wird. Während bis ins 18. Jahrhundert in Europa neben Menschen auch andere Entitäten personale Träger des Vergesellschaftungsprozesses waren, wird nun in den Menschenrechten eine vierfache Grenzziehung institutionalisiert: gegenüber dem Lebensanfang, dem Tod, der Maschine und dem Tier (ebd.: 83f.). Nach den bereits vorliegenden Untersuchungen zum (Hirn-)Tod erfolgen Studien zur Grenze gegenüber den Tieren (Lindemann 2009a: 117ff.), zum Lebensanfang und zur Maschine bzw. Robotik (Lindemann/Matsuzaki 2014; Lindemann 2015). Derart empirisch eingebettet münden die Überlegungen schließlich im Entwurf einer operativen Sozialtheorie mehrdimensionaler Ordnungsbildung (Lindemann 2014), die Gesellschaft und deren Entwicklung umfassender zu untersuchen erlaubt.

Die Theorie der mehrdimensionalen Ordnungsbildung erweitert die Frage nach den Grenzen des Sozialen zu derjenigen nach den je spezifischen Weltzugängen, die mit unterschiedlichen gesellschaftlichen Grenzregimen verbunden sind. Diese Modifikation folgt aus der These kontingenter Vergesellschaftung, nach der die Sozialdimension als gleichrangig mit Raumdimension, Zeitdimension, Sachdimension sowie der Dimension der Symbolbildung zu sehen ist (Lindemann 2014: 79ff.).

Eine Verbindung Plessners Gedanken zur exzentrischen Positionalität mit der leibphänomenologisch orientierten Frage nach der Grenzrealisierung des Körpers bildet den Kern der Überlegungen zur Sozialdimension (Lindemann 2014: 85ff.). Ihre Sozialtheorie fasst Lindemann zusammen: »Die leiblichen Operatoren triadischer Konstellationen existieren raum-zeitlich, d.h., leibliche Selbste realisieren ihre Grenzen, indem sie sich in zeitlich strukturierter Weise zuständlich erleben und aus dem eigenen Zentrum heraus in den umgebenden Weiteraum richten« (Lindemann 2014: 291). Dieser Ansatz erfüllt nicht nur den Anspruch, das Soziale umfassender zu denken, indem Technik als kommunikativer Sinnvorschlag Teil institutionalisierter Gesamthandlungen sein kann (ebd.: 179ff.) und indem Gewalt als ordnungsbildendes Phänomen neu reflektiert wird (ebd.: 245ff.). Vor allem lassen sich nun im Sinne einer Erweiterung von Gesellschaftstheorie unterschiedliche Typen von Weltzugängen unterscheiden: neben der individualisierten Vergesellschaftung der modernen Gesellschaft nämlich die dividualisierende und die kontingente Mehrfachvergesellschaftung (ebd.: 291ff.).

Dies eröffnet Perspektiven auf unterschiedliche Formen sinndimensional jeweils kohärenter Weltzugänge, wie sie in den anschließenden gesellschaftstheoretischen Schriften weitergeführt werden (Lindemann 2018). Demnach zeichnet sich die moderne Gesellschaft nicht durch eine primär funktionale, sondern durch eine horizontale Differenzierung aus. Konsequent vom leiblichen Operator und dem Ansatz der Weltzugänge aus gedacht sind Politik, Recht, Wirtschaft und Wissenschaft in ihrer Entstehung, Legitimation und Wirkung neu zu untersuchen: Politik und Recht erscheinen als Elemente der modernen Verfahrensordnung der Gewalt (ebd.: 175ff.), Eigentumswirtschaft als Ergebnis einer Institutionalisierung der Trennung von Eigentum und Besitz (ebd.: 204ff.) und Wissenschaft als spezifische Ordnung der Aufmerksamkeit sowie Beziehung zwischen Forscher und Gegenstand (ebd.: 260ff.). Ausgehend vom Ethos der Menschenrechte lässt sich schließlich eine Strukturnotwendigkeit von Kritik ableiten (ebd.: 299).

(3) Theorie der Weltzugänge und Theorie sozialer Systeme

Lässt man die Entwicklung der Theorie der Weltzugänge von der Umstellung »engelsgleichen« Sinns auf leibliche Selbste über die Untersuchung der Grenzen des Sozialen bis hin zur strukturnotwendigen Kritik derart Revue passieren, so fallen die vielfachen Bezüge auf die luhmannsche Systemtheorie ins Auge. Die für die funktionale Differenzierung zentrale Bedeutung der Menschenrechte (nun bezogen auf die Würde des diesseitig verkörperten Menschen), gesellschaftliche Differenzierung (nun horizontal), die Figur von Ego und Alter (nun konstitutiv erweitert um Tertius) und gar der Begriff der Kommunikation (nun triadisch gefasst) – all dies deutet auf vielfache Anschlüsse hin. Wie steht es also mit dem Verhältnis zwischen Lindemanns Theorie der Weltzugänge und Luhmanns Theorie sozialer Systeme – zeugen die konzeptionellen Anleihen von inhaltlicher Nähe oder handelt es sich lediglich um einen flüchtig-assoziativen Bezug?

Lindemanns Ausgangskritik an der Systemtheorie wohnt vom Effekt her betrachtet ein dramaturgisches Moment inne. Der Auftritt eines »engelsgleichen« sozialen Sinns ist hervorragend geeignet, den Paradigmenwechsel, der in einer vom leiblichen Operator ausgehenden Soziologie liegt, besonders deutlich zu machen. Der kritischen Inszenierung geschuldet ist die zu diesem Zwecke teils etwas verkürzte Darstellung der Systemtheorie. Denn so ist zwar richtig, dass Bewusstseinssysteme in der Umwelt der als über Kommunikation operativ geschlossenen Gesellschaft angesetzt sind. Jedoch erlaubt gerade diese von der Systemtheorie angenommene Selbstreferentialität sinnhafter Kommunikation, dass jedenfalls die Frage nach den Grenzen des Sozialen aus der Systemtheorie heraus völlig unproblematisch bearbeitet werden könnte. Indem die Kommunikation kommuniziert und Personen – »personifizierten

Zurechnungsadressen« – sinnintentionale Handlung oder die Mitteilung von Informationen zurechnet, liegt die empirische (!) Frage sogar nahe, wie die Kommunikation festlegt, wem oder was sinnintentionale Handlungen oder die Mitteilung von Informationen zurechenbar sind. Tatsächlich ist dieser Gedanke in der Systemtheorie nicht nur möglich, sondern wurde von Luhmann auch entsprechend formuliert: »Bereits die Frage, wer überhaupt als miterlebendes Subjekt erlebt wird, findet man von Gesellschaft zu Gesellschaft verschieden gelöst: Erst in den hochentwickelten Gesellschaften kommen dafür alle und nur Menschen in Betracht« (Luhmann 1971: 52). Die Herauslösung des Menschen als »Subjekt« aus dem Zusammenhang des Gemeinsamen setzt, so Luhmann weiter, Abstraktionsleistungen voraus, deren Institutionalisierung erst sehr spät und nur in Teilbereichen gesellschaftlichen Zusammenlebens erwartet werden kann (ebd.: 52f.). Zuzugeben ist, dass Luhmann Aspekte wie diese nicht vertiefte und auch, dass er zugleich von »menschlichem Erleben« spricht, seine Überlegung also nicht konsequent zu Ende denkt. Aber dennoch – nach den Grenzen des Sozialen zu fragen, ist in der Systemtheorie angelegt, weshalb die konzeptionellen Anleihen Lindemanns bei der Systemtheorie vermutlich nicht ganz zufällig sind.

Bedeutet dies nun also inhaltliche Nähe? Nein, und zwar auch dann nein, wenn man Lindemanns teils etwas heftig ausfallende Kritik an Luhmanns Systemtheorie unberücksichtigt lässt und genauso ihre insgesamt eher abgrenzende Rezeption der Systemtheorie. Beides lässt sich nämlich dadurch begründen, dass die beiden Ansätze nicht nur verschieden, sondern einander diametral entgegengesetzt sind. Man könnte sagen, sie bilden idealtypische Pole möglicher Soziologie: Luhmann setzt radikal an bei der Selbstreferentialität sozialen Sinns (»Die folgenden Überlegungen gehen davon aus, dass es Systeme gibt«, Luhmann 1984: 30). Menschen, Körper, Bewusstseinssysteme, sie alle sind gemeinsam mit den toten Fischen im Rhein in der Umwelt der Gesellschaft und kommen so nur insoweit vor, als Kommunikation sich in ihrer Operativität von ihnen irritieren lässt. Lindemann hingegen setzt ebenso radikal an bei ihre Grenzen realisierenden leiblichen Selbsten (»Die leiblichen Operatoren triadischer Konstellationen existieren raum-zeitlich«, Lindemann 2014: 291). In der Begegnung zwischen leiblichen Selbsten entsteht potenziell ein sozialer Raum, wenn durch die Übernahme der Perspektive Dritter auf diese Begegnung eine Reflexivität der Gesamtstruktur entsteht. Hier ist es also genau umgekehrt das Soziale, das dem leiblichen Selbst nachgelagert ist. Diese beiden sozialtheoretischen Positionen sind nicht vermittelbar. Es handelt sich also um zwei maximal verschiedene Sozialtheorien, die qua Sozialtheorie, wie Lindemann vielzitiert ausführt (Lindemann 2009a), gemeinsam haben, dass sie nicht richtig oder falsch, sondern gesetzt sind (entsprechend ist es wenig zielführend, die eine ausgehend von den Prämissen der anderen zu kritisieren). Zugleich lassen sich potenziell dieselben Fragen aus beiden Perspektiven untersuchen – soziale Differenzierung, die Bedeutung der Menschenrechte, die Grenzen des Sozialen ... Aber es geschieht auf sozialtheoretisch verschiedene Weise und kommt daher auch zu verschiedenen, vermutlich komplementären, Ergebnissen.

Bedeutet dies nun also nur einen flüchtig-assoziativen Bezug zwischen Theorie der Weltzugänge und Theorie sozialer Systeme? Auch eine solche Einschätzung würde beiden Theorieunterfangen nicht gerecht, denn es gibt jedenfalls drei ganz grundsätzliche Gemeinsamkeiten: Erstens gleichen sie sich in ihrem humanistischen Anti-Humanismus. Obwohl die eine vom verleiblichten Akteur ausgeht und die andere von selbstreferentiellem Sinn, geht es beiden darum, den Menschen in seiner Unverfügbarkeit ernst zu nehmen. Luhmann gelingt dies, indem er den Menschen unbestimmt lässt und allein untersucht, wie die Kommunikation wem und was zurechnet. Lindemann gelingt dasselbe, indem sie über das Konzept der exzentrischen Positionalität von leiblichen Selbsten ausgeht, die nicht von vornherein lebende Menschen sind. Von der Seite des sozialen Sinns und von der Seite des Körper-Leibs entwickeln beide gerade dadurch eine humanistische Perspektive, dass sie den Menschen nicht festlegen.

Zweitens eint beide Theorien ihr Verständnis von Theoriebildung. Obwohl die beiden Theorien ihre sozialtheoretische Ausgangsunterscheidung maximal verschieden treffen, verfolgen sie dasselbe Ziel, nämlich ein gesellschaftliches Selbstverstehen zu befördern. Lindemann formuliert: »Theorien sind dazu da, Perspektiven für die Beobachtung sozialer Sachverhalte zu erschließen« (Lindemann 2009a: 153). Bei Luhmann heißt es: »Eher wird es um Generierung von Theorien gehen, die eine Distanz zu den Selbstverständlichkeiten des Alltags in Kauf nehmen, ja bewusst erzeugen, um ein abstrakter gesichertes Konsistenzniveau zu erzeugen« (Luhmann 1999: 1133). Die Klarheit, in der sozialtheoretische Prämissen expliziert werden, und die Konsistenz der daraus resultierenden Theoriearchitektur ist – trotz Einspruchsmöglichkeiten in beiden Werken – eine Besonderheit beider, die aus diesem Eigenanspruch resultiert.

Drittens haben beide Theorien die analytische Schärfe gemeinsam. Zwar verfolgen beide Theorien teils unterschiedliche Fragestellungen, jedoch mit eben jener analytischen Schärfe, derer es bedarf, um jenseits von Konformismus auch zunächst kontraintuitive Thesen zu vertreten und sperrige Gegenstände zu untersuchen. Beide gehen dazu wohl bewusst provokant vor. Wenn Luhmann das eigene Werk als antihumanistisch bezeichnet und den Menschen in die Umwelt der Gesellschaft verlegt, liegt darin die Aufforderung, genauer hinzusehen und eigene Prämissen zu hinterfragen. Wenn Lindemann sich den Hirntod als Fallbeispiel für eine Untersuchung der Grenzen des Sozialen wählt und Gewalt als notwendig für soziale Ordnungsbildung untersucht, so ist dies ebendies – die Aufforderung, genauer hinzusehen und eigene Prämissen zu hinterfragen.

Lindemanns Weltzugänge und Luhmanns Systemtheorie bauen so gesehen zwar nicht aufeinander auf. Wohl aber handelt es sich um komplementäre Ansätze, die gerade dadurch, dass sie mit Blick auf die geteilte Intention radikaler gesellschaftlicher Aufklärung verschieden ansetzen, umso klarer, differenzierter und vielschichtiger soziologisch zu verstehen und zu erklären erlauben. Bei allen Unterschieden sind die beiden Ansätze mindestens insofern Verwandte im Geist.

Literatur

Lindemann, Gesa (1993): *Das paradoxe Geschlecht. Transsexualität im Spannungsfeld von Körper, Leib und Gefühl*, Frankfurt am Main: Zeit-Schriften Fischer.

Lindemann, Gesa (2002): *Die Grenzen des Sozialen. Zur sozio-technischen Konstruktion von Leben und Tod in der Intensivmedizin*, München: Fink.

Lindemann, Gesa (2003): *Beunruhigende Sicherheiten. Zur Genese des Hirntodkonzeptes*, Konstanz: UVK.

Lindemann, Gesa (2006): »Die Emergenzfunktion und die konstitutive Funktion des Dritten. Perspektiven einer kritisch-systematischen Theorieentwicklung«, *Zeitschrift für Soziologie* (35/2), 82–101.

Lindemann, Gesa (2009a): *Das Soziale von seinen Grenzen her denken*, Weilerswist: Velbrück Wissenschaft.

Lindemann, Gesa (2009b): »Gesellschaftliche Grenzregime und soziale Differenzierung«, *Zeitschrift für Soziologie* (38/2), 94–112.

Lindemann, Gesa (1993): *Das paradoxe Geschlecht. Transsexualität im Spannungsfeld von Körper, Leib und Gefühl*, Frankfurt am Main: Zeit-Schriften Fischer.

Lindemann, Gesa (2002): *Die Grenzen des Sozialen. Zur sozio-technischen Konstruktion von Leben und Tod in der Intensivmedizin*, München: Fink.

Lindemann, Gesa (2003): *Beunruhigende Sicherheiten. Zur Genese des Hirntodkonzeptes*, Konstanz: UVK.

Lindemann, Gesa (2006): »Die Emergenzfunktion und die konstitutive Funktion des Dritten. Perspektiven einer kritisch-systematischen Theorieentwicklung«, *Zeitschrift für Soziologie* (35/2), 82–101.

Lindemann, Gesa (2014): *Weltzugänge. Die mehrdimensionale Ordnung des Sozialen*, Weilerswist: Velbrück Wissenschaft.

Lindemann, Gesa (2015): »Social interaction with robots: three questions«, *AI & Society* (31/4), 573–575.

Lindemann, Gesa (2018): *Strukturnotwendige Kritik. Theorie der modernen Gesellschaft Band 1*, Weilerswist: Velbrück.

Lindemann, Gesa (2020): *Die Ordnung der Berührung. Staat, Gewalt und Kritik in Zeiten der Coronakrise*, Weilerswist: Velbrück.

Lindemann, Gesa/Hironori Matsuzaki: »Constructing the Robot's Position in Time and Space. The Spatio-Temporal Preconditions of Artificial Social Agency«, *Science, Technology & Innovation Studies* (10/1), 85–106.
Luhmann, Niklas (1971): »Sinn als Grundbegriff der Soziologie«, in Jürgen Habermas/Niklas Luhmann (Hg.), *Theorie der Gesellschaft oder Sozialtechnologie – Was leistet die Systemforschung?*, Frankfurt am Main: Suhrkamp, 25–100.
Luhmann, Niklas (1984): *Soziale Systeme*, Frankfurt am Main: Suhrkamp.
Luhmann, Niklas (1999): *Die Gesellschaft der Gesellschaft*, Frankfurt am Main: Suhrkamp.

Jens Loenhoff

Zwischenleiblichkeit, subsymbolische Kommunikation und ihre Grenzen

(1) Subsymbolische Kommunikation als Verhaltensabstimmung

Die Beantwortung der Frage, was man unter ›subsymbolischer Kommunikation‹ verstehen soll, in welcher Relation dieses Verständnis zu einem Begriff der Zwischenleiblichkeit steht und inwiefern damit ein reflexives Verständnis der Grenzen der Kommunikation wie auch eines Kommunikationsbegriffs zu gewinnen ist, ist kaum ein Thema für einen kompakten Beitrag. Gleichwohl lassen sich in aller Kürze und mit den nötigen Abstraktionen einige Hinweise geben, die das Problem der Koordination des Verhaltens und Handelns jenseits des Gebrauchs konventionalisierter Kommunikationsmittel in den Blick nehmen. Diese können von den Studien von Gesa Lindemann zu den Grenzen des Sozialen und ihren grundlagentheoretischen, empirischen und methodologischen Implikationen profitieren. Tatsächlich ist im Hinblick auf die im Kommunikationsdiskurs mehrheitlich präferierte Aufmerksamkeit gegenüber sprachlichen oder sprachanalogen Äußerungen, die gemäß eingeschliffenen Attributionsmustern als den Kommunikationsprozess primär strukturierende Größen betrachtet werden, das letzte Wort noch längst nicht gesprochen. Dies gilt, wie noch zu zeigen sein wird, nicht weniger für die innerhalb der aktuellen leib- und körperbezogenen Korrekturen entwickelten Verständnisse der Handlungskoordination und die Frage, wie von dort her die im Titel als subsymbolisch bezeichneten Vollzüge zu bestimmen sind und wie das Verhältnis dieser sowohl ontogenetisch wie gattungsgeschichtlich fundamentalen Formen der Verhaltensabstimmung zu den höherstufigen, durch den Gebrauch ausdifferenzierter Symbolinventare vollzogenen Koordinationsprozessen gedacht werden muss. Ich werde zunächst einige Überlegungen der Phänomenologie des Leibes aufgreifen, um anschließend in einem reflexionsgeschichtlich motivierten Rückblick an einen Vorschlag zu erinnern, der ein davon abgesetztes Verständnis subsymbolischer Handlungsbeeinflussung entwickelt. Im Lichte dieser Perspektivierung skizziere ich dann einige Konsequenzen für die Kommunikationstheorie.

(2) Zur Phänomenologie des Leibes und dem Problem asemiotischer Kommunikation

Die Intuition, dass Anwesenheit und reflexive Wahrnehmung nicht nur das Gegenüber perzeptiv in den Fokus rücken, sondern zugleich mit der Wahrnehmung der eigenen körperlich-leiblichen Modi des »In-der-Welt-seins« verschränkt, macht die Rede von menschlicher Kommunikation als Vollzugsform existenzialer Zwischenleiblichkeit durchaus sinnfällig (Merleau-Ponty 1964: 17). Die durch diesen Befund inspirierten, sich von einer Sprach- und Symbolfixierung distanzierenden Studien verzweigen sich in zwei Richtungen, nämlich (1) in eine mit dem Schlagwort ›Präsenz‹ verbundene Fundamentalkritik der Hermeneutik als textanaloger Auslegung von Sinnstrukturen und (2) in eine die Dimension zwischenleiblicher Kopräsenz zentral stellende Perspektive, die sich neben theoretischen Beiträgen zur Phänomenologie des Leibes auch als empirische Interaktionsforschung mit den Stichworten ›intercorporeality‹, ›embodied interaction‹, ›embodied cognition‹ ins Spiel bringt.[1]

(1) In der den weitreichenden Erkenntnisansprüchen der Hermeneutik kritisch gegenüberstehenden Position steht das Prädikat ›semiotisch‹, wenn nicht unmittelbar im Kontext der Entwürfe von Peirce, Morris oder verwandter Zeichentheorien für eine mit informationellen und inferenziellen Dimensionen der Zeichenverwendung aufgeladene Kategorie, um davon abgesetzt ein Verständnis menschlicher Erfahrung zu behaupten, das mit posthermeneutischer Stoßrichtung ›Präsenz‹ als Gegenbegriff zur Semiose der Interpretation zu etablieren versucht (Gumbrecht 2012). Mit der emphatischen Anerkennung somatischer Erfahrungen und der Intensität des leiblich-ästhetischen Augenblicks steht auch der Kurzschluss von menschlicher Erfahrung mit Sprache und Text in der Kritik. Diese trifft die von Gadamer über Derrida bis zu Davidson und Rorty betonte essenzielle Sprachlichkeit einer jeden menschlichen Erfahrung ebenso wie die Sympathie der analytischen Philosophie für ein primär sprachlich verfasstes Bewusstsein, das den gesamten Bereich der Erfahrung ausschöpft. Plötzliche Ergriffenheit, Sexualität, Gewalt oder Schmerz, die durch äußerste Distanz zu symbolisch ausformulierten Verweisungszusammenhängen gekennzeichnet sind, fungieren als Quellen der Evidenz. Diese markieren nicht nur die kategorialen Herausforderungen hermeneutischer Verfahren, die in der Tradition der Auslegung von Texten oder textanalogen Sinnstrukturen stehen, als Frage nach den Strukturen asemiotischer Kommunikation tangieren sie auch den Kern jenes Kommunikationsbegriffs, der sich primär als *symbolisch* vermittelte Koordination des Handelns

1 Stellvertretend für diese Entwicklungen siehe die Beiträge in Meyer et. al. (2017).

versteht und der sich Prozesse kommunikativer Sinnvermittlung nur als Gebrauch von Darstellungsmitteln und ihren internen Relationen vorzustellen vermag.

(2) Versuche der Plausibilisierung einer als ›sprachlos‹ gedachten und im Medium der Kopräsenz hervorgebrachten Verhaltensabstimmung, die sich anders fortsetzen kann als durch den Gebrauch von Symbolen, verweisen vornehmlich auf Körperpraktiken, die durch wortloses Ineinandergreifen ihrer Vollzüge gekennzeichnet sind. Auch hier handelt es sich um Prozesse der Wechselwirkung, die eine die weitere Orientierung und Ausrichtung des Handelns ermöglichende Erwartungsstruktur hervorbringen und damit kommunikationsanaloge Reduktion von Komplexität leisten. Die in diesem Diskussionskontext rezipierte Phänomenologie des Leibes und ihre Korrelate in Gestalt von Konzepten der Zwischenleiblichkeit, der Verkörperung und der wechselseitigen Inkorporierung versprechen denn auch ein besseres Verständnis der Binnenstruktur leiblich-körperlicher Anwesenheit, die bereits *vor* einem prädikativen und propositional strukturierten Verstehen den Bereich möglicher Bedeutung begrenzt (Merleau-Ponty 1945: 272), weil nicht das reflexive Bewusstsein, sondern die Formen leiblicher Intentionalität als primär sinnkonstitutiv und der fungierende Leib als Medium allen Verstehens überhaupt begriffen wird. Doch bleibt trotz der Detranszendentalisierung der Phänomenologie Husserls und der damit gegenüber der Selektivität reflexiver Intentionalität zentral gestellten Selektivität leiblicher Intentionalität letztere in ihrer Funktion als Koordinationsressource der Interaktion unterbestimmt, weil die Frage nach der spezifischen Semantizität der Mittel, die Struktur der Zwischenleiblichkeit hervorbringen und konfigurieren, nicht befriedigend beantwortet wird. Zwar hat Merleau-Ponty mit seiner gestalttheoretisch motivierten Kritik an einem reflexphysiologischen und isolationistischen Reduktionismus, der die Nichtidentität von Reiz und Signal verkennt, sowie der daraus schrittweise entwickelten Generalthese der den einzelnen Leib immer schon transzendierenden Zwischenleiblichkeit interaktionsanalytisch relevante Hinweise gegeben (Loenhoff 2017).[2] Eine feinkörnige Analyse der Verschränkung der sematologischen Ebenen signal-, symptom- und symbolgesteuerter Koordination des Verhaltens und des Handelns, die die korrelierenden und ineinandergreifenden Gestaltkreise als emergentes System stabilisieren, ist dem Werk kaum oder nur auf Umwegen abzugewinnen.

2 Dies ist in seiner früheren Arbeit (1942) deutlicher und klarer entwickelt als im stärker rezipierten Hauptwerk (1945).

(3) Von der Zwischenleiblichkeit zur Koordination des Verhaltens und des Handelns

Es ist naheliegend, die bislang skizzierten Überlegungen mit einer anderen, problemgeschichtlich prominenten Perspektive ins Gespräch zu bringen, die – mitunter von den gleichen Entwicklungen innerhalb von Gestalttheorie und Verhaltensforschung inspiriert – die Strukturen der Kopräsenz, der Verhaltensabstimmung und der Koordination des Handelns in den Blick nimmt, ohne zunächst den Gebrauch konventionalisierter Zeichensysteme vorauszusetzen. Um den diskursiven Zusammenhang zu rekapitulieren, vor dessen Hintergrund die Frage nach dem Verhältnis von subsymbolischer Verhaltensabstimmung und symbolischer Handlungskoordination sich als relevante Problemstellung hat profilieren können, sind einige reflexionsgeschichtliche Hinweise angezeigt. Spätestens nämlich mit dem Reputationsverlust der geisteswissenschaftlichen Erlebnispsychologie durch die Etablierung einer behavioristisch inspirierten Verhaltensforschung, der auch außerhalb der Biologie zunehmend rezipierten Evolutionstheorie sowie einer sich an naturwissenschaftlichen Erkenntnissen orientierenden Philosophischen Anthropologie ändert sich auch der Blick auf die funktionellen und strukturellen Merkmale dessen, was innerhalb der aktuellen sozialwissenschaftlichen Forschung als »Interaktion« und »Kommunikation« verhandelt wird.

Die in Jakob von Uexkülls Studien Anfang des 20. Jahrhunderts entwickelten Schlüsselkategorien ›Merkwelt‹ und ›Wirkwelt‹ und das damit angesprochene Verhältnis von Organismen zu ihrer jeweiligen Umwelt hatten grundsätzliche Fragen hinsichtlich der gattungsspezifischen Signal- und Informationsverarbeitung einschließlich ihrer Grenzen aufgeworfen. Vor allem stimulierte die biosemiotische Programmatik einer zunächst weitgehend auf subhumane Lebensformen fixierten Verhaltensforschung auch die Reflexion humanspezifischer Grenzverhältnisse und ihrer Bedeutung für das Verständnis fundamentaler, nicht erst mit einem reflexiven Sinnverstehen möglichen Formen von Koexistenz, Anpassung, Koorientierung und Verhaltensabstimmung, wie sie durch Plessner, Buytendijk, Palágyi, v. Weizsäcker oder auch Gehlen exemplarisch auf die Forschungsagenda gesetzt wurden. Nun lassen sich menschliche Umweltverhältnisse nach dem Prinzip der durchgängigen Aktionsrelativität der Sinne, die die Merk- und Wirkwelten subhumaner Organismen strukturieren, nicht adäquat begreifen. Diese Einsicht wird nicht nur von Plessner mit seinem Prinzip der vermittelten Unmittelbarkeit hervorgehoben, sondern ist auch maßgeblich für Gehlens Ausarbeitung des Zusammenhangs von der Sensomotorik und der Plastizität des Bewegungsverhaltens und den damit zusammenhängenden kognitiven und symbolischen Dimensionen des Handelns.

Mit der Einsicht in die Ko-Konstitution von Organismus und Umwelt, die Koevolution von Handlung und symbolischer Beziehung und schließlich die Signalabhängigkeit aller Wechselwirkungen kann sich schließlich auch ein Verständnis der Ko-Orientierung und der Handlungskoordination etablieren, das die Fundamente der Handlungskoordination deutlich tiefer legt als innerhalb einer Sprach- und Kommunikationstheorie, die erst vor dem Hintergrund der Evolution elaborierter und konventionalisierter Darstellungsmittel und propositional strukturierter Rede ihren Gegenstand konstituiert. Paradigmatisch sind hier die innerhalb der soziologischen Diskussion die wenig rezipierten Arbeiten von Karl Bühler, in denen die Handlungskoordination als eine in sensomotorischen, strukturell geregelten Kreisprozessen realisierte und sich in der Verschränkung von Eigen- und Fremdsteuerung vollziehende Einheit begriffen wird, in der die inneren und äußeren Gestaltkreise schon auf der Ebene der Signale verschränkt sind. Sein Modell schlägt die für unseren Problemzusammenhang wichtige Unterscheidung von »Wirkungsbündigkeit« und »Sinnbündigkeit« (Bühler 1927: 92) vor, nämlich die Differenz zwischen einer signalabhängigen Verhaltenssteuerung *unterhalb* dessen, was man gemeinhin als Sinnverstehen bezeichnet, und der symbolisch strukturierten Bezugnahme auf Referenzobjekte, die aber von der Signalebene abhängig bleibt und sich von ihr niemals lösen kann.

Zwei für unser Thema relevante Einsichten deuten sich hier an, dass nämlich (1) aufeinander abgestimmte Bewegungsabläufe und deren Antizipation subsymbolische, aber keine asemiotischen Phänomene darstellen, jedenfalls dann nicht, wenn man Signale und Symptome (im Sinne von ›Anzeichen‹) als semiotische Ressourcen versteht und diesen, auch wenn ihnen keine selbstständige Darstellungsfunktion wie den Symbolen zukommt, eine Funktion als Steuerungsmittel in der Ko-Orientierung und der Verhaltensabstimmung zuerkennt.[3] Und (2) wird einsichtig, dass sich subsymbolische Kommunikation nur unter Präsenzbedingungen, d.h. in der gemeinsamen Wahrnehmungssituation vollziehen kann, weil solche subsymbolisch fungierenden »Richtpunkte der Steuerung« die Interaktionssituation nicht transzendieren können (ebd.: 94). Gestützt auf ein evolutionstheoretisches Bewusstsein und in diametralem Gegensatz zur exemplarisch bei Wundt entwickelten, allerdings im dualistischen Leib-Seele-Modell verhafteten Ausdruckstheorie, zeigt Bühler, dass und inwiefern die Wahrnehmung von Ausdruck aufgrund seiner appellativen Valenz in einer »Kontaktsituation« (ebd.: 86) von Beginn als Prozess signalabhängiger Verhaltenssteuerung zu verstehen ist, in der der cartesianische Dualismus von Sinn und organischem Prozess immer

3 Siehe dazu auch Bühlers Bemerkungen zur Funktion jener Anzeichen der Handlungsbereitschaft, die er »Handlungsinitien« oder »Initialsymptome des Handelns« nennt (1933: 34; 1934: 198).

schon semiotisch verklammert ist. Dies hat damit zu tun, dass sich unter der Bedingung der Anwesenheit und gegenseitigen Wahrnehmbarkeit stets Prozesse der ›Kundgabe‹ und ›Kundnahme‹ vollziehen, die jeweils einen Einfluss auf das Verhalten der involvierten Lebewesen und die ausgelösten Reaktionen haben.[4]

Diese Überlegungen zeigen, so ein Zwischenfazit, dass es nicht erst intentionale Gesten oder durch die Zurechnung von Mitteilungsabsichten strukturierte Kommunikationsofferten sind, sondern elementare Formen der Verhaltensbeeinflussung, die immer schon fundamental und funktional zur Koexistenz von Lebewesen gehören. Da sich die wechselseitige Steuerung von Handeln und Erleben damit jenseits motivierter Äußerungen im Kontext der Darstellungsfunktion der Sprache und der semiotischen Funktionen der Appell- und Ausdrucksvalenzen des Verhaltens vollzieht, wird die kommunikative Sinnkonstitution nicht primär aus der Perspektive propositionaler Bedeutungen sprachlicher Ausdrücke bzw. im Paradigma »synsemantisch abgeschlossener Rede« bestimmt, sondern im Kontext der empraktischen Steuerung der Handlungskoordination (Bühler 1934: 367). Die Signal-, Steuerungs- und Rückkopplungsdimension, die Bühler innerhalb jeder Ko-Orientierung und Interaktion verortet, steckt ein Kontinuum beeinflussender Effekte ab, das von einfachen, die Aufmerksamkeit lenkenden und appellativ wirksamen Signalen bis zu elaborierten Symbolinventaren reicht, die sich auf Gegenstände und Sachverhalte beziehen. Ein so bestimmter basaler Interaktionsbegriff kann sich auf alle Prozesse wechselseitiger Verhaltensbeeinflussung beziehen, ohne im Vorfeld eine bestimmte Klasse semiotischer Ressourcen zu privilegieren oder auszuschließen.

(4) Zwischenleiblichkeit, subsymbolische Kommunikation und ihre Grenzen

Die Frage nach der Spezifik subsymbolischer Kommunikation lässt sich als Problem eines Kommunikationsbegriffs und damit auch der kriterialen Abgrenzung empirischer Gegenstände reformulieren. Instruktiv ist hier die Perspektivenverschiebung vom vollsozialisierten Erwachsenen zu Kindern, Kranken, Fremden, Tieren oder Artefakten und deren Aufwertung als soziologisch relevante Akteure. Die damit angesprochenen Grenzen in Gestalt nichterfüllter Realisierungsbedingungen sind bisher nach unterschiedlichen Gesichtspunkten klassifiziert worden, die allerdings nicht immer derselben epistemologischen Kategorie angehören. Bedingungen, die die physikalischen Voraussetzungen von Kommunikation

4 Die entsprechenden Parallelen zu Mead (1934) sind hier nicht zu übersehen.

einschränken oder aufheben, Grenzen, die mit der anthropologischen Differenz zwischen Mensch und Tier benannt sind oder Grenzen in der körperlichen und kognitiven Dimension, die sich als ontogenetisch und/ oder sensomotorisch bedingte Einschränkungen bemerkbar machen, schließlich Grenzen der Kommunikation in der Dimension von Gewalt und Schmerz unterscheiden sich konstitutionslogisch und empirisch erheblich voneinander. Überbordende Komplexität in Gestalt hoher Ereignislasten, die nicht mehr in Anschlussoperationen dekomponiert werden können wie z.B. im Chaos einer Panik, sind wiederum nicht identisch mit Fällen, in denen der Kommunikation aufgrund radikaler kultureller Differenz zur Fortsetzung jegliche semantische Selektivität fehlt, weil eine Äußerung alles bedeuten kann.[5] Die von Lindemann (2002, 2009) vorgenommenen Analysen der Grenzen des Sozialen nehmen gegenüber der skizzierten Grenzproblematik eine doppelte Perspektive ein. Einerseits fokussieren sie die aller Kommunikation vorausliegende Deutung, nach der Entitäten im Hinblick auf ihre kommunikative Adressabilität beurteilt werden. Damit wird die von Theorien der Kommunikation lange übersehene Frage formuliert, wer überhaupt als Kommunikationspartner anerkannt werden kann und wie eine solche Beziehung beschaffen sein muss, damit sie als Lösung des Problems doppelter Kontingenz wahrgenommen werden kann. Andererseits führt genau dieses Problem in eine Analyse der Binnenstruktur der Kommunikation, aus der Lindemann empirisch validierte Erfüllungsbedingungen destilliert und die auch Forschungen über den von ihr fokussierten Fall hirntoter Patienten hinaus stimuliert hat. Diese Bedingungen umfassen die temporale Konditionierung in Form einer zeitlich sehr kurzen Abfolge der Reaktion eines Adressaten, die Möglichkeit sinnhafter Interpretation durch Kontextangemessenheit der Reaktionen und schließlich die grundsätzliche Möglichkeit der Validierung bzw. Objektivierung durch Dritte. Die als Antworten behandelten Reaktionen müssen sich als elementare Körperbewegungen beobachten lassen (z.B. als Augenbewegungen), die als binäre Codierung in Form von Ja/Nein-Stellungnahmen gedeutet werden können (Lindemann 2009: 234ff.). Vor allem zeigen die sorgfältigen Beschreibungen subsymbolischer Kommunikationsprozesse und die sie tragenden Zurechnungen, dass und inwiefern die Grenzen der Kommunikation von den signal- und symptomabhängigen Steuerungspotentialen abhängen bzw. mit diesen korrelieren. Allein die empirische Forschung kann solche Übergangszonen durch Beobachtung von Attributionsmustern ermitteln.

Es lässt sich also folgendes festhalten: Ungeachtet des Umstandes, dass mit dem attraktiven Konzept der Zwischenleiblichkeit und seinen

5 Siehe dazu auch die Vorschläge von Meyer (2014, 2016: 81) sowie die in Srubar (2012) und Reichertz (2020) geführten Diskussionen.

interaktionstheoretischen Implikationen fundamentale Dimensionen der Kommunikation und die Komplexität wie auch der Eigensinn interkorporealer oder interkinetischer Prozesse erschlossen werden können, die sich einer sprachanalog konzeptualisierten Semantik entziehen, bleibt die sematologische Unterscheidung in Signale, Symptome und Symbole als Differenzierung der in der Interaktion wirksamen Steuerungsebenen eine Analyseperspektive, die in familienähnlichen Ausdrücken wie ›Resonanz‹, ›Verflechtung‹, ›Responsivität‹ oder ›Einverleibung‹ nicht aufgeht. Die in diesem Zusammenhang zirkulierende These, dass das in der Dimension der Leiblichkeit konstituierte Weltverhältnis als ein primär asemiotisches zu begreifen ist, führt denn auch in Bezug auf die Bestimmung des Kommunikationsbegriffs zu beträchtlichen Schwierigkeiten, zumal »[...] Kommunikation offensichtlich einerseits ohne eine Berücksichtigung von sinnbildenden Prozessen präsemiotischer bzw. asemiotischer Art nicht zu denken ist, andererseits jedoch ausschließlich als ein semiotischer Vorgang betrachtet wird« (Srubar 2012: 207). Ob und inwiefern es für Lebewesen, die ein symbolisch strukturiertes Welt- und Selbstverhältnis unterhalten, Asemiotizität im Sinne einer Zeichenlosigkeit oder eines Erfahrungsraumes jenseits des Zeichen- und Anzeichenhaften überhaupt geben kann, entscheidet schließlich auch über zwei weitere Fragen, nämlich i, wie man es mit dem fundamentalen phänomenologischen und ontologischen Befund der Als-Struktur halten möchte, der zufolge uns etwas stets *als etwas* begegnet, und ii, inwiefern man der Generalthese zustimmt, dass auch der als unmittelbar erlebte Weltkontakt immer schon ein vermittelter ist, weil wir keine nackten Sinnesdaten empfangen, sondern in ihrer Als-Struktur und einem darin fundierten Verweisungshorizont kontextualisierte Phänomene wahrnehmen. Spätestens Gehlens Studien zur Infrastruktur humanspezifischer Sensomotorik zeigen, wie Eindrücke unserer Umgebung semiotisch ›durchgearbeitet‹ werden, indem sich mit der primär hantierenden, perzeptiv-haptischen Umgangserfahrung die taktilen, visuellen, auditiven oder propriozeptiven Eindrücke wechselseitig bestätigen und verdichten und damit ein seine Ergebnisse antizipierendes Handeln entlasten. Damit sollte deutlich werden, dass es eine Wahrnehmung ohne Selektivität und einen minimalen Sinngehalt nicht geben kann. Ein so verstandenes semiotisches Apriori im Sinne der Einsicht in die grundsätzliche Aufladung des Wahrnehmungsfeldes mit »signitiven Differenzen« (Waldenfels 2002: 28), die als Hintergrundselektion auch den beständigen Bezugsrahmen aller Interaktion organisiert, steht nicht im Widerspruch zur Konzeptualisierung des Leibes als »materialem Interpretanten« (Srubar 2012: 212), die unter Verweis auf interkinästhetische Praktiken plausibilisiert wird, die nicht inferenziell, sondern etwa rhythmisch, propriozeptiv oder in anderer Weise sensomotorisch ›verstehen‹. Wie auch die Studien Lindemanns zeigen, ermöglicht dieses sub- aber nicht asemiotische Verstehen ein hochgradig flexibles Sich-einlassen auf ganz unterschiedliche Bezugssysteme, zumal die subsymbolische Funktion der Signale und Symptome die Schnittstelle zu Bewusstsein und Aufmerksamkeit der Akteure bildet. Was an sich keine Symbolfunktion hat, kann dennoch diese Funktion erfüllen, wenn es in den Fokus der Aufmerksamkeit gerät, lediglich was ausschließlich behavioristisch *wirkt*, behält den Status eines bloßen Signals (Knobloch 2020: 218). Im Gegensatz zur Fixierung auf die propositionale Sprache als anthropologischer Differenz schlechthin kann eine solche Perspektive nicht nur diejenige Infrastruktur einsichtig machen, die die triadische Konstellation geteilter Aufmerksamkeit (›joint attention‹) überhaupt erst ermöglicht. Auch bietet sie eine Grundlage für eine präzise Beschreibung z.B. des nichtsprachlichen Ineinandergreifens von Handlungen und Verhaltensweisen, sei es bei der Beeinflussung der Eigenbewegung im öffentlichen Raum durch die Bewegungen anderer Anwesender, die als ›Richtpunkte der Steuerung‹ fungieren, sei es im Kontext sich wortlos vollziehender kollaborativer Aktivitäten, einfacher Tätigkeiten oder hochkomplexer Abläufe in technisch anspruchsvollen Umgebungen.

(5) Ausblick

Abschließend lassen sich der Analyse subsymbolischer Kommunikation und ihrer Grenzen wenigstens drei Impulse für weitere Diskussionen abgewinnen: *Epistemologisch* als Kritik repräsentationalistischer, mentalistischer und internalistischer Verständnisse der Handlungskoordination und ihrer aporetischen Konstruktion; *theoretisch* als Ermunterung, unglückliche Äquivokationen von Interaktion und Kommunikation durch begriffliche Differenzierungen hinter sich zu lassen und dabei von der Rekonstruktion des Phasenübergangs von nur signalgesteuerter Verhaltensabstimmung zu denjenigen Koordinationsformaten zu profitieren, die durch die Evolution von kontingenten Darstellungsmitteln strukturiert sind und die der Teilung eines gemeinsamen Hintergrundes und etablierter Gebrauchskonventionen bedürfen (Habermas 2012; Renn 2016). Schließlich die Einsicht, dass und wie die die Interaktion tragenden und vielfach verschränkten rekursiven Prozesse, die die Emergenz kommunikativer Gestaltkreise ermöglichen, unterbrechen oder verhindern, durch eine *empirische* Forschung evaluiert werden können. In *methodologischer* Hinsicht wäre schließlich noch nachzufragen, in welchem Vokabular subsymbolische Weltzugänge einer objektivierenden Beobachtung zugänglich gemacht werden sollen, wenn es denn ein Merkmal dieser Relationen ist, dass sie sich der semiotischen Unterscheidung entziehen.

Zentral für eine kommunikationstheoretische Perspektive ist und bleibt die Grundtatsache interaktiv relevanter Körperbewegungen, deren Funktion im Kontext der Verhaltensabstimmung wiederum von der Spezifik ermöglichender und steuernder semiotischer Ressourcen abhängt. Vor diesem Hintergrund lassen sich zwei Interpretationen subsymbolischer Kommunikation identifizieren, nämlich eine mit einer asemiotischen Deutung der Zwischenleiblichkeit verbundene Perspektive, die die Formen der Verhaltensabstimmung und der Handlungskoordination in einer zeichenlosen Responsivität und Resonanz verankert sieht. Der andere davon abgesetzte Vorschlag versteht auch die Sphäre zwischenleiblicher Resonanzen, Verflechtungen und Expressivität als eine immer schon funktional zu begreifende und mit spezifischen Mitteln hervorgebrachte Konstellation, die mit der Differenzierung semiotischer Ressourcen in Signale, Symptome und Symbole die kommunikationsrelevanten inter- und intrakorporalen Kreisprozesse erschließen und damit unterschiedliche Fundierungsebenen transparent machen kann. Dass sich beide Perspektiven z.T. auf die gleichen Quellen berufen, deutet nicht nur den Bedarf nach weiterer Selbstaufklärung im Kontext derjenigen Ansätze an, die hinsichtlich kommunikativer und interaktiver Phänomene die berechtigte Skepsis gegenüber einer auf symbolische Mittel und propositionale Gehalte fixierten Optik teilen, sondern dass es sich darüber hinaus lohnen könnte, deren Synthesepotential zu prüfen.

Literatur

Bühler, Karl (1927 (1978)): *Die Krise der Psychologie*, Berlin: Ullstein.

Bühler, Karl (1933 (1968)): *Ausdruckstheorie. Das System an der Geschichte aufgezeigt*, 2. Aufl., Stuttgart: S. Fischer.

Bühler, Karl (1934 (1965)): *Sprachtheorie. Die Darstellungsfunktion der Sprache*, Stuttgart: S. Fischer.

Gumbrecht, Hans Ulrich (2012): *Präsenz*, Jürgen Klein (Hg.), Frankfurt am Main: Suhrkamp.

Habermas, Jürgen (2012): »Eine Hypothese zum gattungsgeschichtlichen Sinn des Ritus«, in: ders. (Hg.), *Nachmetaphysischen Denken II*, Frankfurt am Main: Suhrkamp,77–95.

Knobloch, Clemens (2020): *Umfelder des Sprechens. Sprachtheoretische Versuche über das Gemeinte*, Siegen: Universitätsverlag Siegen.

Lindemann, Gesa (2002): *Die Grenzen des Sozialen. Zur soziotechnischen Konstruktion von Leben und Tod in der Intensivmedizin*, München: Fink.

Lindemann, Gesa (2009): *Das Soziale von seinen Grenzen her denken*, Weilerswist: Velbrück.

Loenhoff, Jens (2008): »Ausdruck und Darstellung – Eine kommunikationstheoretische Lektüre Plessners ausdruckstheoretischer Schriften«, in: Bruno Accarino/Matthias Schloßberger (Hg.), *Expressivität und*

Stil. Helmuth Plessners Sinnes- und Ausdrucksphilosophie, Internationales Jahrbuch für Philosophische Anthropologie, Berlin: Akademie Verlag, 167–186.

Loenhoff, Jens (2017): »Intercorporeality as a Foundational Dimension of Human Communication«, in: Christian Meyer/Jürgen Streeck/Scott J. Jordan (Hg.), *Intercorporeality: Emerging Socialities in Interaction*, Oxford: Oxford University Press, S. 25–49.

Mead, George H. (1934): *Mind, self and society from the standpoint of a social behaviorist*, (Hg.) Charles W. Morris, Chicago: University of Chicago Press.

Merleau-Ponty, Maurice (1942): *La structure du comportement*, Paris: Presses universitaires de France.

Merleau-Ponty, Maurice (1945): *Phénoménologie de la perception*, Paris: Gallimard.

Merleau-Ponty, Maurice (1964): *Le visible et l'invisible*, Paris: Gallimard.

Meyer, Christian (2014): »Menschen mit Demenz als Interaktionspartner. Eine Auswertung empirischer Studien vor dem Hintergrund eines dimensionalisierten Interaktionsbegriffs«, *Zeitschrift für Soziologie* (2014/43), DOI: 10.1515/zfsoz-2014-0203.

Meyer, Christian (2016): »Interaktionskrisen oder anthropologische Normalität? Über liminale Interaktionen im 21. Jahrhundert«, *Österreichische Zeitschrift für Soziologie* (2016/41,1), DOI: 10.1007/s11614-016-0207-9.

Meyer, Christian/Jürgen Streeck/ J. Scott Jordan (eds.) (2017): *Intercorporeality: Emerging Socialities in Interaction*, Oxford: Oxford University Press.

Reichertz, Jo (Hg.) (2020): *Grenzen der Kommunikation – Kommunikation an den Grenzen*, Weilerswist: Velbrück.

Renn Joachim (2016): »Emergenz und aporetische Perspektivenübernahme: George Herbert Mead und die Aufgabe einer pragmatistischen Theorie der Subjekt-Genese«, in: Joachim Renn Joachim (Hg.), *Selbstentfaltung – Die Formen und das Formen der Person: Soziologische Übersetzungen II*, Bielefeld: transcript, S. 63–87.

Srubar, Ilja (2012): »Formen asemiotischer Kommunikation«, in: Joachim Renn/Gerd Sebald/Jan Weyand (Hg.), *Lebenswelt und Lebensform. Zum Verhältnis von Phänomenologie und Pragmatismus*, Weilerswist: Velbrück, S. 206–229.

Waldenfels, Bernhard (1994): *Antwortregister*, Frankfurt am Main.: Suhrkamp.

Susanne Tübel

Der Leib als sozialtheoretisches Konzept in der qualitativen empirischen Forschung

Gesa Lindemann hat die Theorien Helmuth Plessners (1928/1981) und Hermann Schmitz' (1964, 1965, 2011) als relevante sozialtheoretische Ansätze für die soziologische Debatte fruchtbar und anschlussfähig gemacht. Dabei hat sie nicht nur Verknüpfungsmöglichkeiten beider Ansätze herausgearbeitet, sondern diese auch im Rahmen der eigenen Lindemann'schen Sozialtheorie adaptiert und einer Reinterpretation unterzogen. Ihr besonderer Verdienst liegt zudem darin, aufgezeigt zu haben, inwiefern die Theorien einen Mehrwert für die qualitative empirische Forschung bilden, indem sich Phänomene rekonstruieren lassen, die mit einem anderen sozialtheoretischen ›Vokabular‹ gar nicht erst in den Blick geraten. Der Beitrag zeichnet dies mit Fokus auf das Konzept des Leibes nach. Dafür skizziert das folgende Kapitel (1) zunächst das Leib-Konzept bei Plessner und Schmitz und erörtert Ähnlichkeiten und Unterschiede. Das zweite Kapitel konturiert Gesa Lindemanns Adaption dieser theoretischen Annahmen und die von ihr daraus entwickelte Idee des leiblichen Selbstes (2). Schließlich bezieht sich das nächste Kapitel (3) auf eine eigene qualitative empirische Studie zur Beschneidung von Jungen im Judentum (Tübel 2019, 2020), für die das hier besprochene Leib-Konzept im Sinne einer sozialtheoretischen Annahme maßgeblich gewesen ist. In Auseinandersetzung mit der Idee des Leibes bei Lindemann steht hier zur Diskussion, welche Möglichkeiten und Grenzen dabei insbesondere mit Bezug auf die Erforschung von leiblichen Erfahrungen von Transzendenz gegeben sind. Schließlich mündet der Aufsatz in einem Fazit (4), das das Zusammenspiel von Theorie und Empirie in der qualitativen Forschung beleuchtet.

(1) Was ist der Leib bei Plessner und Schmitz?

Um aufzuzeigen, inwiefern das Leib-Konzept für die qualitative soziologische Forschung im Anschluss an Lindemann sinnvoll genutzt werden kann, ist es zunächst notwendig, den jeweiligen Leib-Begriff bei Plessner, Schmitz und Lindemann herauszuarbeiten. Dieses erste Kapitel widmet sich der vergleichenden Darstellung von Plessner und Schmitz und orientiert sich dabei grob am Vorschlag des Theorievergleichs von Greshoff, Lindemann und Schimank (2007). Als »tertium comparationis« (ebd., S. 14) dient an dieser Stelle – gleichsam als kleinster gemeinsamer Nenner beider Autoren – der Bezug zum Leib. Zunächst soll mithilfe einer abstrakten Definition das Gemeinsame beider Leib-Konzepte im Sinne einer sozialtheoretischen Annahme herausgearbeitet werden. Danach folgt eine zunehmende Konkretion zum Vergleich von Gemeinsamkeiten und Unterschieden. So kann dieser Abschnitt mit einem Fazit dahingehend geschlossen werden, ob die jeweiligen Leib-Konzepte »als gleich, als partiell gleich, als komplementär oder als entgegengesetzt« (ebd., S. 15) anzusehen sind.

Leib, Körper und das Axiom der Grenze bei Helmuth Plessner[1]

Plessners Ausgangspunkt ist das Axiom der Grenze. Laut Plessner (1928/1981, S. 138, 148) erscheint alles Lebendige nicht nur material, sondern auch formal hinsichtlich seiner Erscheinungs*weise* im Doppelaspekt einer gegenständlich auftretenden, zum jeweiligen Sein gehörigen prinzipiell divergenten Außen-Innen-Beziehung. Da diese Grenze dem lebendigen Körper reell angehört – denn sie ist mehr als das reine ›Zwischen‹ zwischen dem Körper und dem angrenzenden Medium –, ist das lebendige Ding zugleich ›über ihm hinaus‹ und ›in ihm hinein‹ (ebd., S. 154, 179ff.). Diese Seinsweise macht die wahrgenommene ›Ganzheit‹ lebendiger Gegenstände aus, die ihnen ureigene *Positionalität* (ebd., S. 28, 149). Sie gilt laut Plessner bereits für Pflanzen und Einzeller. Das jeweilige *Verhältnis* des Körpers zu seiner Grenze bestimmt dabei seine spezifische Form der Positionalität. Alle Eigenschaften des lebendigen Dings haften an seiner kernhaften Mitte, einer Art Zentralpunkt des lebendigen Systems (ebd., S. 218ff.). Erst die geschlossene Organisationsform – prototypisch sieht Plessner dafür die Tiere im Vergleich zur offenen Form der Pflanze – ermöglicht es, dass die kernhafte Mitte des lebendigen Dings als Einheit des *Leibes*, als konkrete Mitte, real in Erscheinung tritt (ebd., S. 296). Das Selbst besitzt nun den eigenen Körper als Leib und hat zugleich das angrenzende Medium als Umfeld. Damit entsteht ein nicht relativierbares Hier-Jetzt, in das der Organismus gestellt ist. Einer Katze ist beispielsweise das gesamte Umfeld – der Duft von Gräsern, die in ihr Loch flüchtende Maus – durch den Leib vermittelt, der ihr gleichsam als Nullpunkt eines sich raum- und zeithaft aufspannenden Feldes dient, als nicht relativierbares Hier und Jetzt. Der Leib als eigene Mitte, aus dem heraus die Katze agiert, ihr Umfeld wahrnimmt und darauf reagiert, »ist

1 Der nachfolgende Abschnitt ist in Teilen einer Studie zur Beschneidung von Jungen im Judentum (Tübel 2019, S. 71ff.) entnommen.

[jedoch] nicht dasselbe wie [der] Körper, mit dem er doch objektiv identisch ist« (ebd., S. 74). Der eigene Körper als Körperding, auf den das Selbst reflexiv Bezug nehmen kann, entsteht erst auf der Stufe *exzentrischer Positionalität*, die Plessner prototypisch dem Menschen als personalem Wesen vorbehalten sieht. Auf dieser Stufe ist das eigene Selbst-Sein noch einmal auf die positionale Mitte bezogen und damit dem exzentrisch positionalisierten Wesen gegeben. Die Person erlebt *sich* und ihr Erleben, weiß um sich selbst, bildet ein eigenes Ich als »Fluchtpunkt der eigenen Innerlichkeit« (ebd., S. 363). Personen sind Teilhaber von Außenwelt, Innenwelt und Mitwelt. Der eigene Organismus selbst ist vergegenständlichtes Körperding dieser Außenwelt, in diesem Sinne *hat* der Mensch einen Körper. Zugleich bleibt er jedoch als absolute Mitte gerichtet in Raum und Zeit, er *ist Leib*. Körper und Leib sind im Modus exzentrischer Positionalität in spezifischer Weise miteinander verschränkt: Das im kollektiven gesellschaftlichen wie auch individuellen Wissensvorrat historisch gewachsene Körperwissen bestimmt die eigenleibliche Erfahrung (Gugutzer 2010, S. 110f.). Während dementsprechend auch der Mensch ein leibliches Zentrum hat, aus dem heraus er bspw. Hunger empfindet, ist ihm sein Leib zugleich gegenständlich als Körper gegeben, zu dem er sich reflexiv in Bezug setzen kann – der Hunger kann aufgeschoben werden, wenn gerade etwas ›Wichtigeres‹ ansteht.

Der Leib – Engung, Weitung und Richtung bei Hermann Schmitz

Auch Hermann Schmitz unterscheidet zwischen dem Leib als *absoluter* Mitte und dem Körper mit einer *relativen* Örtlichkeit im Vergleich zu anderen Körpern (Schmitz 1965, S. 6).[2] Eine Identität zwischen Leib und Körper gebe es demnach weder in Ausdehnung noch Dynamik (Schmitz 2011, S. 143). Insofern sei leiblich insbesondere das, was außerhalb der sinnlichen – und damit immer schon auf das physische Sein bezogenen – Wahrnehmung stünde (ebd., S. 5). Im Gegensatz zum Körper handele es sich beim Leib um das unteilbare Ganze der leiblichen Regungen. Dieser sei nicht durch Lagen und Abstände gekennzeichnet, sondern allein durch unumkehrbare *Richtungen* (ebd., S. 7ff.). Legt man die Dimension des Raumes zugrunde, erhält man also bei beiden Autoren eine nahezu gleiche Definition. Plessner arbeitet sich, um zu dieser Unterscheidung zu kommen, wie oben gezeigt am Axiom der Grenze ab. Er entfaltet

2 Schmitz (1980a) entfaltet seine Konzepte bereits mit Bezug auf die Idee der ›Person‹. (Vor-)Stufen, wie Plessner (1928/1981) sie prototypisch mit Bezug auf die offene Form der Pflanze und die geschlossene Form des Tiers ausmacht, unterscheidet er davon nicht. Ein Vergleich des jeweiligen Leib-Körper-Konzeptes ist daher mit Bezug auf Plessner nur auf der letzten Stufe – auf der exzentrisch positionalisierter Personen – zulässig.

unterschiedliche Stufen des Organischen und damit des Verhältnisses zur eigenen Grenze. Diese unterscheiden sich jeweils dadurch voneinander, dass sie noch einmal auf das jeweils ›vorgängige‹ Grenzverhältnis *bezogen* sind (Plessner 1928/1981, S. 184, 304, 321, 360). So entsteht bei Personen auf der Stufe exzentrischer Positionalität die Idee des ›Ich‹ als Subjektpol, denn das Gesamtsystem des Körpers ist hier vollkommen reflexiv geworden (ebd., S. 360):

> »Ihm ist der Umschlag vom Sein innerhalb des eigenen Leibes zum Sein außerhalb des Leibes ein unaufhebbarer Doppelaspekt der Existenz, ein wirklicher Bruch seiner Natur. Er lebt diesseits und jenseits des Bruches, als Seele und als Körper und als die psychophysisch neutrale Einheit dieser Sphären.« (ebd., S. 365)

Schmitz dagegen bestimmt den Leib im Spannungsverhältnis zwischen Engung, Weitung und Richtung. Insofern hat der Leib wie schon bei Plessner einen absoluten Ort mit absoluter Identität (Schmitz 2011, S. 10). Spürbar werde dieser laut Schmitz jedoch vorrangig durch die – immer zugleich zeit- und raumhafte – *Enge* der Gegenwart, etwa beim plötzlichen Zusammenfahren im Schreck (ebd., S. 2). Dieses ›Sich-Finden‹ in der Gegenwart verbunden mit einem Maximum an Engung macht den theoretischen Kern der Leibtheorie von Schmitz aus, von dem ausgehend er verschiedene Zustände – wie Angst, Schmerz, Beklommenheit, Kraftanstrengungen, Einatmen, Wolllust und Zorn, Erleichterung, Müdigkeit – entlang des Kontinuums zwischen Engung und Weitung differenziert.

Aus dem Vergleich beider Leibtheorien geht hervor, dass die jeweiligen sozialtheoretischen Konzepte als partiell gleich zu betrachten sind. In Bezug auf die Kontrastierung zwischen Körper und Leib – insbesondere in der Dimension des Raumes (bzw. auch der Zeit) – sind Schmitz' und Plessners Annahmen über weite Strecken identisch. Während Schmitz jedoch mittels seiner phänomenologischen Analyse gerade Zuständen nachspürt, in denen sich diese Abgehobenheit des Leibes vom Körper zeigt (Angst, Schmerz, Wollust), stellt Plessner vielmehr heraus, dass der Mensch als eine Entität auf der Stufe exzentrischer Positionalität – getreu dem Gesetz der vermittelten Unmittelbarkeit – nicht dazu in der Lage ist, die Unmittelbarkeit ›reiner‹ leiblicher Erfahrungen (wie das Tier) zu machen:

> »Seine Beziehung zu anderen Dingen ist zwar eine indirekte, er lebt sie aber als direkte, unmittelbare Beziehung ganz wie das Tier –, soweit er wie das Tier dem Gesetz der geschlossenen Lebensform und ihrer Positionalität unterworfen ist. Und es heißt zum anderen: Er weiß von der Indirektheit seiner Beziehung, sie ist ihm als mittelbare gegeben.« (Plessner 1928/1981, S. 401)

Der Mensch erlebt damit zwar seine Beziehung zur Welt als unmittelbar, gleichzeitig ist er sich aber der Vermitteltheit dieser Beziehung bewusst. Dieser Gedanke einer »doppelten Distanz des Personenzentrums vom Leib« (ebd., S. 409) kommt bei Schmitz so nicht vor. Seine Beschreibungen leiblicher Regungen könnten in der Theorie Plessners auch auf der Stufe zentrischer Positionalität zutreffen. Dieser Unterschied in der Theoriekonzeption eröffnet die Möglichkeit einer jeweils unterschiedlich gelagerten Verwendung des Leib-Konzeptes als sensibilisierendes Konzept (Blumer 1954) mit Bezug auf qualitatives empirisches Material. Bevor dies in Kapitel 4 veranschaulicht wird, widmet sich der folgende Abschnitt jedoch Gesa Lindemanns spezifischer Adaption der Leib-Konzepte beider Autoren.

(2) Das leibliche Selbst bei Gesa Lindemann

Gesa Lindemanns Leib-Konzept nimmt in gewisser Hinsicht eine Zwischenposition zwischen der phänomenologisch gesättigten Beschreibung und Analyse leiblicher Regungen bei Schmitz und der stärker formal-theoretischen Extrapolation unterschiedlicher Stufen von Positionalität bei Plessner ein. Ihr analytischer Ausgangspunkt ist der durch die Mitwelt geformte, personal relationierte Leib (Lindemann 2011, S. 591). Damit nimmt Lindemann auf der einen Seite eine deutliche Abgrenzung zu Schmitz vor, denn durch den Bezug zur Mitwelt als »die vom Menschen als Sphäre anderer Menschen erfaßte [sic!] Form der eigenen Position« (Plessner 1928/1981, S. 375) wird der Bezug zum individuellen Leib mit seiner jeweiligen Umweltbeziehung als Ausgangspunkt der klassischen Phänomenologie zunächst relativiert. Stattdessen ist für Lindemann der Bezug zum Leib in der ›*Wir-Sphäre*‹ (ebd., S. 378) sozialer Personen von Interesse. Der Leib ist somit eine aus der Positionalitätstheorie abgeleitete spezifische Erscheinungsform lebendiger Körper und nicht etwa selbstevident aus der Perspektive jedes einzelnen Individuums fraglos gegeben (Lindemann 2011, S. 592f.).

Auf der anderen Seite fundiert Lindemann ihre Leibtheorie im Konzept des ›leiblichen Selbsts‹ (Lindemann 2016, S. 50). Damit öffnet sie den analytischen Blick für Erfahrungen leiblichen Spürens und Berührens, die in der Regel mit Bezug auf eine leibhafte Mitte erlebt werden. Lindemann schafft somit das sozialtheoretische Werkzeug dazu – gewendet als theoretische ›Brille‹ zum Erfassen und Interpretieren qualitativ-empirischen Forschungsmaterials (Lindemann 2008). Einerseits rückt sie die Ebene *leiblicher Erfahrung* in den Fokus, die bei anderen sozialtheoretischen Ansätzen systematisch ausgeblendet wird, andererseits eröffnet sie durch den theoretischen Bezug zur Mitwelt auf der Stufe exzentrischer Positionalität die Möglichkeit, auch Phänomene in den Blick zu bekommen, die eher den Beziehungssachverhalt fokussieren und damit ein relationales Leib-Umwelt-Verhältnis begründen.

Anhand empirischen Materials soll nun gezeigt werden, wie ein solches Leib-Konzept in der soziologischen Forschungspraxis im Sinne des sozialtheoretischen Vokabulars Anwendung finden, ggf. aber auch irritiert werden kann.

(3) Der Leib als sensibilisierendes Konzept am Beispiel qualitativ empirischen Forschens[3]

Das hier genutzte empirische Material entstammt einer qualitativen Studie zur Logik der Beschneidung im Judentum (Tübel 2019, 2020). Bei dieser ging es darum, das leibliche und zeithafte Erleben der Beschneidung aus Perspektive der unterschiedlichen Beteiligten zu rekonstruieren und damit die besondere Eigendynamik des Rituals als sich selbst reproduzierend herauszuarbeiten. In diesem Zusammenhang wurden 32 qualitative Interviews im Feld der jüdischen sowie der muslimischen Beschneidung – wobei letzteres Material der Kontrastierung diente – geführt. Auf der Ebene des Leiberlebens zielte die Studie darauf ab, herauszufinden, welche spezifische leibliche Struktur sich durch die Rekonstruktion der körper-leiblichen Bezüge während der Beschneidung zwischen den beteiligten Akteuren entfaltet: Inwiefern ist leibliches Spüren während der Beschneidung wann und für wen relevant? Welche Bedeutung erhält dabei der beschnittene Körper? Der folgende Abschnitt fokussiert nur einige wenige ausgewählte Aspekte dieser Untersuchung. Die beispielhafte Analyse hat den Zweck, darzustellen, inwiefern die von Lindemann in die soziologische Diskussion eingeführten Leib-Konzepte von Schmitz und Plessner dafür fruchtbar gemacht werden können und welcher Mehrwert für die soziologische Theoriebildung daraus entsteht.

Das Interview, das der folgenden Darstellung zugrunde liegt, wurde mit Colja, der im Zuge seiner Konversion zum Judentum erst mit 13 Jahren[4] beschnitten wurde, seiner älteren Schwester sowie seiner (russisch-orthodoxen) Mutter Kira geführt. Im folgenden Abschnitt gehen die Beteiligten auf die Beschneidung als leibliche Erfahrung ein. Auf den ersten Blick durchaus erstaunlich steht dabei vor allem das leibliche Erleben der Beschneidungssituation durch die *Mutter* im Mittelpunkt.

3 Der folgende Abschnitt entstammt ebenfalls in Teilen der oben erwähnten empirischen Studie zur jüdischen Beschneidung (Tübel 2019, S. 167ff.).

4 Traditionell findet die jüdische Beschneidung dagegen bereits am achten Lebenstag statt.

Kira: […] und ja da, und dann bei der Arzt ich äh der Arzt hat keine äh Assistentin ja? / I: mhm / Und ich ich war, seine Assistentin ja?
Colja: Naja das ist jetzt äh (   )
L Kira: Ja.. das ist ja aber
L I: @(1)@
Kira: ich war dabei.. und alles.
L Colja: Du hast ja nur das Tuch gehalten.
Kira: Tuch gehalten und die Schere auch, gehalten mh… und äh diese Klappen {Tür klingelt} oder wie das heißt, ja alles aufgehalten / I: mhm / und ich war dabei alles geguckt. @ Und das vergesse ich nie @ (1) bitteschön und diese Haut {lacht hoch auf, dann schnell und laut für mehrere Sekunden}
L I: @(1)@
Colja: Zum Glück hat sie mir das noch nie erzählt.
Kira: @Ne ne ne (   )@
L I: @
L Colja: Also ich hab echt nichts gesehen.
L I: @ mhm
Colja: Also ich dachte erst noch {Gespräche im Hintergrund} bei den Vorbereitungen irgendwie / I: mhm / was machen. Ähm man spürt nur so´n ganz ganz / I: mhm / leichtes Zwicken. Nur ganz ganz leicht. Ich dachte, »ja macht der irgendwas?« Und dann war´s schon fertig. (Transkription Colja, Z. 4085-4101)

In der zitierten Passage stellt zunächst die Mutter aus ihrer Perspektive ihre Erinnerungen an den medizinischen Eingriff dar. Kira wird dabei durch den beschneidenden Arzt aufgrund fehlender weiterer Personen, deren Hilfe dieser in Anspruch nehmen könnte (»der Arzt hat keine äh Assistentin ja?«), mehr oder weniger dazu ›genötigt‹, direkt am Geschehen zu partizipieren (»ich war, seine Assistentin«). Während Colja einen Versuch unternimmt, Kiras Rolle ein Stück weit zu relativieren (»Du hast ja nur das Tuch gehalten«), expliziert Kira weiter, inwiefern ihrerseits ein leibliches Sich-Richten auf ihren Sohn erfolgt ist. Hierbei übernimmt sie zum Teil die Perspektive des Beschneiders, sie hält das »Tuch«, »die Schere« und »Klappen« (auf) und blickt in diesem Sinne direkt partizipierend auf das Geschehen (»alles geguckt«). In der Situation lässt sich demnach ein taktiles und visuelles Sich-Richten auf die Beschneidung rekonstruieren, das zur Beteiligung an der konkreten leiblichen Gegenwart ihres Sohnes (»ich war dabei.. und alles«) führt. Entscheidend ist dabei offenbar die Partizipation an einem gemeinsamen leiblichen Erfahrungsraum mit dem Kind. Kira bricht an dieser Stelle jedoch die ausführliche Darstellung des eigenen Erlebens ab und bezieht sich stattdessen nur in elliptischer Form auf die Ereignisse (»bitteschön und diese Haut«). Das irreversible Einschreiben der Erfahrung in die Erinnerung (»Und das vergesse ich nie«) können hier jedoch als Ausdruck der eigenen leiblichen Betroffenheit interpretiert werden. Das anschließende fast schon hysterisch anmutende Lachen (»{lacht hoch auf, dann schnell und laut}«) zeigt an, dass die Verbalisierung dieser leiblichen Erfahrung für Kira schwierig ist.

Im Gegensatz dazu ist bemerkenswert, wie Colja mit den für ihn offenbar neuen Informationen seiner Mutter umgeht. An die Interviewerin gewandt und damit gewissermaßen aus der womöglich erzählerisch nacherlebten Situation austretend äußert er sich mit den Worten »Zum Glück hat sie mir das noch nie erzählt«. Ohne die zusätzlichen Informationen in seine eigene Deutung der Situation ›einzubauen‹, bringt er stattdessen seine Perspektive während der Beschneidung zum Ausdruck, die nun – im Gegensatz zu einer vorhergehenden Bewertung als »schlimm« – vor allem im *fehlenden* leiblichen Erleben der Beschneidung zu bestehen scheint. Weder visuell (»Also ich hab echt nichts gesehen«) noch taktil (»man spürt nur so'n ganz ganz / I: mhm / leichtes Zwicken. Nur ganz ganz leicht. Ich dachte, ›ja macht der irgendwas?‹ Und dann war's schon fertig«) ist er am Geschehen beteiligt. Stattdessen lässt sich sein mehrfach relativiertes leibliches Spüren (»ganz ganz [...] leichtes«, »Nur ganz ganz leicht«) im Sinne der Zuordnung zum eigenen leiblichen Richtungsraum, der bei Coljas spezifischem Hier-Jetzt seinen Ausgangspunkt nimmt, nicht richtig fassen. Es erscheint vielmehr losgelöst vom eigentlichen Geschehen.

Ähnlich geht es Jona, der aus der ehemaligen Sowjetunion stammt und bei seiner Beschneidung in seinem Heimatland kurz nach der ›Wende‹ ebenfalls bereits zwölf Jahre alt war und deshalb im Interview von seinen eigenen Erfahrungen erzählen kann:

> Also man äh ich lag auf dem Operationsbett. Äh da wurde auch mhm so ein Bettlaken aufgezogen, welches äh, welches mein, eben mein Unterleib abtrennte vom Oberleib. / I: mhm / Also abtrennte nicht, aber halt äh mich daran hinderte zu sehen, was da alles passiert. Äh.. genau, woran ich mich noch erinnere, das war dann äh, äh g/ äh genau, dann wurde mir gesagt »Gleich wirds ein bisschen« äh, ähm genau zuerst wurde halt die Stelle entsprechend natürlich desinfiziert, ich fragte noch was das ist äh der Sa/ der Sanitäter, der assistierte / I: mhm / er sagte dann »Es ist Jod.« / I: mhm / Ok, dann haben sie es desinfiziert und dann sagten sie »Es wird gleich ein bisschen piksen.« (1) Also, Anästhesie eben. / I: mhm / So und danach äh und danach äh ging es los, man hat äh und irgendsoein Junge der da.. also was heißt Junge, der war glaube ich so sechszehn, vielleicht achtzehn, äh der da assistierte, der sagte dann »Äh hier, spiel doch mal.« Und ich hab Tetris in dem Ferienlager davor gesehen, / I: mhm / also so ein Bo/ Gameboy mit Tetris / I: mhm / war das. Und ich hab äh das Spiel gesehen, äh noch im Ferienlager, habe den Sinn allerdings damals noch nicht verstanden. / I: mhm / Und äh fra/ und dann fragte ich noch »Äh muss ich hier Gebäude bauen?« »Ja«, sagte er, »kannst du auch. Aber eigentlich musst du die Reihen hier

> wegkriegen.« / I: mhm / Ja und äh, wie gesagt, da habe ich gelegen und die Reihen weggekriegt. (Transkription Jona, Z. 467–488)

Ohne die Passage im Detail interpretieren zu wollen, möchte ich an dieser Stelle lediglich zwei Elemente der Darstellung herausstellen: *Erstens* wird hier das raumhafte Sich-Richten Jonas auf die eigene Beschneidung systematisch verhindert, indem die Beschneidungssituation strukturell bereits so aufgebaut ist, dass eine ›Lösung‹ des körperlichen Geschehens der Vorhautabtrennung vom leiblichen Erleben des Betroffenen erfolgt. Zu unterscheiden sind dabei intervenierende Bedingungen auf der einen Seite wie etwa der Sichtschutz (»da wurde auch mhm so ein Bettlaken aufgezogen, welcher äh, welcher mein, eben mein Unterleib abtrennte vom Oberleib. / I: mhm / Also abtrennte nicht, aber halt äh mich daran hinderte zu sehen, was da alles passiert«) und die örtliche Betäubung (»Anästhesie«), die wie im Fall von Colja das visuelle und taktile Ausrichten auf die eigene Beschneidung verhindern. Auf der anderen Seite wird ein neues Zentrum des leiblichen Richtungsraums geschaffen, indem der Betroffene in ein Videospiel (»Tetris«) involviert wird, das den gewissermaßen ›abgetrennten‹ Oberkörper, insbesondere die Hände, Arme und Augen besonders in Anspruch nimmt und damit einen neuen Fokus des leiblichen Sich-Richtens darstellt, der das Geschehen am unteren Teil des Körpers leiblich bis zu einem gewissen Grad in den Hintergrund treten lässt.

Mit Plessners Unterscheidung zwischen gegenständlichem Körper und dem Bezogensein auf eine leibliche Mitte fällt zunächst auf, dass beide Aspekte sich hier ein Stück weit aus ihrer Verschränkung lösen. Der damit einhergehende teilweise Wegfall leiblicher Orientierung (Steht die Beschneidung noch bevor? Ist sie gerade im Gange? Ist sie vielleicht schon erfolgt?) geht aus den Darstellungen Coljas und Jonas deutlich hervor. Diese Auflösungsbewegung in Bezug auf das leibliche Zentrum als nicht-relativierbares Hier-Jetzt, als absoluter Ort mit einer absoluten Zeit lässt sich zunächst als leibliche Unverfügbarkeit konzeptualisieren. Auftretende Reize (»leichtes Zwicken«, »piksen«) werden damit nicht mehr als Schmerz und mit Bezug auf die Veränderung des gegenständlichen Körpers erlebt.

In der Theoriesprache Schmitz' könnte man diesbezüglich auch vom Phänomen der Ausleibung sprechen. Im Fall von Kira geht dabei gleichzeitig eine Art Einleibung einher, denn die Orientierung – das Sich-Richten in der Gegenwart – findet hier bezogen auf den Subjektpol des *anderen* statt. Diese ist im Fall von Kira und Colja allerdings weder wechselseitig noch antagonistisch. Vielmehr handelt es sich um eine Unentschiedenheit hinsichtlich der Identität oder Verschiedenheit der beiden leiblichen Selbste im Moment der unmittelbaren leiblichen Betroffenheit (vgl. Schmitz 2014, S. 15).

Im Anschluss an Gesa Lindemann wäre dagegen auch eine Konzeptualisierung als Phänomen temporaler Dividualisierung denkbar. Damit wird das Hinausgehen über den eigenen Leib im Sinne der Auflösung des Bezogenseins auf die leibliche Mitte, aber auch die Möglichkeit eines relationalen Verhältnisses zum Leib gleichsam ›normalisiert‹, wird sie doch der modernen Vergesellschaftungsform gleichberechtigt gegenübergestellt.

Betont man dagegen den außeralltäglichen Charakter derartiger Phänomene, lassen sich beide Passagen auch als Erfahrungen leiblicher ›Transzendenz‹ beschreiben. Der Begriff Transzendenz meint zunächst anknüpfend an eine religionssoziologische Begriffstradition ein Über-sich-Hinausweisen (Schütz/Luckmann 1975/2003, S. 596) bzw. ein Sich-selbst-Überschreiten (Joas 2007), das heißt die Auflösung und Einbettung des Individuums in eine übergreifende ›höhere‹ Ordnung – wodurch die Wirklichkeit der Alltagswelt ›überschritten‹ werde. In den beiden hier vorliegenden Fällen wird die alltagsweltliche Bezogenheit auf den Leib als Ursprung eines sich entfaltenden leib-, zeit- und raumhaften Koordinatensystems jedoch vielmehr nach ›innen‹ überschritten. Das leibliche Zentrum wird nicht als etwas beschrieben, das sich durch zunehmende Weitung z.B. durch Formen höchster Ekstase (Schmitz 1965, S. 74) dem Zugriff entzieht, sondern vielmehr löst sich der Leibbezug im Sinne des Verhältnisses zur eigenen kernhaften Mitte zugunsten der Wahrnehmung eines ausgedehnten Kontinuums auf, das hinsichtlich der Identität bzw. Verschiedenheit möglicher Einteilungen unentschieden ist. Mit dieser Auflösungsbewegung wird daher nicht das Verhältnis alles Lebendigen zu seiner Grenze im Sinne von »über ihn hinaus«/«in ihn hinein« berührt, sondern vielmehr das Verhältnis zum leiblichen Kern. Diese logische Struktur lässt sich mit Schmitz' Konzept chaotischer Mannigfaltigkeit beschreiben (Schmitz 1964, S. 243). Die eigene leibliche Mitte und die angegliederten ›Leibesinseln‹ (Schmitz, S. 2011, S. 10) lösen sich auf zugunsten der Wahrnehmung ausgedehnter Kontinuität. Zugleich ist das im Alltag vorherrschende Verhältnis von Leib und Körper aus seinem Zusammenhang gelöst. Die Konzeptualisierung einer solchen Auflösungsbewegung als Erfahrung leiblicher Transzendenz unterstreicht den außeralltäglichen Charakter eines solchen Leibbezugs, der zugleich mithilfe einer leibtheoretisch informierten Beschreibungssprache präzise analysiert werden kann. Während Lindemann solche Phänomene durch ihren Fokus auf den mitweltlich geprägten personal relationierten Leib eher normalisiert und damit auf der Ebene von Gesellschaftstheorie auch unterschiedliche Gesellschaftsformen mit jeweils typischem Leibbezug vergleichbar macht, findet der außeralltägliche Charakter mit Bezug auf das Konzept leiblicher Transzendenz Betonung.

(4) Zusammenspiel von Theorie und Empirie

Gesa Lindemann hat den Leibbegriff für die soziologische Diskussion fruchtbar gemacht, indem sie die Leibdimension als eines der wesentlichen Kernelemente ihrer Sozialtheorie eingeführt (Lindemann 2014) und zugleich verdeutlicht hat, welche Rolle sozialtheoretische Fundierungen in der qualitativen empirischen Forschung spielen (Kalthoff/Hirschauer/Lindemann 2008).[5] Damit ist es möglich, bei der Analyse empirischen Materials Formen des leibhaften Erlebens differenziert zu rekonstruieren und zugleich im Sinne einer ›dichten Beschreibung‹ phänomenologische Erkenntnisse in die soziologische Theoriebildung zu überführen. Ebenso wie alle anderen sozialtheoretischen Beschreibungssprachen, müssen jedoch auch mit Bezug auf die Unterscheidung zwischen Leib und Körper Momente der Irritation genutzt werden, um sozialtheoretische Weichen neu zu stellen und fruchtbar weiterzuentwickeln. Dabei erscheint es auch sinnvoll, Einsichten aus anderen soziologischen Teildisziplinen wie der Religionssoziologie zu nutzen und mit dem Bezug zur Leibebene neu zu denken. Am Beispiel des Konzepts der leiblichen Erfahrung von Transzendenz wurde dies hier verdeutlicht. Dabei verändern die Interpretationsergebnisse den Blick auf die eigenen sozialtheoretischen Fundierungen – hier das Verhältnis von Körper und Leib – und dienen so der Reflexion und Weiterentwicklung sozialtheoretischer Annahmen.

Literaturverzeichnis

Blumer, Herbert (1954): »What is wrong with social theory?«, in: *American Sociological Review (18)*. S. 3–10.

Greshoff, Rainer/Gesa Lindemann/Uwe Schimank (2007): »Theorienvergleich und Theorienintegration – Disziplingeschichtliche und methodische Überlegungen zur Entwicklung eines paradigmenvermittelnden ›conceptual framework‹ für die Soziologie«, in: Arbeitsgruppe Soziologische Theorie, *Diskussionspapiere (1)*, Oldenburg: Carl von Ossietzky Universität Oldenburg, Institut für Sozialwissenschaften. https://nbn-resolving.org/urn:nbn:de:0168-ssoar-197777.

Gugutzer, Robert (2002): *Leib, Körper und Identität. Eine phänomenologisch-soziologische Untersuchung zur personalen Identität,* Wiesbaden: Westdeutscher Verlag.

Gugutzer, Robert (2010): *Soziologie des Körpers*, Bielefeld: transcript.

Kalthoff, Herbert/Stefan Hirschauer/Gesa Lindemann (Hg. 2008/2015):

5 Die Unterscheidung zwischen Leib und Körper findet freilich auch in anderen Teilgebieten der Soziologie Erwähnung, insbesondere im Bereich der Körpersoziologie (z.B. Gugutzer 2002, 2010).

Theoretische Empirie. Zur Relevanz qualitativer Forschung, Frankfurt: Suhrkamp.

Lindemann, Gesa (2008): »Theoriekonstruktion und empirische Forschung«, in: Kalthoff, Herbert/Stefan Hirschauer/Gesa Lindemann (Hg.), *Theoretische Empirie. Zur Relevanz qualitativer Forschung*, Frankfurt: Suhrkamp, 107–128.

Lindemann, Gesa (2011): »Der menschliche Leib von der Mitwelt her gedacht«, In: *DZPhil* (59/4), 591–603.

Lindemann, Gesa (2014): *Weltzugänge. Die mehrdimensionale Ordnung des Sozialen*, Weilerswist: Velbrück Wissenschaft.

Lindemann, Gesa (2016): *Das Soziale von seinen Grenzen her denken*, Weilerswist: Velbrück Wissenschaft.

Plessner, Helmuth (1928/1981): *Die Stufen des Organischen und der Mensch. Einleitung in die philosophische Anthropologie*, Frankfurt: Suhrkamp.

Schmitz, Hermann (1964): *Die Gegenwart* [=System der Philosophie. Bd. 1], Bonn: Bouvier.

Schmitz, Hermann (1965): *Der Leib* [=System der Philosophie. Bd. 2. Teil 1], Bonn: Bouvier.

Schmitz, Hermann (1980a): *Die Person* [=System der Philosophie. Bd. 4], Bonn: Bouvier.

Schmitz, Hermann (1980b): *Die Aufhebung der Gegenwart* [=System der Philosophie. Bd. 5], Bonn: Bouvier.

Schmitz, Hermann (2011): *Der Leib*, Berlin/Boston: De Gruyter.

Schmitz, Hermann (2014): *Phänomenologie der Zeit*, Freiburg/München: Alber.

Tübel, Susanne (2019): *Transzendenzvermittelte Inklusion. Zur Logik der Beschneidung im Judentum*, Oldenburg: Carl von Ossietzky Universität Oldenburg. http://nbn-resolving.org/urn:nbn:de:gbv:715-oops-41693.

Tübel, Susanne (2020): »Ritual Reproduction in Jewish Communities in Germany: The Case of Circumcision«, in: Demmrich, Sarah/Ulrich Riegel (Hg.), *Religiosity in East and West. Conceptual and Methodological Challenges from Global and Local Perspectives* [=Veröffentlichungen der Sektion Religionssoziologie der Deutschen Gesellschaft für Soziologie], Wiesbaden: VS. S. 45–59, DOI: https://doi.org/10.1007/978-3-658-31035-6_3.

Grenze.
Anthropologisches Quadrat, Grenzregime und Technik

Katharina Block

Nicht-menschliche Personen

Zum Status von Akteuren bei Gesa Lindemann und Donna Haraway

> »Das Ziel besteht nicht darin, von vornherein festzulegen, welche Entitäten als Akteure gelten und welche als bloße Objekte.
> Vielmehr sollte es darum gehen, eine konzeptuell differenzierte Beschreibungssprache auszuarbeiten, mit dem Zweck, empirisch herauszuarbeiten, welche Entitäten welche Art von Wirksamkeit entfalten.«
>
> (Lindemann 2014: 54)

> »Was passiert, wenn menschlicher Exzeptionalismus und eingeschränkter Individualismus, diese vertrauten Spielwiesen westlicher Philosophie und politischer Ökonomie, in den besten Wissenschaften – egal ob Natur- oder Sozialwissenschaften – undenkbar werden?«
>
> (Haraway 2018: 47)

Ein sozialer Akteur, was ist das eigentlich? Diese Frage stellen sich Gesa Lindemann und Donna Haraway auf ganz unterschiedliche Weise und doch bildet die Akteurs-Frage bei beiden einen roten Faden im Werk. Während Lindemann diese Frage ganz sachlich nüchtern im Kontext von theoriesystematischen Überlegungen stellt, die einer rational-reflexiven und nicht-normativen Theoriebildungslogik folgen, hat für Haraway diese Frage politisch-ethische Brisanz, und zwar gerade im Kontext der Generierung wissenschaftlichen Wissens.

Im vorliegenden Beitrag möchte ich skizzieren, wie sich die beiden Autorinnen jeweils der Akteurs-Frage nähern und die dabei bestehenden Unterschiede aufzeigen. Dafür werde ich auf je ein zentrales Werk Lindemanns und Haraways zurückgreifen, da es nicht darauf ankommt, möglichst viele Schriften zu referieren, sondern die für die Akteurs-Frage sowie ihrer Beantwortung wichtigen Fäden aufzuzeigen, die sich in dem je gewählten Werk finden. Die Frage danach, was bzw. wer ein sozialer Akteur oder eine soziale Person ist – im Folgenden verwende ich die Begriffe synonym –, wird von Lindemann bereits in ihrer Schrift *Das Soziale von seinen Grenzen her denken* (2009) maßgeblich aufgeworfen.

Beziehen werde ich mich jedoch hauptsächlich auf ihr sozialtheoretisches Hauptwerk *Weltzugänge* (2014), dessen Lektüre mich an einigen Stellen an Haraway hat denken lassen. Ebenso erging es mir bei der Lektüre des jüngsten Werks Haraways *Staying with the Trouble*, welches in der deutschen Übersetzung den Titel *Unruhig bleiben* (2018) trägt, bei der ich immer wieder an Lindemann erinnert wurde. Für mich Anlass genug, hier einmal in essayistischer Form vergleichende Überlegungen zu den beiden Autorinnen im Kontext der Akteurs-Frage darzulegen. Denn vermittelt über diese Frage lässt sich bei den beiden Autorinnen etwas über ihr jeweiliges Verständnis davon, wie wissenschaftliche Theoriekonstruktion funktioniert, lernen.

Während Lindemann eine rationale Vorgehensweise ins Zentrum stellt, steht bei Haraway das Spekulative im Vordergrund. Während Lindemann darauf insistiert, dass die Empirie erst zeigen muss, wer oder was ein Akteur ist, attestiert Haraway ausgehend von empirischen Beispielen von vornherein vielfältigen Entitäten Akteurialität. Diese systematische Differenz ist interessant, weil die Autorinnen miteinander teilen, das moderne Denken durch eine angemessene Theoriekonstruktion zu dechiffrieren, um es als historisch variabel und insofern kontingent auszuweisen, wobei diese Kontingenz bei beiden zentral auf die Akteurs-Frage bezogen wird. Lindemann und Haraway nehmen gewissermaßen zwei entgegengesetzte epistemologische Richtungen, um ein ähnliches Ziel zu erreichen. Wie unterschiedlich ihre Wege sind, werde ich in den folgenden zwei Abschnitten darlegen. Ob die beiden Autorinnen auch Wegweisende füreinander sein könnten, werde ich abschließend beleuchten.

(1) Personalität als kontingenter Sachverhalt in der formal-universalistischen Sozialtheorie

Theoriearchitektonisch lassen sich in der soziologischen Theoriebildung verschiedene Ebenen bzw. Typen von Theorien unterscheiden. Eine davon ist die Ebene der Sozialtheorie. Auf dieser werden systematische Antworten auf die klassische Frage der Soziologie – Wie ist soziale Ordnung möglich? – gesucht und definiert, was als ein soziales Phänomen gelten kann. Wie vielfältig diese Frage in der Soziologie beantwortet wurde, zeigt die bewegte Geschichte der sozialtheoretischen *turns*. Stets ging es bei jedem neuen *turn* darum, zu zeigen, welcher Aspekt bislang in der Beantwortung der Frage danach, was alles an Ordnungsbildungsprozessen beteiligt ist, noch nicht berücksichtigt worden ist: Körper, Praktiken, Räume, Materialität und anderes mehr. Das Repertoire an sozialtheoretischen Grundbegriffen ist entsprechend stetig größer geworden und die Soziologie zu einer vielfältigen Wissenschaft, die eine Multiplizität an Ordnungsrelevantem aufzuzeigen weiß. Diese Vielfalt an Deutungsmöglichkeiten hat bisweilen zu heftig umkämpften Deutungshoheiten im Fach geführt. Nur in einem schienen sich, wie Lindemann feststellt, lange Zeit viele der Perspektiven einig zu sein, nämlich, dass Akteure menschlich sind: »Das Soziale ist eine menschliche Angelegenheit, weshalb die Frage nach den in die Ordnungsbildung einbezogenen Akteuren nicht eigens gestellt werden muss.« (Lindemann 2014: 34) Zwar wurde im Zuge der sozialtheoretischen Wendungen Vieles als an den Ordnungsbildungsprozessen beteiligt reklamiert, insgeheim behielt der menschliche Akteur aber seine Primatstellung, von der aus jede Perspektive ihren Anfang nimmt, auch wenn sie dies eigentlich ablehnt.[1] Damit folgt die Soziologie einem Leitmotiv moderner – d.h. nach Lindemann horizontal differenzierter – Gesellschaften, welches festlegt, dass nur menschliche Individuen legitime Akteure sein können, wie Lindemann präzise aufzuzeigen weiß. Verwundern tut dies kaum, ist die Soziologie doch »ein Kind der Moderne« (ebd.: 27). Insofern es sich aber um ein Motiv *moderner* Gesellschaften handelt, wird auch unmittelbar einsichtig, dass es sich hierbei um ein sozio-historisches Spezifikum handelt, das seinen historischen Ort eben in der Moderne hat. Die Vorstellung vom Menschen bzw. menschlichen Individuum, als einzig legitimem Akteur, ist somit variabel und entsprechend kontingent zu setzen (vgl. ebd.: 11). Wer oder was eine soziale Person ist, kann theoriesystematisch damit als eine offene Frage behandelt werden, deren Antwort empirisch einzuholen ist. Ein vermeintlich kategoriales Apriori wird dadurch als »historisches Apriori« (ebd.: 25) sichtbar. Die Forschung zeigt: Extramoderne, sog. vormoderne und mehr-als-moderne Gesellschaften kennen und kannten tatsächlich eine Vielfalt an sozialen Personen, die legitime Akteure sozialer Ordnungsbildungsprozesse waren und sind (vgl. u.a. Luckmann 1970; Leenhardt 1983; Strathern 1988; Viveiros de Castro 1998; Descola 2011; Lindemann 2018) und damit potenziell auch sein werden. Vor dem Hintergrund solcher Studien zeigt sich für Lindemann ebenso die Kontingenz der modernen Ontologie, d.i. der Dualismus von Natur und Kultur, in dem *die* Natur vielen menschengemachten Kulturen gegenübersteht und von Menschen kulturschaffend bearbeitet wird. Eduardo Viveiros De Castro etwa hat dem gegenüber aufgezeigt, dass in amer-indigenen Gesellschaften diese Ontologie nicht vorkommt, sondern im Gegenteil dort ein Multinaturalismus Anwendung findet, in dem artenübergreifend Naturzugänge vermittelt werden (Viveiros De Castro 1998). Tieren z.B. wird dabei nicht lediglich zugeschrieben, Akteure zu sein, sondern sie sind es in einem ontologischen Sinne: »animals are people, or see themselves as persons« (ebd.: 470), wie Viveiros de Castro betont.

1 Dies trifft auch noch auf den ANT-Ansatz zu (Lindemann 2014: 55f.) wie auf die Praxistheorie (Block 2018).

Für die Formulierung einer Sozialtheorie sind diese Kontingenz-Erkenntnisse wichtig, ist doch nach Lindemann ein Merkmal von Sozialtheorie ihr formaler »Universalitätsanspruch«, der darin besteht, »nicht nur die moderne Ordnung, sondern auch nicht-moderne Ordnungen in gleicher Weise analysieren zu können« (ebd.: 25). Sind aber erst einmal die gewohnten Präsuppositionen der Soziologie – Akteure sind menschlich und Menschen sind Individuen – sowie die damit zusammenhängende Ontologie – der Natur/Kultur-Dualismus –, denen sie folgt, ihrem bisherigen Universalitätsanspruch enthoben, fragt sich, auf welche Weise eine Sozialtheorie formuliert sein muss, damit sie diesen Anspruch erfüllt.

Für Lindemann ist einerseits klar, dass dafür »die Unbestimmtheit der Sozialdimension, methodisch zum Ausgangspunkt eines Forschungsprogramms zu machen« ist und andererseits, dass eine solche Sozialtheorie trotzdem ihren »geschichtlichen Standort in der Moderne« (ebd.: 78) hat, was einen Sachverhalt darstellt, dessen Konsequenzen selbst zum Gegenstand der Analyse und somit infrage gestellt werden müssen. Im Anschluss an die von Helmuth Plessner formulierte Theorie unterschiedlicher Positionalitäten lässt sich dieses Vorhaben erstens formal begründen – Plessner (1975; 2003) selbst versteht einerseits den Menschen (im Sinne der huminitas) lediglich als *eine* Möglichkeit der Realisierung exzentrischer Positionalität und andererseits das Menschsein (im Sinne der humanitas) als eine historisch-variable Kategorie, deren Bedeutung stets neu ausgehandelt werden müsse, was sie zu einem genuin politischen Sachverhalt macht. Und zweitens lässt sich damit eine Prämisse finden, von der aus die Beschreibung einer mehrdimensionalen (Sozial-, Symbol-, Zeit-, Raum- und Sachdimension) Ordnungsbildung möglich ist: die Leib-Umwelt-Beziehung exzentrischer Positionalität (vgl. Lindemann 2014: 17). Ordnungsbildung, das haben u.a. die eingangs erwähnten sozialtheoretischen Wendungen gezeigt, ist mehrdimensional. Nun gilt es nach Lindemann diese miteinander zu verschränken, und zwar in einem Guss: »Die daraus resultierende These zur Ordnungsbildung lautet: Ordnungen sind dann stabilisiert, wenn in den Vollzügen leiblicher Umweltbeziehungen in den fünf genannten Hinsichten zueinander passende generalisierte Muster ausgebildet werden.« (Lindemann 2014: 84) Voraussetzung dafür ist allerdings, dass die Äußerungen und Ausdrücke sowie Erwartungen von Entitäten reflexiv verstehbar sein müssen, damit sie akteurialen Status haben können. Denn sonst könnten keine Generalisierungen entstehen und sich daraus wiederum keine Institutionalisierungen generieren.

Ausgehend von diesen Prämissen der reflexiven Verstehbarkeit und der passgenauen Einheit aller Dimensionen zu Ordnungstypen, die bestimmte generalisierte Muster hervorbringen, formuliert Lindemann ihre Sozialtheorie nun formal präzise und streng systematisch dem

Reflexivitätsprinzip exzentrischer Positionalität folgend, so dass sie schließlich zu einer »rationale[n] Theoriekonstruktion« (ebd.: 11, 331) gelangt, die »extrapolierende Generalisierungen« (ebd.: 331) für gesellschaftsanalytische Aussagen erlaubt. Dabei ist sich Lindemann stets darüber bewusst, erstens, dass die Ordnungstypen im Sinne Webers idealtypisch sind und zweitens, dass sie als Wissenschaftlerin selbst historisch in der Moderne situiert ist und entsprechend »die kommunikativen Strukturen der Moderne reproduziert« (ebd.: 331), was sich vor allem darin äußere, dass die von ihr gewählten illustrierenden Geschichten aus menschlicher Perspektive erzählt sind. Eben darin spiegele sich das »historische Apriori der Moderne« (ebd.: 332) wider, aus dem auch sie selbst nicht herauskommt: »Immerhin: Die Reflexivität der Theorie erlaubt es, dies festzustellen.« (ebd.: 332)

Lindemann ist es in ihrer Sozialtheorie der unterschiedlichen Weltzugänge überzeugend gelungen, den Menschen als einzig legitimen Akteur zu dezentrieren und zu historisieren. An seine Stelle setzt sie Leib-Umwelt-Bezüge exzentrischer Wesen, die sich zugleich in der Sozial-, Symbol-, Zeit-, Raum- und Sachdimension vollziehen und sich dabei kongruent zueinander realisieren. Die Festlegung, auf welche Weise sich exzentrische Positionalitäten realisieren ist entsprechend relational zum ordnungsbildenden Geschehen. Dies gilt im Rahmen der Sozialdimension entsprechend auch für die Festlegung von Akteursstatus. Person-sein fällt bei Lindemann damit nicht mehr länger mit Mensch-sein zusammen, sondern ist kontingent. Soziale Personen können so ganz unterschiedliche Entitäten sein, vorausgesetzt sie realisieren die Reflexivität exzentrischer Positionalität und können somit als verstehbar gelten. Dies ist für Lindemann der zentrale Sachverhalt vor dem Hintergrund des systematisch notwendigen formal-universalistischen Anspruchs einer Sozialtheorie. Denn Sozialtheorie leitet empirische Forschung an, was Kohärenz zwischen sozialtheoretischer Prämisse und empirischem Datum erfordert. Damit ist also keine politische oder ethische Forderung oder Haltung verbunden, sondern das wissenschaftstheoretische Anliegen, die Konstruktion von Theorien rational zu gestalten (vgl. ebd.: 11), was bei Lindemann vor allem systematische Widerspruchsfreiheit und formale Konsistenz meint. Was aber ist Rationalität, wenn nicht ein normativer Anspruch, der erstens das Selbstbild moderner (Natur)Wissenschaften auszeichnet und zweitens das anthropologische Bild des modernen Menschen prägt? Greift das Erbe moderner Denkstrukturen mit dem Anspruch an Rationalität nicht eigentlich noch tiefer in die operative Logik der Lindemann'schen Theorie, als lediglich in Form der von ihr selbst angemerkten Verlegenheit, als Teilnehmerin am modernen Sprachspiel stets nur vom Menschen zu berichten? Ihre Forderung nach Rationalität lässt den zunächst beeindruckend stark durchgeführten Anspruch formaler Universalität der Lindemann'schen Sozialtheorie fragil werden. Denn das normative Moment der Rationalität ist konstitutiver Teil moderner Denkstrukturen, die es ja gerade zu dechiffrieren gilt auf dem Wege zu einer universal gültigen Ordnungsbildungstheorie. Aber: Ist diese Inkonsistenz in der Lindemann'schen Theoriekonstruktion denn überhaupt ein Problem?

(2) Personalität als ethisch-politische Praxis spekulativer Fabulation

Nimmt man nun die Perspektive Haraways ein, muss die Frage klar mit einem Nein beantwortet werden. Im ironischen Denken Haraways, das ihr Werk prägt, kommt es gerade nicht darauf an, möglichst den Regeln einer widerspruchsfreien Systematik zu folgen, vereindeutigende Kategorien und Begriffe zu finden und einen wie auch immer gearteten Universalitätsanspruch – und sei er auch lediglich formal – zu erheben.[2] Diese Form des wissenschaftlichen Denkens ist für Haraway Ausdruck moderner Wissenschaft und des anthropozentrischen Humanismus, welche eng mit der Vorstellung einer rationalen Welterschließung auf Basis neutraler Objektivität verbunden sind. Dem widerspruchsfreien, vereindeutigenden Denken setzt sie die »Praxis des ›tentakulären Denkens‹« (Haraway 2018: 14) entgegen, die mehr einer empirieorientierten Suchbewegung nach »spekulative[n] Realismen« (ebd.: 20) gleicht und einem Herantasten an die Vielfältigkeit artenübergreifender Gefüge dient, als einem differenzierten Theorieprogramm, das empirische Forschung anleiten soll.[3] Haraway sucht daher keine theoretische (R)Einheit, sondern ersinnt, ihre Vorstellung von möglichen Ordnungsbildungsprozessen ausgehend von empirischen Beispielen spekulativ zu entfalten. Das Finden von Ordnung durch Passgenauigkeit, Muster oder Einheit ist dabei nicht ihr Ziel, sondern im Gegenteil zielt sie darauf ab, ein Mit-Sein und -Werden in der Differenz artenübergreifend und onto-polydimensional zu denken. Diskursiver Ort ihres Anliegens ist die Anthropozän-Debatte, worin sie eine humandezentrierende Position einnimmt, deren Ziel die Begründung einer prozessontologischen Perspektive auf ökologische Zusammenhänge ist, die aus sympoietischem Mit-Werden (becoming-with) emergieren. (vgl. dazu Block 2021) Es geht Haraway angesichts des Anthropozäns

2 Das ironische Denken findet sich bei Haraway bereits in ihrem *Manifest für Cyborgs* (1995) sowie in ihrem noch früheren Text *Situated Knowledges* (1988).

3 Haraway weiß von vielfältigen artenübergreifenden Geschichten in ihrem Buch zu erzählen, die von wissenschaftlichen Projekten mit Tauben, über indigenen Umweltaktivismus bis zu wissenschaftlich-künstlerischer Computerspielentwicklung reichen.

um eine »Rückgewinnung von Terras Pluriversum«, darum, einen für alle Arten bewohnbaren Ort denkbar zu machen und insofern auch realisierbar. Diesen Ort nennt sie »Terrapolis« (ebd.: 21), »ein n-dimensionaler Nischenraum für ein artenübergreifendes Mit-Werden. Terrapolis ist offen, weltlich, unbestimmt und polytemporal« (ebd.: 21). Das Denken eines solchen Ordnungszusammenhangs als Form wissenschaftlicher Praxis, ist für Haraway dabei ein performativer Akt, durch den Welt realisiert wird und daher auch eine ethische Verantwortlichkeit (response-ability), die es anzunehmen gilt.

Im Anschluss an Marilyn Strathern, die auch für Lindemann wichtige Einsichten in die Kontingenz von Personen geliefert hat (Lindemann 2014: Kap. 51.), betont Haraway in Bezug auf diesen Akt performativer »worlding practice« (ebd.: 17), die ethischen Verantwortlichkeiten »spekulativer Fabulation im Wissenschaftsmodus« (ebd.: 23): »Es ist von Gewicht, welche Geschichten Welten machen und welche Welten Geschichten machen.« (ebd.: 23) Spekulative Fabulation meint dabei eine epistemologische Praxis, in der das Geschichtenerzählen als Übung zur Erweiterung von Wissensformen verstanden werden kann. Diese Geschichten bilden die Empirie von der ausgehend Haraway versucht, eine Theorie artenübergreifender Ordnungsbildungsprozesse zu entwerfen, auf deren Grundlage differente Verantwortlichkeiten unterschiedlicher Akteure sichtbar und letztere entsprechend auch responsibilisierbar werden können.

Haraway geht es also explizit darum, Theoriebildung als eine genuin politische Praxis auszuweisen, die ethische Konsequenzen hat. Aus Sicht der von ihr eingenommen Position im Kontext der Anthropozän-Debatte, hat die moderne Rationalität maßgeblich in die Anthropozän genannte Situation geführt. Entsprechend ist es für sie zentral, mit modernen Denkgewohnheiten zu brechen, um mehr-als-moderne Ordnungsbildungsprozesse spekulativ denkbar zu machen, die den Weg hinaus aus der modernen Rationalität weisen. Dafür entwirft und verwendet sie im Laufe ihrer Erzählung vielfältige alternative Begriffe und Konzepte (Sympoiesis statt Autopiesis, Humus statt Human, Kritter statt Akteure, tentakuläres statt kategoriales Denken etc.), um die Lesenden stets aufs Neue darauf zu stoßen, dass das Denken zu erneuern auch heißt, mit der etablierten kommunikativen Struktur zu brechen. Dies trifft auch auf die Frage zu, wer oder was eine soziale Person sein kann. Insofern es Haraway darum geht, eine artenübergreifende Vergesellschaftung zu denken, in der alle Arten miteinander und füreinander verantwortlich leben und sterben (vgl. ebd.: 43), gilt es auch ihr, die Vorstellung vom menschlichen Individuum als einzig legitimem Akteur zurückzulassen. Denn diese ist Teil der wirkmächtigen modernen Rationalität und damit des zu lösenden Problems. Zur Lösung gehört entsprechend der Annahme, dass Denken *worlding practice* ist, auch die Transformation der gewohnten

Denkstrukturen und zwar derart, dass »selbst dem westlichen Denken verpflichtete Menschen sich selbst nicht mehr als Individuen vorstellen können« und auch entsprechend Gesellschaften neu gedacht werden müssen, so dass man sie sich dann »nicht länger als aus Individuen bestehend und ausschließlich eine menschliche Geschichte besitzend vorstellen« (ebd.: 47) muss. Dies zu affirmieren, bedeutet für Haraway verantwortlich zu sein.

Haraway macht damit wie Lindemann den Punkt deutlich, dass die menschliche Gesellschaft keine Universalie, sondern eine historisch spezifische Variable ist, deren behaupteter Universalitätsanspruch es zu durchbrechen gilt. Für sie gilt dies allerdings nicht, um in der Theoriebildung möglichst systematisch konsistent zu sein, so dass ein formaler Universalismus begründet werden kann, sondern um aufzuzeigen, wie zerstörerisch gegenüber anderen Arten der moderne Anthropozentrismus ist und um daran zu erinnern, dass im Sinne ihrer prozessontologischen Annahme des sympoietischen Mit-Werdens (becoming-with) die Fähigkeit zur *worlding practice* die Responsabilität mit sich bringt, andere zu befähigen, an der *worlding practice* teilzuhaben: »Wir sind alle dafür verantwortlich, die Bedingungen für artenübergreifendes Gedeihen angesichts der schrecklichen Geschichte [...] zu schaffen, aber wir sind nicht alle auf die gleiche Art und Weise responsabel. Unterschiede machen einen Unterschied: in Ökologien, in Ökonomien, für verschiedene Arten und Lebensweisen.« (ebd.: 44) Diese Responsabilität anderen Arten sowie Lebensformen und -weisen gegenüber, damit diese wiederum befähigt werden, Beziehungen gegenseitiger Befähigung zu realisieren, versteht Haraway als neue Formen von Verwandtschaft, in denen Personen sich gegenseitig zum Person-Sein befähigen: »Sich verwandt zu machen, bedeutet, Personen zu machen, aber nicht zwingend als Individuen oder Menschen.« (ebd.: 142). Das Kriterium einer artenübergreifenden Anerkennung personalen Status liegt somit weniger in einer gegenseitigen reflexiven Verstehbarkeit, sondern mehr in einer gegenseitigen responsablen Affirmation.

Im Prozess des Aufzeigens und Nachzeichnens solcher artenübergreifenden Verbindungen entwirft Haraway eine Theorie mehr-als-menschlichen Mit-werdens, um Vergesellschaftungsformen denkbar zu machen, die auch auf einem »beschädigten Planeten« (Tsing 2018) überdauern können und für alle Arten ein responsables Leben und Sterben ermöglichen. Dafür gilt es ihr den menschlichen Exzeptionalismus, den Humanismus, zu begraben, damit ein Humus entsteht, auf dem das Pluriversum Terrapolis gedeihen kann. Für diesen epistemologischen Kraftakt, so Haraways Überzeugung, reiche auch der Posthumanismus nicht aus, zu sehr sei dieser noch mit dem Humanismus verbunden. Daher sieht sie ihre eigene ethische Verantwortlichkeit darin, als »Kompostistin [und] nicht Posthumanistin« (Haraway 2018: 134) die artenübergreifende *worlding practice* zu affirmieren, so dass die artenübergreifend konstitutive Befähigung zum Person-Sein sichtbar werden kann. Aber: Ist es dafür tatsächlich notwendig gänzlich mit den modernen Denkstrukturen zu brechen?

(3) Lindemann und Haraway: spekulative Ergänzungen rationaler Art

Die Darstellung beider Autorinnen zeigt, dass sie in epistemologischem Anspruch und theoriebildender Vorgehensweise unterschiedlicher nicht sein könnten. Während Lindemann ein theoretisch konsistentes Programm zur Anleitung empirischer Forschung entwirft, mit dem es gelingt, implizite normative Annahmen – wie die akteuriale Primatstellung des menschlichen Individuums – reflexiv auf Distanz zu bringen, geht Haraway den umgekehrten Weg. Sie versucht ausgehend von empirischen Beispielen (Geschichten) eine artenübergreifende Prozessontologie zu entwickeln, die politisch-praktische und ethische Wirksamkeit entfaltet und in die sie sich selbst fest einwickelt, um einen explizit normativen Anspruch zu vertreten. Theoriebildung ist für Haraway ein bewusst politischer Akt. Lindemann ist sich über die normativen Implikationen von Theorie natürlich ebenfalls bewusst, dies steht bei ihr aber nicht im Vordergrund. Und doch: trotz der völlig verschiedenen Perspektiven, haben sie einen gemeinsamen Punkt: das ist die Kontingenz von Personalität anzuerkennen und die daraus resultierende grundsätzliche Möglichkeit sowie Realität von mehr-als-menschlichen Personen denkbar zu halten. Gerade aufgrund ihrer unterschiedlichen Herangehensweisen an diesen Punkt stellt sich nun die Frage: Was könnten die beiden Autorinnen vielleicht voneinander lernen?

Haraways spekulative Vorgehensweise alte Denkstrukturen aufzubrechen und neue ins Spiel zu bringen, bei der sie nicht müde wird, neue Begriffe und Konzepte zu entwerfen, mag irritierend sein, aber genau darum, um Irritation geht es in Prozessen der Generierung neuer Denkstrukturen, die anderes Wissen und andere Realitäten ermöglichen. Die Irritation hat auch bei Lindemann einen wichtigen systematischen Ort: Eine Sozialtheorie muss sich durch die empirischen Gegenstände, die auf Grundlage dieser Sozialtheorie perspektiviert werden, rationalerweise irritieren lassen können. Nur so können ihre Prämissen reflexiv infrage gestellt und systematisch präzisiert werden. (vgl. Lindemann 2014: 329) Diese explizit rationale Vorgehensweise könnte trotz ihres Rationalitätsanspruchs meines Erachtens zu einem Wegweiser für Haraway werden. Denn Haraways spekulativer Realismus basiert keineswegs frei von jeglicher modernen Rationalität auf bloßer mehr-als-moderner Fabulation, sondern ist als Kritik daran selbst Ausdruck davon. Haraway nimmt zudem am etablierten Sprachspiel wissenschaftlichen Theoretisierens teil: sie setzt sich mit anderen Positionen auseinander und zeigt deren Defizite auf, sie nimmt geleitet sowohl von Empirie als auch theoretischer wissenschaftlicher Erkenntnisse, die im Rahmen moderner Rationalität hervorgebracht wurden, neue Fäden auf, um im Anschluss daran epistemologische und ontologische Setzungen zu treffen und sie entwickelt basierend darauf neue Begriffe und Kategorien. Den normativen Aspekten ihrer Theorie gegenseitiger Befähigung, liegt außerdem eine Idee des Politischen zugrunde, die modern ist. Somit folgt Haraways Theoriekonstruktion durchaus moderner Rationalität, die sich im Übrigen durch die Möglichkeit des Infragestellens und einem Bewusstsein für Kontingenz maßgeblich auszeichnet. Haraway könnte von Lindemann also lernen, dass auf dem Weg zur Erneuerung des Denkens etablierte Wissensformen nicht gänzlich zurückgelassen werden müssen. Vielmehr kommt es darauf an, ihren Bedeutungsgehalt im Rahmen einer »innovierenden Inventur« (Block 2020a) produktiv zu erneuern. Lindemann hat dies für die Soziologie mit der Kategorie des Leibes im Anschluss an Plessner beeindruckend vorgemacht, indem sie den Leib von seiner Bedeutung, ein menschlicher zu sein, löst und auf diesem Wege mit Denkgewohnheiten bricht, ohne dafür den Begriff des Leibes fallenlassen zu müssen. (vgl. Lindemann 2014, 2017)

Leiblichkeit ist schon bei Plessner nicht lediglich für die höchste Positionalität reserviert, sondern ebenso bei zentrischen Wesen realisiert. (vgl. Plessner 1975) Leibliche Selbste sind damit immer schon mehr-als-Menschen. Mit Plessner ist der Leib zudem keine körperliche Materialität, sondern beschreibt einen relationalen Vollzugsmodus, weshalb sich der leibliche Vollzug ganz im Sinne relationaler Prozessualität als fruchtbarer Ausgangspunkt für die Beschreibung sympoietischer Zusammenhänge erweisen könnte. Sympoietische Beziehungsgeflechte könnten so leibphänomenologisch als Berührungsbeziehungen gegenseitiger Befähigung rekonstruiert werden. (vgl. dazu auch Block 2020b)

Aber auch Lindemann kann von Haraway lernen. Ihr Anspruch, dass jede Sozialtheorie formal universalistisch argumentieren müsse (Lindemann 2009; 2014), könnte beispielsweise mit Haraways spekulativem Denken n-dimensionaler Onto-Multiplizität konfrontiert werden. Dadurch wäre es möglich zu diskutieren, ob z.B. die Lindemannschen Setzungen reflexiver Verstehbarkeit der Akteure und passgenaue Einheit aller Dimensionen als Merkmal stabiler Ordnungen tatsächlich zu einer adäquaten Denkform führen, welche die vielfältigen und divergierenden Arten von möglichen Ordnungen zu erfassen vermag und mehr-als-moderne Ordnungsvorstellungen, die auf anderem als exzentrischer Positionalität basieren, denkbar macht. Ist Ordnung nicht etwa auch als polytemporales und polyspatiales Gefüge möglich? Gelingt gegenseitige

Verstehbarkeit tatsächlich nur reflexiv zwischen exzentrischen Positionalitäten? Ich denke, dies sind empirische Fragen, es noch zu klären gilt.

Das Vordringen in einen theoretischen Horizont der z.B. artenübergreifende und damit auch polydimensionale Ordnungsbildungsprozesse zu zeichnen weiß, wird von Lindemann bislang nicht anvisiert, obwohl sie mehr-als-menschlich und damit auch mehr-als-modern argumentiert. Dies scheint an dem Primat exzentrischer Positionalität in ihrer Theorie zu liegen, das Lindemann letztlich dazu bringt, beim menschlichen Akteur zu verweilen, da (wie sie ja selbst reflektiert) im modernen Denken nur für diesen ein exzentrischer Status gilt. Sollte von Lindemann angestrebt werden, das am Schluss ihres Werkes reflektierte Problem der Reproduktion moderner Denkstrukturen weiter zu bearbeiten, wäre mein Vorschlag, den explizit vertretenen Rationalitätsanspruch wie den Primat exzentrischer Positionalität auf Distanz zu bringen, um – wie Plessner sagt – *mit anderen Augen* nach mehr-als-modernen Denkstrukturen Ausschau zu halten.

Lindemann und Haraway, das haben meine Überlegungen gezeigt, setzen sich vermittelt über die Akteurs-Frage mit moderner Rationalität auseinander. Während die eine in ihrer Kritik daran, die eigene Verstrickung darin vernachlässigt, verhindert bei der anderen die explizite Befolgung dieser Rationalität, den eigenen sozialtheoretischen Anspruch einzulösen. Dies wirft die Frage auf, ob und wie ein mehr-als-modernes Denken im Rahmen moderner Wissenschaft funktionieren kann? Am Ende könnte für die Antwort eine Synthese aus Lindemann und Haraway fruchtbar sein: Gerade die exzentrische Positionalität ist es doch, die zu mehr spekulativer Fabulation einlädt. Keine Sorge: »Der Mensch erfindet nichts, was er nicht entdeckt.« (Plessner 1975: 321)

Literatur

Block, Katharina (2018): »Der Leib als Prinzip des Unverfügbaren – Zu einem blinden Fleck in der soziologischen Praxistheorie aus Perspektive der reflexiven Phänomenologie Plessners«, *ZTS - Zeitschrift für Theoretische Soziologie* (2018/2), 177–202.

Block, Katharina (2020a): »Soziologie des Un/Verfügbaren«, *SOZIOLOGIE*, (49/3), 318–331.

Block, Katharina (2020b): »Sorge im Anthropozän«, in: Frank Adloff/Sighard Neckel (Hg.), *Gesellschaftstheorie im Anthropozän*, Band 1 der Reihe »Zukünfte der Nachhaltigkeit«, Frankfurt a.M.: Campus, 235–255.

Block, Katharina (2021): »Sozialtheorie im Anthropozän«, in: SONA (Hg.), *Soziologie der Nachhaltigkeit*, Band 1, Bielefeld: transcript, 203–229.

Descola, Phillipe (2011): *Jenseits von Natur und Kultur*, Frankfurt am Main: Suhrkamp.

Haraway, Donna (1988): Situated Knowledges: The Science Question in Feminism and the Privilege of Partial Perspective. In: *Feminist Studies* 14/3, S. 575–599.

Haraway, Donna (1995): »Ein Manifest für Cyborgs. Feminismus im Streit mit den Technowissenschaften«, in: ders., *Die Neuerfindung der Natur. Primaten, Cyborgs und Frauen*, Frankfurt am Main/New York: Campus, 33–72.

Haraway, Donna (2018): *Unruhig bleiben. Die Verwandtschaft der Arten im Chthuluzän*, Frankfurt am Main/New York: Campus.

Leenhardt, Maurice (1983): *Do kamo. Die Person und der Mythos in der melanesischen Welt*, Frankfurt am Main: Ullstein.

Lindemann, Gesa (2014): *Weltzugänge. Die mehrdimensionale Ordnung des Sozialen*, Weilerswist: Velbrück.

Lindemann, Gesa (2017). »Leiblichkeit und Körper«, in: Robert Gugutzer/Gabriele Klein/Michael Meuser (Hg.), *Handbuch Körpersoziologie. Band 1: Grundbegriffe und theoretische Perspektiven,* Wiesbaden: VS, 57–66.

Lindemann, Gesa (2018): *Strukturnotwendige Kritik. Theorie der modernen Gesellschaft.* Band I. Weilerswist: Velbrück.

Luckmann, Thomas (1980): »Über die Grenzen der Sozialwelt«, in: ders, *Lebenswelt und Gesellschaft*, Paderborn/München/Wien/Zürich: Schöningh, 56–92.

Plessner, Helmuth (1928 (1975)): *Die Stufen des Organischen und der Mensch. Einleitung in die philosophische Anthropologie*, Berlin/New York: De Gruyter.

Plessner, Helmuth (2003): *Macht und menschliche Natur*, in: *Gesammelte Schriften in 10 Bänden* Bd.V, hrsg. V. Günther v. Dux/ Odo Marquard / Elisabeth Ströker (Hg.), Frankfurt a.M.: Suhrkamp.

Strathern, Marilyn (1988): *The gender of the gift. Problems with women and problems with society in Melanesia.* Berkeley: University of California Press.

Tsing, Anna L. (2018): *Der Pilz am anderen Ende der Welt. Über das Leben in den Ruinen des Kapitalismus.* Berlin: Matthes & Seitz.

Viveiros de Castro, Eduardo (1998): »Cosmological Deixis and Amerindian Perspektivism«, *Journal of the Royal Anthropological Institute* (4/3), 469–488.

Nikolai Drews

Nachhaltigkeit und die Natur des Menschen bei Gesa Lindemann und Niklas Luhmann

Bei der Beschäftigung mit der Frage, wie das Phänomen der »Nachhaltigkeit« gesellschaftstheoretisch, aus einem systemtheoretischen Verständnis einer funktional differenzierten Gesellschaft heraus, gefasst werden kann, irritieren manche Begriffe. Was ich für mich nie vollständig klären konnte ist, wie ich in diesem Kontext mit dem Begriff der Natur umgehe. Im Prinzip ist – im Sinne der Systemtheorie – der Begriff der Umwelt naheliegender, Natur dagegen eine Semantik, mit der ich mich gar nicht zwingend beschäftigen muss. Wenn Natur überhaupt als Theoriebegriff relevant ist, dann als eine Seite der paradoxen Unterscheidung Natur/Kultur, die nie greifbar ist, da gesellschaftlicher Zugriff sie unmittelbar in Kultur überführt. Die Natur in der modernen Gesellschaft bliebe als romantischer Ort hinter dem Horizont sinnhafter Einordnung.

Auch der Mensch ist im Debattenzusammenhang schnell auf der Bildfläche: Bei der Thematik der Nachhaltigkeit stellt sich die Frage nach dem Menschen – ob als direkter Bezugspunkt oder im Gegenteil in der Betonung, dass Nachhaltigkeit nicht anthropozentrisch konzeptioniert sein solle. Dass die Menschheit von »Umweltproblemen« bedroht ist, ist eine mittlerweile traditionsreiche Debatte und wurde über die Jahre, vor allem mit dem Klimawandel, auch immer präsenter in der Öffentlichkeit als existentielle Krise. Auch wenn eine Pandemie die Aufmerksamkeit massiv auf sich zieht und keine großen Fridays For Future-Demonstrationen stattfinden, so drängt sich die Bedrohung durch den Klimawandel immer stärker auf und wird mithin auch alltäglich und gar am eigenen Leib spürbar. Weitgehend Konsens ist auch, dass diese Bedrohung eine »menschengemachte« ist. Im »Anthropozän« erscheint der Mensch verantwortlich sowohl für die Bedrohung als auch für eine erstrebenswerte Erlösung von dieser.

In einem Gespräch formulierte Gesa Lindemann schon 2015 die für mich eindrückliche These, dass die moderne Gesellschaft die *erste* Gesellschaft sei, die aus verkörperten Menschen bestehe (später publiziert vgl. Lindemann 2018: 306). Die These, die aus alltäglicher Sicht irgendwo zwischen banal und kontraintuitiv anzusiedeln wäre, war aus meiner Perspektive einerseits hochspannend für eine gesellschaftstheoretische Fassung von Nachhaltigkeit, andererseits in recht krassem

Spannungsverhältnis mit einem systemtheoretischen Ansatz, mit dem man es gerade noch als analytische Stärke und Klarheit auslegt, dass der Mensch nicht in seiner vollen, verkörperten und moralisch aufgeladenen Breite Teil der Gesellschaft ist, sondern »nur« als Gegenstand von Kommunikation.

Nähert man sich »Nachhaltigkeit« nun gesellschaftstheoretisch vergleichend aus der Perspektive Gesa Lindemanns und der Perspektive Niklas Luhmanns, so wird gerade der Punkt interessant, wie mit dem Menschen umgegangen wird: Während es Lindemann im Prozess der Theorieentwicklung wichtig ist, den Menschen – als Wesen mit Leib und Körper – explizit und ganz grundsätzlich in die Theorie einzubauen, ist es Luhmann ein großes Anliegen, den Menschen immer mehr von der Gesellschaft fernzuhalten. Bei Lindemann geht es sozusagen um ein *Mehr an Mensch*, bei Luhmann um ein *Weniger an Mensch*.

Sowohl Luhmann als auch Lindemann gehen gesellschaftstheoretisch von einer primär funktional bzw. horizontal differenzierten Struktur der modernen Gesellschaft aus. Beide beschäftigen sich auch mit dem Aspekt der Selbstgefährdung dieser Gesellschaft. Nachhaltigkeit lässt sich mit beiden als eine Form der Bearbeitung dieser Selbstgefährdungsproblematik beschreiben.

Die Frage, um die es mir in diesem Text geht, ist die nach der Rolle des Menschen sowie dessen Natur in der Gesellschaftstheorie und der Auswirkung auf das Denken von Nachhaltigkeit. Hinsichtlich dieser Frage will ich zunächst Niklas Luhmanns Ökologische Kommunikation (1986/2004) und anschließend Gesa Lindemanns Strukturnotwendige Kritik (2018) betrachten und abschließend ein kleines Resümee ziehen.

(1) Luhmanns Verdrängung des Menschen in der Ökologischen Kommunikation

Mit der Ökologischen Kommunikation schrieb Luhmann (1986/2004) seinen Beitrag zur Umweltdebatte. Er stellt sich die Frage, ob sich die moderne Gesellschaft auf ökologische Gefährdungen einstellen kann. Die übliche Rezeption legt seine Antwort als recht klares Nein und damit die ganze Diagnose als sehr pessimistisch aus. Der Mensch ist auf diesem späteren Stand der Theorieentwicklung schon gänzlich in die Umwelt der Gesellschaft verschoben und dieser Umstand wird auch klar zur Schau getragen: »Es mögen Fische sterben oder Menschen, [...] die Durchschnittstemperaturen mögen sinken oder steigen: so lange darüber nicht kommuniziert wird, hat dies keine gesellschaftlichen Auswirkungen. Die Gesellschaft ist ein zwar umweltempfindliches, aber operativ geschlossenes System« (Luhmann 1986/2004: 62 f.). Für Luhmann sind ökologische

Gefährdungen nichts, was von außen auf die Gesellschaft hereinbricht oder als ein Problem in der Umwelt vorliegt; »produziert« werden die Probleme und Gefährdungen bzw. als solche aufgegriffen werden sie von der Gesellschaft selbst als systemeigene Operationen. Kommunikation gefährdet Kommunikation. »Die Gesellschaft kann sich ökologisch nur selbst gefährden. [...] Entscheidend ist vor allem, daß die Gesellschaft Kommunikation nur durch Kommunikation gefährden kann, wenn man von dem immer noch unwahrscheinlichen Fall einer radikalen Auslöschung allen menschlichen Lebens einmal absieht« (Luhmann 1986/2004: 68).

Die Problematik ist eine sehr formelle: Zugespitzt ergibt sich eine ökologische Problematik ganz prinzipiell im Zuge jeglicher Ausdifferenzierung von Systemen – nicht nur bei Kommunikationssystemen. Bilden sich Subsysteme anhand unterschiedlicher Funktionen in einem System heraus, so ergibt sich die Frage nach der Integration des Systems als Ganzes in Bezug auf seine Umwelt. (Ob diese prinzipielle Problematik auch als eine Gefährdung im System oder eine Selbstgefährdung wahrgenommen wird, ist eine andere Frage). Dieses Verständnis von Selbstgefährdung lässt sich somit fast schon geometrisch beschreiben, eben für jegliche Art von System. Sich ausdehnende und ausdifferenzierende Systeme werden in sich so komplex, dass sie sich nicht mehr mit geeinter Logik auf ihre Umwelt beziehen können und dies erfordert dann bestimmte Neueinstellungen, wenn das Komplexitätsniveau beibehalten werden soll. (Das Prinzip kann auch auf niedrigerer Ebene für soziale Systeme nachvollzogen werden, wie etwa für die Diskussion um Inter- und Transdisziplinarität für die Wissenschaft (vgl. Drews 2018)).

Luhmann beschäftigt sich ausgiebig mit der Beschreibung einzelner gesellschaftlicher Funktionssysteme, deren Codes, Medien etc. Auch in der *Ökologischen Kommunikation* ist dies so: Einen großen Teil des Buchs verwendet er dafür, die einzelnen Funktionssysteme nacheinander daraufhin abzuklopfen, ob von ihnen etwas zu erwarten ist in Hinblick auf eine Reaktion auf ökologische Gefährdungen der Gesamtgesellschaft (vgl. Luhmann 1986/2009: 101–201). Einerseits führt dies hauptsächlich jeweils zu traurigen Aussichten, was die Bearbeitung ökologischer Probleme angeht, andererseits liefert die allgemeine Idee dahinter eine einleuchtende Beschreibung für die Ursache der ökologischen Problematik: »Jedes Funktionssystem rekonstruiert mithin, zusammen mit *seiner* Umwelt, *die Gesellschaft*. Jedes Funktionssystem kann daher, wenn und soweit es für die *eigene* Umwelt offen ist, *für sich selbst* plausibel annehmen, die Gesellschaft zu sein. Mit der Geschlossenheit der eigenen Autopoiesis bedient es *eine* Funktion *des* Gesellschaftssystems. [...] Es verleiht dem eigenen Realitätsanspruch Ausschließlichkeit, wenn auch nur im Sinne einer operationsnotwendigen Illusion« (Luhmann 2004/1986: 204 f., Hervorhebungen im Original, ND). Funktionssysteme neigen also – ganz prinzipiell und notwendigerweise – dazu, ihre Weltsicht als absolut anzunehmen. Das heißt, sie erfassen und begreifen auch konkrete Umweltausschnitte immer in ihrer Logik und vereinseitigen sie gleichsam.

Luhmann sieht keine effektiven Reaktionen auf ökologische Gefährdungen, da die gesellschaftlichen Teilsysteme in ihren separaten Logiken untereinander zu wenig Resonanz bzw. zu viel Resonanz in ihren innergesellschaftlichen Umwelten erzeugten (vgl. Luhmann 1986/2004: 218 ff.). Damit endet die Interpretation der Ökologischen Kommunikation auch meist. Allerdings kann auch etwas optimistischer oder wohlwollender interpretiert werden: Eine Einstellung der Gesellschaft ist für Luhmann zum Zeitpunkt des Verfassens *noch nicht* in Sicht. Es eröffnet sich die Frage: Ist nicht vielleicht etwa unter dem Stichwort Nachhaltigkeit eine Debatte im Gange, die auf die Bildung entsprechender strukturellen Einrichtung hinweist? Die Schwierigkeit ist, wo die Strukturen zu verorten sein sollen für solch eine gesellschaftsübergreifende Einrichtung. Da in Luhmanns funktionaler Differenzierung kein gemeinsamer Ort geteilter Strukturen mehr existiert, müssten die entsprechenden strukturellen Verankerungen dann in Programmen oder gar Codes (vgl. Luhmann 1986/2004: 89 ff.; Melde 2012) der einzelnen Funktionssysteme stattfinden.

(2) Lindemanns Strukturnotwendige Kritik Gefährdungen der Umwelt des Menschen

Aufbauend auf der Theorie der Weltzugänge (Lindemann 2014) geht Gesa Lindemann für ihre Gesellschaftstheorie von der These aus, dass die Institution des verkörperten menschlichen Individuums gleich an Freiheit und Würde das Zentrum der Ordnung der modernen Gesellschaft ausmacht. Mit der Figur der strukturnotwendigen Kritik geht es ihr um eine Verbindung der Institutionenkomplexe Mensch/Menschenrechte und horizontal differenzierter Gesellschaft. Die These ist, dass die moderne Gesellschaft, als eine Gesellschaft diesseitig lebendiger Menschen, zum Zwecke ihrer Stabilisierung eine Form der Selbstkritik institutionalisiert. Diese ist strukturell notwendig, da einer horizontal differenzierten Gesellschaft eine selbstzerstörerische Dynamik innewohnt. Um die Verbindung von Mensch und horizontal differenzierter Gesellschaftsstruktur zu entfalten bezieht sich Lindemann neben Durkheim, der die moderne, arbeitsteilige Gesellschaft in Verbindung mit dem modernen Individuum und dessen »Kult« bringt (Durkheim 1977/2019, 1999, Lindemann 2018: 306 ff.), auch auf den frühen Beitrag Luhmanns zur Frage der Grundrechte als gesellschaftlicher Institution (Luhmann 1965/2009). Vor allem geht es Lindemann dabei um eine Theorie der

Freiheit und Würde des Menschen, die dann auch explizit zur These führt, dass »[...] die horizontal differenzierte Gesellschaft die erste Gesellschaft [bildet], die aus Menschen besteht« (Lindemann 2018: 306).

Die Grundrechte werden als gesellschaftliche Institution in ein sich wechselseitig bedingendes Verhältnis zu funktionaler Differenzierung gebracht. Dabei haben die Grundrechte im Allgemeinen die Funktion, die Möglichkeit fortgeführter Differenzierung aufrecht zu erhalten (vgl. Luhmann 1965/2009: 23, Lindemann 2018: 313). Einzelne konkrete Grundrechte erfüllen verschiedene speziellere Funktionen, um etwa den Bezug zu bestimmten gesellschaftlichen Funktionsbereichen bzw. Kommunikationszusammenhängen zu regeln – etwa mit dem Eigentumsrecht die Teilnahme an Wirtschaft (vgl. Luhmann 1965/2009: 120). Die Grundrechte auf Würde und Freiheit haben unter den anderen Grundrechten eine besondere Position, da sie eben keinen solchen konkreten Bezug auf bestimmte Funktionsbereiche haben, sondern sich allgemein auf die Person beziehen (vgl. Lindemann 2008: 313). »Freiheit meint bei Luhmann die Freiheit vor äußeren Eingriffen in die Existenz der Person. Freiheit versteht Luhmann also als Freiheit von äußerem Zwang, weshalb einem freien Individuum seine Taten zugerechnet werden können. Dabei spielt die Frage, ob es innerlich frei war, eine Handlung auszuführen oder nicht, keine Rolle. Innere Freiheit von Determinationen ist nicht gemeint« (Lindemann 2018: 313). Die Institutionalisierung von Freiheit schützt den Menschen damit davor, von äußeren, gesellschaftlichen Zugriffen vereinnahmt zu werden. Oder zumindest in einem Ausmaß in Anspruch genommen zu werden, welches es ihm verunmöglicht, sich weiterhin auch in anderen Zusammenhängen darzustellen oder einzubringen. »Im Unterschied dazu bezeichnet Würde die inneren Bedingungen, die erfüllt sein müssen, damit eine Person sich am Prozess funktional differenzierter Vergesellschaftung beteiligen kann« (Lindemann 2018: 313).

Lindemann betont, dass hier nicht mit Durkheim und Luhmann nur Individualisierung gemeint sein kann. Die diesseitige Verkörperung des Menschen müsse miteinbezogen werden. Luhmann verkennt Lindemann zufolge, dass Würde nicht als Leistung zu erbringen ist, sondern Würde dem Menschen schon qua Verkörperung zukommt (vgl. Lindemann 2018: 314). Dies findet seinen praktischen Ausdruck in der Bestimmung sozialer Personen (vgl. Lindemann 2018: 317).

Für Lindemann relevant ist, dass auf die Gefahr der Entdifferenzierung aufmerksam gemacht wird. In Tradition einer juristischen Perspektive auf die Grundrechte (Schutzrechte der Bürger vor dem Staat), sowie unter Eindruck der Erfahrung mit staatlich-faschistischer Totalisierung, verweist der frühe Luhmann deutlich auf eine stets drohende Komplettvereinnahmung von Kommunikation und Mensch durch Politik (vgl. Luhmann 1965/2009: 24, Lindemann 2018: 315, 327). Die Figur lässt sich weiter ausweiten. Soziale Personen als Körperindividuum können und müssen in der horizontal differenzierten Gesellschaft als solche anerkannt werden und zugleich in bestimmten sozialen Zusammenhängen in einer Zwecklogik adressiert werden können. Sie müssen einerseits frei von einseitigen, vereinnahmenden Zweckbestimmungen sein und andererseits offen bleiben für konkrete Zweckbezüge in Rollen (vgl. Lindemann 2018: 318–320). Insgesamt ergibt sich ein Bild horizontaler Differenzierung als stets gefährdet durch diese zwangsläufig auftretende selbstzerstörerische Tendenz, wenn Freiheit und Würde des Menschen nicht gewährleistet werden können (vgl. Lindemann 2018: 327).

Für die Struktur notwendig wird nun die Kritik an konkreten Gefährdungstendenzen. Diese kann ansetzen an den normativen Prinzipien der Freiheit und Würde; an der dreifachen Bestimmung des Menschen als natürlich, kulturbildend und moralisch bzw. Vereinseitigungen in diesen Aspekten; sowie anhand der Grenzen des anthropologischen Quadrats (vgl. Lindemann 2018: 328).

Die Möglichkeit, die Theoriefigur der Kritik an strukturgefährdenden Tendenzen auch auf Natur bzw. Umwelt anzuwenden – und auf diesem Wege für eine Betrachtung von Nachhaltigkeit fruchtbar zu machen – spricht Lindemann an mehreren Stellen an: »Das Problem der Vereinseitigung tritt analog für die Umwelt des Menschen auf. Entsprechend seiner dreifach differenzierten Bestimmung steht dem Menschen eine dreifach bestimmte Umwelt gegenüber: (1) als natürlicher Funktionszusammenhang, (2) der zugleich zugänglich für kulturelle Formung und (3) moralisch mit einem Eigenwert versehen ist« (Lindemann 2018: 337). Wie bei der Vereinnahmung von Personen können Kommunikationszusammenhänge auch konkrete Umwelten in einem Maße zweckorientiert einseitig reduzieren, dass andere Zugänge zu ihnen erschwert werden – etwa eine Tagebaufläche, die nur als Ressource ausgebeutet wird und die damit kaum mehr für andere Zugriffe genutzt werden kann. Auch bei der genaueren Betrachtung der Strukturgefährdungen, die von Wirtschaft und Politik ausgehen, erwähnt Lindemann, dass die Gefährdungen, die für den Menschen drohen, auch für die Natur gelten (vgl. Lindemann 2018: 390). Im Sinne der Lindemann'schen Theorie lässt sich das, was unter Nachhaltigkeit besprochen wird, im Anschluss plausibel im Sinne strukturnotweniger Kritik beschreiben: als Abbild von Kritiken an Vereinnahmungen und Vereinseitigungen der Umwelt und auch des Menschen als natürliches Wesen in Bezug zu seiner Umwelt und dem Streben nach Ausformung in institutionellen Schutzeinrichtungen.

(3) Mit mehr oder weniger Mensch mehr oder weniger sehen

Das *Weniger an Mensch* in der Theorie des späten Luhmann trägt dazu bei, dass in seiner Betrachtung der ökologischen Problematik zwar spannende Aspekte sichtbar werden – etwa wird sehr einleuchtend nachvollziehbar, warum es für die Funktionssysteme eben logisch ist, nicht direkt zu reagieren und träge und wenig empfindlich für ausstehende Gefährdungen zu sein. Durch das *Weniger an Mensch* werden allerdings einige Aspekte verschleiert. Bei der Beschreibung ökologischer (Selbst)Gefährdung entgeht Luhmann, dass er in seiner früheren Konzeption der Grundrechte ebenso eine ökologische Problematik angesprochen hatte. Die Verortung des Menschen in der Umwelt der Gesellschaft ließe die Problematik, die mit den Institutionen der Grund- bzw. Menschenrechte angesprochen wird, ebenfalls als eine ökologische Problematik der Gesellschaft erscheinen: Verschiedene differenzierte, auseinandergetretene Kommunikationsbereiche/-logiken beziehen sich verschiedentlich auf einen bestimmten Umweltausschnitt. Das Gleiche ist für sie nicht gleich. Jeder Zugriff nimmt von sich an – muss von sich annehmen – *der* Zugriff der Gesellschaft zu sein. Insgesamt ergibt sich also eine ökologische Problematik, denn die Binnendifferenzierung verursacht potenziell einen Konflikt, durch den nicht einheitlichen Umweltbezug. Ob sich die ökologische Gefährdung auf Menschen oder auf nicht-menschliche Umwelten bezieht, ist aus dieser Perspektive im Prinzip nicht relevant. Die Grund- bzw. Menschenrechte wären dann – sofern Luhmann noch zu seiner früheren Konzeption stünde – eine Variation von möglichen, allgemeineren Schutzeinrichtungen mit Bezug auf die Gefahr der Entdifferenzierung aufgrund einer ökologischen Problematik. Sozusagen ließe sich Luhmann mit Luhmann erweitern, um gesellschaftsweiten Mustern von Einstellungen auf ökologische Gefährdungen auf die Spur zu kommen.

Luhmann verstellt sich die Sicht auch die Durchschlagskraft, die über Kritiken an Vereinnahmungstendenzen, über verkörperte Menschen, über soziale Bewegungen auf die Straße projiziert werden kann. Sozialen Bewegungen begegnet er (zumindest an dieser Stelle noch) eher polemisch (vgl. Luhmann 1986/2004: 236) und für moralische Kritik oder eine Umweltethik sieht er keine Aussichtschancen (vgl. Luhmann 1986/2004: 265). Interessanterweise ist der optimistischste Funken der Ökologischen Kommunikation in der Betrachtung des Erziehungssystems zu finden, dessen Funktion Luhmann »in der Änderung von Menschen« (Luhmann 1986/2004: 194) sieht. Gerade da, wo es um den Menschen als expliziten Gegenstand geht, sieht er die Möglichkeit Umweltthemen als programmatische Inhalte zu platzieren.

Das *Mehr an Mensch* in der Lindemann'schen Theorie macht das Phänomen der Nachhaltigkeit fast schon beiläufig beschreibbar. Die moderne Gesellschaft, die als erste aus verkörperten Menschen besteht, institutionalisiert Kritik ihrer eigenen, sich selbst gefährdenden Struktur. Dazu gehört neben dem Menschen auch stets die Umwelt als für den Menschen relevante Umwelt.

Anfangs hatte ich erwähnt, dass Natur für mich im Gegensatz zu Umwelt immer ein schwieriger Begriff ist. Lindemann verwendet Natur und Umwelt in weiten Teilen synonym. Die Gefährdung von Natur bzw. Umwelt ist immer die Gefährdung der Umwelt des Menschen bzw. der Natur des Menschen. Letztere, mehrdeutige Formulierung deutet an, was die Lindemannsche Theorie besonders macht. Rein sprachlich lässt sich die ›Natur des Menschen‹ mindestens auf drei Weisen verstehen: (1) Die Natur des Menschen als das Wesen, das den Menschen im Inneren ausmacht; (2) Im Sinne einer Umwelt des Menschen, in die er natürlich eingebettet ist; (3) Als das, was der Mensch als Natur betrachtet oder für sich als solche konstruiert. Es geht dieser Gesellschaft diesseitig lebendiger, verkörperten Menschen, wenn sie auf ihre selbstgemachte Gefährdung reagiert, um die *Natur des Menschen* und damit nicht nur um ihre Umwelt als etwas anderem, objektiv bestimmbaren, sondern immer auch um den Menschen, als konstitutives Element. Der Verweis auf die Umwelt ist zugleich immer der Verweis auf den Menschen, der auch einen moralischen Stellenwert hat, der ein natürliches Wesen ist und der auch in der Lage ist, Natur in Kultur zu überführen.

Bezogen auf die historische Neuartigkeit moderner Körperindividuen erklärt sich auch die Dramatik der drohenden existentiellen Krisen in Zeiten des Klimawandels: Ohne Aussichten auf jenseitige Fortsetzung des Lebens gilt es den Untergang abzuwenden. Im Gegensatz zur klassischen Apokalypse ist die moderne um ihre Heilsvision beschnitten (vgl. Vondung 1988).

Wo das Luhmannsche *Weniger an Mensch* analytische Präzision und klare Unterscheidungen anstrebt, macht es zwar manche Sachverhalte – wie die enormen Trägheit auf ökologische Gefährdungen zu reagieren – auf erstaunliche Weise deutlich, andere Aspekte, die mitunter alltäglich sehr greifbar sind, macht es jedoch unsichtbar. Wo das Lindemannsche *Mehr an Mensch* eine These macht, die zunächst alltäglich banal erscheinen mag (Menschen in dieser Gesellschaft haben Körper), liefert es eine durchschlagskräftige und auch politisch optimistische Theorie der modernen Gesellschaft. Wo Luhmann Gesellschaftstheorie mit Anflügen von Überheblichkeit schreibt und dabei den Menschen als implizite Grundannahme doch nie ganz loszuwerden scheint, schreibt Lindemann stets gewissenhaft mit eingeräumten beschränkten Gültigkeitsrahmen und dem Anspruch möglichst alle Annahmen zu explizieren und berechtigte Kritik zu integrieren. Das Mehr an Mensch macht auch ihre Texte trotz dem hohen Grad an Elaboration stets anschaulich und auch menschlich.

Literatur

Drews, Nikolai (2018): »Verantwortung als systemspezifische Reflexion ökologischer Gefährdung«, in: Anna Henkel/Nico Lüdtke/Nikolaus Buschmann/Lars Hochmann: *Reflexive Responsibilisierung. Verantwortung für nachhaltige Entwicklung*, Bielefeld: Transcript, 233–246.

Durkheim, Émile (1977/2019): Über soziale Arbeitsteilung: Studie über die Organisation höherer Gesellschaften, Achte, durchgesehene Auflage, Frankfurt am Main: Suhrkamp.

Durkheim, Émile (1999): *Physik der Sitten und des Rechts. Vorlesungen zur Soziologie der Moral*, Zweite Auflage, Frankfurt am Main: Suhrkamp.

Lindemann, Gesa (2014): *Weltzugänge. Die mehrdimensionale Ordnung des Sozialen*, Weilerswist: Velbrück Wissenschaft.

Lindemann, Gesa (2018): *Strukturnotwendige Kritik. Theorie der modernen Gesellschaft Band 1*, Weilerswist: Velbrück Wissenschaft.

Luhmann, Niklas (1965/2009): *Grundrechte als Institution. Ein Beitrag zur politischen Soziologie*, 5. Auflage, Berlin: Duncker & Humblot.

Luhmann, Niklas (1986/2004): Ökologische Kommunikation: kann die moderne Gesellschaft sich auf ökologische Gefährdungen einstellen?, 4. Auflage, Wiesbaden: VS Verlag für Sozialwissenschaften.

Melde, Thomas (2012): *Nachhaltige Entwicklung durch Semantik, Governance und Management: Zur Selbstregulierung des Wirtschaftssystems zwischen Steuerungsillusionen und Moralzumutungen*, Wiesbaden: Springer Fachmedien.

Pfister, Thomas/Martin Schweighofer/André Reichel (2016): *Sustainability*, London: Routledge.

Vondung, Klaus (1988): *Die Apokalypse in Deutschland*, München: Deutscher Taschenbuch Verlag.

Johanna Fröhlich

Soziale Ordnungsbildung von den Grenzen

Pausanias Periegetis und der Rechtspopulismus

Einleitung

Die maßgeblich von Gesa Lindemann geprägte Grenzregime-Soziologie steht auf dem Boden einer Annahme und einer Erkenntnis, die beide sowohl die Sozialtheorie der Weltzugänge (insb. Lindemann 2014), als auch die Gesellschaftstheorie der horizontal differenzierten Gesellschaft (Lindemann 2018, Lindemann 2020) anleiten: (1) Die Soziologie muss ihre eigenen Voranmahmen reflektieren und eine Beobachtungsperspektive wählen, die es ihr erlaubt, das Besondere der Moderne sichtbar zu machen, statt in einer Binnenperspektive die Vorannahmen der Moderne zu übernehmen, (2) eine jener historisch kontingenten Vorannahmen der Moderne ist, dass nur biologisch lebendige diesseitige Körperindividuen ›Menschen‹ im Sinne von sozialen Akteuren sein können. Die Erkenntnis der historischen Variabilität der Institution des ›Menschen‹ ist für die Soziologie eine radikale Herausforderung: Das diesseitig lebendige natürliche, moralische und Kultur-schaffende menschliche Körperindividuum (vgl. Lindemann 2018) ist eine zentrale Grundlage für moderne Vergesellschaftung sowie für die Wissenschaften im Allgemeinen und die Soziologie im Besonderen. Selbst die prominenteren Herausforderer aus der STS-Forschung (vgl. Latour und Roßler 2007) setzen weiterhin ›den Menschen‹ als Akteur, dem andere Aktanten zur Seite gestellt sind, voraus (vgl. Matsuzaki 2011). Damit wird die Moralität der Institution Mensch verdeckt: Nur Menschen können sich gegenseitig darstellen, dass normative Erwartungen verletzt werden, damit können auch nur und dafür alle Menschen Teil von Gewalt-Interaktionen werden, als Gewalt-Erleidende, Gewalt-Antuende oder als Dritte.

In diesem Beitrag verfolge ich nicht noch einmal die Argumentationsfiguren nach, mit denen Lindemann unter Bezugnahme auf Plessner und Schmitz die Kontingenz der Grenzen des Sozialen aufzeigt; das ist überzeugend in ihren eigenen Publikationen sowie in diesem Band geschehen. Ich widme mich vielmehr der nicht minder wichtigen Frage nach dem *so what*, also, warum diese aufwändige Reflexion geleistet werden sollte. Die Tatsache, dass wir nur Menschen vor Gericht führen, diejenigen, die sich mit Geistern in Verbindung wähnen zum Psychiater schicken, und für die Menschenrechte sogar von Frauen und nicht-weißen Menschen kämpfen, erscheint uns so richtig und normativ geboten, dass der Hinweis, dass all jenes kontingent ist, auch anders sein könnte, allenfalls einen interessierten Blick oder, im schlimmsten Fall, einen Relativismusvorwurf erntet.

Das Ziel dieses Beitrags ist den Nutzen der von Lindemann angestellten gesellschaftstheoretischen Reflexion auf den Akteursstatus von Menschen zu eruieren. Die Verbindung von Grenzregime-Analyse und Verfahrensordnungen der Gewalt ist besonders fruchtbar, da mit Gewalt zum einen die Grenzen des Sozialen dargestellt werden, zum anderen Gewalt-Anwendung in der Moderne illegitim ist, da sie paradoxer Weise als ein praktischer Ausschluss aus dem Sozialen verstanden wird. Am Beispiel zweier historisch und sachlich möglichst disparater Felder soll gezeigt werden, dass mithilfe dieser Reflexion neuartige gesellschaftstheoretische Perspektiven entstehen. Während die Antike auch Götter, Verstorbene und Statuen als Akteure anerkennen kann, weisen rechtspopulistische Gruppierungen rein durch ihre raum-zeitlichen Verankerungen in der Moderne eine praktische Bezugnahme auf das moderne Grenzregime auf. Für beide Felder ergeben sich durch die Hinwendung zur Grenzregime-Analyse über die Analyse von Gewalt in den entsprechenden Feldern eine neue Perspektive für die Frage, wie übergreifend soziale Ordnung aufrechterhalten und stabilisiert wird.

Im Folgenden fasse ich kurz zusammen, wie Lindemann die Frage nach der Gewalt mit den Grenzen des Sozialen verbindet (2) und führe dann zunächst mit dem Beispiel der Antike (3), dann mit dem Beispiel der neuen rechten Bewegung (4) aus, welche Perspektiven sich durch diese Theorie ergeben. Zum Schluss (5) fasse ich die gewonnenen Erkenntnisse nochmal zusammen.

(1) Gewalt und die Grenzen des Sozialen

Gewalt spielt sowohl für Lindemanns Sozial- als auch Gesellschaftstheorie eine zentrale Rolle: Die Weltzugänge der verschiedenen Dimensionen werden durch normative Erwartungen, also jene Erwartungen, die auch im Enttäuschungsfall aufrechterhalten werden (vgl. Galtung 1959, 214–216), zusammengehalten. Die Gültigkeit der normativen Erwartungen wird wiederum mit Bezug auf Gewalt dargestellt und stabilisiert – in der modernen Gesellschaft durch das staatliche Gewaltmonopol mit dem Recht als herausgehobenen Satz an institutionalisierten normativen Erwartungen. Normative Erwartungen zeigen an, wer gegenüber wem sinnvoll normative Erwartungen aufrechterhalten kann. Damit erhält

Gewalt eine Anzeigefunktion für die Grenzen des Sozialen und erscheint als der plausible Anfangspunkt für gesellschaftstheoretische Überlegungen. Die Frage, wer in einer spezifischen Gesellschaftsformation Gewalt ausüben kann, was Gewalt ist, und welche Zonen der Legitimität und Illegitimität es für diese gibt, betrifft die gesamte Gesellschaftsformation.

Ich verstehe hier Gewalt als ein Phänomen, an dem mindestens zwei Akteure beteiligt sind, die »in eine vereinnahmende antagonistische Interaktion im Konnex von Antun und Erleiden involviert« (vgl. Barth u.a. 2021, S. 9) sind und dabei die Gültigkeit normativer Erwartungen darstellen. Dritte sind unmittelbar an der Legitimation/Delegitimation der normativen Erwartungen beteiligt. Für die Frage nach der Grenzregime-Analyse ist Gewalt in besonderer Weise wichtig: Die Sphäre der Gewalt-Erleidenden und Gewalt-Antuenden ist mit der Sphäre des Sozialen kongruent. Nur soziale Akteure können Gewalt ausüben, oder sie erleiden. Was in einer bestimmten Gesellschaftsformation als Gewalt zählt, welche Akteure soziale Akteure sein können und bei welchen Interaktionsformen Legitimation/Delegitimation erwartet werden kann, ist historisch kontingent, jedoch für bestimmte Gesellschaften im Rahmen von sogenannten Verfahrensordnungen der Gewalt (vgl. Lindemann 2017) institutionalisiert.

Die Reflexion der Grenzen des Sozialen mit in die Analyse einzubeziehen, kann also bedeuten, nach den jeweils geltenden Ordnungen der Gewalt zu fragen. Im Weiteren frage ich für zwei Felder an jeweils einem Beispiel nach den geltenden Ordnungen der Gewalt.

(2) »Die Statue beendete den Frevel, indem sie auf ihn fiel«[1]

Wer heutzutage ein Museum der griechisch-römischen Antike besucht, findet vor allem eines: Statuen. Statuen aus Marmor, Statuen aus Bronze, große, lebensgroße Statuen und kleine Statuetten. Diese zu bewundernden Statuen sind aus ihrem Wirkzusammenhang gerissen und auf ihre reine Ästhetik reduziert. In ihrem Entstehungszusammenhang waren solche Statuen keine reinen Kunstwerke, sondern eingebunden in ihre Umgebung. Sie strukturierten den öffentlichen Raum (vgl. Hölscher 1998), waren Teil von Kultpraktiken und Ehrenbezeugungen (vgl. Dally 2012). Viele Fragen mit Bezug auf Statuen sind in den Altertumswissenschaften noch nicht geklärt, allen voran, ob Statuen tatsächlich lebendig waren, der Sitz des Dargestellten oder aber der Dargestellte selbst (vgl. Burkert 1985, Hoff 2001, Faraone 1992, Scheer 2000, Eich 2011). Damit wird die Frage nach den Grenzen des Sozialen in der griechisch-römischen Antike berührt. Am

1 Die Ausführung beruht auf Fröhlich 2016.

folgenden Fallbeispiel kann gezeigt werden, dass Statuen sowohl Gewalt erleiden, als auch Gewalt ausüben konnten, und darin gleichsam als verlängerter Leib des Abgebildeten verstanden werden können.

Als Fall wähle ich einen *Logos*, den Pausanias erzählt. Pausanias ist eine gute Quelle, um über zeitgenössische Mythen, die sich um die sichtbaren Bauwerke rankten, Aufschluss zu geben. Er lebte ungefähr zwischen 115 und 180 n. Chr. und bereiste das Kerngebiet Griechenlands, welches zu seiner Zeit bereits über 250 Jahre unter römischer Herrschaft stand. Aus diesen Reisen entstand ein 10-bändiges Werk, in welchem es sich Pausanias zur Aufgabe macht *panta (...) ta hellenika*, alle griechischen Dinge (Paus. I.26.4) zu erzählen: die *Hellados Periegesis*, kurz *Periegesis* (dt.: Herumführen). Diese griechischen Dinge teilt Pausanias selbst in *Logoi* und *Theoremata*, Geschichten und Sehenswürdigkeiten (Paus. I.39.3), ein. Alles Griechische ist nach Pausanias' Aussage Gegenstand der *Periegesis*, jedoch ist sein Fokus die Religion (Vgl. Auffarth 1997, Bommas 2011).

In dem von mir ausgewählten Logos erzählt Pausanias im 6. Buch, d.h. dem zweiten Olympia gewidmeten Buch eine Geschichte zur Statue vom Athleten Theagenes, Sohn des Timosthenes, der im 5. Jhd. v. Chr. gelebt haben soll. Nach ausführlichen Beschreibungen der Wettkampfsiege, die Theagenes im Boxen, Pankration und Laufen erzielte, beschreibt Pausanias, dass Theagenes' Statue nach dessen Tod wirkmächtig wurde:

> Als er von den Menschen geschieden war, kam ein Mann, der einer seiner Feinde, als er lebte, gewesen war, jede Nacht zur Statue des Theagenes und züchtigte das Bronze, als ob er Theagenes selbst mißhandelte. Und die Statue beendete den Frevel, indem sie auf ihn fiel, aber die Kinder des getöteten Mannes verklagten die Statue des Mordes. Die Thasier versenkten die Statue, indem sie sich der Meinung des Drakon anschlossen, der den Athenern Mordgesetze schrieb und da auch leblose Dinge verbannt, wenn eines von ihnen fiel und einen Menschen tötete. Aber nach einiger Zeit, als den Thasiern die Erde keine Früchte mehr trug, schickten sie Gesandte nach Delphi, und ihnen befahl der Gott alle im Exil zurückzunehmen. Und sie nahmen sie zurück aber es brachte ihnen keine Erleichterung von der Hungersnot. So gingen sie ein zweites Mal zu der Pythia und sagten, dass sie ihr gehorcht hatten, aber der Zorn der Götter noch immer auf ihnen sei. Die Pythia antwortete: Ihr habt vergessen Euren großen Theagenes. Und als sie nicht wussten, wie sie die Statue des Theagenes zurückholen sollten, fingen Fischer, wie sie sagen, die Statue in ihrem Netz und brachten sie zurück an Land. Die Thasier setzten sie an ihre ursprüngliche Position und sind es gewohnt ihm zu opfern wie einem Gott. Es gibt viele Orte, von denen ich weiß, sowohl bei den Griechen als auch den Barbaren, an denen Statuen des Theagenes aufgestellt wurden, und er heilt Krankheiten und erhält Ehren.[2]

2 Paus.VI.11.6–9, Übersetzung nach Jones.

Diese typische *Loimos*-Geschichte (Boehringer 1996) kann uns Aufschluss darüber geben, welche Statuengeschichten im zweiten Jhd. n. Chr. so plausibel erschienen, dass Pausanias sie aufgegriffen hat. Aus der Perspektive der Grenzen des Sozialen ist von besonderem Interesse, wie die Statuen in geordnete und ungeordnete Gewaltinteraktionen eingebunden sein konnten. Die Geschichte beginnt mit der Interaktion zwischen dem ›Feind‹ und der Statue. Der Feind schlägt die Statue, »als ob er Theagenes selbst mißhandelte«. Dafür wählt er einen nächtlichen Zeitpunkt, der es wahrscheinlich macht, dass es sich bei diesem Züchtigen nicht um einen öffentlichen Akt der Demütigung handelt, sondern der Feind sich mit dem Schlagen nur auf Theagenes bezieht und diesem schaden will. Das Züchtigen scheint selbst illegitim zu sein, es ist ein »Frevel«. Pausanias unterscheidet hier sprachlich zwischen Statue und Theagenes: Der Feind schlägt rein sprachlich nicht Theagenes, sondern die Statue.

Die Illegitimität des Frevels wird durch die Statue selbst dargestellt, indem sie »auf ihn fiel«. Die Statue ist hier handelnder Akteur, der im Rahmen einer Gewaltinteraktion auf das Gewalt-Antun mit Tötung reagiert. Damit wird der Konflikt von einem privaten Konflikt in der Nacht zu einer öffentlichen Angelegenheit, die auch im Weiteren öffentlich verhandelt wird. Nicht die »schreckliche Pflicht zur Rache« (Girard 2002, S. 28), sondern das Gerichtswesen sind im weiteren Verlauf relevant. Das Gericht erkennt der Statue die Schuld für das Sterben des Feindes zu, die geahndet werden muss. Die Statue ist ein gültiges Subjekt für Anklage und Bestrafung. Auch hier unterscheidet Pausanias zwischen der Statue und Theagenes. Die Statue ist ein lebloses Ding und er führt eine zusätzliche Begründung an, warum sie bestraft wird, was darauf verweist, dass zumindest zu Pausanias' eigener Zeit Statuen nicht mehr legitime Empfänger von Strafe waren.

Nach dieser zweiten Ebene der öffentlichen Auseinandersetzung, kommt es zu einer Hungersnot, dem *Loimos*. Diese wird als ein Gewalt-Akt der Götter gedeutet. Die Thasier leiden und sie nehmen an, dass die Gewalt als Bestrafung für ein unbekanntes Vergehen erfolgt, weshalb sie sich beim Orakel von Delphi erkundigen, was sie tun können, um die Gewalt zu beenden. Dabei kommt den Thasiern nicht die Macht zum Beenden der Gewalt zu, sondern sie können nur in Reaktion auf die legitime Gewalt der Götter ihr Verhalten verändern. Dieser göttliche Wille, vermittelt durch die *Pythia*, ist der gerichtlichen Ordnung der Polis übergeordnet und es wird ihm in Aufhebung des weltlichen Richtspruchs Folge geleistet. Über diesen Prozess wird die Ordnung wiederhergestellt.

Die Art, wie mit der Statue im Verlauf dieses Konfliktes umgegangen wird, zeigt, dass diese sowohl als Gewalt-Täter, als auch als Gewalt-Erleidende thematisiert werden kann. Das Gewalt-Antun der Statue wird durch ein weltliches Gericht bestätigt – und geahndet – während das Gewalt-Erleiden durch den Einbezug der göttlichen Welt bestätigt und geahndet wird. Dabei scheint die Statue sowohl im Gewalt-Erleiden, als auch im Gewalt-Antun zumindest von Pausanias nicht als vollständiger sozialer Akteur anerkannt zu werden: Sie ist trotz ihres Handelns leblos, aber scheint einen Bezug zum abgebildeten Theagenes zu haben, der selbst nur über die Statue vermittelt erreichbar ist.

Menschen, Statuen, Gerichte und Götter können im Rahmen der Geschichte Gewalt ausüben. Es zeigt sich hier eine Rangordnung, in der Konflikte geführt werden. Bei diesen sind menschliche und nicht-menschliche Akteure gleichermaßen eingebunden. Der Wille der Götter hat eine absolute Priorität: Diese haben, wenn man so will, in dieser Ordnung ein zentrales Gewaltmonopol inne. Die Statue erscheint hier allerdings zumindest aus Perspektive Pausanias' nicht komplett schuldig: Es ist ein Kuriosum, dass sie schuldig gesprochen wird. Dennoch steht außer Frage, dass eine soziale Person Gewalt ausgeübt und erlitten hat. Die Statue fungiert als verlängerter Leib, dessen Verletzung einem sozialen Akteur, nämlich Theagenes, Gewalt antut, sie ist aber nicht an sich vollständig zur Verantwortung zu ziehen.

(3) »Das Problem sind nicht die Migranten«[3]

Dieses Phänomen der nicht vollständigen Verantwortlichkeit begegnet uns auch im Weiteren, wenn wir uns den ca. 2500 Jahren nach Theagenes lebenden Rechtspopulisten zuwenden. Der aktuelle Rechtspopulismus stellt die bisherige Forschung vor eine Herausforderung, die im Namen steckt: Zum einen ist es ein Populismus, der, wie andere Populismen, von zwei sich antagonistisch gegenüberstehenden Positionen lebt: ein reines ursprüngliches Volk und künstliche, unwürdige Eliten (Vgl. u.a. Häusler 2008, Reinfeldt 2013, Decker, Henningsen und Jakobsen 2015, Vorländer, Herold und Schäller 2016, Priester 2017). Diese Grundstruktur wird bei den rechtspopulistischen Bewegungen um eine dritte Komponente erweitert: der (vor allem verbale) Angriff auf Migranten, ›Flüchtlinge‹, oder eine Religion wie ›den Islam‹ (Vgl. Hafez 2010). In der Rechtsextremismus-Forschung werden diese beiden Konfliktverhältnisse tendenziell getrennt verhandelt: Ersteres als Populismus, Letzteres als Rassismus oder Teil einer rechtsextremen Ideologie. Dadurch entsteht oftmals die Einordnung als »Rechtsextremismus light«, da weniger tätliche als verbale Angriffe erfolgen (Kohlstruck 2008, S. 211).

Die Kritik am Rechtspopulismus ist normativ an die moderne Verfahrensordnung der Gewalt gebunden. In dieser gilt, dass nur aber dafür

3 Das folgende beruht auf den Ergebnissen meiner ethnographischen Forschung (2017/2018), die ich im Rahmen meines laufenden Dissertationsprojektes durchgeführt habe.

alle lebendigen Menschen Gewalt antun und erleiden können, Gewalt selbst aber illegitim ist, solange sie nicht dazu dient illegitime Gewalt zu beenden. Jemandem Gewalt anzutun, impliziert seine Anerkennung als soziale Person. Die Frage ist dann: Im Rahmen welcher Verfahrensordnung der Gewalt handelt es sich bei bestimmten Interaktionen um Gewalt, wer kann Gewalt ausüben und erleiden, was ist Gewalt, welche Gewalt ist erlaubt, geboten oder verboten (Vgl. Reemtsma 2013, S. 190).

Im Folgenden skizziere ich die Bearbeitung dieser Frage anhand von einem Zitat aus einem Interview, das ich mit [Andreas], einem Mitglied einer neu-rechten Organisation in Deutschland, 2017 geführt habe.

> [Andreas]: Polygamie Kinderehe Vergewaltigung (2) das gehört halt zu deren Kultur. Die stechen sich ab wenn die sich streiten (–) sollen sie machen, ist ok. Aber (–) <<betont langsam> das gehört einfach nicht zu Deutschland>. (3) Das ist kein Überlegenheitsanspruch ich bin kein Rassist (–) ich find nicht dass wir besser sind oder sowas. Die sind halt hier, weil sie denken dass sie's hier besser haben (–) würde ja jeder so machen. Das Problem sind nicht die Migranten! (2) Die leben so wie sie's kennen (-) und wie's für sie natürlich ist. Das Problem (.) das Problem sind die die uns (.) UNS! Rassisten nennen, nur weil wir das nicht wollen. Die Eliten (.) die uns'rem Volk <<jede Silbe betont> aberziehen> (.) wer wer wir eigentlich sind! Jede Vergewaltigung! Jede Messerstecherei! ist deren Schuld! weil weil die die die diese (–) Flüchtlinge (–) herholen. Aber wir sind noch da (.) wir wehren uns!

Es werden verschiedene Personengruppen genannt, die in antagonistischen Beziehungen zueinanderstehen: Es gibt ›die‹ bzw. ›die Migranten bzw. ›diese Flüchtlinge‹, ein ›ich‹ bzw. [Andreas], ein ›wir‹ bzw. ein ›Volk‹ und ›die Eliten‹. Damit gibt es vier Positionen, die hier eingenommen werden. Diesen werden unterschiedliche Handlungen zugeschrieben. *Die Migranten* sind durch ›Polygamie Kinderehe Vergewaltigung‹ und ›Messerstecherei‹ ausgezeichnet; *Die Eliten* durch das ›UNS! Rassisten nennen‹, ›aberziehen wer wir eigentlich sind‹ und ›Flüchtlinge herholen‹; *das Volk* durch ein zukünftiges ›wehren‹; und *[Andreas]* durch ›kein Rassist‹ sein.

Als Gewalt im Sinne der modernen Verfahrensordnung der Gewalt ließen sich die *den Migranten* zugeschriebenen Handlungen deuten: Sie sind auf Schädigung oder Tötung von Menschen ausgerichtet. Umso erstaunlicher ist es, dass [Andreas] bezüglich *der Migranten* explizit nicht die Verletzung normativer Erwartungen zum Ausdruck bringt. Im Gegenteil: Sie verhalten sich mit diesen Handlungen erwartungsgemäß, ›gehört halt zu deren Kultur‹, ›wie's für sie natürlich ist‹. *Den Migranten* wird hier mit Bezug auf Kultur und Natur ein Verhalten zugeschrieben, das vorausgesetzte Normen verletzt. Zugleich wird ihnen die ›Schuld‹ abgesprochen. Indem auf Kultur und Natur Bezug genommen wird, wird die Möglichkeit, sinnvoll normative Erwartungen an *die Migranten* zu richten negiert: Es ist nicht möglich, zu lernen und andere Normen anzunehmen.

Bei dieser Bezugnahme auf *die Migranten* werden implizit weitere antagonistische Bezugnahmen mit behandelt, die im weiteren Verlauf des Interviewauszugs explizit werden: das illegitime Handeln *der Eliten*. Indem *die Migranten* für nicht schuldfähig erklärt werden, wird die Verantwortung für die Enttäuschung normativer Erwartungen, die [Andreas] unmittelbar betreffen, *den Eliten* zugeschrieben. Diese richten sich gegen *unser Volk*, das unter *den Eliten* zu leiden hat. [Andreas] verwendet seine Schuldaberkennung *der Migranten*, um die Illegitimität des Rassismusvorwurfs *der Eliten* darzustellen: Er richtet sich explizierter Weise nicht gegen *die Migranten* und begründet damit seine Äußerung ›ich bin kein Rassist‹. Rassist sein wäre also gemäß [Andreas] an *die Migranten* dieselben Normen anzulegen, die er an andere Mitglieder der Gesellschaft anlegt.

Während [Andreas] sich von *den Migranten* explizit nicht betroffen darstellt, ändert sich das mit Bezug auf *die Eliten*. Er regt sich auf, wiederholt Worte, ruft aus. Zudem bezieht er sich auf ein ›Wir‹, das sich wehrt. Sich wehren impliziert, dass eine illegitime antagonistische Bezugnahme stattfindet, die beendet werden soll, das ist auch der einzige Ort gebotener Gewalt im Rahmen der modernen Verfahrensordnung.

Es zeigt sich in diesem Interviewzitat eine besondere Konstellation: Illegitime Gewalt wird dem ersten Anschein nach sowohl von *Migranten* als auch *Eliten* ausgeübt. Tatsächlich aber ist die Gewalt *der Migranten* Gewalt *der Eliten. Die Migranten* können nicht sinnvoll zur Verantwortung gezogen werden. Nicht in ihrem Handeln verletzen sie normative Erwartungen, sondern in ihrer bloßen räumlichen Anwesenheit – eine Hinwirkung auf Veränderung des Verhaltens der Migranten scheint für [Andreas] außer Frage zu stehen: Er verbindet hier einen extremen Kulturrelativismus, demgemäß alle Kulturen gleichwertig nebeneinander stehen, mit einem extremen Naturalismus, dem die Kultur einer Gruppe natürlich und unveränderbar ist. Es ist fraglich, ob *Migranten* überhaupt, insbesondere in Deutschland, Gewalt ausüben können, insofern nicht sinnvoll normative Erwartungen an sie gerichtet werden können. [Andreas] scheint weniger die Identifikation von Schuldigen, als von Leidenden zu fokussieren: Wer genau Gewalt ausgeübt hat ist für seine Argumentation irrelevant, solange die Gewalt das Volk selbst betrifft.

Die Migranten sind nicht unbelebt, oder können kein soziales Gegenüber sein: Sie sind Menschen, die sich verhalten wie ›jeder‹. Es ist fraglich, ob die Unberührtheit [Andreas]' auch im praktischen Konflikt aufrechterhalten würde. Für diesen Beitrag festzuhalten ist nur, dass hier in generalisierter Weise zwischen *Eliten, Volk* und *Migranten* unterschieden wird, wobei *die Eliten* mittels *der Migranten* Gewalt gegen *das Volk* richten und dieses zukünftig Gewalt gegen *die Eliten* richten wird. Für diesen Zusammenhang wird *den Migranten,* wie temporär auch immer, ihre

Verantwortlichkeit abgesprochen und auch sie werden selbst zu Opfern *der Eliten*. Vermittelt über den Populismus und die Frontstellung gegen *die Eliten* werden hier Kulturrelativismus und Naturalismus miteinander so verbunden, dass das Selbstbild gewaltfrei bleiben kann.

(4) Gewalt: damals und heute

In den beiden empirischen Feldern unterscheiden sich die skizzierten Gewaltordnungen von der modernen Verfahrensordnung der Gewalt: In der griechischen Antike konnten nicht nur Menschen, sondern auch Statuen und Götter zu sozialen Akteuren werden und im Rahmen der Ordnung für ihr gewaltsames Handeln verurteilt werden. Im Rechtspopulismus können manche Menschengruppen, insbesondere *Migranten*, nur eingeschränkt soziale Akteure sein, insofern sie aufgrund der Negierung einer gemeinsamen normativen Ordnung nicht für ihr gewaltsames Handeln verantwortlich gemacht werden. Stattdessen werden *die Eliten*, die ihre Anwesenheit zu verantworten haben, als Gewalt-Täter problematisiert. Wenngleich *die Migranten* nicht selbst für ihr Handeln verantwortlich gemacht werden, was laut [Andreas] rassistisch wäre, soll dennoch ihre Anwesenheit verhindert werden. Darin ähnelt die Bezugnahme auf *die Migranten* der Bezugnahme auf die Statuen: Auch diese sollen im Fall einer gewaltsamen Handlung nicht anwesend sein, sie sollen verbannt werden – wenngleich sich von der Gleichsetzung von Dargestelltem und Darstellenden distanziert wird. Das hier aufscheinende Phänomen ist, dass Gewalttäter und Gewaltausführender/s auseinanderfallen. Während die Strafe am Gewaltausführenden vollzogen wird, und diese auch den Gewalttäter betrifft, wird die Verantwortlichkeit bei dem Gewalttäter gesucht, der vermittelt handelt.

Es ist in diesen Feldern plausibel geworden, dass eine Grenzregime-Analyse weder in der Antike noch in der Moderne nur eine weitere lästige Reflexionsleistung impliziert, sondern durchaus zu neuen Perspektiven führt: Wer oder was tatsächlich in einem gegebenen Feld Gewalt ausübt, wird nicht nur durch beobachtbare Handlungsabläufe, sondern durch Zuschreibungsprozesse im Feld festgelegt. Daran anknüpfend könnte neues Licht auf andere derartige Zuschreibungsprozesse geworfen werden, so lässt sich die anhaltende Debatte um Schusswaffen in den USA auch als Auseinandersetzung darum, wer eigentlich als verantwortliche Entität zu verstehen ist, lesen. Da mit den Grenzen der Normativität gesellschaftliche Ordnung schlechthin zusammengehalten wird, sind Soziolog:innen gut beraten, solchen Prozessen Augenmerk zu schenken und nicht nur innerhalb der Debatten zu argumentieren, sondern auch zu sehen, wenn die Existenz solcher Debatten selbst die Institution des Menschen bedroht.

Literatur

Auffarth, Christoph (1997): »Verräter – Übersetzer? Pausanias, Das Römische Patriai Und Die Identität Der Griechen in Achaia«, in: Cancik, Hubert/ Jörg Rüpke, *Römische Reichsreligion Und Provinzialität*, Tübingen: Mohr Siebeck, 219–238.

Barth, Jonas u.a. (2021). »Wie Gewalt untersuchen? Ein Kodierschema für einen reflexiven Gewaltbegriff«, in: *Forum Qualitative Sozialforschung / Forum: Qualitative Social Research 22.1.*

Boehringer, David (1996). »Zur Heroisierung Historischer Persönlichkeiten Bei Den Griechen«, in: Flashar, Martin/ Hans-Joachim Gehrke / Ernst Heinrich, *Retroperspektive. Konzepte von Vergangenheit in Der Griechisch-Römischen Antike*, München: Akademie Verlag, 37–62.

Bommas, Martin (2011). »Pausanias' Egypt«, in: Bommas, Martin, *Cultural memory and identity in ancient societies (Cultural memory and history in antiquity)*, London /New York: Continuum, 79–108.

Burkert, Walter (1985): *Greek Religion*, Cambridge: Cambridge Univ. Press.

Dally, Ortwin. (2012): *Bild – Raum – Handlung: Perspektiven Der Archäologie*, Topoi. Berlin/Boston: De Gruyter.

Decker, Frank, Bernd Henningsen/ Kjetil Jakobsen (Hg.) (2015): *Rechtspopulismus und Rechtsextremismus in Europa: die Herausforderung der Zivilgesellschaft durch alte Ideologien und neue Medien*, in: *International studies on populism* 1. Auflage. Bd. Band 2., hrsg. v. Reinhard C. Heinisch/ Christina Holtz-Bacha/ Oscar Mazzoleni, Baden-Baden: Nomos.

Eich, Peter (2011): *Gottesbild Und Wahrnehmung: Studien Zu Ambivalenzen Früher Griechischer Götterdarstellungen (ca. 800 v.Chr.–ca. 400 v.Chr.)*, in: *Potsdamer Altertumswissenschaftliche Beiträge* Band 34., hrsg. v. Elisabeth Begemann/ Daniela Bonanno/ Filippo Carlà-Uhink/ Anna-Katharina Rieger, Stuttgart: Franz Steiner Verlag.

Faraone, Christopher A. (1992): *Talismans and Trojan Horses. Guardian Statues in Ancient Greek Myth and Ritual*, New York: Oxford University Press.

Fröhlich, Johanna (2016): *Bildwerke in Pausanias' Hellados Periegesis Im Lichte von Akteurstheorie Und Erinnerungskultur* (Masterarbeit). Unter Mitarb. von Sitta von Reden. Freiburg im Breisgau, DOI: https://doi.org/10.13140/RG.2.2.24340.63365.

Galtung, Johan (1959): »Expectations of Interaction Processes«, *Inquiry* 2, 213–234.

Girard, René (2002): *Das Heilige Und Die Gewalt*, Ostfildern: Patmos Verlag.

Hafez, Farid (2010): *Islamophober Populismus*, Wiesbaden: Verlag für Sozialwissenschaften.

Häusler, Alexander (2008): *Rechtspopulismus als ›Bürgerbewegung‹: Kampagnen gegen Islam und Moscheebau und kommunale Gegenstrategien*, Wiesbaden: VS Verlag für Sozialwissenschaften.

Hoff, Ralf von den (2001): *Konstruktionen von Wirklichkeit: Bilder Im Griechenland Des 5. Und 4. Jahrhunderts v. Chr*, Stuttgart: Steiner.

Hölscher, Thomas (1998): Öffentliche Räume in Frühen Griechischen Städten. Schriften Der Philosophisch-Historischen Klasse Der Heidelberger Akademie Der Wissenschaften, Heidelberg: Winter.

Kohlstruck, Michael (2008): »Rechtspopulismus Und Rechtsextremismus. Graduelle Oder Qualitative Unterschiede?« , in: Faber, Richard/ Frank Uger, *Populismus in Geschichte Und Gegenwart*, Würzburg: Königshausen & Neumann, 211–230.

Latour, Bruno/ Gustav Roßler (2007): *Eine Neue Soziologie Für Eine Neue Gesellschaft: Einführung in Die Akteur-Netzwerk-Theorie*, 1. Aufl. Frankfurt am Main: Suhrkamp.

Lindemann, Gesa (2014): *Weltzugänge: Die Mehrdimensionale Ordnung Des Sozialen*, Weilerswist: Velbrück Wissenschaft.

Lindemann, Gesa (2016): »In Sorge Aus Lust«, in: Henkel, Anna u.a., *Dimensionen Der Sorge. Soziologische, Philosophische Und Theologische Perspektiven*, Baden-Baden: Nomos, 73–98.

Lindemann, Gesa (2017): »Verfahrensordnungen Der Gewalt«, *Zeitschrift für Rechtssoziologie* (37.1), 57–87.

Lindemann, Gesa (2018): *Strukturnotwendige Kritik: Theorie Der Modernen Gesellschaft*, Band 1, Weilerswist: Velbrück Wissenschaft.

Lindemann, Gesa (2020): *Die Ordnung Der Berührung: Staat, Gewalt Und Kritik in Zeiten Der Coronakrise*, Weilerswist: Velbrück Wissenschaft.

Matsuzaki, Hironori (2011). »Die Frage nach der ›Agency‹ von Technik und die Normenvergessenheit der Techniksoziologie«, in: Lüdtke, Nico/ Hironori Matsuzaki, *Akteur – Individuum – Subjekt: Fragen zu ›Personalität‹ und ›Sozialität‹*, Wiesbaden: VS Verlag für Sozialwissenschaften, 301–325.

Priester, Karin (2017): »Rechtspopulismus – ein umstrittenes theoretisches und politisches Phänomen«, in: Langebach, Martin/ Alexander Häusler/ Fabian Virchow, *Handbuch Rechtsextremismus (Edition Rechtsextremismus)*, Wiesbaden: Springer VS, 533–560.

Reemtsma, Jan Philipp (2013): *Vertrauen und Gewalt: Versuch über eine besondere Konstellation der Moderne*, Durchgesehene Neuausgabe, Hamburg: Hamburger Edition.

Reinfeldt, Sebastian (2013): »Wir für euch«: Die Wirksamkeit des Rechtspopulismus in Zeiten der Krise, 1. Aufl. Bd. 33. Edition DISS / Duisburger Institut für Sprach- und Sozialforschung, Münster: Unrast-Verlag.

Scheer, Tanja Susanne (2000): *Die Gottheit Und Ihr Bild - Untersuchungen Zur Funktion Griechischer Kultbilder in Religion Und Politik*, Zetemata. München: Beck.

Vorländer, Hans/ Maik Herold/ Steven Schäller (2016): *PEGIDA: Entwicklung, Zusammensetzung und Deutung einer Empörungsbewegung*, Wiesbaden: Springer VS.

Sigrid Graumann

Schwangerschaftsabbruch nach pränataler Diagnostik

Bedeutung von Geburt und Leben für die Konstitution einer sozialen Person

Der frühzeitige Abbruch einer ungewollten Schwangerschaft ist heute hierzulande weitgehend gesellschaftlich akzeptiert. Der Abbruch einer bereits fortgeschrittenen Schwangerschaft auf Grund einer pränatal diagnostizierten fötalen Auffälligkeit ist dagegen zwar »normale« medizinische Praxis, trotzdem aber politisch höchst strittig (Dietrich/Czerner 2013). Für die betroffenen Frauen und Familien handelt es sich um eine einschneidende, oft traumatisch erlebte Erfahrung.

Die ethischen Fragen von Pränataldiagnostik und späten Schwangerschaftsabbrüchen beschäftigen mich als Ethikerin schon sehr lange (Graumann 2011a). Gesa Lindemann hat mich davon überzeugt, dass es komplementär zur philosophisch-ethischen Perspektive eine genuin soziologische Perspektive braucht, um die Thematik angemessen zu erfassen, weil hier Fragen der Grenze des Sozialen am Anfang des Lebens berührt sind (Lindemann 2011).

In modernen westlichen Gesellschaften gehen wir in der Regel davon aus, dass alle geborenen, lebenden Menschen als *soziale Personen* gelten oder, wie es in der Allgemeinen Erklärung der Menschenrechte heißt, dass alle Menschen »gleich an Würde und Rechten geboren« werden. Diese Gewissheit der grundsätzlichen normativen Gleichheit des Menschen scheint durch die gesellschaftliche Praxis später Schwangerschaftsabbrüche herausgefordert zu werden. Die gesellschaftliche Bedeutung der Praxis der späten Schwangerschaftsabbrüche ist daher eine wichtige Frage für eine soziologisch aufgeklärte Medizinethik (Lindemann/Graumann 2009). So kam das Forschungsvorhaben zur Frage der Bedeutung der Geburt für die Konstitution einer sozialen Person mit Blick auf die Praxis später Schwangerschaftsabbrüche nach Pränataldiagnostik zu Stande, welches mich seit meiner Zeit in Oldenburg von 2009 und 2011 begleitet und in dessen Rahmen ich selbst empirisch gearbeitet sowie über die Jahre eine ganze Reihe von Abschlussarbeiten betreut habe. Die Ergebnisse möchte ich hier Gesa Lindemann zu Ehren zusammenfassend darstellen.

(1) Intersubjektive Anerkennung als theoretische Grundlage

Methodisch folge ich dem Ansatz eines theoriegeleiteten ethnografischen Vorgehens. Dabei verstehe ich die Schwangerschaft als Sorgebeziehung zwischen der Frau und ihrem ungeborenen Kind. Sorgebeziehungen sind asymmetrische Beziehungen, weil die Angewiesenheit auf Hilfe, Unterstützung und Sorge asymmetrisch verteilt ist – im Fall der Schwangerschaft mit der Konsequenz der existenziellen Abhängigkeit des ungeborenen Kindes von der Schwangeren und der Besonderheit, dass sie dabei nicht ersetzbar ist.

Im Mittelpunkt von philosophisch-ethischen Kontroversen am Anfang des Lebens steht die Frage nach dem moralischen Status menschlicher Embryonen und Föten und damit einhergehenden Verpflichtungen (Warren 2005). Unstrittig ist, dass Personen ein voller moralischer Status zugeschrieben werden muss, was mit der allgemeinen Verpflichtung, sie als Träger gleicher Rechte zu achten, verbunden ist. In der Soziologie kann analog der Begriff der sozialen Person verwendet werden. Der Konflikt über die Legitimität später Schwangerschaftsabbrüche kann vor diesem Hintergrund als Streit darüber gedeutet werden, ob dem ungeborenen Kind der Status als soziale Person zugeschrieben werden sollte, was mit der Konsequenz verbunden wäre, dass die schwangere Frau zum Austragen der Schwangerschaft verpflichtet werden müsste. Es könnte ihr nicht freigestellt werden, sich unter bestimmten Bedingungen gegen das Kind zu entscheiden.

Von diesen Überlegungen ausgehend, habe ich untersucht, ob es im Kontext später Schwangerschaftsabbrüche Hinweise auf die Anerkennung ungeborener Kinder als soziale Personen gibt. Um dies in der Praxis durch Beobachtung feststellen zu können, braucht es eine Beobachtungstheorie.[1] Mit der Beobachtungstheorie, die ich gewählt habe, kann erstens untersucht werden, wie sich die Anerkennung als soziale Person in Sorgebeziehungen konkret darstellt, und zweitens, durch welche Normen bzw. generalisierte Anerkennungserwartungen das geregelt ist. Dabei unterscheide ich zwischen *fundierender Anerkennung* und *qualifizierender Anerkennung*. Mit fundierender Anerkennung ist gemeint, dass ein menschliches Wesen überhaupt als soziale Person gilt. Mit qualifizierender Anerkennung sind die konkreten Anerkennungsakte gemeint, die auf Grund des Status als soziale Person verbindlich erwartet werden können.[2] Weder fundierende noch qualifizierende Anerkennung in sozialen

1 Die theoretischen Grundlagen der Beobachtungstheorie können hier nur sehr holzschnittartig skizziert werden. Für eine etwas detailliertere Ausarbeitung siehe Graumann 2011b.

2 Eine vergleichbare Unterscheidung nimmt Thomas Luckmann (1980) in dem Text »Grenzen der Sozialwelt« vor. Indem andere Körper als menschliche

Beziehungen ist den Akteuren per se freigestellt ist; beides ist dann allgemein verbindlich, wenn regulär generalisierte Verhaltenserwartungen von Dritten erhoben werden.

Nun setzten die meisten soziologischen Theorien das Problem der fundierenden Anerkennung als soziale Person als gelöst voraus. Eine Ausnahme ist Gesa Lindemann, die explizit danach fragt, wer als soziale Person adressierbar ist und was nicht (Lindemann 2011). Sie beschränkt sich dabei aber auf Fragen der fundierenden Anerkennung im Sinne einer ja/nein-Zuschreibung; eine differenzierte Analyse von Anerkennung in Sorgebeziehungen, um die es mir hier geht, hat sie konzeptionell nicht im Blick. Auch die ansonsten sehr heterogenen philosophischen Anerkennungstheorien von Judith Butler (2007) und Emmanuel Lévinas (2002) thematisieren Fragen fundamentaler Anerkennung. Sie sind dabei aber stark normativ aufgeladen. Das macht sie für eine Theorie, die generalisierte Erwartungen zur Anerkennung als soziale Person in Sorgebeziehungen untersuchen will, ungeeignet.

Für eine differenzierte Analyse qualifizierender Anerkennung in Sorgebeziehungen unterscheide ich in Anlehnung an Axel Honneth (1994) drei Dimensionen von Anerkennung – Bedürftigkeit, Rechte, Differenz –, die bei der Anerkennung sozialer Personen synchron zusammenwirken. Bei einem neugeborenen Kind zeigt sich das wie folgt: Indem die Eltern ihr Kind liebevoll annehmen, machen sie sich seine Bedürfnisse zu eigen und sorgen für deren Befriedigung. Dadurch wird es als Person mit besonderer Bedürftigkeit anerkennt. Das Kind erhält eine Geburtsurkunde, damit eine Staatsbürgerschaft und legitime Eltern. Es ist jetzt bspw. erbberechtigt und hat gegenüber dem Arzt und der Krankenkasse einen eigenständigen Anspruch auf medizinische Versorgung. Das heißt, es wird als Person mit verbürgten Rechten anerkannt. Das Kind erhält einen Namen, es wird als Mädchen oder als Junge angesprochen, und, wenn es krank ist, erhält es eine individuelle Diagnose. Damit wird es in seiner individuellen Differenz zu anderen Personen anerkannt. Die Unterscheidung dieser drei Dimensionen von qualifizierender Anerkennung ermöglicht es so, verschiedene Hinweise auf die Anerkennung des Kindes als soziale Person differenziert empirisch zu erfassen. Mit diesem Konzept von Anerkennung sozialer Personen wird außerdem zunächst offengehalten, ob ein fragliches Alter Ego (z. B. ein ungeborenes oder neugeborenes Kind) überhaupt als legitimer Interaktionspartner anerkannt wird bzw. werden soll.

Ob eine fundierende Anerkennung als soziale Person erfolgt, lässt sich nicht direkt beobachten. Das meint Lévinas wohl mit der Figur der

gedeutet werden, wird nach Luckmann die Sphäre des Sozialen konstituiert. In dieser Sphäre bilden sich komplexe soziale und kulturelle Strukturen über die Sozialisation von Kindern, die in diese menschliche Sozialstruktur eingetreten sind, heraus.

Unendlichkeit der Verpflichtung. Das Phänomen der fundierenden Anerkennung als soziale Person kann nur indirekt über die Beobachtung konkreter Akte von qualifizierender Anerkennung als bedürftige Person, als Person mit gleichen Rechten und als Person mit besonderen Eigenschaften und Fähigkeiten erfasst werden. Wenn derartige konkrete Akte qualifizierender Anerkennung regulär von Dritten verbindlich eingefordert werden, kann daraus auf die fundierende Anerkennung als soziale Person geschlossen werden.

Im Unterschied zu Honneth und Taylor (aber auch zu Lévinas) wird dabei der »normative Überschuss« von Anerkennung nicht als moralische Forderung, die als solche begründungsbedürftig wäre, sondern – vergleichbar mit Butlers Konzeption – als soziales Phänomen beschrieben, das empirisch untersucht werden soll. Damit wird konsequent zwischen der *moralischen Gültigkeit* von Normen, deren Reflexion Aufgabe der Moralphilosophie ist, und der *sozialen Geltung* von Normen, die sich als empirischer Tatbestand sozialwissenschaftlich untersuchen lässt, unterschieden.[3]

Normen bzw. generalisierte Anerkennungserwartungen können eigens in den Blick genommen werden, wenn Anerkennung nicht dyadisch konzipiert wird, sondern durch eine dritte Instanz (*der Dritte/das Dritte*) erweitert wird. Dabei wird angenommen, dass in allen drei Dimensionen von Anerkennung generalisierte Erwartungen – wie geteilte Werte, Rollenerwartungen, Vorschriften, Gesetze, etc. (*das Dritte*) – wirken, die über konkrete dritte Personen – wie Verwandte, Ärzte, Richter, (*der/die Dritte*) – vermittelt werden. Wenn eine junge Mutter ihr Kind nicht spontan liebevoll annimmt, wird von ärztlicher oder psychologischer Seite eine behandlungsbedürftige Bindungsstörung diagnostiziert. Es ist gesetzlich geregelt, dass die standesamtliche Beurkundung der Geburt innerhalb einer Woche durch die Klinik, die Mutter oder den sorgeberechtigten Vater erfolgen muss. Und auch Namensgebung und Geschlechtsangaben sind detailliert gesetzlich geregelt.

Mit dieser Beobachtungstheorie soll nun anhand der Praxis später Schwangerschaftsabbrüche untersucht werden, ob ungeborene Kinder als soziale Personen anerkannt werden (müssen).

(2) Ethnografische Interviews und weitere Datenquellen

Im Mittelpunkt der empirischen Studien zu diesem Beitrag stehen die Geschichten von zehn Frauen, die eine Schwangerschaft nach einem auffälligen pränataldiagnostischen Befund beendet haben. Die Interviews

3 Das bedeutet auch, dass eine moralphilosophische Reflexion und Kritik sinnvoll an die sozialwissenschaftliche Untersuchung anschließen kann (vgl. Graumann/Lindemann 2009).

wurden zwischen 2011 und 2014 geführt und die Ergebnisse wurden bisher nicht veröffentlicht. Die Interviewpartnerinnen habe ich über bekannte Ärztinnen, Beraterinnen und eine Selbsthilfegruppe gefunden. In zwei Fällen berichteten auch die Männer über ihre Erfahrungen, in den anderen acht Fällen nur die Frauen, wobei alle Frauen verheiratet sind oder in einer festen Partnerschaft leben. Ihre Bereitschaft, über ihr Erleben mit mir zu sprechen, zeugt von einem großen Vertrauen, das ich auf keinen Fall verletzen will. Deshalb und aus Platzgründen werden die Aussagen nur paraphrasiert wiedergegeben. Die Diagnose, auf Grund derer die Entscheidung für den Schwangerschaftsabbruch fiel, war in fünf Fällen ein Down-Syndrom, davon in einem Fall verbunden mit einem schweren Herzfehler, in einem Fall eine Trisomie 13, in einem Fall eine Trisomie 18, in einem Fall eine vererbliche, nicht mit dem Leben vereinbare Chromosomenveränderung, die die Frau nicht näher benennen konnte, in einem Fall eine Spina bifida und in einem Fall eine CMV-Infektion. Es könnte erwartet werden, dass die mit den Diagnosen verbundenen Lebens- und Überlebensaussichten der Kinder für die Frauen selbst, aber auch für die an sie gerichteten Erwartungen, eine Rolle spielen.

Kontextualisiert habe ich die Interviews mit Hilfe von Webseiten und Literatur über den Umgang mit späten Schwangerschaftsabbrüchen und stillen Geburten, sowie mit zahlreichen Beobachtungsprotokollen über Veranstaltungen und Gespräche über das Thema, die ich über die Zeit gesammelt habe, Parlaments- und Ausschussprotokollen, sowie insgesamt zwölf Interviews mit Pränataldiagnostikern, Geburtshelfern, Hebammen, Klinikseelsorgerinnen und Beraterinnen. Ich habe außerdem an Trauerfeiern für stillgeborene Kinder teilgenommen und verschiedene Grabstätten besucht.

Die Datenerhebung und Auswertung erfolgte nach der Methode der Grounded Theory (Glaser und Strauss 2008).

(3) Ergebnisse und deren Bedeutung für die Geburt als Grenze

In allen Betroffeneninterviews spielte die Entscheidung zum Schwangerschaftsabbruch nach der Eröffnung des auffälligen Befundes eine zentrale Rolle. Retrospektiv wird die Situation meist zwischen Schicksal und Schuld beschrieben – teilweise in einem Atemzug und mit drastischen Worten. Es wird deutlich, dass die Entscheidung für den Abbruch einerseits von betreuenden Ärztinnen, Freunden und Familienangehörigen erwartet wird und damit als »normaler« Weg gelten kann,[4] andererseits fühlen sich viele

4 Dies gilt unabhängig von der mit der Diagnose verbundenen Überlebenswahrscheinlichkeit, d.h. auch beim Vorliegen eines Down-Syndroms.

der Befragten moralischen Verurteilungen insbesondere bei einer erwarteten Lebensfähigkeit des Kindes bspw. durch Hebammen und Schwestern in der Klinik oder durch Familienangehörige ausgesetzt. Dies wird als sehr schmerzhaft erlebt und deutet darauf hin, dass die Verhaltenserwartungen in Bezug auf einen Schwangerschaftsabbruch nach Pränataldiagnostik durchaus ambivalent sind. Gleichzeitig wird daran, dass sich in allen Interviews Rechtfertigungen für die Entscheidung finden, deutlich, dass die Entscheidungen keineswegs leichtfertig getroffen werden. Die Argumente zur Rechtfertigung reichen von der Antizipation der Belastungen durch ein behindertes Kind für sich selbst und die Familie bis zum Mitleid mit dem Kind, welches mit einer Beeinträchtigung leben müsste.

Der Schwangerschaftsabbruch nach Pränataldiagnostik ist eine künstlich eingeleitete Geburt und dauert oft mehrere Tage. Ist die Schwangerschaft schon weit fortgeschritten, so dass das Kind lebensfähig sein könnte, wird vor der Geburt in der Regel ein Fetozid durchgeführt. Einigen Frauen wurde erst in der Klinik klar, dass sie eine Geburt erleben werden und danach mit dem toten Kind konfrontiert sind. In den Kliniken wird den Eltern heute nach dem Abbruch in aller Regel angeboten oder sogar angetragen, ihr Kind zu sehen. Fast alle Frauen in meinen Interviews nahmen dieses Angebot entweder gleich nach der Geburt oder etwas später an. In vielen Fällen war der Partner, manchmal weitere Familienangehörige einbezogen. Die Schilderung der Begegnung mit dem Kind hat in den Interviews einen ganz zentralen Stellenwert. Einige Frauen und ein Vater berichten von ihrem Staunen darüber, dass »schon alles dran ist«, dass das Kind aussieht, als würde es »friedlich schlafen«, aber auch von den »Verletzungen« des Kindes. Eine Frau schildert, dass sie durch die Geburt zur Mutter wurde und sie ein schlechtes Gewissen habe, dass sie das auch mit Stolz erfüllt. Eine Frau zeigte mir ein Erinnerungsfoto des toten Kindes in einem Körbchen inmitten der Familie. In den Interviews wird fast durchgehend liebevoll und zärtlich von den Kindern gesprochen. Dies alles weist auf die liebevolle Annahme des Kindes nach der Geburt hin, was zumindest vorsichtig als Anerkennung als Person mit besonderer Bedürftigkeit gewertet werden kann. Es wird aber auch von mehreren Frauen bedauert, dass die Bedeutung, die das »verlorene Kind« für sie hat, bei Außenstehenden nach einer gewissen Zeit nicht mehr auf Verständnis trifft.

In den Interviews mit Hebammen, Klinikseelsorgerinnen und Beraterinnen wird dagegen sehr viel Verständnis für die Eltern geäußert. Eine Hebamme führt eindrücklich aus, wie schwierig es zu begreifen ist, wenn »Geburt und Tod, Begrüßung und Abschied, Freude und Trauer« zusammenfallen (vgl. hierzu auch Lohtrop 2016). Für die Begegnung mit dem toten Kind wird heute, im Unterschied zu früheren Zeiten, zumeist eine würdige Situation geschaffen. Das Kind wird in Tücher eingeschlagen, in ein Körbchen gelegt, oft wird eine Kerze angezündet und den Eltern

Zeit für »Kennenlernen und Abschied« gelassen. Dies alles wird als Angebot für die Eltern begründet, durch das sie unterstützt werden sollen, das Erlebte besser psychisch verarbeiten zu können. Es hat sich in diesem Zusammenhang eine richtiggehende Abschieds- und Trauerkultur für »verwaiste Eltern« entwickelt.[5] Die Eltern werden zwar ermutigt, die Angebote in Anspruch zu nehmen, allerdings nicht um des Kindes, sondern um ihrer selbst willen.

Mehrfach wurden in den Interviews »Geburtskarten« angesprochen, die von Selbsthilfegruppen bezogen werden können und auf denen Geburtstag, Name und weitere Daten vermerkt werden können. Für viele Eltern ist es wichtig, dass ihr Kind auch für Außenstehende als Person existiert (hat). 2013 wurde die Personenstandsverordnung geändert. Seitdem können die Eltern die Geburt eines tot geborenen Kindes auf eigenen Wunsch beim Standesamt anzeigen und »ihrem Kind damit offiziell eine Existenz geben.«[6] Allerdings handelt es sich dabei nicht um eine »echte« Geburtsurkunde, also nicht um ein offiziell erforderliches Dokument, sondern um eine Art Ersatzbescheinigung.

Ein weiteres zentrales Thema für die Eltern ist die Bestattung. Dabei sind die Regelungen der Bestattung, die in Verantwortung der Länder stehen, weitere mögliche Indikatoren für eine Anerkennung als Person mit gleichen Rechten. Für die *Bestattungspflicht* gelten in den Bundesländern unterschiedliche Grenzen, ein Geburtsgewicht von 500 oder 1000 Gramm oder das Schwangerschaftsalter von 12 Wochen sowie generell Lebenszeichen bei der Geburt. Sind die festgeschriebenen Grenzen nicht erreicht, was alle meine Interviewpartner:innen berichteten, muss keine herkömmliche – mit Auflagen und hohen Kosten verbundene – Bestattung stattfinden. Ungeachtet dessen sind die Kliniken dazu verpflichtet, für einen würdevollen Umgang mit toten Föten zu sorgen, was sie in aller Regel in Form von Sammelbestattungen bzw. -einäscherungen tun. Eine Seelsorgerin bemalt den Sarg, in den die Kinder zusammengelegt werden, zusammen mit den Eltern. Viele Kliniken bieten Trauerfeiern für die »verwaisten Eltern« an und auf zahlreichen Friedhöfen sind die Orte, wo die Urnen bestattet werden, an Stofftieren, Windspielen etc. zu erkennen. Die Eltern nutzen die Orte also offensichtlich für ihre Trauer. In der Praxis setzt sich als Alternative zu den Fötenbestattungen der Kliniken zunehmend ein individuelles *Bestattungsrecht* auch von Kindern durch, die noch nicht bestattungspflichtig sind. Auf vielen Friedhöfen wurden hierfür spezielle Gräberfelder angelegt und zum Teil künstlerisch gestaltet.[7] Ein Elternpaar berichtete mir, sie hätten sich entschieden, ihr Kind im Familiengrab zu beerdigen. Auch das ist also offenbar möglich.

5 Vgl. hierzu https://www.veid.de.
6 Vgl. hierzu https://www.bmfsfj.de/bmfsfj/themen/familie/sternenkinder-75368.
7 Vgl. hierzu z.B. https://www.erste-hilfe-koefferchen.com/garten-der-sternenkinder/.

Um die Existenz des Kinds zu dokumentieren, werden in der Klinik Haare des Kindes aufbewahrt, Hand- und Fußabdrücke und Fotos gemacht. Diese Erinnerungen oder auch »Beweisstücke« werden den Eltern mitgegeben oder – wenn sie das nicht gleich wollen – für sie aufbewahrt. Auch dies wird damit begründet, die Eltern bei der Verarbeitung des Verlusts unterstützen zu wollen. Eine Frau, bei der ich für das Interview zu Hause war, hat mir Fotos und Fußabdrücke gezeigt, bei einer anderen Familie wurde mir eine Art Schrein mit Fotos, Geburtskarte, Fußabdrücken und einer Kerze vorgeführt. Bei der Thematisierung von Abschied und Trauer sprechen die meisten Frauen über ihr Kind als Tochter oder Sohn. Viele nennen den Vor- oder Kosenamen, den sie dem Kind gegeben haben. Eine Frau hat sich den Namen auf den Arm tätowieren lassen, eine andere trägt einen silbernen Engelsflügel mit dem Namen um den Hals. Name, Geschlecht sowie der Name des Vaters können auch auf der Geburtsbescheinigung vermerkt werden. Außerdem sind auf den meisten Einzelgräbern von »Sternenkindern« Namen und Geburtsdatum auf Steinen eingraviert oder auf Schilder geschrieben. Das alles sind Zeichen der Anerkennung von Differenz, allerdings ohne mit allgemein verbindlichen Verhaltenserwartungen verbunden zu sein.

(4) Bedeutung von Geburt und Leben für die Konstitution der sozialen Person

Eltern bauen in der Regel schon vorgeburtlich eine Beziehung zu ihrem Kind auf. Diese Beziehung, die durch Ultraschallbilder gefördert wird (Sänger 2020), hat aber immer noch den Charakter einer antizipierten Beziehung. Erst durch die Geburt wird das Kind zu einem Gegenüber und die Sorgebeziehung für die Eltern real.

Die Interviews machten deutlich, dass dies auch für Eltern gilt, deren Kind tot zur Welt kommt. Allerdings fallen für sie »Begrüßung und Abschied« zusammen. Hebammen und Beraterinnen berichteten, dass man dies in früheren Jahren den Eltern ersparen wollte, dadurch aber die psychische Verarbeitung des Verlustes erschwert wurde. Hebammen und Klinikseelsorgerinnen engagierten sich daher dafür, Angebote für Abschied und Trauer von Eltern, die ein Kind bei der Geburt verloren haben, zu schaffen. Inzwischen sind diese Angebote in der Praxis fest etabliert. In aller Regel wird kein Unterschied zwischen späten Schwangerschaftsabbrüchen und anderen Gründen für eine »stille Geburt« gemacht. Dies kann als Ausdruck von Akzeptanz Dritter für die Entscheidung der Eltern gegen das Kind gedeutet werden und widerspricht damit klar einer allgemeinverbindlichen Anerkennung als soziale Person vor der Geburt.

Gleichzeitig drückt sich in dieser Abschieds- und Trauerkultur aber auch ein großes Verständnis für die Eltern aus, für die Akte der Anerkennung von Bedürftigkeit, Rechten und Differenz ihres Kindes wichtig sind. Die Eltern werden sogar ermuntert, die Angebote für Begrüßung, Abschied und Trauer zu nutzen. Ob sie diese Angebote annehmen, wird ihnen aber freigestellt. Das heißt, dass keine allgemein verbindlichen Anerkennungserwartungen über Dritte an die Eltern herangetragen werden. Das zeigt sich auch daran, dass es ein individuelles Bestattungsrecht für die meisten Fälle aber keine Bestattungspflicht gibt, sowie daran, dass die Standesämter auf Wunsch Bescheinigungen über Totgeburten ausstellen, diese aber keine offiziell erforderlichen Dokumente sind. An all dem wird deutlich, dass es zwar akzeptiert wird, dass das tot geborene Kind für die Eltern eine Person ist. Für Dritte ist dies jedoch nicht der Fall. Sarah Büsing und Katja Schaeffer, zwei ehemalige Studierende in Oldenburg, haben für dieses Phänomen den Begriff »Kandidatenstatus« geprägt.[8] Die Kandidatin wird nur dann zur sozialen Person, wenn außer der Geburt eine weitere Bedingung erfüllt ist, nämlich, dass sie lebt. Dies entspricht auch der Gesetzeslage: Im Zivilrecht beginnt der Status als Person mit gleichen Rechten mit der abgeschlossenen Geburt eines lebenden Menschen, im Strafrecht mit dem Einsetzen der Geburt. Im Recht ist auch der Schutz vorgeburtlichen Lebens verankert, wie die Regelungen zum Schwangerschaftsabbruch zeigen: In den ersten zwölf Wochen ist der Abbruch der Schwangerschaft nach einer psychosozialen Beratung ohne besondere Rechtfertigung möglich, nur bei Gefahr für die Gesundheit der Frau oder einer diagnostizierten Behinderung des Kindes auch noch in der fortgeschrittenen Schwangerschaft (Dietrich/Czerner 2013). Darin wird ein gestufter Lebensschutz vergleichbar mit dem Kandidatenstatus deutlich. Die Geburt ist die entscheidende Grenze für die Konstitution der sozialen Person. Zur sozialen Person wird ein Kind aber nur dann, wenn es lebend geboren wird.

Die Ergebnisse meines Ausflugs in die empirische Sozialforschung sind durchaus auch relevant für meine eigene Disziplin, die Ethik, insbesondere für die ethische Beurteilung des Schwangerschaftsabbruchs. Eine Schwangerschaft sollte demnach als asymmetrische soziale Beziehung der Frau zu ihrem ungeborenen Kind aufgefasst werden, die durch eine besondere, mit keiner anderen sozialen Beziehung vergleichbare, existenzielle Abhängigkeit gekennzeichnet ist. Aus dieser Perspektive ist die entscheidende Frage bezüglich der Rechtfertigung eines Schwangerschaftsabbruchs, ob die Frau zum Aufrechterhalten dieser besonderen

8 Sarah Büsing und Katja Schaeffer haben beide an dem Thema in ihren Dissertationsprojekten weitergearbeitet, die sich mit dem sozialen Status von extrem früh und schwer krank geborenen Kindern beschäftigten. Beide Dissertationen stehen kurz vor der Fertigstellung.

Sorgebeziehung, in der sie unersetzbar ist, gezwungen werden darf. Ich meine, dass damit zu viel von ihr verlangt würde (Graumann 2011a). Den Schwangerschaftsabbruch als »einfache« Tötungshandlung zu behandeln, wie das in aller Regel in der ethischen Diskussion getan wird, scheint mir vor diesem Hintergrund jedenfalls unangemessen zu sein.

Literaturverzeichnis

Butler, Judith (2007): *Kritik der ethischen Gewalt*, Frankfurt am Main: Suhrkamp.

Dietrich, Frank/Frank Czerner (2013): »Menschenwürde und vorgeburtliches Leben«, in: Jan C. Joerden/Eric Hilgendorf/Felix Thiele (Hg.), *Menschenwürde und Medizin*, Berlin: Duncker & Humblot, 491–524.

Glaser, Barney G./Anselm L Strauss (2008): *Grounded Theory. Strategien qualitativer Forschung*, Bern: Huber.

Graumann, Sigrid (2011a): »Zulässigkeit später Schwangerschaftsabbrüche und Behandlungspflicht von zu früh und behindert geborenen Kindern – ein ethischer Widerspruch?«, *Ethik in der Medizin* (22/2), 123–134.

Graumann, Sigrid (2011b): »Anerkennung und Sorgebeziehungen«, in: Nico Lüdtke, Nico/Matsuzaki Hironori (Hg.), *Akteur – Individuum – Subjekt: Fragen zu ›Personalität‹ und ›Sozialität‹*, Wiesbaden: VS-Verlag, 329–350.

Graumann, Sigrid/Gesa Lindemann (2009): »Medizin als gesellschaftliche Praxis, sozialwissenschaftliche Empirie und ethische Reflexion: ein Vorschlag für eine soziologisch aufgeklärte Medizinethik«, *Ethik in der Medizin* (21/3), 235–245.

Honneth, Axel (1994): *Kampf um Anerkennung. Zur moralischen Grammatik sozialer Konflikte*, Frankfurt am Main: Suhrkamp.

Lévinas, Emmanuel (2002): *Totalität und Unendlichkeit. Versuch über die Exteriorität*, Freiburg: Verlag Karl Alber.

Lindemann, Gesa (2011): »Die Akteure der funktional differenzierten Gesellschaft«, in: Lüdtke, Nico/ Hironori Matsuzaki, (Hg.), *Akteur – Individuum – Subjekt: Fragen zu ›Personalität‹ und ›Sozialität‹*, Wiesbaden: VS-Verlag, 385–399.

Lohtrop, Hannah (2016): *Gute Hoffnung, jähes Ende: Totgeburt, Fehlgeburt und Verluste in der frühen Lebenszeit*, München: Kösel-Verlag.

Luckmann, Thomas (1980): »Über die Grenzen der Sozialwelt«, in: ders., *Lebenswelt und Gesellschaft*, Paderborn: Schöningh, 56–92.

Sänger, Eva (2020): *Elternwerden zwischen »Babyfernsehen« und medizinischer Überwachung. Eine Ethnografie pränataler Ultraschalluntersuchungen*, Bielefeld: Transcript.

Warren, Mary Anne (2005): *Moral status. Obligations to persons and other living things*, Oxford: Oxford University Press.

Hans-Peter Krüger

Die Covid-19-Pandemie als weltgeschichtliche Generalprobe

Zu einem nordatlantisch-pazifischen Vergleich des Umgangs mit ihr und ihrer Wirtschaftskrise

Die USA und die Europäische Union bilden die Zentren der westlichen Welt, die durch den Nordatlantik miteinander verbunden sind. Wenn ich im Folgenden von »nordatlantisch« spreche, dann ist damit dieser gemeinsame Wirtschafts- und Handelsraum mit einem politisch-militärischen Bündnis in dem Selbstverständnis einer Wertegemeinschaft in der NATO gemeint. Demgegenüber bezieht sich der Ausdruck »pazifisch« nur auf einen gemeinsamen Wirtschafts- und Handelsraum von China und Japan im Norden bis zu Australien und Neuseeland im Süden, der ansonsten aber politische und geistig-kulturelle Gegensätze enthält, wie den zwischen Diktatur und Demokratie oder zwischen global westlichen und global östlichen Mentalitäten. Dabei werde ich mich, der einfacheren Vergleichbarkeit wegen, nur an die pazifischen Demokratien halten.

Der empirische Anlass zu diesem atlantisch-pazifischen Vergleich ergab sich aus den bisherigen Parametern zur Covid-19-Pandemie und der von ihr ausgelösten Wirtschaftskrise. Diese Parameter fallen für die nordatlantischen Staaten vergleichsweise sehr schlecht und für die pazifischen Staaten sehr gut aus, weshalb sich die Frage stellt, welche Schäden an Todes- und Erkrankungsfällen, aber auch an ökonomischen und öffentlichen Kosten im weiten Sinne in den nordatlantischen Staaten hätten vermieden werden können. Ihr schlechtes Abschneiden widerspricht ihrem ideologischen Mainstream, die beste aller geschichtlich möglichen Welten erschaffen zu haben und daher weltweit als Vorbild für die anderen dienen zu können. Derart schlechte Relationen verheißen auch für die künftigen geschichtlichen Herausforderungen des nordatlantischen Westens nichts Gutes: Wie sollte er dann mit den nächsten Pandemien und Wirtschaftskrisen, vor allem aber mit der ökologischen Dauer-Krise während des 21. Jahrhunderts, umgehen können? – Daher frage ich im Titel danach, wie die global noch laufende und wahrscheinlich durch neue Mutanten global weiterlaufende Pandemie als eine weltgeschichtliche Generalprobe für Künftiges betrachtet werden kann.

Philosophie vermag nicht die vielen empirischen Faktoren zu ermitteln, aber sie kann für deren transdisziplinäre Zusammenarbeit begriffliche Rahmenvorschläge unterbreiten, um Grenzübergänge zwischen den thematisch relevanten Disziplinen zu ermöglichen. Zunächst wird im Folgenden das Pandemie-Phänomen als Problem raum-zeitlich situiert, damit deutlich wird, worauf sich die öffentliche Kommunikation der Sache nach bezieht und weshalb ein Appell an die individuelle Freiheit in sprachlicher Aufklärung dieses Problem nicht ausreichend lösen kann (1). Daher wird der erweiterte Zugang auf personales Leben aus Helmuth Plessners Philosophischer Anthropologie gewählt. Personen existieren demnach vertikal in Körper-Leib-Differenzen, die sie horizontal in ihren Relationen untereinander durch Teilhabe am Geist ihrer Mitwelt in geschichtlicher Offenheit verschränken können. Die Bekämpfung der Pandemie erfordert eine gemeinsame Verhaltensveränderung, die der Kooperation, nicht der Konkurrenz bedarf (2). Sodann gehe ich auf gesundheits- und wirtschaftspolitisch wichtige Parameter im Ländervergleich und die bislang plausibelste der transdisziplinär empirischen Erklärungshypothesen für die relationalen Unterschiede ein. Während die nordatlantischen Länder dualistisch und kurzfristig zwischen Lebensschutz und wirtschaftlicher Freiheit hin- und herpendelten, gelang den pazifischen Ländern von Anfang an mittelfristig eine No-Covid-Strategie, die vor allem die gesundheitlichen, aber auch die wirtschaftlichen und insgesamt öffentlichen Schäden geringer hält (3). Zum Abschluss wird diese Hypothese philosophisch-anthropologisch erweitert. Dies betrifft einerseits die geistig-kulturellen Voraussetzungen für die in der Krise spontan eingeschlagenen Wege in der Generationenfolge der Bevölkerungen. Andererseits lässt sich der Innovationsprozess des Impfens als eine Interpenetration soziokultureller Handlungsbereiche begreifen, die eine Form von hochkapitalistischer Lebensmacht hervorbringt, aber auf eine global und demokratisch regulierungsbedürftige Weise. Diese kooperative Weise widerspricht der globalen Vorherrschaft des amerikanischen Neoliberalismus, dessen Deregulierungen das Konkurrenzprinzip seit zwei Generationen im Westen habitualisiert haben (4).

(1) Raumzeitliche Situierung des Phänomens der Pandemie als Problem

Die raumzeitliche Situierung des Problems erfolgt hier nur der Sache halber insoweit, als dadurch die Schwierigkeiten in der öffentlichen Kommunikation zwischen Laien und Experten während der Pandemie erinnert werden. Die Überwindung oder die Forcierung dieser Schwierigkeiten gehören selbst zur Strategie und Taktik im Umgang mit der Pandemie. Zudem zeigt der Sachgehalt dieser Kommunikation an, warum man für die erfolgreiche Bekämpfung der Pandemie in den paradigmatischen Rahmen der Philosophischen Anthropologie wechseln sollte.

a) Das SARS-Cov-2 Virus verbreitet sich vor allem über Aerosole, die Laien im lebensweltlichen Alltag nicht wahrnehmen können. Zudem hat seine Infektion eine längere Inkubationszeit als eine Grippe, nämlich 5–6 statt 3 Tage. Man kann das Virus vom 3. bis 6. Tag übertragen, ohne selbst davon eine Wahrnehmung haben zu können, oft länger, weil die Mehrheit der Infektionsfälle symptomlos oder symptomarm verläuft. In die Verbreitungsrate des Virus gehen viele Faktoren ein, die aber den Kontakt zwischen Menschen ausschließlich im Präsenzmodus betreffen. Lassen sich solche Kontakte nicht vermeiden, sollen sie nach den Hygieneregeln gestaltet werden, um die Infektionskette zu unterbrechen. Finden sie weiterhin ohne Einhaltung der Hygieneregeln statt, ist die exponentielle Verbreitung der Infektion sehr wahrscheinlich, bis die sog. Herdenimmunität der Bevölkerung (ca. 85%) erreicht ist. Allerdings gibt es auch Zweitinfektionen (RKI 2021).

b) Die Verbreitung des Virus stellt noch nicht als solche den Schaden dar, sondern nur insofern sie zu schweren akuten Erkrankungen (vor allem bei Älteren und Vorerkrankten) mit Todesfällen und längerfristig zu Folgen wie Long-Covid führt, die alle bisher nicht gezielt kausal therapiert werden können. Diese Erkrankungen werden umso schwerer und oft länger, je stärker sich die verspätete Immunabwehr gegen das Virus in eine Gefäß- und Autoimmunerkrankung verkehrt (RKI 2021). Man versteht die Pandemie erst, wenn man von den klinischen Behandlungsproblemen der schwer und länger Erkrankten auf die Prävention zurückgeht. Die Schwere der Erkrankung zeigt sich im Durchschnitt klinisch zwischen dem 7.–9. Tag und sie entscheidet sich im Durchschnitt zwischen dem 9.–12. Tag nach der Infektion. Die meisten Todesfälle ereignen sich auf den Intensivstationen erst zwei bis sechs Wochen nach dem Beginn der Infektion je nach Gesamtverfassung der PatientInnen. Die Todesfälle von heute gehen statistisch zumeist auf die Infektionsfälle von vor 4 Wochen zurück. Der akute Verlauf schwerer Erkrankungen folgt also in etwa dem Rhythmus von einem Monat, der der Long-Covid-Erkrankung von 2 Monaten (RKI 2021).

c) Diese Zeitrhythmen passen nicht zu dem strukturellen Druck der Massenmedien, täglich News melden zu müssen, wodurch auch die Politik unter den *pressure* gerät, täglich reagieren zu sollen, statt mindestens zwei Monate im Voraus zu handeln. Dafür muss mit Szenarien gearbeitet werden, deren wichtigste Bedingung im Verhalten der Bevölkerung besteht, das seinerseits von der Glaubwürdigkeit der Szenarien abhängt. Die öffentliche Wirkung der wahrscheinlichkeitstheoretischen Modelle ist oft als paradox bezeichnet worden, was aber wissenschaftstheoretisch gesehen nicht stimmt. Was öffentlich als »schlechte« Vorhersage kommuniziert wurde, war wissenschaftlich an die *Bedingung* geknüpft, dass die Infektionsketten *nicht* unterbrochen werden. Wenn dann ein Großteil der Bevölkerung angesichts dieser Gefahr von alleine oder im Gefolge öffentlicher Einschränkungen die Infektionsketten unterbricht, hat er die *Bedingung geändert* und seine Handlungsmacht in der Bekämpfung der Pandemie bewiesen, also ein anderes Szenario erfüllt.

d) Aus a) bis c) folgen Grenzen für die Zugänglichkeit zum Phänomen der Pandemie vom Standpunkt des individuellen Selbstbewusstseins als dem Agenten individueller Handlungsfreiheiten. Die Infektionsketten betreffen eigene Verhaltensweisen und die Verhaltensweisen anderer, die einem selbst nicht rechtzeitig bewusstwerden, um Erkrankungsfälle vermeiden zu können. Das individuelle Selbstbewusstsein kann nicht aus je eigener Erfahrung, sondern nur durch Teilnahme an der öffentlichen Kommunikation über die Infektionsketten und Erkrankungsgefahren so aufgeklärt werden, dass es rechtzeitig präventiv tätig wird. Aber auch diese Aufklärung reicht noch nicht aus, um die Infektionsketten wirksam zu unterbrechen. Man kann nicht über längere Zeit in einer Vielzahl von Alltagssituationen immer erst wieder von vorne darüber reflektieren, welche Faktoren hier und jetzt zu berücksichtigen sind, sondern braucht zur Reduktion der Komplexität im gesellschaftlichen Alltag Habits, d.h. schematisch für viele Situationsarten angemessene Verhaltensgewohnheiten, die sich möglichst zielgenau in der raum-zeitlichen Pandemielage aktualisieren lassen. Für die erfolgreiche Pandemie-Bekämpfung ist ein wechselseitig kooperativer Umgang mit den gemeinsamen Erkrankungsgefahren nötig, der ihren Missbrauch für den je eigenen Konkurrenzvorteil ausschließt. Die Pandemiebekämpfung erfordert nicht nur den Übergang vom Individualismus des Selbstbewusstseins zur Reziprozität in der sprachlichen Kommunikation, sondern die Rückkopplung der Kommunikation an eine kooperativ angemessene Habitualisierung von Verhaltensgewohnheiten.

Aus der angedeuteten Situierung des Pandemie-Phänomens folgt, dass der Zugang zu ihm und seiner Bekämpfung breiter ausfallen muss als vom Standpunkt des je individuellen Bewusstseins und der allein sprachlichen Aufklärung unter solchen. Es geht um kooperierende versus konkurrierende Verhaltensweisen in einer für alle Beteiligten geschichtlich offenen Lage, weshalb sich paradigmatisch Plessners Philosophische Anthropologie als Zugang empfiehlt.

(2) Begrifflicher Zugang zum Phänomen von der Mitwelt der Personen und deren Körper-Leib-Differenzen her

In diesem philosophisch-anthropologischen Zugang wird die Person als Relatum in vertikalen Relationen der Körper-Leib-Differenz und horizontalen Relationen der Mitwelt verstanden, wobei dieses Relationengefüge einer geschichtlich offenen Dynamik unterliegt (Krüger 2019).

a) Zur vertikalen Relation: Die vertikalen Relationen betreffen das Verhältnis der Person zu Körpern und Leibern ausgehend von ihrem doppelten Verhältnis zum eigenen Organismus. Die Person als Träger von Geist steht in einem Abstand von ihrem Organismus, mit dem sie aber eine Einheit bilden muss, um sich verhalten zu können. Insofern die Person ihren Organismus instrumentiert und als Medium ihres Ausdrucks verwendet, hat sie ihn als Körper, was Plessner kurz ihr »Körper-Haben« nennt. Insofern die Person aber im Vollzug von Verhalten mit ihrem Organismus zusammenfällt, ist sie ihr Leib, was Plessner kurz als das »Leib-Sein« von Personen bezeichnet (Plessner 1982b, 373f.). Die Person lebt in der Differenz zwischen Körper-Haben und Leib-Sein. Was sie als Körper haben kann, ist für ihre personale Verhaltensbildung vertretbar, austauschbar, ersetzbar. Womit sie im Lebensvollzug zusammenfällt, also ihr Leibsein, ist ihr nicht vertretbar, nicht austauschbar, nicht ersetzbar. Der Leib besteht aus einer konzentrischen Einheit des eigenen Organismus mit etwas und anderen Leibern in seiner Umwelt, in deren Konzentrik er sich erfüllen kann. Seine Erfüllung ist an den Präsenzmodus gebunden, zu dem aber die Person Distanz zu halten vermag, weshalb sie für ihre leibliche Erfüllung vermittelt Körper-Relationen verwenden kann. Die Person integriert ihr Körper-Haben und ihr Leibsein im Verhalten durch Ausdruck und Zurückhaltung, Handeln und Unterlassen, habituelle Verschränkungen von beiden.

b) Zur horizontalen Relation: Die Distanz einer Person gegenüber Körper-Leib-Differenzen kommt insofern zustande, als sie in Relationen zu anderen Personen in einer mit diesen geteilten Mitwelt steht. In der Mitwelt steht jede Person da, wo auch eine andere stehen könnte, nämlich exzentrisch, d. h. außerhalb der Konzentrik des Leibes. Eine Person erkennt sich auf dem Umweg über andere Personen, indem sie sich von diesen auf sich zurückbezieht. Mitmachen mit, Nachmachen und Nachahmung von Sachverhalten und anderen Personen führen im Rückbezug zu den Körper- und Leibesschemata vom eigenen Selbst. Aber diese im Verhalten beobachtbaren Auswirkungen der Mitwelt beruhen darauf, dass sie als Träger von Geist fungiert (Plessner 1975, 302f). An ihm nehmen Personen teil, indem sie sinnlich präsente Verhaltenssituationen im Vordergrund nach abwesenden und transponierbaren Sinnrichtungen im Hintergrund verstehen, z. B. nach transsituativen Gesetzes-, Regel-, Zweck- und Wertbindungen beurteilen, woraus die letztlich gültigen, eben geistigen Verhaltensausrichtungen langfristig resultieren. Die Vergegenwärtigung sinnlich-situativ abwesender Gehalte des Geistes, aus denen die Verneinung und Bejahung von Verhaltensweisen im Vordergrund folgen, geschieht in dreigliedrigen Symbolsystemen. In ihnen wird wie in der personalen Sprache die Relation Bezeichnetes, Bezeichnendes und deren Interpretation erneut auf sich selbst angewendet, woraus offene und holistische Symbolzusammenhänge entstehen, die an die Körper-Leib-Differenzen durch Habituierung rückgekoppelt werden müssen, um verhaltenswirksam werden zu können (Plessner 1980, 352f., 364–366). Daher spricht Plessner davon, dass sich die personale Lebensform durch eine Künstlichkeit auszeichnet, die ihr natürlich wird, durch eine Vermitteltheit, die in ihr unmittelbar ausgelebt werden kann, wofür aber letztlich utopische Standorte im Nirgendwo und im Nirgendwann in Anspruch genommen werden (Plessner 1975: 309, 32, 341).

c) Man kann nun mit Plessner dieses vertikal-horizontale Relationengefüge personaler Lebensformen in seiner geschichtlichen Dynamik verstehen lernen. Die Personen, deren Stellung als Relatum eine funktionale Abstraktion darstellt, treten durch ihre Rollen als Medien hindurch in Erscheinung. Personen werden zu Personen, indem sie in Personenrollen spielen und mit Personenrollen schauspielern, wodurch ein Verhaltensspektrum entsteht, das durch die Erfahrungen des Lachens und Weinens begrenzt wird (Plessner 1983: 203–205). Dieses Spiel in und Schauspiel mit Personenrollen lässt sich geschichtlich für die jeweiligen Gemeinschafts-, Gesellschafts- und Zivilisationsformen konkretisieren, wodurch auch der Forschungszusammenhang zu Kommunitarismus, Liberalismus und der globalen Zivilisationsgeschichte hergestellt werden kann. Zivilisationsgeschichtlich gesehen steht die Verwirklichung von Personalität unter der Orientierung, die Würde der Person zu wahren, d.h. das ganzheitliche Potential der Person nicht auf dasjenige zu beschränken, was sie hier und jetzt aus diesem Potential aktualisieren kann.

d) Die Bewahrung der Würde einer Person hängt von dem Zusammenspiel ihrer Körper-Leib-Differenz mit ihrer interpersonalen Stellung in der Mitwelt und ihrer persönlichen Teilhabe an deren Geist ab, also nicht nur von der Person selbst, sondern ihrem Relationengefüge (Krüger 2019: 146, 326–329, 389–391). Daher darf man die Bewahrung der Würde einer Person nicht auf die aktuelle Ausübung ihres autonomen Willens reduzieren, der in dem Relationengefüge stets heteronom gebrochen wird und nie autark sein kann. Dies wird gerade in Krankheit und Tod durch Covid-19 erfahren. Die Erkrankung schränkt der Person ihre Möglichkeiten, Körper haben und Leiblichkeit erfüllt erleben zu können, radikal zugunsten von Leidenszuständen ein, die sie auch als interpersonaler Geistträger zeitweilig ausfallen lassen und in den schlimmsten Fällen zum irreversiblen Erlöschen dieses personalen Lebens führen.

Daher ist die Frage, ob diese Erkrankungs- und Todesart vermeidbar oder unvermeidbar sind (Habermas/Günther 2020), nicht nur an die je individuelle Autonomie zu stellen, sondern auf das geschichtliche Potential des Relationengefüges auszuweiten. Diese Art und Weise der Bewahrung personaler Würde verbietet es, den Lebensschutz und die individuellen Freiheitsrechte anhand positivistischer Kriterien in würdeloser Weise gegeneinander auszuspielen. Es geht dann weder um die Sicherung eines nackten Überlebens ohne freie Lebensführung noch um die Ausübung individueller Freiheitsrechte ohne Verantwortung für andere und die Folgen eigenen Tuns. In den nordatlantischen Ländern hat aber der Dualismus, entweder biologisches Leben oder vor allem ökonomische Freiheit, von Anfang an vorgeherrscht und zu dem ständigen Kampf geführt, welche Seite dieses Dualismus denn nun den Vorrang habe.

(3) Empirisch-relationale Parameter zur Pandemie und ihrer Wirtschaftskrise und die No-Covid-Strategien als ihr immanent kritischer Maßstab

Die Frage des Vorrangs von Lebensschutz oder Freiheit wurde in den nordatlantischen Ländern im Zeitverlauf der Pandemie-Bekämpfung verschieden beantwortet. In den USA unter den Trump-Republikanern und in Großbritannien unter den Johnson-Tories standen 2020 die wirtschaftlichen Freiheiten über dem Lebensschutz, was sich angesichts der katastrophalen Folgen unter den Biden-Demokraten und nach Johnsons Kehrtwende in einen starken und langen Lockdown im 1. Quartal 2021 umdrehte (JHU 2021a; Institut Molinari 2021). Demgegenüber begannen z.B. die deutschsprachigen Länder 2020 mit einem politischen Vorrang des Lebensschutzes, aus dessen großem Erfolg aber auf den politischen Primat der wirtschaftlichen Freiheiten ab Oktober 2020 umgesteuert wurde (Gloger/Masculo 2021), wodurch sich diese Länder den USA und dem United Kingdom in den Opfer- und Schadensfällen wieder annäherten (JHU 2021a). Auffallend in den pazifischen Ländern war ein anderes als dieses dualistische Verständnis der Krise, das zu den umstrittenen und über Monate anhaltenden Jo-Jo-Effekten zwischen Schließung und Öffnung, erneuter Einschränkung und erneuter Lockerung geführt hat. Das Institut économique Molinari (Institut Molinari 2021) stellt in seiner empirisch vergleichenden Studie heraus, dass die pazifischen Länder von Anfang an einer Strategie gefolgt sind, die in Deutschland nach Auswertung der pazifisch viel besseren Ergebnisse im Februar 2021 unter dem Namen der No-Covid-Strategie bekannt wurde (No-Covid 2021).

Der Kern von No-Covid-Strategien besagt Folgendes: Der Schutz der gemeinsam geteilten, aber durch die Infektionsketten bedrohten Lebensgrundlagen hat räumlich und zeitlich den konsequent durchzuhaltenden Primat vor wirtschaftlichen Freiheiten, weil dadurch nicht kurzfristig, aber mittelfristig auch die wirtschaftlichen, öffentlichen und geistig-kulturellen Folgeschäden im Ganzen geringer ausfallen. Das dualistische Hin- und Herpendeln von einem taktischen Kompromiss zum nächsten erhöht nicht nur die gesundheitlichen Opfer, sondern auch alle anderen

Schäden im öffentlichen Leben, darunter im Bildungsbereich, aber auch gerade die wirtschaftlichen Schäden bis hin zu derjenigen Schuldenlast, die aufgenommen werden muss, um während der Schließungen ökonomische Kompensationen leisten zu können. Der konsequent durchzuhaltende Lebensschutz erfordert früher einsetzende und kompromisslos durchzuhaltende Einschränkungen, weil durch ihren Erfolg dann längere Zeiten der Öffnung für alle gesellschaftlichen, darunter ökonomischen Handlungsbereiche möglich werden. Im Durchschnitt haben die pazifischen Länder 2 Wochen vor den atlantischen Staaten mit Einschränkungen begonnen, nämlich schon bei der Inzidenz von 10, und die Einschränkungen des öffentlichen Lebens konsequent durchgehalten, nämlich bis zu einer Inzidenz von 10 (statt 50, 100 oder 200 Neuinfektionen pro Hunderttausend Einwohner). Dadurch blieb aber das Infektionsgeschehen stets vor Ort und zur rechten Zeit kontrollierbar und brach früher in sich zusammen. Die öffentlichen Einschränkungen waren insgesamt nicht nur geringer und kürzer, sondern die Öffnungen länger und breiter, was auch rein ökonomisch betrachtet kostengünstiger und perspektivisch schuldenärmer ist.

Diese transdisziplinär, vor allem von Epidemiologen, Klinikern, Ökonomen, Psychologen und Soziologen herausgearbeitete Überlegenheit von No-Covid-Strategien über die dualistisch hin und her pendelnden Taktiken (No-Covid 2021) verschafft uns einen Zugang zur empirischen Interpretation relationaler Parameter, der ein immanentes Kritikpotential darstellt. Werfen wir einen Blick auf einige einschlägige Statistiken, die Körper-Standards betreffen (zu deren leiblicher (Lindemann 2020) und geistig-kultureller Interpretation (Krüger 2021)). Besonders wichtig sind unter den relationalen Parametern die Rate an Covid-19-Todesfällen und die im Durchschnitt fünfmal höhere Rate an schweren Covid-19-Erkrankungen (Erkrankungen, die der Hospitalisierung und/oder langfristigen Behandlung bedürfen) pro einhunderttausend Einwohnern. Anhand dieser Raten ergeben sich statistisch fünf Ländergruppen. Darunter befindet sich die pazifische als die mit Abstand beste, während die nordatlantischen Länder zur schlechtesten, schlechten oder nur durchschnittlichen Gruppe gehören (JHU).

Sieht man von besonders dramatischen Ausnahmefällen wie Peru (616 Tote und 3080 schwere Erkrankungen pro einhunderttausend Einwohnern) ab, liegt die *schlechteste* Gruppe derzeit (am 31.10.2021) bei einer Mortalitätsrate von 200–350 und einer Erkrankungsrate von 1000-1750. Dazu gehören Ungarn (315/1575), Brasilien und Tschechien (288/1440), Argentinien (258/1290), Paraguay (231/1155), die USA (227/1135), Belgien und Mexico (226/1130), Italien (219/1095), Großbritannien (211/1055) und Polen (203/1015). Zu der *schlechten* Gruppe (125–200/625–1000) zählen Chile (199/995), Spanien (186/930), Frankreich (177/885), Russland und Ukraine (161/805), Südafrika (152/760),

Schweden (146/730), die Schweiz (131/655) und Österreich (128/640). Der *durchschnittlichen* Gruppe (60–125/300–625) gehören an Deutschland (115/575), die Niederlande (109/545), Israel (89/445) und Kanada (77/385). Die *gute Gruppe* (15–60/75–300) wird von z. B. Vietnam (23/115) und den skandinavischen Ländern (mit Ausnahme des seinerzeit wirtschaftsliberal regierten Schweden) gebildet: Dänemark (47/235), Finnland (21/105) und Norwegen (17/85). Zu der *besten* Gruppe (bis 15/bis 75) gehören die meisten pazifischen Länder: Japan (14,5/72), Australien (6,8/34), Singapur (6,7/33), Südkorea (5,5/27), Taiwan (3,6/18), Neuseeland (0,6/3) und China (0,35/1,75).

Wenn wir exemplarisch das Kanada unter Trudeaus Liberalen als Maßstab für den Umgang mit der Pandemie in den USA unter Trumps Republikanern annehmen, ergibt sich in den Raten ein Verhältnis von 1 zu rund 2,9. Damit drängt sich die Frage auf, ob nicht in den USA von den derzeit (am 31.10.2021: JHU 2021) 741 000 Toten 485 000 Tote, von den 3,7 Millionen schweren Erkrankungen fast 2,4 Millionen vermeidbar gewesen wären. Deutschland liegt, entgegen seinem medial vorherrschenden Selbstlob, im Mittelfeld des globalen Vergleichs, denn es wird sich nicht ernsthaft damit brüsten können, nur fast 2-mal besser als die USA, 1,8-mal besser als Großbritannien und 1,3-mal besser als Schweden abgeschnitten zu haben. Warum aber ist es 8-mal schlechter als Japan, 21-mal schlechter als Südkorea und 17-mal schlechter als Australien, alles Demokratien mit starkem Welthandel wie es selbst, durch die Pandemie gekommen? Warum hat Deutschland 2,4-mal schlechter als das sozialdemokratisch geführte Dänemark, wie es selbst ein Transitland, abgeschnitten, während Dänemark 3,1-mal besser als das wirtschaftsliberal geführte Schweden in Randlage war? Nach dänischem Maßstab wären in Deutschland von den bisher 96 000 Toten 56 000 vermeidbar gewesen, nach japanischem Maßstab (trotz Olympiade!) sogar 84 000.

Eine beliebte Ausrede im Westen gegen den nordatlantisch-pazifischen Vergleich besteht in der Annahme, im Pazifik handele es sich um Insel- und Halbinsellagen, als ob Welthandel und Weltverkehr damit nicht in logistischen Netzen umgehen könnten. Aber selbst wenn man sich im Westen auf die Insel- und Halbinsellagen beschränkt, etwa Spanien, Italien (s. o.) und Portugal einbezieht, wird man sein schlechtes Abschneiden nicht los. Setzt man aus der besten Gruppe Australien und aus der schlechtesten Gruppe Großbritannien, immerhin zwei in vielerlei Hinsicht vergleichbare Inselgruppen in Randlage, zueinander ins Verhältnis, dann kommt man nicht an der Frage vorbei, warum das United Kingdom 31-mal schlechtere Relationen als seine frühere Strafkolonie aufweist. Im Vergleich zur japanischen Inselgruppe hat die britische fast 15-mal schlechter abgeschnitten. Die beste Gruppe der pazifischen Länder steht im Durchschnitt 50-mal besser als die schlechteste Gruppe da, zu der nicht nur lateinamerikanische, sondern auch viele europäische Länder und die beiden politischen Mutterländer des US-amerikanischen Neoliberalismus, eben die USA und das United Kingdom, zählen. Wichtige Länder des entwickelten Westens sind so auf das Niveau von Entwicklungs- und Schwellenländern in der schlechtesten und schlechten Gruppe abgesackt.

Wer jetzt – dem üblichen Dualismus zwischen gemeinsamem Lebensschutz und individuellen, vor allem wirtschaftlichen Freiheiten folgend – erwartet, dass die entwickelten Länder mit den höchsten gesundheitlichen Opfern dafür wenigstens die geringsten wirtschaftlichen Schäden aufweisen würden, wird durch die ökonomischen Untersuchungen dazu eines Besseren belehrt, insbesondere wenn die Schuldenaufnahme für die Zukunft berücksichtigt wird. Bereits im Sommer 2020 hatte der Gründer und Leiter des Davoser Weltwirtschaftsforums, Klaus Schwab, angesichts der Politik von Donald Trump und Boris Johnson die Regierungen und Wirtschaftsverbände vor einem kurzsichtigen und ökonomistischen Fehlschluss gewarnt: »the economic fallacy of sacrificing a few lives to save growth (Schwab/Malleret 2020: 42). Die kapitalistische Weltwirtschaft sei angesichts der mittel- und langfristig absehbaren Folgen der Pandemie und ihrer Wirtschaftskrise nur durch »The Great Reset« zu retten: »The Return of ›big‹ government« müsse in »a real sense of solidarity, favouring the common good over individual aspirations and needs« erfolgen (ebd.: 77, 89). Als Beleg dafür verwies Schwab auf Dänemark und die pazifischen Demokratien. Er sollte Recht behalten.

Die bisher jüngste Voraussage der Europäischen Kommission zur Entwicklung der realen Bruttosozialprodukte (EC 2021) stimmt im Wesentlichen mit den OECD-Schätzungen (OECD 2021) überein: Während China bereits im Herbst 2020, Südkorea, Australien und Neuseeland in diesem Frühsommer 2021 ihren pandemiebedingt wirtschaftlichen Einbruch überwunden hatten, wird dies für die USA und Kanada Ende 2021 erwartet, während dies Japan im Sommer 2022, der Europäischen Union und Großbritannien erst Ende 2022 gelingen könnte. Dabei ist eine vergleichsweise erhöhte Inflation wegen der relationalen Größe der schuldenfinanzierten Konjunkturprogramme und erhöhten Rohstoffpreise zu berücksichtigen, im Falle Japans, dass dort schon vor der Pandemie große Absatzprobleme bestanden. Ohnehin ist der Zusammenhang zwischen der Lösung der Pandemie-Krise und der von ihr ausgelösten Wirtschaftskrise nicht monokausal, sondern multifaktoriell. Gleichwohl korrelieren hohe gesundheitliche Verluste in der Pandemie mit auch großen wirtschaftlichen Schäden, die die Erholung der Volkswirtschaften und die Schuldentilgung in die Länge ziehen. Zumindest aber entstehen mittel- und langfristig keine wirtschaftlichen Vorteile aus den gesundheitlichen Opfern und deren in Mitleidenschaft gezogenen Nächsten, die man alle als Produzenten, Distributoren, Zirkulatoren und/oder

Konsumenten in der Wirtschaft braucht. Laut Institut Molinari brach das Bruttosozialprodukt der No-Covid-Länder in 2020 nur um 1,6% ein, das der führenden westlichen G10-Länder aber um 5,0% (Institut Molinari 2021).

Man hat den nordatlantisch-pazifischen Vergleich im Westen immer wieder vertagt, weil die Messe nicht zu früh gesungen werden dürfe. Vielleicht lasse die hohe Disziplin im Gesundheitsschutz der pazifischen Länder doch mittelfristig nach, weil sich dies ihre Kapitalökonomien nicht leisten könnten, und gehe der nordatlantische Westen durch seine Impfstoffe und Impfkampagnen am Ende doch noch in Führung. Natürlich kann diese Frage im Oktober 2021 noch nicht abschließend geklärt werden. Bislang ist aber immerhin klar, dass auch China, Japan und Russland ein Dutzend Vektor-Impfstoffe entwickelt haben, von denen fünf eine internationale Verbreitung erfahren, deren Wirkungs- und Sicherheitsniveau in etwa dem westlicher Vektor-Impfstoffe (wie Astra-Seneca oder Johnson & Johnson) im Großen und Ganzen entspricht (WHO 2021). Neu sind die Impfstoffe mit der Messenger-RNA von SARS-Cov2 aus Deutschland und den USA, deren Wirksamkeit und Sicherheitsniveau bisher besser als bei den traditionellen Impfstoffarten liegt (WHO 2021).

Die Trump-Administration hatte bereits im Sommer 2020 den entscheidenden Durchbruch vorbereitet, der ab Februar 2021 unter der Biden-Administration Früchte trägt und den die Europäische Kommission mit halbjähriger Verspätung nachahmte. In Trumps »Operation Warp Speed« handelte es sich um eine »öffentlich-private Partnerschaft« zur Entwicklung, Herstellung und Verteilung von Covid-19-Impfstoffen, -Therapeutika und -Diagnostik, die mit 10 Milliarden Dollar begann und auf 18 Milliarden Dollar aufgestockt wurde (Operation Warp Speed 2021). Sie stand unter dem »head« Moncef Slaoui, früher Entwicklungschef des Pharmakonzerns GlaxoSmithKline, und dem Heeres-General Gustave F. Perna als dem »chief operating officer« aus dem Verteidigungsministerium, da es um eine Frage der »nationalen Sicherheit« ging (ebd.).

Beim derzeitigen Stand der Impfkampagnen führen die nordatlantischen Staaten oder sie liegen im globalen Durchschnitt. Die pazifischen Länder liegen dahinter und dürften angesichts der wachsenden Impfstoffproduktion mit einer ca. halbjährigen Verspätung den atlantischen Vorsprung eingeholt haben (JHU 2021b), denn sie können – im Unterschied zu den sog. Schwellenländern – finanzstark an dem globalen Weltmarkt für Impfstoffe teilnehmen oder verfügen über eigene Vakzine (WHO 2021). Ich nenne in den folgenden Klammern die Prozentzahl der derzeit (am 31.10.2021) vollständig Geimpften nach Ländern, zunächst exemplarisch aus der nordatlantischen Gruppe: Portugal (86), Spanien (79), Dänemark (76), Kanada (75), Italien (71), United Kingdom und

Frankreich (68), Deutschland und Schweden (67), USA (59); aus der pazifischen Gruppe: Singapur (83), China (77), Südkorea (72), Japan (71), Australien (65), Neuseeland (64), Taiwan (32) (JHU 2021b).

Der aus den bisherigen transdisziplinär-empirischen Vergleichen naheliegende Schlüssel zur Interpretation der statistisch signifikanten Relationen liegt in der Frage: Warum konnten nur in den pazifischen Ländern von Anfang an No-Covid-Strategien verfolgt werden und warum konnten solche Strategien nicht einmal im Nachhinein zur Verbesserung der Lage in den nordatlantischen Ländern eingeschlagen werden (Institut Molinari 2021)? Warum ist z. B. in Deutschland schon der mediale Versuch, eine No-Covid-Strategie wenigstens öffentlich zu diskutieren, bereits nach einem Monat im März 2021 gescheitert, weil es dafür weder in den Medien noch in der Politik eine nennenswerte Resonanz (Gloger/Mascolo 2021) gab?

Als die am nächsten liegenden und stärksten Gründe wurden zwei angegeben: Mit dem niedrigen Inzidenzwert von 10 für den Einstieg in und den Ausstieg aus politisch-öffentlichen Einschränkungen der Kontaktmöglichkeiten wurde eine Verlängerung der Einschränkungen assoziiert, die die sog. Kollateralschäden der Einschränkungen im wirtschaftlichen und öffentlichen Leben vergrößere. Diese Assoziation ist zweifellos nur *innerhalb* des Dualismus von Lebensschutz durch Einschränkungen und wirtschaftlicher Freiheit durch Öffnungen zustande gekommen: Als ob man im Lebensschutz nicht die Freiheit schützte und die Ausübung von Freiheit ohne die Unversehrtheit des Lebens ginge. In diesem kurzfristigen Vorraster kann überhaupt nicht verstanden werden, dass es in einer No-Covid-Strategie um die gemeinsame Überwindung des Dualismus geht, weshalb die konsequente Verbesserung des Lebensschutzes zur schnelleren und effektiveren Gewährung aller Freiheiten zu führen vermag. In diesem nordatlantischen Dualismus, der dem Mainstream der Politiker- und Mediatoren-Klasse als unüberwindbar galt, liegt offenbar ein Strukturproblem vor, das sich nicht auf die Gutwilligkeit oder Böswilligkeit von individuellen Personen reduzieren lässt, die es natürlich auch noch gibt.

Der zweite, in Deutschland und der EU resonanzreiche Einwand gegen No-Covid-Strategien bestand darin, dass sie zwar zielgenau und proaktiv zu grünen, also von der Pandemie befreiten Zonen führen würden, aber nur um den Preis von Grenzschließungen, der prinzipiell unannehmbar sei. Dieser Einwand ist faktisch gesehen kurzsichtig, weil er nicht die zur Bekämpfung der Pandemie nötige Zeitrhythmik berücksichtigt. Die heute anfallenden Toten gehen im Durchschnitt auf Infektionen von vor einem Monat, die heute Hospitalisierten auf Ansteckungen von vor 8 Tagen zurück (RKI 2021). Wer nach der tatsächlichen Überlastung des Gesundheitswesens aktiv wird, kommt für die Prävention immer zu spät. Grenzschließungen (zwischen Kreisen, Bundesländern,

Regionen, EU-Staaten) sollten aber aus Prinzip falsch und Grenzöffnungen aus Prinzip richtig sein, als ob Prinzipien kein Problem ihrer sinnvollen Anwendung unter konkret raum-zeitlichen Bedingungen hätten. Die Regulierung einer Grenze zwischen ihrer Öffnung und Schließung aus lokalen und befristeten Sachgründen, die dem aktuellen Infektionsgeschehen Rechnung tragen, ist kein Verrat an Europa, so wenig es ein Verrat an den USA war, als Florida den New Yorkern zu der Zeit, als New York den Hotspot der Pandemie dort bildete, die Einreise verweigerte. Die Europäische Union ist keine Virengemeinschaft, sondern eine Wertegemeinschaft, zu der gehört, dass man weder sich selbst noch andere in eine Covid-19-Erkrankung mit Todesfolge hineinstößt, indem die Grenzen für Infektionsketten offengehalten werden. Hier handelte es sich um den moralistisch aufgeheizten Missbrauch der Idee von Europa für den politischen Primat wirtschaftlicher Freiheit über den Lebensschutz, also erneut um das dualistische Strukturproblem im westlichen Selbstverständnis.

Angesichts des Erfolgs von No-Covid-Strategien in den pazifischen Ländern und des Misserfolgs von kurzfristig-dualistischen Taktiken in den nordatlantischen Ländern auf einer strukturellen Ebene ist es sinnvoll, die Interpretation der Gründe dafür nochmals durch Rückgang in das philosophisch-anthropologische Paradigma auszuweiten.

(4) Lebensmächte als moderne Interpenetrationen zwischen Hochkapitalismus und Diktatur oder Demokratie

Die oben (2) genannten Stichworte für den Aufgabencharakter in personalen Lebensformen stellen funktionale Abstraktionen dar: Was natürliche Künstlichkeit, vermittelte Unmittelbarkeit und utopischer Standort bedeuten, lässt sich nur historisch konkretisieren. Sie beginnen nicht bei Null, sondern mit dem, was in der bisherigen Generationenfolge habitualisiert worden ist, nun in der Krise spontan für die Bekämpfung erst einmal abgerufen werden kann, bis schrittweise durch Reflexion der Zwischenresultate seitens der Beteiligten verschiedene Optionen und Wertekonflikte immer deutlicher hervortreten (Krüger 2021).

Für die Anfangsphase im Umgang mit der Pandemie und der von ihr ausgelösten Wirtschaftskrise hatten die ostasiatischen Länder sicher einen Vorteil an habitueller Kooperationsbereitschaft, weil man durch MERS und SARS bzw. andere Katastrophen wie Fukushima auf Pandemien und Katastrophenfälle gut vorbereitet war. Man hatte für sie Vorsorge an Notfallplänen, Ausrüstungen und Personal getroffen und sich an lebensweltlich nötige Hygienemaßnahmen gewöhnt, deren

Effektivität bestens erprobt war. All dies fehlte in den nordatlantischen Staaten fast vollständig, obwohl sie sich als Mitglieder der Weltgesundheitsorganisation dazu verpflichtet hatten. Die früheren Krisen schienen ihnen aber ein spezifisch ostasiatisches, weit wegliegendes Problem zu sein, das zudem zu Fehlalarm und Fehlreaktionen z.B. wegen der sog. Schweinegrippe 2009 mit Impfschäden im Westen geführt hatte. Der Westen war in der letzten Generation auf die internationale Bekämpfung von Terror und der globalen Weltfinanzkrise fokussiert, wodurch man immerhin den Mechanismus des Schuldenmachens vermittelt über die Aufkäufe der Zentralbanken parat hatte, um nun in der Pandemie schuldenfinanzierte Kompensationsprogramme auflegen zu können. Dies kannten auch die pazifischen Länder aus der globalen Weltfinanzkrise (2008/09).

Diese auf der Hand liegenden Gemeinsamkeiten und Unterschiede zwischen den nordatlantischen und den pazifischen Ländern reichen aber nicht aus, um verstehen zu können, wie es von Beginn an und seit nunmehr eineinhalb Jahren anhaltend zu der Etablierung der kurzfristig dualistischen Taktiken einerseits und der No-Covid-Strategien andererseits hat kommen können. Die Pandemie brach in den nordatlantischen Ländern in länger bestehende Spaltungen der Gesellschaft hinein, durch die hindurch ihre Bekämpfung von Anfang an gespalten wahrgenommen wurde. Dies traf nicht vollständig, aber doch hauptsächlich auf die Spaltung zwischen Trump-Republikanern und Biden-Demokraten in den USA, zwischen Johnson-Tories für den Brexit und Labour sowie der Scotish National Party gegen den Brexit zu. In beiden Mutterländern des amerikanischen Neoliberalismus galt seit M. Thatcher und R. Reagan klar das Primat der wirtschaftlichen Freiheit über den öffentlichen Lebensschutz in der Politik, das in jahrzehntelangen Einsparungen am Wohlfahrtsstaat und in dem Gesundheitswesen durchgesetzt worden war, so z.B. in der Bekämpfung von Obamacare und den Budget-Kürzungen für das National Health Service. Der radikale Abbau des Sozialstaats und die radikale Kürzung der Gesundheitsausgaben waren auch in den europäischen Ländern durchgesetzt worden, dort aber viel stärker in Italien und Spanien als in Deutschland und Österreich, in denen der Ordoliberalismus, d. h. die politisch-juristische Rahmensetzung für Märkte, anfangs noch stärker überlebte. Dadurch hatten letztere mit weniger öffentlichen Schulden einen Startvorteil in der Bekämpfung der Pandemie, der ihnen leichter ökonomische Kompensationen durch einfachere Schuldenaufnahme ermöglichte.

Dies änderte aber nichts an dem grundsätzlich dualistischen Vorraster in der nordatlantischen Welt, sondern lässt nur verstehen, warum der Beginn in dem einen Fall beim Vorrang der Freiheit lag und dann wegen deren Opfer zum Lebensschutz pendelte, während er im anderen Falle mit dem Vorrang des Lebensschutzes startete, dann aber wegen dessen kurzfristigen Erfolgen zur Aufwertung der Freiheit führte. Der öffentliche Lebensschutz wurde primär als eine kooperative Aufgabe wahrgenommen, deren Lösung Solidarität und Gerechtigkeit erfordern, die Freiheiten wurden dagegen in der realen Verhaltensbildung primär nach dem ökonomischen Konkurrenzprinzip begriffen, das utilitaristisch aufrechenbare Lebensopfer in Kauf nehmen muss. Die Freiheit habe ihren Preis, und wäre es der, so viele Trump-Republikaner, eines Bürgerkriegs.

Für die effektive Bekämpfung der Pandemie und ihrer Wirtschaftskrise ist eine gesellschaftliche Kooperation nötig, deren Bindekraft geistig-kulturell gesehen langfristig trägt und juristisch allgemeine Verbindlichkeit annimmt, die die Übervorteilung oder Diskriminierung bestimmter Klassen und Schichten ausschließt. Man hält sich selbst an öffentliche Einschränkungen umso leichter, je sachlich einsichtiger sie sind und je sicherer man darauf vertrauen kann, dass die Nachteile und Kompensationen gerecht verteilt werden, ebenso die Vorteile der Öffnungen, z.B. in einer Reihenfolge der Priorisierung der zu Schützenden und der zu Impfenden. Je stärker der kooperative Gemeinschaftsgeist mobilisiert werden kann, desto weniger braucht es drakonische Maßnahmen, ihn durchzusetzen. Dies setzt allerdings eine öffentliche Kommunikation voraus, an der alle Laien und Experten teilnehmen können, ohne dass die relevanten Fachleute als Agenten ökonomischer und politischer Partikularinteressen wahrgenommen werden müssen, etwa als Vertreter der Pharmaindustrie und politischer Interessengemeinschaften. Umgekehrt erfordert der Konkurrenzmodus statt Kooperationsmodus im Umgang mit der Krise die Zerspaltung der öffentlichen Kommunikation in lauter gegeneinander auftretende Kommunikationsblasen, in denen fortlaufend die tatsächliche oder vermeintliche Manipulation der jeweils Anderen zelebriert wird, so dass es zu keinen sachhaltigen und allgemein verbindlichen Lösungsschritten kommen kann.

Für die pazifischen Länder war charakteristisch, dass die Pandemie und ihre Wirtschaftskrise in der gesellschaftlichen Kommunikation nicht gespalten gegeneinander wahrgenommen und interpretiert wurden. Regierungen und Oppositionen zogen an einem Strang, weil das Gemeinwohl Vorrang vor dem Wohl der Einzelnen habe, und nahmen die Szenarien der Experten in der öffentlichen Kommunikation ernst. Dadurch wurde der Sachgehalt der Kommunikation gesichert und die nationale Einheit des Gemeinwesens mobilisiert. Im Falle von Australien und Neuseeland spielte dabei ihr nationaler Geist der Unabhängigkeit eine große Rolle, indem sie besser als andere Commonwealth-Länder sein können und sein wollen, im Falle der ostasiatischen Länder ihre Verlebendigung auch neokonfuzianischer und neobuddhistischer Einbettungen des menschlichen Lebens in die Welt als ganze, worin ein großes anti-dualistisches Potential besteht, über das der nordatlantische Westen kaum noch verfügt (Ci 2019).

Die pazifischen Demokratien haben sich in der Krise grundsätzlich bewährt und ihre Überlegenheit über die nordatlantischen Demokratien bewiesen, während in letzteren diese Überlegenheit weitgehend ignoriert oder sogar aktiv geleugnet wird. Die Effektivität der pazifischen Maßnahmen wird mit der chinesischen Diktatur fehlidentifiziert, die erwartungsgemäß die Krise zu ihrer eigenen Festigung missbraucht hat (Ci 2019). Das – im amerikanischen Sinne der Chicago School von Milton Friedmann – neoliberale Primat der Kapitalwirtschaft über die Demokratie schließt das Primat der Demokratie über die Kapitalwirtschaft aus (Brown 2015). Daher erscheint im amerikanischen Neoliberalismus diese Bewährung der pazifischen Demokratien als die Errichtung einer Diktatur. Die Trump-Republikaner und ihre europäischen Äquivalente verstehen neoliberal Politik als einen deregulierten Markt, auf dem sich der Stärkere durchsetzen muss. Sie wollten politisch konsequent den amerikanischen Neoliberalismus auch institutionell durch Monopolisierung der öffentlichen Gewaltenteilung durchsetzen, d. h. unter legaler Fassade eine Diktatur errichten. Nach dem amerikanischen Neoliberalismus dient die Kapitalwirtschaft nicht der Demokratie, sondern umgekehrt die Politik der Kapitalwirtschaft, indem sie für letztere alle Märkte dereguliert und in letzter Konsequenz die Politik selbst in einen deregulierten Markt transformiert. Damit entfallen in der öffentlich-politischen Sphäre alle Regulativa der Fairness und Gerechtigkeit, bis sich die Stärkeren durchgesetzt haben und den jeweiligen Markt monopolisieren.

Was der verschiedene Umgang mit dieser Krise eindringlich zeigt, betrifft mithin vor allem die Frage, wie der Zusammenhang zwischen Wirtschaft, Politik und geistiger Kultur am rechten Ort und zur rechten Zeit mittelfristig hergestellt wird. Dabei geht es nicht nur um die Frage, ob der Kapitalwirtschaft oder der Politik der Vorrang eingeräumt wird, sondern darum, welche geistig-kulturellen Wertebindungen kurzfristig durch den Habitus aktualisiert werden und langfristig als nachhaltige Richtschnur gelten können, um mittelfristig die wissenschaftliche Reflexion als den richtigen Transformator einzusetzen. Fallen gemeinsame Wertebindungen für eine nachhaltige Zukunft aus, reduziert sich die mittelfristig nötige Reflexionskapazität vor allem der Wissenschaften darauf, als Instrument der gespaltenen Klassen und Schichten gegeneinander eingesetzt zu werden. Dafür muss man in der öffentlichen Kommunikation den Konsens und Dissens der Experten dazu verwenden, die *Scientific Communities* zu spalten und die tatsächlichen oder vermeintlichen Experten gegeneinander auszuspielen. John Dewey hat dagegen die für die gesellschaftlichen Problemlösungen in der Moderne nötige Integration verschiedener autonomer Handlungsbereiche kurz »Interpenetration«, also ihre wechselseitige Durchdringung, genannt: Dabei konzipierte er klar den wissenschaftlich aufgeklärten Primat der Demokratie als geistig-kulturell miteinander geteilter Lebensform (Dewey 1996, 5. Kap.) über die »Oligarchie« der Kapitalwirtschaft (ebd.: 170).

Plessner rollte das Integrationsproblem verschiedener autonomer Handlungsbereiche von der anderen Seite ausgehend auf, vom Hochkapitalismus her. Unter dem »Hochkapitalismus« verstand man nicht mehr den »Kapitalismus der freien Konkurrenz« (Plessner 1982a, 97f., 102), der mit Hilfe der industriellen Produktionsweise die klassischen Bedürfnisse der Bevölkerungsmehrheit durch Massenware befriedigte, sondern einen hoch konzentrierten Kapitalismus, der auf der Grundlage von wissenschaftlich-technischen Innovationen neue Bedürfnisweisen auf globalen Märkten erzeugen und durchsetzen kann. Plessner thematisierte die hochkapitalistische Integration zwischen den biochemischen Wissenschaften und Technologien für die Pharmaindustrie einerseits und der Durchsetzung der naturwissenschaftlich orientierten Medizin in der Lebenswelt der Bevölkerungen andererseits. Er nannte den politisch-rechtlichen Regulierungsbedarf für diese Integration im engeren Sinne das Erfordernis, Einrichtungen der »sozialen Hygiene« zu institutionalisieren, im weiteren Sinne aber eine moderne »Lebensmacht« (ebd., 98–101), d.h. eine neue Machtform, die in der Lebensführung über Aspekte des Lebens ausgeübt wird. Für die Normierung solcher Lebensmächte ist zentral, was als *gesund* oder *krank* anhand welcher Kriterien gilt.

Plessner bezeichnete, was wir heute den neoliberalen Vorrang der Kapitalwirtschaft vor der Politik nennen, als den *Hochkapitalismus*. Er bewertete diese hochkapitalistische Art und Weise, die Machtpotentiale aus verschiedenen autonomen Handlungsbereichen der Kapitalwirtschaft unterzuordnen, als einen allein instrumentellen Machtzuwachs, dem »kein Zuwachs an Freiheit« in der Gesellschaftsordnung entspreche (Plessner 1982a, 100). Der Hochkapitalismus kann unter bestimmten Bedingungen mit einer Diktatur gekoppelt werden, wie es im Nationalsozialismus tatsächlich eintrat (ebd.: 15f.). Das Primat der Demokratie in modernen Lebensmächten war dagegen geistig-kulturell auf die nachhaltig zu sichernde Unergründlichkeit des Menschen fundiert, deren institutionelle Durchsetzung gewaltenteiliger Verfahren gegen die Monopolisierung von Machtpositionen bedürfe (Krüger 2019, 17. Kap.).

Die US-Administration unter Trump strebte mit der öffentlich-privaten Partnerschaft zur Entwicklung und weltweiten Herstellung von Impfstoffen eine hochkapitalistische Form von Lebensmacht an, die rechtzeitig zum Termin der Präsidentschaftswahl im November 2020 der Errichtung eines autoritären Regimes dienen sollte (Operation Warp Speed 2021), was aber misslang. Man kann derzeit nur hoffen, dass die angekündigten *green new deals* der Biden-Administration und der Europäischen Kommission den nordatlantischen Westen aus dem neoliberalen Primat zum Primat der Demokratie unter einer nachhaltig ökologischen Werteorientierung führen werden.

Literatur

Brown, Wendy (2015): *Die schleichende Revolution. Wie der Neoliberalismus die Demokratie zerstört*, Berlin: Suhrkamp.

Ci, Jiwei (2019): *Democracy in China. The Coming Crisis*, Cambridge, MA: Harvard University Press.

European Commission (2021): *European Economic Forecast –Autumn 2021*, https://ec.europa.eu/info/sites/default/files/economy-finance/ecfin_forecast_autumn_2021_statistical-annex_en.pdf (Zugriff: 17.11.2021).

Dewey, John (1996): *Die Öffentlichkeit und ihre Probleme*, hrsg. v. Hans-Peter Krüger, Bodenheim: Philo Fine Arts.

Gloger, Katja/Georg Mascolo (2021): *Ausbruch. Innenansichten einer Pandemie*, München: Piper.

Habermas, Jürgen/Klaus Günther (2020): »Kein Grundrecht ist grenzenlos«, DIE ZEIT 20/2020, 06.05.2020.

Institut Molinari (2021): *Vergleich der G10-Staaten mit Australien, Neuseeland und Südkorea in der Bekämpfung der Corona-Pandemie und ihrer Wirtschaftskrise*, https://www.institutmolinari.org./2021/09/21/the-zero-covid-strategy-continues-to-protect-people-economies-and-freedoms-more-effectively/ (Zugriff: 30.09.2021).

Johns Hopkins University (JHU 2021a): *Maps & Trends. Mortality Analyses*, https://coronavirus.jhu.edu/data/mortality (Zugriff: 30.09.2021).

Johns Hopkins University (JHU 2021b): *Vaccines*, https://coronavirus.jhu.edu/vaccines (Zugriff: 30.09.2021).

Krüger, Hans-Peter (2019): *Homo absconditus. Helmuth Plessners Philosophische Anthropologie im Vergleich*, Berlin/Boston: De Gruyter.

Krüger, Hans-Peter (2021): »Der geistig-kulturelle Umgang mit der Covid-19-Pandemie und ihrer Wirtschaftskrise als Testfall. Zum Vergleich des globalen Westens mit dem globalen Osten Ende 2020«, *Deutsche Zeitschrift für Philosophie* (Bd. 69/H. 1), 67–97.

Lindemann, Gesa (2020): *Die Ordnung der Berührung. Staat, Gewalt und Kritik in Zeiten der Corona-Krise*, Weilerswist: Velbrück Wissenschaft.

No-Covid-Strategie (No-Covid 2021): *Eine neue proaktive Zielsetzung zur Bekämpfung von SARS-CoV-2 (Rahmen vom 18.01.21, Handlungsoptionen vom 10.02.21)*, https://nocovid-europe.eu (Zugriff: 17.11.2021).

OECD (2021): *Real GDP forecast (indicator)*, DOI:10.1787/1f84150b-en.

Wikipedia (2021): *Operation Warp Speed*, https://en.wikipedia.org./wiki/Operation_Warp_Speed (Zugriff: 17.11.2021).

Plessner, Helmuth (1975): *Die Stufen des Organischen und der Mensch. Einleitung in die philosophische Anthropologie*, Berlin/Boston: De Gruyter.

Plessner, Helmuth (1980): *Anthropologie der Sinne*, in: *Gesammelte Schriften III*, hrsg. v. Günter Dux/Odo Marquard/Elisabeth Ströker, Frankfurt am Main: Suhrkamp, 317–393.

Plessner, Helmuth (1982a): *Die verspätete Nation. Über die Verführbarkeit bürgerlichen Geistes*, in: *Gesammelte Schriften VI*, hrsg. v. Günter Dux/Odo Marquard/Elisabeth Ströker, Frankfurt am Main: Suhrkamp, 7–223.

Plessner, Helmuth (1982b): *Ausdruck und menschliche Natur. Lachen und Weinen. Eine Untersuchung der Grenzen menschlichen Verhaltens*, in: *Gesammelte Schriften VII*, hrsg. v. Günter Dux/Odo Marquard/Elisabeth Ströker, Frankfurt am Main: Suhrkamp, 201–387.

Plessner, Helmuth (1983): *Conditio Humana. Die Frage nach der Conditio humana*, in: *Gesammelte Schriften VIII*, hrsg. v. Günter Dux/Odo Marquard/Elisabeth Ströker, Frankfurt am Main: Suhrkamp, 136–217.

Robert-Koch-Institut (RKI 2021): *Epidemiologischer Steckbrief zu SARS-CoV-2 und COVID-19*, https://www.rki.de/DE/Content/InfAZ/N/Neuartiges_Coronavirus/Steckbrief.html (Zugriff: 16.11.2021).

Schwab, Klaus/Thierry Malleret (2020): COVID-19: *The Great Reset*, ISBN Agentur Schweiz.

World Health Organization (WHO 2021): *COVID-19 vaccines*, https://www.who.int/emergencies/diseases/novel-coronavirus-2019/covid-19-vaccines (Zugriff: 30.09.2021).

Richard Paluch

Epistemische Sorge

Hörbehinderungen vom Dritten her denken[1]

> »Nicht sehen, trennt von den Dingen, nicht hören, trennt von den Menschen«
>
> Helen Keller oder Immanuel Kant

Die Wahrheit dieses Zitats, welches je nach Quelle Helen Keller oder Immanuel Kant zugesprochen wird (siehe z.B. Becker 2014: 74), ist durchaus hinterfragbar. Können nicht auch Menschen, die als sehbehindert gelten, in ihrem Alltag exkludiert werden und Schwierigkeiten haben, mit anderen Personen in Kontakt zu treten? Werden nicht auch Personen mit Hörbehinderungen von Radios oder Musikinstrumenten getrennt? Gleichwohl hat es einen wahren Kern, dass Hörbehinderungen auch zu sozialen Trennungen führen können: Die Besonderheit der Hörbehinderungen resultiert daraus, dass Bezüge auf das Wissen, das vor Anderen Bestand haben soll, stets infrage gestellt werden können. Das Wissen entspricht dabei nicht etwas Privatem, was nur für eine Person vorhanden ist, sondern ist ein Sachverhalt, der in einer gemeinsam geteilten Welt verortet ist.

Wie ich im Folgenden darstellen werde, sorgen sich Personen mit Hörbehinderungen um das Wissen einer als gemeinsam geteilt erlebten Welt. Dies bezeichne ich als epistemische Sorge. Das Ziel ist, herauszuarbeiten, wie ein anderes Verständnis von Behinderung konzeptualisierbar ist, das weder gänzlich dem medizinischen Modell noch dem sozialen Modell von Behinderung folgt (Dewsbury et al. 2004). Es geht darum, sich auf Leib-Umwelt-Beziehungen zu fokussieren und aufzuzeigen, dass eine Behinderung nicht nur aufgrund einer Abweichung einer medizinisch institutionalisierten Normalität entsteht oder allein durch eine bestimmte soziale Konstruktion in sprachlicher Form aufgedrängt wird. Stattdessen kann ein gedanklicher Schritt vorab gegangen werden, indem von Drittenbezügen und den Positionierungen verschiedener Personen innerhalb triadischer Beziehungen ausgegangen und gezeigt wird, wie diese das Behindert-Werden vermitteln. Das medizinische Modell und das soziale Modell können insofern als Ausprägungen von Vermittlungen verstanden werden, die auch in unmittelbarer Weise erlebbar sind.

1 Diese Arbeit wurde von der Deutschen Forschungsgemeinschaft (DFG) über das Exzellenzcluster EXC 1077/1 »Hearing4all« sowie durch das Evangelische Studienwerk »Villigst« unterstützt.

Für Lindemann (2009: Kap. 6.2) sind Drittenbezüge relevant bezüglich der Anerkennung einer Entität als Person und bezüglich sozialer Dynamiken, die dadurch vermittelt sind, dass sich etwas vor oder in Bezug auf eine Dritte vollzieht. Ein zusätzlicher personaler Akteur ist nicht eine bloße quantitative Steigerung, sondern führt zu einer qualitativ anderen sozialen Beziehung. Es gibt beispielsweise institutionalisierte Mechanismen, durch die Akteure als Mediator:innen fungieren können und zwischen Ego und Alter bei Uneinigkeiten vermitteln.

Die Möglichkeit, Aussagen vor Dritten zu treffen, die diese teilen, ist ein Aspekt, der die Teilhabe an einer gemeinsam geteilten Welt kennzeichnet. Wenn es nicht möglich ist, an einer gemeinsam geteilten Welt teilzuhaben, dann liegt das mitunter an einer spezifischen Bezugnahme auf das Wissen einer gemeinsam geteilten Welt. Die Forschungsfrage dieses Beitrages ist deshalb: »Wie kann mit Drittenbezügen das Hörbehindert-Werden verstanden werden?« Für die Beantwortung der Forschungsfrage werden Interviews hinzugezogen, welche mithilfe der Grounded Theory Methodologie analysiert werden (Glaser & Strauss 2010).

Die qualitativen Interviews, die hier vorgestellt werden, stammen aus einem Rehabilitationsfeld. In diesem Feld finden sich Hörende und Hörbehinderte Personen[2], die eine Behinderung als ein medizinisches Problem verstehen oder als eine soziale Herausforderung begreifen. Ich möchte in diesem Beitrag allerdings zeigen, dass es noch eine dritte Perspektive gibt, wie Hörbehinderungen verstanden werden können. Meine These ist, dass sich Akteure, die hörbehindert werden, nicht wie Andere auf das Wissen einer als gemeinsam geteilt erlebten Welt vor Dritten beziehen können und die Sorge darum die Handlungsvollzüge dieser Akteure vermittelt.

Zunächst werde ich das medizinische Modell und das soziale Modell von Behinderung ausführen, um meine Aussagen im Forschungskontext zu situieren (1). Danach präsentiere ich Annahmen, die auf der Theorie des Dritten sowie der Sorgetheorie Lindemanns (2009; 2014; 2016) beruhen (2). Im darauffolgenden Kapitel fokussiere ich mich auf Umgangsweisen mit der epistemischen Sorge (3). Schließlich fasse ich die Dimensionen der epistemischen Sorge zusammen (4).

(1) Perspektiven bezüglich des Sachverhalts Behinderung

In Rehabilitationsfeldern werden unterschiedliche Forschungsmodelle bezüglich Hörbehinderungen verwendet. Es gibt das medizinische Modell von Behinderung, das durch eine audiologische Perspektive vermittelt ist, und das soziale Modell von Behinderung, das auf sonderpädagogischen Annahmen beruht. Anhand beider Modelle kommen Personen

2 Diese Schreibweise ist von Hornscheidt (2018) inspiriert.

mit Hörbehinderungen oder Personen, die mit diesen arbeiten, zu unterschiedlichen anthropologischen Annahmen und Aussagen über (Hör-) Behinderungen (Kittlitz 2012; Oliver & Sapey 1999: 21–27; Schillmeier 2016: 284 f.; Shakespeare 2006; Shakespeare et al. 2017).

Das medizinische Modell geht von einer bestimmten Normalität aus, von der die Behinderung eine Abweichung darstellt. Es werden objektivierbare Annahmen formuliert, die sich in Zahlen ausdrücken lassen und auf Wahrscheinlichkeiten beruhen. Auch das soziale Miteinander wird nach diesen Maßstäben modelliert, was sich in der Audiologie in naturwissenschaftlichen Bezügen auf das Verhalten und die Wahrnehmung von Personen, die Person selbst, die Schallumgebung und die technischen Geräte zeigt (Hohmann et al. 2020). Die Wahrnehmung von Personen mit Hörbehinderungen wird in der Regel nicht als vermittelt, sondern als verzerrt verstanden. Es herrscht demnach eine objektivierbare Abweichung vor, die sich von einem echten wahren Wert der Hörfähigkeit unterscheidet. Blauert und Dominicus (2014) zufolge lässt sich insofern auch mit technischen Artefakten präziser und unverzerrter die Wirklichkeit wiedergeben und auch lassen sich Aussagen über diese treffen. Technische Artefakte können zudem an Körpern von Personen mit Behinderungen angebracht oder angeschlossen werden, wodurch, so die medizinisch orientierte Überzeugung, Behinderungen reduziert werden können. Wenn die technischen Artefakte eine Annährung an eine vorab bestimmte Normalität erlauben, die weniger verzerrt ist, dann sollen technische Artefakte auch eingesetzt werden (Meis et al. 2018).

Das soziale Modell von Behinderung ist wiederum durch eine sozialkonstruktivistische Perspektive vermittelt und grenzt sich von dem medizinischen Modell der Behinderung ab. Die anthropologische Annahme ist, dass Menschen in der Lage sind, sich durch sprachliche Symbole ihre eigenen Realitäten zu schaffen. Sprachlich kann unterschiedlich festgelegt werden, um was es sich bei einer Behinderung handelt. Demnach verfolgt auch das medizinische Modell bloß eine bestimmte Form von symbolischer Realitätskonstruktion. Die Hinzunahme von technischen Artefakten, mit denen Diagramme und Verteilungen gezeigt werden, können als eine bestimmte Symbolverwendung interpretiert werden, die auch anders ausfallen könnte. Bei dem sozialen Modell von Behinderung wird die soziale Konstruktion in den Vordergrund gerückt und damit die gesellschaftliche Offenheit. Man kann insofern auch eine Realität konstruieren, in der die Behinderung eine Bereicherung ist und nicht als etwas verstanden wird, was durch medizinische Eingriffe zu normalisieren ist (Kastl 2017). Das äußert sich dann auch in politischen Ideen, wie die Gleichheit von Personen in unterschiedlichen Staaten durchzusetzen oder eine Destigmatisierung von Personen mit Behinderungen anzustreben sei (Dewsbury et al. 2004).

Allerdings ist auch eine andere Perspektive auf Hörbehinderungen möglich, die ich im nächsten Kapitel mit Bezug zu sozialtheoretischen Annahmen aufzeigen möchte.

(2) Dritten- und Sorgebezüge

In diesem Kapitel wird sich auf die Besonderheit von Dritten sowie der Sorge fokussiert und gezeigt, welche Bedeutung diese Konzepte für soziale Beziehungen haben. Im Anschluss an Lindemann (2009; 2014; 2016) wird insofern eine andere Perspektive vorgeschlagen, wie das Behindert-Werden verstanden werden kann. Es handelt sich um eine Sozialtheorie, die Konzepte zur Beschreibung verschiedener Phänomene und Sachverhalte anbietet. Eine Person als leibliches Selbst wird im Hinblick auf ihre Leib-Umwelt-Beziehung betrachtet. Leibliche Selbste erleben die Umwelt vor dem Hintergrund der vermittelten Unmittelbarkeit (Plessner 1975: 321 f.). Phänomene erleben leibliche Selbste nicht vollständig unmittelbar. Sie erfahren, wie andere leibliche Selbste ihre Umwelt erleben und sich reflexiv auf dieses Erleben beziehen. Dabei ist es stets vermittelt, welche Wahrnehmung als behindert gilt und ob ein leibliches Selbst in unmittelbarer Weise als Person mit Hörbehinderung erlebt wird. Denn es hängt von der Leib-Umwelt-Beziehung ab, ob die Unmittelbarkeit oder die Vermittlung in den Hintergrund oder Vordergrund rückt, wobei aber eine vollständige Unmittelbarkeit nicht gegeben sein kann. Das Erleben der Welt ist damit zwischen Leib und Umwelt verschränkt. Durch die wechselseitige Einflussnahme von Leib und Umwelt erfolgt ein Verstehen und Erfahren der Welt, was durch unterschiedliche Weltzugänge vermittelt ist. Die Dimensionen, die die Leib-Umwelt-Beziehungen vermitteln, sind das Soziale, die Zeit, der Raum, das Sachliche und das Symbolische (Lindemann 2014).

In Bezug auf Dritte kann die Welt dabei als gemeinsam geteilt erlebt werden. Es handelt sich um eine Perspektive, in der dargelegt werden kann, wie Drittenbezüge relevant werden, wenn man in Sorge ist, nicht mehr an dem Wissen einer gemeinsam geteilten Welt teilhaben zu können (Lindemann 2016). Im Rahmen dieser Perspektive ist es dabei von Interesse, wie die Teilnahme an einer gemeinsam geteilten Welt erfolgt und wie sich auf das Wissen dieser Welt bezogen wird, ohne dieses Wissen vornehmlich als technisch vermittelt (medizinisches Modell) oder symbolisch vermittelt (soziales Modell) zu begreifen. Bei einem Behindert-Werden kann eine Person auch In-Sorge-Sein, sich nicht wie Andere auf die Welt zu beziehen oder an dem gemeinsam geteilten Wissen teilhaben zu können. Wie Sorge sozialtheoretisch verstanden werden kann, werde ich weiter unten ausführen.

Lindemann (2014: Kap. 3.1) zufolge ist die Position der Dritten insbesondere für soziale Beziehungen relevant. Dies ergibt sich aus der ordnungsbildenden Funktion der Dritten, da erst in Triaden sicher erwartet werden kann, welche Entität als Person anerkannt wird beziehungsweise von welcher Erwartungen zu erwarten sind. In der Interaktion mit fraglichen Entitäten wird deutlich, dass ihr Status als soziale Person von Dritten abhängt, da ein Akteur alleine den Status *soziale Person* nicht auf Dauer stellen kann – die Anerkennung kann nämlich stets hinterfragt werden. Der Bezug auf die Dritte verändert insofern die Struktur der sozialen Beziehung, da Ego erwartet, was Tertius in einer solchen Situation von Alter erwartet. Alters Verhalten wird vor dem Hintergrund dieses Drittenbezugs gedeutet. Ob eine Entität Erwartungen erwartet, wird durch den Bezug auf Tertius festgestellt, indem erwartet wird, ob die Dritte in einer solchen Beziehung ebenfalls Erwartungen von Alter erwarten kann. Es handelt sich um eine triangulierte soziale Beziehung, in der auch Drittenbezüge die Deutungen vermitteln, da die Deutungen eines Anderen vor Dritten stattfinden.

Allerdings sind Drittenbezüge nicht nur bei der Deutung einer Entität als soziale Person relevant. Auch die Frage, ob und wie kommunikative Akte zu verstehen sind oder ob die Person sich auf das Wissen einer gemeinsam geteilten Welt beziehen kann, wird durch Drittenbezüge bestimmt. Wenn eine Person nicht in der Lage ist, vor Dritten kommunikative Akte zu deuten, dann hat sie in sozialen Beziehungen eine prekäre Position. Sie wird beispielsweise als Person mit Hörbehinderungen wahrgenommen, die eine lautsprachliche Kommunikation wegen ihres akustischen Sich-Richtens nicht versteht oder missversteht. Es kann nicht sicher erwartet werden, über das gleiche Wissen zu verfügen (siehe Abbildung 1). Dies führt zur epistemischen Sorge.

Auch die Sorge ist hierbei Bestandteil der Theoriearchitektur und dient als Konzept zum präzisen Verstehen der empirischen Sachverhalte. Zentral für das Konzept der Sorge ist, dass Personen in Sorge sind und sie diese Sorge im Lichte eines erwarteten zukünftigen Scheiterns erleben. Die Erwartung hat eine motivierende Wirkung auf die Personen, da sie gegenwärtig über einen möglichen zukünftigen Misserfolg besorgt sind. Eine Person ist auf eine zukünftige Möglichkeit vorbereitet und handelt entsprechend der Zukunftserwartung. Die Person kalkuliert also nicht verschiedene Optionen aufgrund einer bestimmten Situation und ignoriert die zwingende Kraft der Zukunft aus ihrem gegenwärtigen Zustand heraus. Vielmehr drängt der in der Gegenwart erlebte Druck der bevorstehenden Zukunft die Person zum Handeln (Lindemann 2016). Bei Personen mit Hörbehinderungen liegt der Fokus darauf, wie der scheiternde Bezug auf das Wissen einer als gemeinsam geteilt erlebten Welt sie zum Handeln vermittels der epistemischen Sorge drängt. Das wird im nächsten Abschnitt durch zwei Interviewausschnitte aufgezeigt.

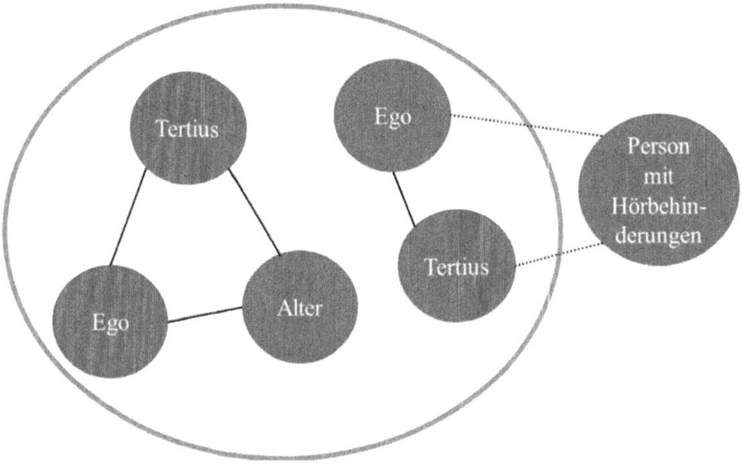

Abbildung 1: Diese Abbildung zeigt die prekäre Position von Personen mit Hörbehinderungen in triadischen Konstellationen. Sie werden nicht nur bei dem Bezug auf Ego *oder* Tertius *behindert, sondern sie befinden sich zugleich auch außerhalb einer als gemeinsam geteilt erlebten Welt. Zudem wird angenommen, dass das Verstehen von* Alter *her gedacht ist.*

(3) Umgangsweisen mit der epistemischen Sorge

In diesem Abschnitt werde ich an zwei empirischen Fällen ausführen, welche Drittenbezüge den Sachverhalt *Hörbehinderungen* vermitteln. Unterschiedliche Situationen werden gewählt, um zu identifizieren, wie der Bezug auf Dritte zu einem Behindert-Werden führt und Sorge auslöst. Es ist dabei nicht etwas, was allein als medizinisches Problem oder sozialkonstruierte Herausforderung verstanden werden kann. Im Vordergrund steht vielmehr die Sorge um das Wissen einer gemeinsam geteilten Welt (epistemische Sorge). Es werden zwei unterschiedliche Ausprägungen des Umgangs mit dieser epistemischen Sorge präsentiert: Ein Krankenhausmitarbeiter, der in sozialen Beziehungen auf seine Hörbehinderungen aufmerksam macht und Wörter rät, sowie eine Ehepartnerschaft, in der die Partner:in die Rolle der Dolmetscher:in übernimmt.

Ich gehe zunächst auf das Interview[3] ein, welches ich mit der Person geführt habe, die selbst erlebt, in sozialen Beziehungen hörbehindert zu

3 Diese Interviews sind im Rahmen meines Dissertationsprojekts entstanden. Es handelte sich hierbei um eine ethnographische Untersuchung von audiologischen Laboren, Rehabilitationskliniken und Schulen für Personen mit Hörbehinderungen. Die Interviews wurden mit Feldakteuren aus dem Rehabilitationskontext geführt.

werden. Das Interview fand in einer Rehabilitationsklinik statt, in der Personen an Programmen teilnehmen, die ihnen ermöglichen sollen, (wieder) am Berufsleben teilzuhaben. Neben technischen Artefakten, die zu einer Hörunterstützung beitragen, werden ebenfalls routinierbare Handlungsweisen erlernt, um ein gelingendes Verstehen zu ermöglichen. Zu diesen routinierbaren Handlungsweisen gehört mitunter, beim Sprechen das Gesicht einer Gesprächspartner:in zu betrachten, um damit auch das Mundbild beim Verstehen einzubeziehen. Es kann aber auch darauf eingegangen werden, dass man nach dem Kontext des Gesprächs fragt, um damit präziser einschätzen zu können, worüber gesprochen wird. Der Kontext dient dazu, die Bezüge hinsichtlich des Wissens einer gemeinsam geteilten Welt zu rahmen. Der Interviewpartner ist motiviert, diese Routinen zu erlernen und technische Artefakte zu verwenden, da die Sorge um das Wissen einer gemeinsam geteilten Welt ihn dazu bewegt. Er möchte nicht, dass die Behinderung in den Vordergrund rückt und soziale Beziehungen offensichtlich dadurch vermittelt werden:

> **Krankenhausmitarbeiter:** »Äääh ja [Pause], es mh in ner Gruppe natürlich tu ich mich schwer. So Dienstübergaben oder am Tisch tue ich mich einfach, tu ich mich schwer //mh//. Zweiergespräche geht's gut, ja? Ich sag auch, dass ich schwerhörig bin //mh//, ne? Also, das wissen die Patienten. Oder wenn ich bestimmte und es gibt natürlich ääääh [kurze Pause] Wörter [kurze Pause] ja, die ratet man, //mh// ne? Also das is so ne Erfahrung, ne? De erratet man soooo ääääh ja pf' äh für michs des Erlebnis äääh, rege und träge, wenn maas woah bei einer Visitensituation, ääh ja. Das warn einfach, sind einfach zwei verschiedene Worte //mh//, ne? Es is ja äh pmh unds äh nt' und des sind so Situationen, wo einfach ein Krankenhaus äh [tippelt auf dem Tisch herum] nt' n' bissel an die Grenzen stoß [tippelt wieder] äh [kurze Pause], ob ich's richtich versteh //mh//, ne?«

Der interviewte Krankenhausmitarbeiter geht darauf ein, dass er in unterschiedlichen Situationen andere Personen nicht versteht und er deswegen die Wörter raten muss. Als Beispiel führt er an, dass er geraten habe, ob in einer Situation »rege« oder »träge« gesagt wurde. Dies ist ein gutes Beispiel dafür, wie unterschiedlich das Verstehen sein kann, weil beide Aussagen gegensätzlich sind: Entweder ist eine Person rege und damit aktiv oder träge und damit passiv. Anschließend wird erwähnt, dass insbesondere in einem Krankenhaus eine solche offene Bezugnahme herausfordernd sein kann, da unklar ist, ob überhaupt etwas richtig verstanden wird. Mit Bezug auf Dritte kann gesagt werden, dass der interviewte Krankenhausmitarbeiter selbst unsicher ist, ob er in der Situation etwas richtig versteht und damit seine Interpretationen respektive das Wissen von Dritten, wie Kolleg:innen (»Dienstübergaben«) oder Patient:innen (»Visitensituation«), geteilt werden. Es berührt die epistemische Sorge, da zu wissen, ob eine Person »rege« oder »träge« ist, in einem Krankenhaus eine relevante Information sein und Auswirkungen auf zu vollziehende Handlungen haben kann.

Darüber hinaus ist beim Verstehen relevant, dass sich das Behindert-Werden erst in der Relation zu den Anderen ergibt, wobei insbesondere die Gruppengespräche von dem Interviewpartner hervorgehoben werden. Der Krankenhausmitarbeiter gibt dann auch in dem Interview an, dass er Personen mitteilt, »schwerhörig« zu sein. Er geht damit darauf ein, dass er womöglich nicht alles richtig verstehen kann und es unklar ist, ob Andere auch das gleiche verstehen würden. Da er nur raten kann, ob »rege« oder »träge« gesagt wurde, handelt es sich bei den Aussagen nicht um Sachverhalte, die auf Dauer gestellt werden können, sondern stets hinterfragbar bleiben. Diese kontinuierliche Ungewissheit ist dabei ein weiterer Aspekt, der Hörbehinderungen in sozialen Situationen prägt und die epistemische Sorge vermittelt.

Auf einen anderen Sachverhalt verweist wiederum eine Kommunikationstherapeutin für Personen mit Hörbehinderungen. Die Kommunikationstherapeutin hat eine eigene Praxis irgendwo in Deutschland. Sie geht ebenfalls darauf ein, technische Artefakte zu verwenden oder Praktiken zu lehren, damit Personen mit Hörbehinderungen in sozialen Kommunikationssituationen ein gelingendes Verstehen erleben können. Ihre Wahrnehmung ist nicht durch Hörbehinderungen vermittelt, aber sie arbeitet mit Personen, die hörbehindert werden, und gibt ihnen Ratschläge, wie sie ihr Leben mit Hörbehinderungen führen können. Während des Interviews hat sie angesprochen, welche Relevanz die Behinderung für die Partner:innen haben kann:

> **Kommunikationstherapeutin**: »Also, da gibt oder, dass wenn ich immer als Dolmetscher funkts- äh -nieren müssen, ne? Ich übersetze die ganze Zeit, wenn mein Partner dabei ist. Kann deswegen selber keine Gespräche führen und muss ständich mit denen telefonieren. Ich schäme mich dafür, wenn er dann wieder was falsch versteht. Jemand sagt, er hat ne bösartige Erkrankung und der lächelt und sagt: ›Oh, wie schön‹.«

Sie geht auf den Punkt ein, dass in Beziehungen, die durch Hörbehinderungen vermittelt werden, auch Personen »als Dolmetscher funkts- äh -nieren«. Das kann beispielsweise in einer Partnerschaft passieren, in der eine Partner:in Gespräche übersetzt oder führt. Dieser Sachverhalt zeigt, dass durch die vermittelte Bezugnahme auf Dritte andere Personen Gespräche führen und dadurch die Kommunikation mit Dritten übernehmen (wie z. B. Bekannten). Angenommen werden kann, dass ein Paar sich auf einer Feier befindet und die Hörbehinderungen der Partner:in dort in den Vordergrund rücken. Der Handlungsdrang, die Rolle einer Dolmetscher:in auf dieser Feier zu übernehmen, ist hierbei nicht dadurch gegeben, dass die Partner:in zu unterstützen sei, sondern dass man sich schäme, wenn diese etwas falsch verstehe und sich unangemessen verhalte. Dies kann beispielsweise dadurch gegeben sein, dass in einem Gespräch eine Person von der eigenen »bösartige[n] Erkrankung« erzählt und die Hörbehinderte Partner:in lächelt und dies als positiv bezeichnet.

Das ist ebenfalls ein Umgang mit der epistemischen Sorge. Es geht darum, ob sich angemessen auf das Wissen einer gemeinsam geteilten Welt bezogen werden kann. Wenn es beim Takt erwartungsgemäß darum geht, einer Person nicht zu einer bösartigen Erkrankung zu gratulieren, kann ein Lächeln und die Aussage »schön« als taktlos erfahren werden. Es ist insofern auch ein Verweis darauf, dass eine Information zu einer bestimmten Verhaltensweise führen soll. Wenn das unklar ist, fühlt sich die Partner:in gedrängt, das Gespräch mit Dritten zu führen, um nicht in eine Situation zu geraten, die für beide als beschämend erlebbar wird.

(4) Dimensionen der epistemischen Sorge

In diesem Beitrag wurde sich auf die epistemische Sorge bezogen. Es ging um den Handlungsdrang, der Personen, die hörbehindert werden, dazu bewegt, technische Artefakte zu verwenden oder routinierbare Handlungsweisen zu erlernen, um an dem Wissen einer gemeinsam geteilten Welt teilhaben zu können.

Gerahmt wurde dies durch das medizinische und das soziale Modell von Behinderung, die entweder die technische oder die symbolische Vermittlung bei der Betrachtung von Behinderungen hervorheben. Mit der Bezugnahme auf Dritte und die epistemische Sorge kann wiederum eine andere Beschreibung des Sachverhalts *Behinderung* präsentiert werden, die beispielsweise die Relevanz der sozialen Dimension (*Dritte*) und der zeitlichen Dimension (*Sorge*) verdeutlicht.

Anhand empirischen Materials wurde aufgezeigt, wie es einem Krankenhausmitarbeiter nicht möglich ist, sich auf ein Wissen vor Dritten, wie Kolleg:innen oder andere Patient:innen, zu beziehen, wenn es um das lautsprachliche Hören von Wörtern geht. Inwiefern er inhaltlich etwas verstanden hat, kann stets infrage gestellt werden. Aus diesem Grund nimmt er an einer Rehabilitation teil, um diese Sorgen aus der Welt zu schaffen.

Ähnlich ist eine Kommunikationstherapeutin für Personen mit Hörbehinderungen darauf eingegangen, wie Hörbehinderungen eine soziale Beziehung vermitteln können. In einer Partnerschaft kann die Hörende Partner:in die Kommunikation übernehmen, wenn die Situation durch die Hörbehinderungen vermittelt ist. Sie handelt als Dolmetscher:in, indem sie Gespräche führt. Das verdeutlich ebenfalls, dass soziale Beziehungen hörbehindert werden und eine Behinderung nicht etwas ist, was allein durch den Fokus auf ein Individuum verstanden werden kann. Auch Partner:innen verspüren den Drang, bestimmte Handlungen auszuüben, um auf die epistemische Sorge zu reagieren.

Die Personen mit Hörbehinderungen können sich nicht wie Andere auf Dritte beziehen beziehungsweise ihnen wird in sozialen Situationen aberkannt, Aussagen zu treffen, die auch vor Dritten Bestand haben. Drittenbezüge machen insofern deutlich, dass Personen mit Hörbehinderungen in einer prekären Situation sind. Die Erfahrung einer Einschränkung ist zwar durch das Hören-Können gekennzeichnet, aber die Behinderung erfolgt in Situationen, in denen sich auf Dritte, wie Kolleg:innen, Patient:innen, Partner:innen, Bekannte usw., bezogen wird.

Literatur

Becker, Maryanne (2014): »Sozialpsychologische Aspekte bei hörbeeinträchtigten Menschen«, *Spektrum Patholinguistik* (7), 71–77.

Blauert, Jens/Rolf-Dieter Dominicus (2014): »Die Dinge, Gefühle und Gedanken der auralen Welt: eine epistemologische Analyse in Hinblick auf die Qualitätsbeurteilung«, in: Wolf Gerhard Schmidt (Hg.), *Faszinosum ›Klang‹: Anthropologie – Medialität – kulturelle Praxis*, Boston: De Gruyter, 28–48.

Dewsbury, Guy/Karen Clarke/Dave Randall/Mark Rouncefield/Ian Sommerville (2004): »The anti-social model of disability«, *Disability & Society* 19(2), 145–158.

Glaser, Barney Galland/Anselm Leonard Strauss (2010): *Grounded Theory: Strategien qualitativer Forschung*, Bern: Huber.

Hohmann, Volker/Richard Paluch/Melanie Krueger/Markus Meis/Giso Grimm (2020): »The Virtual Reality Lab: Realization and application of virtual sound environments«, *Ear and Hearing* 41(Suppl 1), 31.

Hornscheidt, Lann (2018): *Sprachgewalt erkennen und sprachhandelnd verändern*, Berlin: SuKuLTuR.

Kastl, Jörg Michael (2017): »Die Soziologie und das soziale Modell der Behinderung«, in: Jörg Michael Kastl, *Einführung in die Soziologie der Behinderung*, Wiesbaden: Springer VS, 35–55.

Kittlitz, Anja (2012): »Andershörend«: *Die lebensweltliche Konstruktion des Schwerhörigseins: ein Beitrag aus kulturwissenschaftlicher Sicht*, München: Herbert Utz Verlag (Münchner ethnographische Schriften, 12).

Lindemann, Gesa (2009): *Das Soziale von seinen Grenzen her denken*, Weilerswist: Velbrück Wissenschaft.

Lindemann, Gesa (2014): *Weltzugänge: Die mehrdimensionale Ordnung des Sozialen*, Weilerswist: Velbrück Wissenschaft.

Lindemann, Gesa (2016): »In Sorge und aus Lust«, in Anna Henkel/Isolde Karle/Gesa Lindemann/Micha Werner (Hg.), *Dimensionen der Sorge. Soziologische, philosophische und theologische Perspektiven*, Baden-Baden: Nomos, 73–98.

Meis, Markus/Melanie Krueger/Petra von Gablenz/Inga Holube/Maria Gebhard/Matthias Latzel/Richard Paluch (2018): »Development and Application of an Annotation Procedure to Assess the Impact of Hearing Aid Amplification on Interpersonal Communication Behavior«, *Trends in Hearing* 22, 1–17.
Oliver, Michael/Bob Sapey (1999): *Social work with disabled people*, London: Macmillan International Higher Education.
Plessner, Helmuth (1975): *Die Stufen des Organischen und der Mensch. Einleitung in die philosophische Anthropologie*, Frankfurt a. Main: Suhrkamp.
Schillmeier, Michael (2016): »Praktiken der Behinderung und Ermöglichung«, in Beate Ochsner/Robert Stock (Hg.): *senseAbility – Mediale Praktiken des Sehens und Hörens*, Bielefeld: transcript-Verlag, 281–300.
Shakespeare, Tom (2006): »The social model of disability«, in L. J. Davis (Hg.): *The disability studies reader*, 2 Ausgabe, New York: Routledge, 197–204.
Shakespeare, Tom/Nicholas Watson/Ola Abu Alghaib (2017): »Blaming the victim, all over again: Waddell and Aylward's biopsychosocial (BPS) model of disability«, *Critical Social Policy* 37(1), 22–41.

Ingo Schulz-Schaeffer

Wer sagt, wie Technik richtig benutzt wird?
Zur Frage der Institutionalisierung der Sollnutzung von Technik

Einleitung

Technische Artefakte, also hergestellte Werkzeuge, Maschinen, Computer und Softwareprogramme sind immer mit intendierten Nutzungsweisen verbunden. Dies ist zunächst nicht mehr als eine analytisch wahre Aussage, wenn man unter Techniken »künstlich erzeugte und in der einen oder anderen Weise festgelegte Wirkungszusammenhänge [versteht], die genutzt werden können, um hinreichend zuverlässig [...] bestimmte erwünschte Effekte hervorzubringen« (Schulz-Schaeffer 2008, S. 445). Folgt man dieser Definition, dann ist es ein Bestimmungsmerkmal von Technik, »wozu« genutzt zu werden. Diese »Herstellung für ein Wozu des Gebrauchs« (Lindemann 2019, S. 85) ist Gesa Lindemann erst vom Standpunkt exzentrischer Positionalität aus möglich. Um ein Werkzeug für den anschließenden Gebrauch herstellen zu können, benötigen Akteur:innen die Fähigkeit, Sachverhalte außerhalb ihrer aktuellen Umweltbeziehung zu identifizieren (vgl. ebd.), nämlich die Sachverhalte der zukünftigen Situationen, an denen die intendierte zukünftige Wirksamkeit des Werkzeuges ausgerichtet sind.

Diese Fähigkeit ist zugleich die Voraussetzung dafür, dass die Idee des wiederholten Werkzeuggebrauchs entstehen kann. Der Umstand, dass technische Artefakte auf wiederholten Gebrauch hin angelegt sind, ist eine wesentliche Existenzvoraussetzung eines Großteils aller technischen Artefakte. Die vollständige Fassung der obigen Technik-Definition lautet deshalb auch: »um hinreichend zuverlässig *und wiederholbar* bestimmte erwünschte Effekte hervorzubringen« (Schulz-Schaeffer 2008, S. 445, Herv. d. Verf.). Der Umstand des wiederholbaren Gebrauchs begründet zugleich die Relevanz der Frage nach der Sollnutzung technischer Artefakte und deren Institutionalisierung.

Lindemann fasst sie als Frage nach der »Etablierung anerkannter Nutzungsformen« (Lindemann 2019, S. 86) und schließt an die Auffassung der sozialkonstruktivistischen Techniksoziologie an (vgl. Pinch und Bijker 1984), wonach nicht die technischen Eigenschaften, sondern erst die soziale Aushandlung und Verfestigung von Nutzungspraktiken darüber entscheiden, wozu das betreffende Artefakt gut ist und wie es dementsprechend genutzt werden sollte. Die Etablierung anerkannter Nutzungsformen erfolgt Lindemann zufolge im Rahmen der Institutionalisierung von Gesamthandlungen, an deren Realisierung technische Artefakte beteiligt sind. Lindemann folgt damit der Theorie verteilten Handelns (Rammert und Schulz-Schaeffer 2002), die der Analyse der Verteilung von Handlungsbeiträgen zu Handlungszusammenhängen auf menschliche und sachtechnische Handlungsträger:innen dient (vgl. auch Schulz-Schaeffer 2019, Schulz-Schaeffer und Rammert 2019). Im Unterschied zur Theorie verteilten Handelns legt Lindemann allerdings ein besonderes Augenmerk auf die Frage, wie die Beitragenden ihre Handlungsbeiträge und ihre Erwartungen an die Beiträge anderer Beitragender symbolisieren. Denn aus ihrer Sicht ist die Institutionalisierung der Sollnutzung technischer Artefakte wesentlich eine Frage der symbolischen Integration von Gesamthandlungen (Lindemann 2019, S. 86–88). Dabei legt Lindemann George Herbert Meads Konzept der Gesamthandlung zu Grunde. Demnach bestehen soziale bzw. gesellschaftliche Handlungen aus Teilhandlungen unterschiedlicher Akteur:innen, die ihren Sinn aus ihrem jeweiligen Beitrag zu der Gesamthandlung ableiten. Diesen Sinn als Beitrag zu einer Gesamthandlung müssen die Beitragenden sich wechselseitig symbolisch anzeigen, um die Gesamthandlung realisieren zu können (vgl. Mead 1968 [1934], S. 83–90, 100–115, Lindemann 2014, S. 183f.).

Dass es bei der Frage nach der Sollnutzung technischer Artefakte auf die Symbolisierung der Bedeutung von Handlungsbeiträgen für Gesamthandlungen ankommt, begründet Lindemann folgendermaßen: Die materielle Gestalt eines physischen Gerätes für den körperlichen Gebrauch mag zwar nahelegen, *wie* es als Werkzeug zu gebrauchen ist. Das *Wozu* ist damit aber nicht zugleich auch vorgegeben. Ein Hammer beispielsweise lege zwar nahe, in einer bestimmten Weise gegriffen und bewegt zu werden, um die nur so zu gewinnende Schlagkraft zu erzeugen. Wozu diese Schlagkraft aber eingesetzt wird, ist dann noch offen (vgl. Lindemann 2019, S. 86). Sofern sich anerkannte Nutzungsformen etablieren, müssen diese folglich »in einer Weise objektiviert werden […], die über die materielle Gestalt hinausgeht.« (ebd.). Es reicht nicht aus, dass das technische Artefakt eine bestimmte Art und Weise seiner Nutzung nahelegt. Sondern es müssen sich zudem Erwartungen über den angemessenen Gebrauch ausprägen. Und sie müssen symbolisch angezeigt werden, um den angemessenen Gebrauch im Handlungsvollzug erkennen und realisieren zu können. Dies gelte umso mehr, je »leibferner« eine Technik sei (vgl. Lindemann 2019, S. 87, 2014, S. 184–187).

In der kurzen Auseinandersetzung mit Lindemanns Überlegungen zur Institutionalisierung der Sollnutzung von Technik, zu der mir dieser kleine Beitrag zur Festschrift für Gesa Lindemann Gelegenheit gibt, möchte ich zwei Unterscheidungen genauer betrachten, auf denen ihre

Überlegungen unter anderem beruhen. Dies ist zum einen die Unterscheidung zwischen dem Wie und dem Wozu der Techniknutzung und zum anderen die Unterscheidung zwischen praktischen Nutzungsmöglichkeiten, die in der materiellen Gestalt von Technik angelegt sind, und Sollnutzungen, die zusätzlich symbolisch angezeigt werden müssen. Mein Argumentationsziel ist es zu zeigen, dass es eine empirische Frage ist, wie stark der Einfluss der technisch objektivierten Handlungsmöglichkeiten auf die Etablierung der anerkannten Gebrauchsweisen ist. Dafür präsentiere ich eine konzeptionelle Unterscheidung, die Unterscheidung zwischen Skripten und Affordanzen, mit der sich dies analytisch erfassen lässt.

(1) Das Wie und das Wozu der Techniknutzung

Wer einen Hammer besitzt und handhaben kann, wird ihn im Haushalt vermutlich für eine ganze Reihe unterschiedlicher Tätigkeiten benutzen. Nicht nur, um Nägel einzuschlagen, sondern auch um Dinge zu lösen (den festsitzenden Bolzen), Dinge zu verformen (die im Urlaub verbogenen Zeltheringe) oder Dinge zu zerbrechen (die alten Blumentöpfe, damit sie im Müll weniger Platz brauchen). Wer dagegen eine Kaffeemaschine oder einen Rasenmäher benutzt, wird sie vermutlich zumeist nur für eine bestimmte Tätigkeit benutzen: zum Kaffeekochen bzw. zum Rasenmähen. Es scheint also so zu sein, dass das Wie und das Wozu der Techniknutzung in bestimmten Fällen sehr viel enger miteinander verbunden sind als es das Beispiel des Hammers erkennen lässt.

Nun ließe sich vermuten, dass dies einfach nur davon abhängt, welche Sollnutzungen sich jeweils institutionell verfestigt haben. Dieser Annahme zufolge könnten Kaffeemaschinen oder Rasenmäher ebenso wie Hämmer für eine ganze Reihe unterschiedlicher Tätigkeiten eingesetzt werden, die sich aber, im Unterschied zur Nutzung des Hammers, eben nicht etabliert haben. Meiner Meinung nach ist dies keine plausible Annahme. Plausibler ist es anzunehmen, dass das durch die materielle Gestalt dieser Artefakte nahegelegte Wie der Techniknutzung den Unterschied macht. Wenn man dies annimmt, ist es nicht grundsätzlich so, dass das Wie der Techniknutzung das Wozu weitgehend offenlässt und letzteres von den Nutzungspraktiken abhängt, die sich jeweils etablieren. Vielmehr ist es dann eine empirische Frage, inwieweit die materielle Gestalt technischer Artefakte mit dem Wie zugleich auch ein bestimmtes Wozu der Nutzung nahelegt. Dazu passende Nutzungspraktiken müssen sich trotzdem etablieren – etwa die Praxis, den Rasen regelmäßig zu mähen, statt ihn wachsen zu lassen –, aber das tangiert die hier diskutierte Frage nach dem Zusammenhang zwischen dem Wie und dem Wozu der Techniknutzung zunächst noch nicht.

Aus der Perspektive des verteilten Handelns lassen sich diese Unterschiede mit Blick auf die Struktur der Handlungen erklären, zu denen die technischen Artefakte beitragen, und durch die Art und Weise, wie die technisch bereitgestellten Handlungsbeiträge in diese Handlungen eingebaut sind. Wenn technische Artefakte entwickelt und hergestellt werden, um wiederholt (und häufig genug massenhaft wiederholt) genutzt zu werden, dann werden sie entwickelt, um typische Handlungsbeiträge zu typischen Handlungen zu leisten (Schulz-Schaeffer 2019, S. 17). Denn die Orientierung an wiederholter Nutzung setzt voraus, dass bestimmte Handlungen immer wieder und immer wieder in ähnlicher Weise durchgeführt werden, sodass auch die von dem avisierten technischen Artefakt beizusteuernden Handlungsbeiträge immer wieder in ähnlicher Weise eingesetzt werden können.

Die Art und Weise, in der sich wiederholt durchgeführte Handlungen ähneln, kann aber recht unterschiedlich sein. Manchmal lässt sich das Handlungsziel auf unterschiedlichen Wegen realisieren und die entsprechenden Handlungsvollzüge sind sich nur darin ähnlich, dass bestimmte Handlungsbeiträge häufig erforderlich sind, wenn auch in ganz unterschiedlichen Konstellationen. Ein Beispiel wäre das Essenkochen mit den Teilhandlungen des Zerkleinerns, Vermischens und Erhitzens und den entsprechenden Handlungsbeiträgen der Küchenmesser, des Mixers und des Herds. In anderen Fällen aber kann sich ein ganz bestimmter Handlungsvollzug etablieren, mittels dessen das betreffende Handlungsziel realisiert wird. Dies gilt beispielsweise hierzulande für das Kaffeekochen, das bereits vor der Verbreitung der Filterkaffeemaschine in den 1970er Jahren aus einer festgefügten Sequenz von Handlungsschritten bestand, die der in der Maschine objektivierten Sequenz stark ähnelt.

Anknüpfend an sozial- und kognitionspsychologische Forschungen über Skripte als Handlungsschemata (Abelson 1981; Moskowitz 2005, S. 162–165) und deren handlungstheoretische Rezeption (Esser 2001, S. 261–262) sowie an das Skript-Konzept von Madeleine Akrich (1992) kann man das Muster des Handlungsverlaufs, das der Durchführung von Handlungen stillschweigend zu Grunde liegt oder an dem sich die Beteiligten gezielt orientieren, als das Skript einer Handlung bezeichnen. Die eben angeführten Beispiele zeigen, dass Handlungen unterschiedlich stark geskriptet sein können. Die Frage nach dem Zusammenhang zwischen dem Wie und dem Wozu der Techniknutzung hängt direkt damit zusammen. Bei Handlungen, die stark geskriptet sind, also stets in sehr ähnlicher Weise durchgeführt werden, können die einzelnen Handlungsbeiträge sehr direkt auf die Realisierung dieser einen Handlung bezogen sein. Dies gilt dementsprechend auch für die Handlungsbeiträge technischer Artefakte. Die Festgelegtheit der Nutzbarkeit eines technischen Artefaktes auf ein bestimmtes Handlungsziel kann dann besonders groß sein, wenn das technische Artefakt nicht nur einen, sondern eine Sequenz mehrerer Schritte des Skriptes übernimmt, wie dies bei der Filterkaffeemaschine der Fall ist (oder auch bei der PDF Scanner-App, um auch mal eine neuere Technologie als Beispiel anzuführen). Denn dann wird es umso schwieriger, andere Handlungen zu finden, in die die Sequenz der technisch objektivierten Handlungsschritte hineinpasst.

Dies kann zur Folge haben, dass man solche Artefakte nur unter Verzicht auf alle oder wesentliche der technisch bereitgestellten Handlungsmöglichkeiten nutzen kann, wenn man sie für andere Handlungen nutzt. Möglich ist das natürlich trotzdem. Selbstverständlich kann man die Glaskanne einer Kaffeemaschine auch benutzen, um damit die Blumen zu gießen. Und ein Smartphone lässt sich auch als Briefbeschwerer verwenden. Aber dafür muss man sich keine Kaffeemaschine und kein Smartphone kaufen. In Handlungszusammenhängen, in denen technische Artefakte zur Herbeiführung erwünschter Wirkungen eingesetzt werden, ist es deshalb unwahrscheinlich, dass sich Nutzungspraktiken etablieren, die von den technisch bereitgestellten Handlungsmöglichkeiten der genutzten technischen Artefakte in wesentlichem Umfang absehen.

Bei technischen Artefakten, die Handlungsbestandteile stark geskripteter Handlungen übernehmen, kann es aus diesen Gründen dazu kommen, dass die in deren materieller Gestalt angelegten praktischen Nutzungsmöglichkeiten mit dem Wie der Nutzung zugleich auch ein bestimmtes Wozu nahelegen. Man spricht dann auch von Single Purpose- oder Einzweckwerkzeugen, -geräten oder -maschinen. Häufig tragen sie das Wozu, für das sie konstruiert worden sind und für das sie zumeist auch verwendet werden, im Namen: Geschirrspülmaschine, E-Book-Reader, Türschließer (Latour 1988) usw.

Je weniger stark eine verteilte Handlung geskriptet ist, desto weniger ist mit dem Wie der Techniknutzung zugleich ein bestimmtes Wozu nahegelegt. Am anderen Ende des Spektrums befinden sich dementsprechend technische Artefakte, die allgemeine Handlungspotenziale eröffnen, die in unterschiedlichsten Situationen für verschiedenste Handlungen in Anspruch genommen werden können. Ausübbarkeit von Schlagkraft (Hammer) ist ein Beispiel, Speicherbarkeit von digitalen Daten ein anderes. Anknüpfend an James J. Gibson (2015 [1986]) und Donald A. Norman (1988) kann man solche technisch eröffneten allgemeinen Handlungspotenziale als Affordanzen bezeichnen. Für verteilte Handlungen, die technisch bereitgestellte Affordanzen einbeziehen, gilt dementsprechend, dass mit dem Wie der Techniknutzung wenig über das Wozu impliziert ist.

Für die Frage nach der Art und Weise der Einbezogenheit technischer Handlungsbeiträge in verteilte Handlungen ist es nützlich, neben Skripten und Affordanzen auch Handlungsrollen zu analysieren, mit der sich weitere Ausprägungen des Zusammenhanges zwischen dem Wie und dem Wozu der Techniknutzung erfassen lässt (vgl. Schulz-Schaeffer 2021). Das kann ich im Rahmen dieses Beitrages aber nicht weiter ausführen.

(2) Praktische Nutzungsmöglichkeiten und symbolisierte Sollnutzungen

Die eigenständige Bedeutung, die Lindemann der Symbolisierung von Sollnutzungen für deren Institutionalisierung als anerkannte und richtige Gebrauchsweisen beimisst, folgt direkt aus der Annahme, dass mit dem Wie der Techniknutzung nicht auch schon ein bestimmtes Wozu verbunden ist. Zwar können auch die praktischen Handlungsmöglichkeiten, die durch die materielle Gestalt des Artefaktes vorgegeben sind, als Symbolisierungen von Sollnutzungen verstanden werden (vgl. Lindemann 2019, S. 86f.). Aber das reicht Lindemann zufolge wie gesagt nicht aus und schon gar nicht bei leibferner Technik. Es müssen deshalb hinzutretende Erwartungen über Sollnutzungen entwickelt und kommuniziert werden, damit sich anerkannte Gebrauchsweisen ausbilden. Diesen Vorgang beschreibt Lindemann im Kern wie folgt:

Die Hersteller:innen erwarten, dass die Nutzer:innen »nicht nur bestimmte Nutzungserwartungen [haben], sondern sie [...] bestimmte Nutzungserwartungen haben [sollten] – aus der Perspektive der Dritten« (Lindemann 2019, S. 86). Diese »aus der Drittenperspektive standardisierte[n] Sollnutzungen« (ebd.: 87) symbolisieren die Hersteller:innen, indem sie zu der materiellen Gestalt des Artefaktes zusätzliche Hinweise hinzufügen, die den Nutzer:innen symbolisch anzeigen, was sie als deren Sollnutzungen ansehen. Bei leibferneren Artefakten finden sich diese Hinweise vor allem in den Gebrauchsanweisungen. Für die Herausbildung der anerkannten Gebrauchsweisen kommt es dann aber »auf die in der Produktion antizipierte drittenvermittelte Sollnutzung weniger an [...], als vielmehr darauf, wie der technische Sinnvorschlag praktisch rezipiert wird.« (ebd.: 87) Denn, wie es Lindemann zugespitzt formuliert: »Jede Nutzung symbolisiert einen neuen Sinnvorschlag.« (ebd.: 88) Konkret ist damit gemeint, dass die Nutzer:innen durch Erfindung von Nutzungsweisen, die von den Hersteller:innen nicht antizipiert wurden, und durch Abweichung von den herstellungsseitig vorgesehenen Nutzungsweisen diejenigen Nutzungsweisen entwickeln, aus denen dann die anerkannten Gebrauchsweisen hervorgehen. Um bestimmte Nutzungsweisen zu etablieren, »ist es daher unbedingt erforderlich, die Rezeption von Technik entsprechend drittenvermittelt durch die Institutionalisierung von Sollnutzungen zu steuern.« (ebd.: 87f.) Über die Drittenposition, die Lindemann zufolge für diesen

Institutionalisierungsprozess unabdingbar ist, sagt sie, dass diese »nicht mit den Positionen von Ego oder Alter identisch sein [kann]« und dass die »Übernahme der Position der Dritten [...] an die reale Erfahrung der Dritten gebunden [ist], denn diese enthält etwas qualitativ Neues im Verhältnis zum reflexiven Bezug auf sich selbst und auch im Verhältnis zur Übernahme der Position von Alter« (Lindemann 2019, S. 86, vgl. Lindemann 2014, S. 119–125).

Inwieweit trifft Lindemanns Beschreibung des Prozesses der Institutionalisierung von Sollnutzungen auch dann noch zu, wenn das Wie und das Wozu der Techniknutzung enger gekoppelt ist als sie voraussetzt? Ich beginne mit der Annahme, dass Hersteller:innen standardisierte Sollnutzungen zu Grunde legen, wenn sie technische Artefakte für bestimmte Nutzungszusammenhänge entwickeln. Diese Annahme trifft immer zu, wenn die technischen Beiträge im Sinne von Affordanzen eingesetzt werden. Denn damit ein technischer Wirkungszusammenhang zu einem allgemeinen Handlungspotenzial werden kann, ist ein allgemein verbreitetes, handlungsunspezifisches und situationsübergreifendes Wissen darüber erforderlich, was man mit dem technischen Wirkungszusammenhang machen kann, wenn er in dem jeweiligen Handlungszusammenhang auftaucht. Nur auf der Grundlage eines solchen Wissens entsteht beispielsweise das Handlungspotenzial, mittels eines Touchscreens und entsprechender Software digitale Knöpfe (›Buttons‹) unterschiedlichster Art bedienen zu können, um in Millionen unterschiedlicher Apps die verschiedensten Aktivitäten auszulösen, oder das Handlungspotenzial, mit der Papierkorbfunktion Dateien löschen zu können, unabhängig davon, in welchem Programm man sich gerade befindet und um welche Dateien es geht (vgl. Schulz-Schaeffer 2021, S. 75–79).

In dem Fall, in dem der technische Wirkungszusammenhang als spezifischer Handlungsbeitrag zu einer stark geskripteten Handlung entwickelt worden ist, ist es dagegen eine empirische Frage, ob bei der Herstellung bereits standardisierte Sollnutzungen vorausgesetzt werden müssen. In meinem Beispiel der Filterkaffeemaschine ist dies ganz offensichtlich der Fall. Denn die Maschine übernimmt Handlungsschritte einer zuvor schon fest etablierten, stark geskripteten Handlung. Häufig genug werden in der heutigen technischen Zivilisation aber auch technische Artefakte entwickelt, die neue Handlungen ermöglichen. Ein Beispiel ist die PDF Scanner-App, etwa der »Simple Scanner«, dessen intendierten Zweck der Hersteller im Android-App-Store wie folgt beschreibt: Es »ist eine App, welche Ihr Smartphone in einen mobilen Scanner verwandelt. Wo immer Sie sich auch befinden: Mit dieser App können Sie Dokumente, Fotos, Rezepte, Berichte und vieles mehr einscannen. Der Scan wird auf Ihrem Gerät als Bild oder im PDF-Format gespeichert.« (https://play.google.com/store/apps/details?id=com.simplescan.scanner&gl=DE, Zugriff am 31.08.2021)

Bereits standardisierte Sollnutzungen, die sich auf die Art und Weise des Handlungsvollzugs beziehen, kann es in diesem Fall nicht geben, weil mobiles Scannen eine neue Handlung ist, die erst im Zusammenhang mit der Entwicklung mobiler Scanner-Apps für Smartphones durchgeführt werden kann. Zugleich ist es eine stark geskriptete Handlung, die einen ganz bestimmten Weg vorsieht, das Handlungsziel zu erreichen. Zusätzlich interessant für unsere Fragestellung wird dieses Beispiel dadurch, dass das herstellungsseitig intendierte Skript der Handlung nicht nur symbolisch angezeigt wird, sondern in die Funktionsweise des technischen Artefaktes direkt eingeschrieben ist. Wer diese App unter Ausnutzung der technisch bereitgestellten Handlungsmöglichkeiten benutzen will, wird von der Nutzungsführung der App durch eine festgelegte Sequenz von Handlungsschritten geleitet, während derer sich Handlungsbeiträge der App, der Nutzer:innen und des Smartphones in vorgegebener Weise aneinanderreihen und die mit der Herstellung einer in unterschiedlichen Formaten speicherbaren Datei endet.

Wie kann man sich die Institutionalisierung der Sollnutzung technischer Artefakte vorstellen, die wie in diesem Beispiel das Wozu an das Wie der Techniknutzung koppeln und nicht auf bereits etablierte Handlungsskripte zurückgreifen? Zwar trifft es auch in diesem Fall zu, dass die Verkettung der Handlungsschritte, wie von Lindemann anknüpfend an Mead beschrieben, symbolvermittelt erfolgt. Die App symbolisiert beispielsweise mit einem antippbaren, nach rechts gerichteten dicken grünen Pfeil, dass der nächste Handlungsschritt aktiviert werden kann, und eröffnet mit einem nach links gerichteten dünnen, weißen Pfeil die Option, den letzten Handlungsschritt zu wiederholen. Und die Nutzer:innen symbolisieren mit der Geste des Antippens wie es mit der Handlung weitergehen soll. Abstrakt betrachtet lassen sich diese Symbolisierungen als Sinnvorschläge betrachten. Konkret aber, und darin unterscheidet sich dieser Fall von der von Lindemann vorausgesetzten Situation, eröffnete der technische Sinnvorschlag innerhalb der Nutzungssituation nur die Option, ihn zu akzeptieren oder abzulehnen (grüner Pfeil oder weißer Pfeil). Der Grund dafür ist, dass der technische Sinnvorschlag in diesem Fall keine Symbolisierung von Nutzungsweisen ist, die über die materielle Gestalt des Artefaktes hinausgeht, sondern die im Artefakt technisch objektivierten Handlungsmöglichkeiten symbolisch expliziert. Dementsprechend beschränkt sich die Rezeption dieser technischen Sinnvorschläge darauf, es in der vorgegebenen Weise zu benutzen, die Nutzung des Artefaktes zu verweigern, oder darauf hinzuwirken, dass die technische Gestalt des Artefaktes geändert wird – also Hirschmans (1970) Trias von Exit, Voice und Loyalty.

Sofern sich für technische Artefakte dieser Art auf dem Wege der Rezeption des technischen Sinnvorschlages durch Nutzer:innen eine bestimmte Nutzungsweise etabliert, so ist es wahrscheinlich, dass sich in der Nutzungsweise das Skript realisiert, das in das Artefakt eingeschrieben ist. Dies gilt jedenfalls dann, wenn es für die Nutzer:innen weniger problematisch ist, das vorgegebene Skript zu übernehmen als auf eine Veränderung der Funktionsweisen des Artefaktes hinzuwirken. Empirisch ist es häufig der Fall, dass sich Nutzungspraktiken in dieser Weise etablieren, wenn das technische Artefakt in der beschriebenen Weise eng mit stark geskripteten Handlungen verbunden ist. Mit Blick auf die Frage der Etablierung anerkannter Gebrauchsweisen bedeutet dies, dass hier dann eine Form der Verfestigung einer neuen Handlung, nämlich die sachtechnische Verfestigung, die für sich genommen noch keine Institutionalisierung ist und dementsprechend auch keine Drittenposition voraussetzt, das Potenzial besitzt, über die Gebrauchsweisen zu bestimmen, die dann institutionalisiert werden.

Ob und in welchem Umfang Sinnvorschläge von Nutzer:innen Einfluss auf die Ausbildung der anerkannten Gebrauchsweisen nehmen, hängt in diesem Fall davon ab, ob Nutzer:innen die technisch objektivierten Skripte als so problematisch ansehen, dass sie den Aufwand zu treiben bereit sind, der erforderlich ist, um erfolgreich auf eine Veränderung des technischen Artefaktes einzuwirken. Dies dürfte im Wesentlichen davon abhängen, ob (1) das Handlungsziel, auf das die stark geskriptete Handlung gerichtet ist, ein anerkanntes und wiederholt angestrebtes Handlungsziel ist und (2) ob die Handlungsmittel, die die Handlungsbeiträger:innen beim Handlungsvollzug einsetzen, anerkannt und verfügbar sind. Relevant ist auch noch eine dritte Bedingung, nämlich ob (3) andere Wege der Realisierung des betreffenden Handlungsziels existieren. Diese Bedingung kann sich aber in beide Richtungen auswirken: (a) Wird die alternative Handlungsoption von Nutzer:innen ergriffen, die anderenfalls die Voice-Option gewählt hätten, kann dies die Etablierung des technisch vorgegebenen Skripts begünstigen. (b) Wird sie als Exit-Option von Nutzer:innen verwendet, die sich anderenfalls wohl oder übel auf das technisch vorgegebene Skript eingelassen hätten, kann dies dazu führen, dass sich das betreffende Artefakt mangels Nutzer:innen als Innovation nicht durchsetzt.

Im Beispiel der PDF Scanner-App sind die ersten beiden Bedingungen weitgehend erfüllt: Analoge in digitale Dokumente und Bilder umzuwandeln ist ein etabliertes und häufig verfolgtes Handlungsziel. Das Smartphone und dessen Bedienung sind etablierte Handlungsmittel mit hoher Verfügbarkeit für sehr viele Menschen. Und die dritte Bedingung (die vorhandene Alternative der Nutzung der zuvor etablierten Flachbettscanner) wirkt vermutlich eher in die erste als in die zweite Richtung. Deshalb ist zu erwarten, was auch empirisch zu beobachten ist, nämlich dass die tatsächlichen Praktiken der Nutzung von PDF Scanner-Apps den technisch objektivierten Skripten entsprechen.

Anders verhält es sich beispielsweise mit der Corona-Warn-App des Robert-Koch-Instituts, bei der nicht nur das Handlungsziel Gegenstand anhaltender gesellschaftlicher Kontroversen ist, sondern auch die eingesetzten Handlungsmittel hochgradig rechtfertigungsbedürftig sind, wie sich bereits die Beschreibung der App zeigt: »Die App merkt sich dezentral unsere Begegnungen mit anderen und informiert uns digital, wenn wir Begegnungen mit nachweislich infizierten Personen hatten. Dabei sammelt sie jedoch zu keiner Zeit Informationen zur Identität ihrer Nutzerinnen und Nutzer. Wer wir sind und wo wir sind, bleibt geheim – und unsere Privatsphäre bestens geschützt.« (https://play.google.com/store/apps/details?id=de.rki.coronawarnapp&hl=de&gl=US, Zugriff am 31.08.2021). In Fällen dieser Art ist zu erwarten, dass die Institutionalisierung der anerkannten Gebrauchsweisen wie von Lindemann für alle Technik angenommen über Sinnsetzungen verläuft, die unabhängig von der materiellen Gestalt der technischen Artefakte sind. Dieser Prozess verläuft bei technischen Artefakten, die spezifisch auf stark geskriptete Handlungen hin entwickelt sind, aber nicht auf dem Weg der nutzerseitigen Uminterpretation einer herstellungsseitig vorgeschlagenen Sollnutzung. Es geht hier vielmehr um die Institutionalisierung legitimer Handlungsziele und des legitimen Einsatzes von Handlungsmitteln und damit um Fragen bei denen insbesondere die bereits institutionalisierten normbildenden bzw. -garantierenden Drittenpositionen (Lindemann 2019, S. 101) von wesentlicher Bedeutung sind.

Die Überlegungen dieses kurzen Beitrages sollten anknüpfend an die entsprechenden Überlegungen von Lindemann zeigen, dass es eine empirische Frage ist, wie stark der Einfluss der technisch objektivierten Handlungsmöglichkeiten auf die Etablierung der anerkannten Gebrauchsweisen ist und welche Rolle darüberhinausgehende Symbolisierungen von Sollnutzungen spielen. Zu diesem Zweck habe ich zwei Fälle der technischen Objektivierung von Handlungsmöglichkeiten gegenübergestellt, die sich mit den Konzepten des Skripts und der Affordanz erfassen lassen und die die beiden Enden eines Kontinuums markieren. Natürlich sind viele verteilte Handlungen zwischen diesen Endpunkten anzusiedeln. Auch verkörpern viele technische Artefakte Handlungsbeiträge unterschiedlicher Form zugleich. Dennoch repräsentieren diese beiden Endpunkte nicht nur relevante empirische Formen technisch objektivierter Handlungspunkte, sondern sie sind m.E. auch analytisch wertvoll für die Frage nach dem Einfluss der Materialität von Technik in sozio-technischen Konstellationen.

Literatur

Gibson, James J. (2015) [1986]: *The ecological approach to visual perception*, New York: Taylor & Francis.

Hirschman, Albert O. (1970): *Exit, Voice and Loyalty. Responses to Decline in Firms, Organizations and States*, Cambridge, MA: Harvard University Press.

Latour, Bruno (1988): »Mixing Humans and Nonhumans Together. The Sociology of a Door-Closer«, in: *Social Problems* 35, 298–310.

Lindemann, Gesa (2014): *Weltzugänge. Die mehrdimensionale Ordnung des Sozialen*, Weilerswist: Velbrück.

Lindemann, Gesa (2019): »Die Analyse der reflexiven Institutionalisierung von Technik als Teil empirischer Differenzierungsforschung«, in: Schubert, Cornelius/Ingo Schulz-Schaeffer, *Berliner Schlüssel zur Techniksoziologie*, Wiesbaden: Springer, 77–104.

Mead, George Herbert (1968) [1934]: *Geist, Identität und Gesellschaft*, Frankfurt am Main: Suhrkamp.

Norman, Donald A. (1988): *The psychology of everyday things*, New York: Basic Books.

Pinch, Trevor J./Wiebe E. Bijker (1984): »The Social Construction of Facts and Artefacts: Or How the Sociology of Science and the Sociology of Technology might Benefit Each Other«, in *Social Studies of Science* 14, 399–441.

Rammert, Werner/Ingo Schulz-Schaeffer (2002): »Technik und Handeln. Wenn soziales Handeln sich auf menschliches Verhalten und technische Abläufe verteilt«, in: Rammert, Werner/Ingo Schulz-Schaeffer, *Können Maschinen handeln? Soziologische Beiträge zum Verhältnis von Mensch und Technik*, Frankfurt/Main u.a.: Campus, 11–64.

Schulz-Schaeffer, Ingo (2008): »Technik«, in: Baur, Nina/Hermann Korte/Martina Löw/Markus Schroer, *Handbuch Soziologie*, Wiesbaden: VS Verlag, 445–463.

Schulz-Schaeffer, Ingo (2019): »Technik und Handeln. Eine handlungstheoretische Analyse«, in: Schubert, Cornelius/Ingo Schulz-Schaeffer, *Berliner Schlüssel zur Techniksoziologie*, Wiesbaden: Springer VS, 9–40.

Schulz-Schaeffer, Ingo (2021): »Affordance, role, and script as complementary concepts of artefact-user interaction, illustrated by the example of an egg separator«, in: *Science & Technology Studies* 34, 74–93.

Schulz-Schaeffer, Ingo/Werner Rammert (2019): »Technik, Handeln und Praxis. Das Konzept gradualisierten Handelns revisited«, in: Schubert, Cornelius/Ingo Schulz-Schaeffer, *Berliner Schlüssel zur Techniksoziologie*, Wiesbaden: Springer VS, 41–76.

Jonathan Serbser-Koal und Martina Roes

Möglichkeiten eines anthropologisch informierten soziologischen Zugangs zu Demenz

Jonathan Serbser-Koal[1,2], Martina Roes[1,2]
[1] Deutsches Zentrum für Neurodegenerative Erkrankungen (DZNE), Witten
[2] Department für Pflegewissenschaft, Fakultät für Gesundheit, Universität Witten/Herdecke, Witten

Die Frage danach, wie der Status als Person eines Menschen mit Demenz eingeschätzt und konzeptionell gedacht werden kann, ist immer wieder Gegenstand der wissenschaftlichen Auseinandersetzung. Zunächst einmal stellen sich eher praktische Fragen, beispielsweise bei der Bewertung der Einwilligungsfähigkeit zur Teilnahme an Forschung oder in medizinisch-therapeutische Maßnahmen (DGGG/DGPPN/DGN 2020). Darüber hinaus können auch andere Bereiche hier angeführt werden, wie die juristische Bewertung der Straffähigkeit oder der Mündigkeit, Verkehrstüchtigkeit und Geschäftsfähigkeit. Im alltäglichen Miteinander scheint die Diagnose Demenz immer dann auch Fragen aufzuwerfen, wenn es um begründete Entscheidungen und die Zurechenbarkeit und damit auch Verantwortlichkeit von Handlungen geht. Diese Fragen berühren den Status als Person insofern, als dass in diesen Bereichen genau dieser Status aufgrund schwindender kognitiver Fähigkeiten in Frage gestellt wird.

Mit dem Status der Person mit Demenz hat sich auch der Deutsche Ethikrat in seiner Stellungnahme zum Komplex Demenz und Selbstbestimmung auseinandergesetzt (Deutscher Ethikrat 2012). Im Mehrheitsvotum kommt der Ethikrat zu dem Schluss, dass trotz des degenerativen Verlaufs kognitiver Fähigkeiten und den damit einhergehenden Einschränkungen einer Graduierung des Krankheitsverlaufs und damit einer Graduierung der Selbstbestimmungs- und Mitwirkungsmöglichkeiten (Teilautonomie) Rechnung getragen werden muss. Es wird eine Abkehr von einem an Defiziten und am Unvermögen orientierten Bild des pflegebedürftigen Menschen gefordert, hin zu einer Perspektive, die das jeweils vorhandene Ausmaß an Selbständigkeit in den Blick nimmt. Mit dem Konzept der assistierten Selbstbestimmung wird gefordert, die Selbstbestimmungsrechte von Menschen mit Demenz in allen Bereichen zu respektieren und zu stärken. Es geht demnach um Ermöglichung an der Stelle, wo bei einem engen Verständnis von Selbstbestimmung bereits früh eine Grenzziehung erfolgt, »[...] nach den Prinzipien des Respekts vor der Würde und der individuellen Autonomie, der Nichtdiskriminierung, der Inklusion im Sinne eines vorbehaltlosen Eingeschlossenseins in die Gesellschaft und der Partizipation im Sinne einer effektiven Teilhabe an der Gesellschaft« (ebd.).

Seit den frühen 90er Jahren gilt das Konzept der Person-Zentrierung als Referenz in der Pflege von Menschen mit Demenz (Kitwood 1997). Allerdings besteht zumindest in theoretisch-konzeptioneller Hinsicht die Herausforderung, dass vielfach Unklarheit darüber herrscht, wie das Person-Sein von Menschen mit Demenz in diesem Zusammenhang gedacht werden kann und verstanden wird (unter anderem Byrne et al. 2020, Røsvik et al. 2013, Morgan/Yoder 2011). Für Kitwoods Idee der Person-Zentrierung ist von entscheidender Bedeutung, dem von ihm beschriebenen Prozess der De-Personalisierung von Menschen mit Demenz etwas entgegenzusetzen. Dieser Prozess setzt dort ein, wo Menschen nur vor dem Hintergrund ihrer Krankheiten gesehen werden. Die Defizitorientierung auf das, was durch die Krankheit möglicherweise alles nicht mehr möglich ist (negative positioning), verstellt den Blick auf (noch) vorhandene Fähigkeiten. Insbesondere im Kontext der Demenz wird dies problematisch, da mit den kognitiven Einbußen das Person-Sein der Betroffenen unmittelbar in Frage gestellt wird. Dem setzt Kitwood die Forderung entgegen, mittels positiver Personenarbeit die Person selbst wieder in den Mittelpunkt zu rücken und die krankheitsbedingten Defizite in den Hintergrund zu stellen (Kitwood 1997). Wenn es allerdings, ausgehend von diesem Ansatz, nicht um eine rein medizinische Bewertung der Situation von Menschen mit Demenz geht, verlagert sich der Fokus von physischer oder kognitiver Funktionalität auf den Umgang der Menschen miteinander und damit auf die Frage der Sozialität. Diesen Perspektivwechsel, Demenz nicht als ein rein medizinisches Problem zu verstehen, sondern diesem ein dezidiert soziales Verständnis anbei zu stellen, haben – auch in Anschluss an Kitwood – viele Forscher:innen bereits aufgegriffen (siehe beispielsweise Hughes et al. 2006, Sabat 2006/Downs 2013).

An dieser Stelle erscheint es sinnvoll diesen Perspektivwechsel weiter zu verfolgen und – mit Blick auf die Bezugswissenschaften, die sich mit dem Phänomen Demenz beschäftigen – eine spezifische soziologische Perspektive zu bemühen. Der Begriff der Sozialität wird dann insoweit konkretisierbar, als dass hier die gegenseitige Bezugnahme und das gegenseitige Verstehen (mindestens) zweier Subjekte in den Blick genommen wird. Sozialität als Gegenstandsbereich der Soziologie entsteht dann durch die interaktiven Prozesse, deren Eckpfeiler durch die Begriffe Intersubjektivität und Reziprozität gekennzeichnet sind. Im Folgenden soll der Versuch unternommen werden, konzeptionelle Zugänge im Hinblick auf den Komplex Demenz zu untersuchen. Es soll geprüft werden, inwieweit sich Begriffe und Konzepte übertragen lassen. Welche Ansätze führen weiter, ermöglichen neue Denkanstöße und öffnen Horizonte in einem Feld, welches nicht nur Bereiche wie die Medizin, sondern die Gesellschaft im Ganzen vor große Herausforderungen stellt? Hierbei soll nicht das Ziel sein, Antworten und Lösungen zu präsentieren, sondern zunächst die (theoretischen) Grenzbereiche auszuloten. Die Identifikation dieser Grenzbereiche wiederum eröffnet die Möglichkeit, weiterzudenken und den Diskurs voranzutreiben.

(1) Zugang über die verstehende Soziologie?

Unter den Vorzeichen Sozialität, Intersubjektivität und Fremdverstehen trifft man wissenschaftsgeschichtlich fast zwangsläufig auf die Tradition der verstehenden Soziologie, deren Grundverständnis zum einen bei der Weber'schen Handlungstheorie und zum anderen bei der an Husserl und Bergson anschließenden Schütz'schen Sozialphänomenologie zu finden ist (Schütz 1960).[1] In dieser prägte Schütz die zentralen Begriffe seiner Theorie des Fremdverstehens, nämlich eben den Begriff der Reziprozität, den Begriff der Intersubjektivität und das Konzept der Lebenswelt.

Bezogen auf den Kontext Demenz erscheinen die von Schütz explizierten Begriffe auf den ersten Blick recht hilfreich. Zumindest bietet der Schütz'sche Begriffsapparat vielerlei Anschlussmöglichkeiten, um Situationen im Kontext Demenz deskriptiv zu fassen und eröffnet eine Art Blaupause als Vergleichshorizont. Allerdings ist festzuhalten, dass sich ebenso große Schwierigkeiten für einen solchen Zugang ergeben. Dies kann vielleicht am prägnantesten am Beispiel der Alzheimer-Demenz festgemacht werden[2], bei der die wohl am weitesten verbreitete kognitive Einschränkung der sukzessive Abbau des Gedächtnisses ist (vgl. Jessen et al. 2017). Gerade dieser Abbau hat vor dem Hintergrund der

1 Der folgende Zusammenhang wurde bereits in einer umfangreicheren Auseinandersetzung in meiner unveröffentlichten Diplomarbeit (Serbser 2012) dargelegt.

2 Entgegen dem vermeintlich eindeutigen alltagsweltlichen Gebrauch des Demenzbegriffs zeigt sich aus wissenschaftlicher Sicht eine deutliche Differenzierung und es werden nicht nur unterschiedliche Demenzformen unterschieden, welche ebenfalls eine unterschiedliche Symptomatik aufweisen, sondern zusätzlich wird berücksichtigt, dass das Erleben und die (sozialen) Auswirkungen unterschiedlich sein können (Jessen et al. 2017). Die folgenden Überlegungen beziehen sich daher explizit auf Alzheimer-Demenz, da hier insbesondere Gedächtnisprobleme als ein Hauptmerkmal angesehen werden.

Schütz'schen Theorie weitreichende Folgen auf beiden Ebenen – subjektiv, wie auch intersubjektiv.

Betrachtet man die Möglichkeiten eines Menschen mit Demenz vor dem Hintergrund der Schütz'schen Thesen zu einer geteilten Wirklichkeit und seiner Theorie des Fremdverstehens (Schütz & Luckmann 1979), erscheint fraglich, ob bei der erlebten Wirklichkeit eines Menschen mit Demenz noch von einer geteilten Wirklichkeit ausgegangen werden kann. Was ist nun konkret das Problem, wenn versucht wird, die Schütz'sche Konstruktion von Intersubjektivität unter dem Vorzeichen einer Demenz zu denken?

Auch wenn Fremdverstehen, also die Deutung fremder Sinnzusammenhänge, nie absolut und nur näherungsweise möglich ist, hängt auch dieser Prozess von der Abrufbarkeit und zusätzlich der Kongruenz der Wissensvorräte und Relevanzsysteme der aufeinander Bezugnehmenden sowie der strukturellen Bedingungen (Räumlichkeit, Zeitlichkeit und Sozialität) der gemeinsamen Lebenswelt ab. Die Auswirkungen eines zunehmenden Gedächtnisverlusts würden dann bedeuten, dass die Wissensvorräte und Relevanzsysteme der Menschen mit Demenz weniger kongruent zu denen der anderen an der sozialen Situation Beteiligten sind. Der Mensch mit Demenz konstruiert seine Wirklichkeit vor dem Hintergrund einer potenziell anderen Raum-Zeit (vgl. dazu auch Honer 2011: 131 ff.), nämlich seiner selektiv erinnerten Vergangenheit. Aber auch bezüglich der sozialen Aufschichtung der Lebenswelt können sich durch den Verlust des Gedächtnisses Probleme ergeben. Nicht nur basieren die – für das der Intersubjektivität zugrundeliegende Prinzip der Reziprozität laut Schütz notwendigen – Idealisierungen ebenfalls auf dem Abrufen sozialisierter Erlebnisse in einer aktuellen Situation. Auch die gesellschaftliche Ordnung in »Mitwelt« und »Vorwelt«, aber besonders die Interaktion mit der »Umwelt«, welche maßgeblich für die Intersubjektivität in der Lebenswelt überhaupt ist, scheint unter diesen Umständen erschwert.

Die von Schütz so genannte »Wir-Beziehung« kommt einem Interaktionsbegriff am nächsten und fasst die gemeinsame Sinnkonstitution in echter Gleichzeitigkeit. Eine »Wir-Beziehung« mit einem Menschen mit Demenz weist in diesem Sinne für beide Interaktionsbeteiligte einen hohen Grad an Anonymität auf, da die Inkongruenz der Wissens- und Relevanzsysteme zu weniger Anschlussfähigkeit führt. Dabei wird fraglich, ob die Deutungsschemata tatsächlich angemessen überprüft und gegebenenfalls revidiert werden können. Das größte Problem bei der Betrachtung der Interaktion von Menschen mit Demenz mittels der Schütz'schen Konstruktion jedoch ist, dass Schütz explizit einen Begriff von Normalität mitführt. Den Ausgangspunkt seiner Ausführungen zum Konzept der Lebenswelt setzt er bei dem von ihm so genannten »wachen und normalen Erwachsenen« (Schütz/ Luckmann 1979: 25). Diese Normalität misst er an der Möglichkeit zur Teilhabe an der alltäglichen Lebenswelt. Menschen, die – aus welchen Umständen auch immer – nicht diesem Normalitätsideal, mithin der gesamten Konstruktion, entsprechen, fallen aus der Betrachtung mittels der Schütz'schen Theorie heraus.

Wenn mit dem Abbau des Gedächtnisses die Teilhabe an der gemeinsamen Lebenswelt eingeschränkt wird, wird damit zugleich fraglich, ob im Sinne der angeführten Theorie hier nicht eine Grenzziehung stattfinden muss. Konkreter ausgedrückt: Ist der Mensch mit Demenz aus Sicht der Schütz'schen Konzeption noch Teil der sozialen Welt oder bleibt er dieser maximal fremd, zeitweise gefangen in einer intersubjektiv nicht teilbaren Wirklichkeit? Wie weiter oben angeführt, lautet die Antwort zunächst einmal: ja. Die Herstellung von Intersubjektivität, mithin das Interagieren mit einem Menschen mit Demenz verläuft unter den Vorbedingungen der Schütz'schen Annahmen an der Grenze der Sozialität. Noch einmal konkreter gefragt: Muss der Schütz'schen Konzeption von Intersubjektivität eine anthropologische Vorannahme unterstellt werden, nämlich die, dass nur der Mensch naturgemäß dazu bestimmt ist, sich selbst und sein Verhältnis zu der ihn umgebenden Welt sinnhaft zu konstituieren und er deshalb in einer sozial konstruierten Wirklichkeit lebt? Und ist weiter zu unterstellen, dass davon ausgegangen wird, dass nur Teil der sozialen Welt ist, wer tatsächlich dazu in der Lage ist? Andererseits kann jedoch die Frage gestellt werden, ob es nicht viel eher ein Problem der Theorie ist, wenn sie mit ihren Begriffskonstruktionen das zu Beobachtende nicht integrieren kann.

Zusammenfassend lässt sich festhalten, dass ein Zugang über die verstehende Soziologie am Beispiel von Schütz einige Ansätze bietet, um soziologisch über das Phänomen Demenz nachzudenken. Gleichzeitig zeigen sich in dieser Perspektive jedoch Grenzziehungen, durch die Menschen mit Demenz potenziell defizitorientiert betrachtet werden.

(2) Zugang über die Grenzen des Sozialen?

Die Grenzziehung zwischen dem, was als sozial und was als nicht-sozial gilt, hat Thomas Luckmann in seinem Aufsatz »Über die Grenzen der sozialen Welt« (Luckmann 1980) in Frage gestellt. Einerseits setzt er sich dazu kritisch mit Husserls Konzept der »transzendentalen Reduktion« (ebd.: 60) auseinander. Andererseits bezieht sich Luckmann auf Erkenntnisse aus kulturvergleichenden Perspektiven (ebd.: 66 ff.). Diese Auseinandersetzung mit anderen Kulturen zeige, dass die Setzung einer Grenze für das, was aus der Vielfalt der begegnenden Entitäten dann der Sozialwelt zugerechnet werde, historisch und kulturell kontingent sei (vgl. ebd.: 66 und 73).

Mit der von Luckmann aufgeworfenen Frage, wo die Grenze der Sozialwelt verlaufe, beschäftigt sich auch Gesa Lindemann. In ihrer Habilitationsschrift untersucht sie das Anfang der 1960er Jahre entwickelte Hirntodkonzept in der Intensivmedizin und unterzieht den Umgang mit Patient:innen in diesem Bereich einer empirischen Analyse (vgl. Lindemann 2002: 14)

Das Bedeutsame von Lindemanns Ansatz für die folgende Argumentation ist, dass sie in einem Bereich – in welchem die zu beobachtenden Akteure in einem gängigen soziologischen Verständnis nicht das Attribut »sozial« bekommen dürften – durch die Kontingentsetzung der Grenze des Sozialen einen Zugang erhält. Zum einen ist durch diese Perspektive eine ethische Ebene berührt, da hiermit fraglich wird »ob nicht auch diejenigen, die durch die gegenwärtige Form der Grenzziehung ausgeschlossen sind, dazugehören sollten« (Lindemann 2002: 16). Zum anderen wird durch die Verschiebung der Grenzen des Sozialen die Frage, wer als ein sozialer Akteur aufzufassen ist, an die Empirie delegiert und die Gegenstandsbestimmung der Forschung über gesetzte Festlegungen, wie »[...] die menschliche Gesellschaft, von Menschen gemachte soziale Ordnungen oder von Menschen vollbrachte symbolvermittelte Interaktion« (ebd.: 14), in Frage gestellt. Lindemann hat mit dem Ansatz der Öffnung der empirischen Bestimmung des Gegenstandsbereichs eine Möglichkeit geschaffen, den interdisziplinären Diskurs aufzunehmen und sich sozialwissenschaftlich-analytisch auch dem Phänomen Demenz zu nähern.

(3) Diskussion

Nach dem Versuch der Anwendung der Schütz'schen Theorie auf den Komplex Demenz und der Erkenntnis, dass die dort explizierten Begriffe verhältnismäßig schnell an ihre Grenzen stoßen, bietet dagegen der Ansatz von Lindemann aussichtsreiche Perspektiven.

Übertragen auf den Kontext Demenz bedeutet die soeben angesprochene ethische Dimension des Ansatzes von Lindemann die Möglichkeit einer (Re-)Inklusion als Teil der sozialen Welt, statt einer negativen Positionierung und damit Ausgrenzung vor dem Hintergrund vermeintlich brüchiger personaler Identität. Die wissenschaftliche Dimension, also die Öffnung der Bestimmung des Gegenstandsbereiches – wer als sozialer Akteur aufzufassen sei – für die Empirie, ermöglicht, den Standpunkt einer normativen Gegenstandsbestimmung (im Beispiel Demenz: Person-Sein ist gekoppelt an kognitive Fähigkeiten/Rationalität) um eine verstehend-nachvollziehende Prozessperspektive (wie die Handelnden sich als soziale Akteure begreifen, ist Ergebnis eines reziproken, intersubjektiven

Prozesses) zu erweitern. Hieran direkt anschließen lässt sich die Frage, was eine solche Perspektive einer anthropologisch informierten Soziologie konkret für die Forschung im Kontext Demenz bedeuten könnte.

Zunächst einmal ergibt sich hieraus ein methodologischer Diskurs für die Demenzforschung. Auf welche Begriffe stützt sich die Forschung für und mit Menschen mit Demenz? Der Kontext Demenz erfordert eine stetige kritische Auseinandersetzung mit gängigen und häufig alltagsweltlich (teils auch miss-) verstandenen Begriffen. Dazu bedarf es konzeptioneller Analysen vor dem Horizont relevanter Bezugswissenschaften – beispielsweise soziologischer Interaktionsbegriffe, der Idee von Autonomie oder dem Konzept personaler Identität – welche dann wieder auf den Gegenstandsbereich Demenz rückbezogen werden müssen. Der Ansatz einer verstehend-nachvollziehenden Prozessperspektive erfordert darüber hinaus eine konsequente Erweiterung von Forschungslogik. Neben quantitative und standardisierte Verfahren müssen deutlich mehr qualitative Ansätze treten und – insbesondere im Bereich der medizinisch orientierten Demenzforschung – als gleichwertig anerkannt sowie konsequent zusammen gedacht werden. Folgerichtig spricht dies für weitere Entwicklungen und Debatten im Bereich der qualitativen Demenzforschung und der Ausarbeitung partizipativer Ansätze, welche auf Selbstäußerungen und Empowerment zielen und dadurch Menschen mit Demenz eine gewichtige Stimme und Entscheidungsmacht in wichtigen gesellschaftlichen Bereichen wie der Wissenschaft geben (vgl. Gove et al. 2018, Roberts et al. 2020).

Forschungspraktisch ermöglicht die oben dargestellt Perspektive das Infragestellen normativer Vorurteile und die Reflexivität der eigenen Haltung im Hinblick auf den Gegenstandsbereich. Der sensible Gebrauch bestimmter Begrifflichkeiten erlaubt dann eine ständige Abwägung zwischen Grenzziehung bei vermeintlicher Devianz von sozialen Normen und damit Exklusion und einer inkludierenden Haltung, welche auf Prozesse fokussiert und Begriffe adaptiert und flexibilisiert.[3] Darüber hinaus lässt sich auch die Interventionsforschung anders denken. Normative Verständnisse und Defizitorientierung (bspw. Forderung nach Assistenz zum Ausgleich kognitiver Defizite) können durch eine ressourcenorientierte Haltung ergänzt oder gar ersetzt werden, was insbesondere im Hinblick auf den Umgang mit chronischen Veränderungen sinnvoll erscheint (Stichwort: Social Health, Dröes et al. 2017).

Zu guter Letzt verändert sich der Fokus der Pflege- und Versorgungsforschung von Problembeschreibung und der Suche nach einer adäquaten

3 Vgl. hierzu auch Meyer, der unter anderem Interaktionen mit Menschen mit Demenz als neue Form der Alterität identifiziert (Meyer et al. 2013) und für die Interaktionsforschung einen dimensionalisierten Interaktionsbegriff vorschlägt (Meyer 2014).

pflegerischen Intervention hin zu der Frage nach der Art und Weise der Beziehungsgestaltung im Pflegearrangement. Ein solches Erkenntnisinteresse nimmt soziale Interaktion und Möglichkeiten der Kommunikation in den Blick. Anstatt per se ein interaktionelles Defizit zu unterstellen, erlaubt sich die Frage, ob es überhaupt spezifische Merkmale in der Interaktion gibt, die diese als »Demenzinteraktion« kennzeichnen würden (siehe hierzu auch Welling 2018). Interaktion und Kommunikation werden so gleichzeitig zum theoretischen Anhaltspunkt und methodischen Bezugspunkt. Erste grundlegende Auseinandersetzungen wurden und werden in dieser Hinsicht bereits unternommen. Die Frage danach, welche Mittel und Wege der Kommunikation im Kontext der Demenz bestehen (Haberstroh 2008, Haberstroh & Pantel 2011 und Knebel 2015), öffnen den Blick zu gestisch-mimischer Kommunikation (siehe hierzu auch Döttlinger 2017) bei weit fortgeschrittener Demenz und damit zum Feld der Leibphänomenologie als möglichem Ansatzpunkt (vgl. Fuchs 2018, Uzarewicz & Moers 2012). Weiterhin wäre es eventuell denkbar, die Analyse der verfügbaren Kommunikationsmittel und Interaktionsformen zur näheren Bestimmung des Status einer Demenz, also zur Diagnostik, zu nutzen. Dies erscheint insbesondere dann sinnvoll, wenn der Verlauf einer Demenz nicht in statischen Stufen, sondern vielmehr individuell im Sinne eines Kontinuums gedacht wird. Auch die Entwicklung des Expertenstandards zur Pflege von Menschen mit Demenz (DNQP 2019a) ist als ein grundlegender Schritt anzuführen. Indem hier die Art und Weise der Beziehungsgestaltung ins Zentrum gerückt wurde, ergibt sich ein Paradigmenwechsel für die Pflege von Menschen mit Demenz, dessen Chancen aber auch Herausforderungen der weitere Implementierungsprozess[4] zeigen wird.[5]

(4) Ausblick

Was folgt nun aus dem Gesagten nicht nur für die Projektarbeit am Wittener Standort des Deutschen Zentrums für Neurodegenerative Erkrankungen, sondern auch für die generelle Entwicklung einer sozialwissenschaftlich orientierten Demenzforschung und eine kritisch-gerontologische Versorgungsforschung? Für eindeutige Antworten scheint es hier

4 Vgl. hierzu den 2019 vom DNQP herausgegebenen Implementierungsbericht, welcher vor der Umsetzung konkreter Interventionen die Haltung und Einstellung zu Demenz als zentrale Herausforderung für eine erfolgreiche Implementierung herausstellt (DNQP 2019b).

5 Mit der Tragfähigkeit der genannten Ansätze beschäftigen sich aktuell auch Barth und Lindemann (2021) im Kontext des von ihnen beschriebenen Pflegeparadoxons und schlagen einen empirischen (ethnografischen) Ansatz vor.

ein wenig früh, aber die Auseinandersetzung macht deutlich, dass das Phänomen Demenz eben auch eine sozialwissenschaftliche Frage ist und insbesondere für die Soziologie Möglichkeiten bietet, sich mit dem Thema zu befassen. Es ergeben sich theoretische und forschungspraktische Möglichkeiten, die in den Blick genommen werden können und neue Wege der Erkenntnisgewinnung eröffnen. Grundlegende Fragen wollen in diesem Zusammenhang beantwortet werden: Welche Bezugswissenschaften müssen integriert werden? Welche methodischen Ansätze sind adäquat? Wie gelingt Integration und Inklusion von Menschen mit Demenz? Welche Konsequenzen ergeben sich für die Versorgung von und für die Forschung von und mit Menschen mit Demenz? Brauchen wir eine wissenschaftstheoretische Auseinandersetzung und brauchen wir eine Theorieentwicklung, welche explizite Anleihen bei den Bezugswissenschaften herausstellt?

Fest steht, dass sich die Forschung für und mit Menschen mit Demenz vor Grenzbereiche gestellt sieht, welche sowohl die Versorgung als auch die Forschung und Theorieentwicklung betreffen. Welche Antworten in diesen Bereichen gefunden werden, ist von entscheidender Bedeutung für die Entwicklung einer sozialwissenschaftlich orientierten und vor allem partizipativen Demenzforschung.

Literatur

Byrne, Amy-Louise/ Adele Baldwin/Clare Harvey (2020): »Whose centre is it anyway? Defining person-centred care in nursing: An integrative review«, *PLoS One 2020; 15(3): e0229923*, DOI: https://doi.org/10.1371/journal.pone.0229923.

Barth, Jonas/ Gesa Lindemann (2021): »›Nicht sein können, wer man sein soll.‹ Herausforderungen für die qualitative Pflegeforschung im Umgang mit dem Pflegeparadox«, in: Nover, Sabine Ursula/ Birgit Panke-Kochinke (Hg.), *Qualitative Pflegeforschung. Eigensinn, Morphologie und Gegenstandsangemessenheit*, Baden-Baden: Nomos, 85–97.

Deutscher Ethikrat (2012): *Demenz und Selbstbestimmung. Stellungnahme*, Berlin: Deutscher Ethikrat, https://www.ethikrat.org/fileadmin/Publikationen/Stellungnahmen/deutsch/stellungnahme-demenz-und-selbstbestimmung.pdf.

DGGG [Deutsche Gesellschaft für Gerontologie und Geriatrie]/DGPPN [Deutsche Gesellschaft für Psychiatrie und Psychotherapie, Psychosomatik und Nervenheilkunde]/DGN [Deutsche Gesellschaft für Neurologie] (Hg.) (2020): *Einwilligung von Menschen mit Demenz in medizinische Maßnahmen. Interdisziplinäre S2k-Leitlinie für die medizinische Praxis* (AWMF-Leitlinie Registernummer 108 – 001), 1. Aufl., Stuttgart: Kohlhammer, https://www.awmf.org/leitlinien/detail/ll/108-001.html.

DNQP [Deutsches Netzwerk für Qualitätsentwicklung in der Pflege] (Hg.)

(2019a): *Expertenstandard Beziehungsgestaltung in der Pflege von Menschen mit Demenz, einschließlich Kommentierung und Literaturstudie. Schriftenreihe des Deutschen Netzwerks für Qualitätsentwicklung in der Pflege*, Osnabrück Fachhochschule Osnabrück.

DNQP [Deutsches Netzwerk für Qualitätsentwicklung in der Pflege] (Hg.) (2019b): *Modellhafte Implementierung des Expertenstandards »Beziehungsgestaltung in der Pflege von Menschen mit Demenz, Projektbericht und Ergebnisse. Schriftenreihe des Deutschen Netzwerks für Qualitätsentwicklung in der Pflege*, Osnabrück: Fachhochschule Osnabrück.

Downs, Murna (2013): »Putting People – and Compassion – First: The United Kingdom's Approach to Person-Centered Care for Individuals with Dementia«., *Journal of the American Society on Aging* (Vol. 37, No. 3, Fall 2013), 53–59.

Döttlinger, Beatrix (2017): *Gestisch-kommunikatives Handeln als Bindeglied zwischen Sprache und Handeln bei Menschen mit Demenz: Beziehungs-und Interaktionsgestaltung*, Weinheim: Beltz Juventa.

Dröes, Rose-Marie/Rabih Chattat/Ana Diaz/Dianne Gove/Maud Graff/ Kathy Murphy/Hilde Verbeek/ Myrra Vernooij-Dassen/ Linda Clare/ Aud Johannessen/Martina Roes/Frans Verhey/Kevin Charras/INTERDEM sOcial Health Taskforce (2017): »Social health and dementia: a European consensus on the operationalization of the concept and directions for research and practice«, *Aging & Mental Health* (21:1, 4–17), DOI: 10.1080/13607863.2016.1254596.

Fuchs, Thomas (2018): »Leiblichkeit und personale Identität in der Demenz«, *Deutsche Zeitschrift für Philosophie* (66, Nr. 1:), https://d-nb.info/1208849409/34, 48–61.

Gove, Dianne/Ana Diaz-Ponce/Jean Georges/Esme Moniz-Cook/Gail Mountain/Rabih Chattat/Laila Øksnebjerg/The European Working Group of People with Dementia (2018): »Alzheimer Europe's position on involving people with dementia in research through PPI (patient and public involvement)«, *Aging & Mental Health* (22:6, 723–729), DOI: 10.1080/13607863.2017.1317334.

Haberstroh, Julia (2008): *Berufliche psychische Belastungen, Ressourcen und Beanspruchungen von Altenpflegern in der stationären Dementenbetreuung*, Berlin: Logos.

Haberstroh, Julia/Johannes Pantel (Hg.) (2011): *Kommunikation bei Demenz: TANDEM Trainingsmanual*, Heidelberg: Springer Medizin Verlag.

Hughes, Julian C./Stephen J. Louw/Steven R. Sabat (2006): »Seeing whole«,in: Julian C. Hughes/Stephen J. Louw/Steven R. Sabat (Hg.), *Dementia. Mind, meaning and the person*, New York: Oxford University Press.

Honer, Anne (2011): *Kleine Leiblichkeiten. Erkundungen in Lebenswelten*, Wiesbaden: VS Verlag für Sozialwissenschaften.

Jessen, Frank/Annika Spottke/ Günther Deuschl/Sabine Jansen/Wolfgang Maier (2017): *S3-Leitlinie Demenzen*, Springer Berlin Heidelberg.

Kitwood, Tom (1997): *Dementia Reconsidered. The Person Comes First*, UK-Buckinham: Open University Press.

Knebel, Maren (2015): *Kommunikation bei Demenz. Validierung eines Instruments zur Erfassung kommunikativer Verhaltensweisen bei Demenzen*, Berlin: Logos.

Lindemann, Gesa (2002): *Die Grenzen des Sozialen: zur sozio-technischen Konstruktion von Leben und Tod in der Intensivmedizin* (Übergänge; Bd. 48), München: Wilhelm Fink, zugl.: Frankfurt am Main, Univ., Habil.-Schr., 2001.

Luckmann, Thomas (1980): »Über die Grenzen der Sozialwelt«, in: Thomas Luckmann, *Lebenswelt und Gesellschaft. Grundstrukturen und geschichtliche Wandlungen*, Übers. von M. Reif, Paderborn: Schöningh, 56–92. [Orig.: Luckmann, Thomas (1970): »On the Boundaries of the Social World«, in: Natanson, Maurice (ed.), *Phenomenology and Social Reality. Essays in Memory of Alfred Schütz*, The Hague: Nijhoff: 73–100.]

Meyer, Christian/Stephen Brown/Daniel Gaus/Dirk Messner (2013): *New Alterities and Emerging Cultures of Social Interaction (Global Cooperation Research Papers, 3)*, Duisburg: Käte Hamburger Kolleg / Centre for Global Cooperation Research (KHK/GCR21), https://www.die-gdi.de/uploads/media/Global-Cooperation-Research-Papers-3.pdf.

Meyer, Christian (2014): »Menschen mit Demenz als Interaktionspartner. Eine Auswertung empirischer Studien vor dem Hintergrund eines dimensionalisierten Interaktionsbegriffs«, *Zeitschrift für Soziologie* (Jg. 43, Heft 2, April 2014), 95–112.

Morgan, Stephanie/Linda H. Yoder (2012): »A Concept Analysis of Person-Centered Care«, *Journal of Holistic Nursing* (Vol. 30, Nr. 1), DOI: 10.1177/0898010111412189, 6–15.

Roberts, Chris/Helen Rochford-Brennan/Jayne Goodrick/Dianne Gove/Ana Diaz-Ponce/Jean Georges (2020): »Our reflections of Patient and Public Involvement in research as members of the European Working Group of People with Dementia«, *Dementia* (19(1)), 10–17.

Røsvik, Janne/Dawn Brooker/Marit Mjorud/ Øyvind Kirkevold (2013): »What is person-centred care in dementia? Clinical reviews into practice: the development of the VIPS practice model«, *Reviews in Clincial Gerontology* (2013 23), 155–163.

Sabat, Steven R. (2006): »Mind, meaning, and personhood in dementia: the effects of positioning«, in: Julian C. Hughes/Stephen J. Louw/Steven R. Sabat (Hg.), *Dementia. Mind, meaning and the person*, New York: Oxford University Press.

Schütz, Alfred (1960): *Der sinnhafte Aufbau der sozialen Welt. Eine Einleitung in die verstehende Soziologie*, 2. Aufl., Wien: Springer.

Schütz, Alfred/Luckmann, Thomas (1979): *Strukturen der Lebenswelt*, Frankfurt am Main: Suhrkamp.

Serbser, Jonathan (2012): *Soziologische Zugänge zu Demenz – Begriffliche und methodologische Herausforderungen*, Unveröffentlichte Diplomarbeit, Universität Bielefeld, Fakultät für Soziologie.

Uzarewicz, Charlotte/Martin Moers (2012): »Leibphänomenologie für Pflegewissenschaft – eine Annäherung«, *Pflege & Gesellschaft* (17. Jg. 2012 H.2), https://dg-pflegewissenschaft.de/veroeffentlichungen/pflege-gesellschaft/pflege-gesellschaft-artikel-2012/.

Welling, Karin (2018): »Sich aneinander orientieren«. Feinfühligkeit und Engagement in der beziehungsorientierten Interaktion zwischen Menschen mit *weit fortgeschrittener Demenz und Bezugspersonen. Eine mikroanalytische Videointeraktionsstudie*, DOI: https://doi.org/10.26092/elib/28.

Ilona Straub

Leibliche Exzentrierung über technisch einverleibte Selbste

Gemeinhin erleben wir die Welt und andere soziale Akteure vermittelt durch unseren ureigenen Leib, der unsere Umwelt-, Selbst- und Fremdwahrnehmung prägt und uns an die Präsenz im Hier und Jetzt bindet. Was jedoch, wenn es gelänge, diese Präsenz durch technische Leibsimulationen an ferne Orte zu transzendieren? Führt dies etwa zu Veränderungen der Umwelt-, Selbst- und Fremdwahrnehmung oder gar zu neuen Leiberfahrungen? Dieser Beitrag diskutiert Aspekte der oben genannten Fragen und führt eine bislang unbedachte Plastizität organisch-materieller Grenzen leiblicher Selbste sowie die Möglichkeit der leiblichen Exzentrierung über technisch einverleibte Selbste aus.

(1) Formen technischer Leiberfahrungen

Die phänomenale Erfahrung unserer Wirkweise in der Welt basiert auf der Grundlage unserer leiblichen Situierung inmitten von um- und mitweltlichen Ereignissen. Der Leib-Umwelt-Bezug dient dabei als physisch-materieller »Verweisungsgrund« für unsere Handlungen und für unsere objektive Lokalisation als örtlich-präsent. Neuere verkörperte Technologien wie etwa fernsteuerbare Roboteravatare oder virtuelle Akteure hingegen irritieren diese physisch-materiell verwurzelte Welterfahrung und vermitteln dem Nutzer den Eindruck eines weiteren, in einer entfernten Umgebung realisierten Leib-Umwelt-Bezugs, hervorgerufen durch den technischen Körper und dessen gelingende Manipulationen ferner Um- und Mitwelten. Fernsteuerbare Roboteravatare dienen als Surrogate für die physische Anwesenheit des Steuernden und sollen den Interaktionsbeteiligten die Erfahrung von Akteursschaft über »Telepräsenz« vermitteln. Die technische Realisation von Echtzeit-Kommunikation mit bi-direktionalem multisensorischem Feedback trägt dabei zu analogen Eindrücken von Handlungsfähigkeit über den steuerbaren Roboteravatar mit denen des eigenen Leibes bei. Technik- und neurowissenschaftliche Studien verweisen auf Phänomene wie der »Rubber Hand Illusion« (Botvinick/Cohen 1998) oder dem »Body Ownership Transfer« (Nishio et al. 2018), welche übertragbare sensorische Erfahrungen von und motorische Adaptionen an einzelne Körperprothesen bzw. Ganzkörpersurrogate auf das eigene, originäre Leiberleben belegen sowie zum Eindruck des »Körperbesitzes«, der Handlungsfähigkeit und erweiterter Akteursschaft beitragen. Zur Erklärung dessen werden Konzepte wie das »Re-Embodiment« als Wiederverkörperung innerhalb des technischen Avatars oder der »Leib-Extension« diskutiert (Gallagher/Cole 1995). Dabei betonen die Nutzer, dass für sie während der Steuerung sensorische Reize, wie z.B. Berührungen an den Avataren, als propriozeptive Impulse wahrnehmbar werden. Diese Sensationen, zusammen mit den synchronen Bewegungen des Avatars, vermitteln dem Steuernden den Eindruck, als handelte es sich bei der Avatargestalt um eine Extension des eigenen Leibs bzw. als ereigneten sich die Geschehnisse an/mit seinem eigenen Leib (Jarvis 2019).

Fortführende Studien zu den Effekten humanoider Roboteravatare auf die Steuernden, die vermittelt über den Roboter mit Interaktionspartnern in Gegenwart des Roboters interagieren, generieren empirische Daten zu den Formen und Graden der Versetzung des Steuernden in das robotische (Interaktions-) Setting, welche neben der Erfahrung einer synchronen Sensomotorik auf einer ersten *perzeptiv-leiblichen Stufe* durch die Identifikation mit dem robotischen Charakter auch auf eine zweite *personale Stufe* hinweisen. Auf der personalen Stufe wirken sich bei steuerbaren Kommunikationstechnologien die technisch verkörperte Gestalt und das kommunikative Setting zusätzlich auf die Passung einer narrativen Identitätsdarstellung gegenüber dem Interaktionspartner zu einem eigenen telepräsenten Akteur aus (Straub et al. 2018 und o.J.). Dabei steigert sich der Grad der Einverleibung mitunter bis hin zu einer personalen Versetzung in eine eigene Roboteridentität, die von der originären Identität der Steuernden abweicht. Hier erfolgt demnach eine Evokation eines auf die Gestalt bezogenen personalen Charakters, mithin einer Rolle, die als Personencharakter durch die Besucher in der Mitweltsphäre mitgestaltet wird. Dabei entfaltet sich ein eigener »sozialer Resonanzraum« (Lindemann 2021:40), in dem die technisch vermittelte Gestalt zum Bezugspunkt für um-, inner- und mitweltliche Sinnsphären einer originär anderenorts agierenden Person gerät.

In Anlehnung an Plessners Konzept des exzentrisch positionierten Wesens wurde das Phänomen der »Telepräsenz« bzw. der leiblichen Versetzung in ein technisches Medium in de Muls Überlegungen als Poly- bzw. Multi(ex)zentrik erwogen (de Mul 2019). Dabei bezieht sich die Auseinandersetzung auf den perzeptiv-leiblichen Effekt der Versetzung durch das sensorische Spüren eines weiteren Körpers, wobei neuere Erkenntnisse zu den sozialen Auswirkungen eines verkörperten Akteurs auf Interaktionen und Identitätswahrnehmung während der Steuerung nicht in Betracht gezogen wurden. Anders als in den oben zitierten Überlegungen (de Muls), soll in diesem Abriss eine Zusammenführung der neuen Ergebnisse aus der Robotikforschung mit dem sozialtheoretischen

Begriffsgerüst in Anlehnung an Lindemann erfolgen und leibliche Grenzen exzentrisch positionierter Wesen im Hinblick auf objekthafte Extensionen in den Blick genommen werden. Der hiesige Abriss verschiebt dabei den Blick von der *Stufensteigerung der Positionalität* auf über Sachtechnik vermittelte *organisch-materielle Grenzen leiblicher Selbste.* Wir werden dabei sehen, dass die exzentrische Positionalität durch die technisch vermittelte leibliche Versetzung eine Vervollkommnung leiblicher, personaler als auch sozialer Potentialitäten von Akteursschaft erfährt sowie sich die Grenzen leiblicher Selbste durch eine materielle Offenheit auszeichnen.

Im vorliegenden Abriss gehen wir der Zeichenbeschränkung wegen von der basalen Kenntnis der Leser der Lindemann'schen Sozialtheorie sowie der Plessner'schen Positionalitätstheorie aus und wollen an dieser Stelle lediglich auf relevante Grundzüge der sozialtheoretischen Prämissen eingehen, um im Anschluss die sich daraus ergebenden Konsequenzen für unser zu behandelndes Phänomen einer *neuen Sinnhaftigkeit leiblicher Selbste*, vermittelt über neue Explikationen sachtechnischer Bezüge, zu skizzieren.

(2) Sozialtheoretische Prämissen

Um die Auswirkungen technischer Artefakte auf das Sozialgeschehen ganzheitlich zu fassen, bietet sich Gesa Lindemanns sozialtheoretisches Begriffsgerüst an. Ausgehend von Plessners Prämissen der exzentrischen Positionalitätstheorie und Schmitz' Leibphänomenologie (2011) untersucht Lindemann in ihren »Weltzugängen« (2014), »Strukturnotwendige Kritik. Theorie der modernen Gesellschaft« Band 1 (2018) und Band 2 (2021) das historische Apriori moderner gesellschaftlicher Ordnungsbildung leiblicher Selbste inmitten ihrer Umweltbezüge, welche über die fünf gesellschaftsbildenden Ordnungsdimensionen von Raum, Zeit, Sachtechnik sowie die Sozial- und Symboldimension historisch variabel gestellt werden.

Lindemann nutzt die Theorie exzentrischer Positionalität, um den Menschen als einzig legitimen Bezugspunkt für moderne Sozialanalysen einzuklammern. An dessen Stelle treten indes »leibliche Selbste«, die sich zur Initiierung sozialer Begegnungen »in Berührungsbeziehungen« zueinander finden und »durch symbolische und technische Vermittlungen füreinander und vor Dritten diejenigen Sachverhalte, die die Beteiligten eines jeweiligen Lebenszusammenhangs als wirklich erfahren haben (explizieren)« (Lindemann 2021:15). Die sich aus der Verschiebung möglicher sozialer Akteure ergebende »soziale Unentschiedenheitsrelation« (Lindemann 2018:27) ermöglicht es, den Kreis legitimer Sozialpersonen über die historischen Apriori der Ordnungsdimensionen und damit über die Grenzen des anthropologischen Feldes hinaus zu setzen und so eine Sozialtheorie zu formulieren, die es zulässt, Sinnstrukturen unterschiedlicher Weltordnungen und deren Kreis relevanter Akteure auf leibliche Selbste auszuweiten sowie die Historizität von gesellschaftlichen Sozialordnungen bei der Erforschung von Sozialbeziehungen mit in Betracht zu ziehen.

Die exzentrische Position der Lebewesen als Personen besteht in der Fertigkeit, in Distanz zu der Situationsgebundenheit der raum-zeitlich kollidierenden Leib-Umfeld-Relation des zentrisch positionierten Wesens zu treten und aus dieser Distanz heraus einen reflexiven Blick auf sich und seine Situiertheit in Um- und Mitweltrelationen zu werfen. Die Exzentrierung erlaubt es dem Wesen, sich aus dem Hier und Jetzt in eine formbare, aufs Nichts gestellte Welt der »natürlichen Künstlichkeit« zu versetzen, eigene Sinnwelten zu kreieren sowie seine Lebensweise an »drittenkonsolidierten« Weltzugänge auszurichten. In dieser auf Reflexion und Abstraktion beruhenden symbolischen Ausdruckswelt wird ein Pendant zur umweltlichen Routine durch die kulturell und technisch etablierbare »natürliche Künstlichkeit« (Plessner 1975:309) geschaffen. Das heißt, sowohl die historische Komponente, als auch die Schaffungslogik einer natürlichen Künstlichkeit erlauben es dem exzentrisch positionierten Wesen, aus dem Nichts eine kulturelle Weltordnung zu erschaffen, die zusammen mit sich ändernden historischen Weltansichten wandelbar ist. Die darin erzeugten Logiken und hergestellten Weltbezüge, die sich als Anschauungen manifestieren, erlauben es dem exzentrisch positionierten Wesen vom leiblichen Feldverhalten zentrisch positionierter Wesen losgelöste Bedeutungen und Sachbezüge zu kreieren, die sich durch Drittenbezüge in institutionellen Handlungszusammenhängen (wie Sprache, Institutionen, Kultur, Werkzeuge o. ä.) sowie in institutionalisierten Sinnebenen bzw. »Weltordnungen« (Lindemann 2021:21f.) äußern. Die soziokulturell und historisch ausgeprägte natürliche Künstlichkeit setzt den Menschen somit in eine zwar vorgeprägte, jedoch wandelbare Lebenssphäre, in der er sich qua exzentrierender Reflexion auf seine Mitweltbeziehungen zu einer immer weiter ausdifferenzierten Person entfalten kann. Mit dem Aufeinandertreffen mehrerer exzentrisch positionierter Wesen und deren durch Dritte vermittelten Selbst- und Fremdbezüge gestaltet sich für das Wesen eine personale Geschichtlichkeit aus, die über die reine Reflexivität der Situationswahrnehmung hinausreicht. Dieser drittenvermittelte Selbstbezug trägt zu multiplen Facetten als »Rollen« eines Akteurs bei, die im Bezug zu divergenten Akteurskonstellationen stehen (Plessner 1982). So erlebt sich das Wesen in mehreren Beziehungskonstellationen, die ein jeweiliges Rollenbild gegenüber dem Wesen ausbilden, wobei sich die verschiedenen Rollen, je nach Beziehungsordnungen, divergent zueinander verhalten können. Diese Divergenz zeigt sich anhand verschiedener Identitätsentwürfe, die eine Person in Abhängigkeit zu seinen Mitweltkonstellationen einnehmen kann.

Die personale Exzentrierung erfolgt also maßgeblich durch die situationsentbundene Sinngestaltung der Lebenssphäre, wobei allerdings bei dem Auf-Abstand-Gehen zur konzentrischen Positioniertheit, als raum-zeitlich geteilte Anwesenheit, niemals eine Aufhebung der exzentrischen Position aus der leiblichen Verankerung geschieht und der Leib im Hier und Jetzt verharrt. Dies bedeutet, der Leib bleibt auf der Stufe der exzentrischen Positionierung der Unterbau für sämtliche unterschiedliche Weltentwürfe und Rollenkonstrukte.

(3) Leibliche Exzentrierung

Doch was geschieht, wenn ein verkörpertes leibliches Vermittlungsmedium ein alternatives »leibliches Selbst« stellt? Ersetzt das verkörperte Medium den originären Leib und enthebt ihn somit aus einer einfachen Welterfahrung und der damit verbundenen konzentrischen Bindung? In Anbetracht der Offenheit der sozialen Unentschiedenheitsrelation kann die Unbestimmtheit dessen, wer oder was als ein leibliches Selbst in Frage kommt, auf die Auswirkungen von neuartigen sachtechnischen Entwicklungen auf leibliche Selbste übertragen werden. Was, wenn die exzentrische Positionierungsfertigkeit des Menschen sich mithilfe von Technik noch potenzieren und sich dadurch dessen (leibliche, soziale, personale) Wirksphäre eines »leiblichen Selbst« erweitern bzw. vervollkommnen ließe, ohne die Einheit der originären Person zu zersetzen?

Exzentrizität ist laut Plessner in körperlicher Hinsicht zur zentrischen Positionalität keine neue Organisationsform. Eher betont er, dass bei Exzentrizität eine Gestaltvariabilität, unabhängig von der menschlich-organischen Gestaltform, nicht ausgeschlossen sei. Alleinig das Prinzip der Rückwirkung des eigenen Erlebens auf – gleich welcher Orts – konzentrisch agierende Körper, bleibt die Grundvoraussetzung für die Realisation einer exzentrisch ausgerichteten Person.[1]

> »Wenn der Charakter des Außersichseins das Tier zum Menschen macht, so ist es, da mit Exzentrizität keine neue Organisationsform ermöglicht wird, klar, daß er körperlich Tier bleiben muß. (...) Mensch sein ist an keine bestimmte Gestalt gebunden und könnte daher auch (...) unter mancherlei Gestalt stattfinden, die mit der uns bekannten

1 Plessner unterscheidet zwischen Leib als gelebter Einheit von inneren, äußeren und mitweltlichen Verknüpfungen und den durch einen reflexiven Blick instrumentalisierbaren und als Medium nutzbaren Körper (Plessner 1982:241).

> nicht übereinstimmt. Gebunden ist der Charakter des Menschen nur an die zentralistische Organisationsform, welche die Basis für seine Exzentrizität abgibt.« (Plessner 1975:293)

Aus dem Zitierten lassen sich zwei Forschungsgegenstände herleiten, welche für die Effekte bei der Nutzung von Roboteravataren als Körpersurrogate von Belang sein dürften: Die relevante Feststellung ist hier demgemäß nicht die über eine modifizierte Version der Positionalitätsform als poly- oder multi(ex)zentrisch, wie es de Mul postuliert, sondern vielmehr das davor geschaltete Faktum, dass neben dem leiblichen Körper weitere, andersförmige Körper als (zentralistische) neue Organisationsformen für den Rückbezug der Erfahrungswerte (Innen) auf die leiblichen und personalen Erfahrungen (als Konvergenz von Innen und Körper (Außen)) fungieren können. Dieser Ausblick bezieht sich auf die Einverleibung, ausgehend von dem ursprünglichen, wahrnehmungsverhafteten und konzentrisch agierenden Leib, hinein in eine distante Körpersimulation, deren Steuerung Einfluss auf die ferne Um- und Mitwelt ausübt und somit auch die während der virtuellen Begegnung verlaufende Charaktergenerierung der exzentrisch positionierten Person beeinträchtigt.

Während der Teleoperation ist der Steuernde leiblich doppelt situiert und positioniert: Einerseits ist er in seinem Leib-Umwelt Bezug konzentrisch an die aktuellen Ereignisse gebunden, die in seinem originären Ortsraum (Lindemann 2021:41) der Steuerungssituation vorkommen. Andererseits ist er durch die synchrone Vermittlung senso- und soziomotorischer Handlungsvollzüge in die distante Leib-Umwelt Relation des Körpersurrogats versetzt, die ebenso wie die originäre Umwelt des Steuernden zu einem konzentrischen Mittelpunkt für die leiblich hiesige Handlungskoordination wird. Sich während der Teleoperation der eigenen Leibgebundenheit im Steuerungsfeld bewusst seiend, fluktuiert die Verbindung zwischen dem originären, realörtlichen Leib und dem fernen Leibsurrogat zwischen Als-Sachverhalt-Erfahrbares und Als-Feldverhalten-Projizierendes. Dabei sind beide Körper/leiblichen Aktivitäten exzentrisch reflektierbar und eröffnen gleichzeitig die Möglichkeit eines leiblichen Feldverhaltens. Zu der leiblichen Komponente hinzukommend spielt die interpersonale Identifikation und Involviertheit des Steuernden eine weitere Rolle für die verdoppelte Einverleibung, wobei sich neben der originären personalen Lebensgeschichte und Rollenverteilung eine eigene personale Sphäre zwischen Agierenden in beiden Mitwelten herausbildet, die voneinander unabhängige, eigene personale Identitäten erschafft.

Der zweite Forschungsansatz hängt mit dem ersten zusammen, richtet seinen Schwerpunkt indes auf die theoretische Diskussion der Exzentrizität und fordert dazu auf, über die rein geistige Fähigkeit, als reflexiven

Blick auf die Einheit der innerlichen und äußerlichen Positioniertheit, hinaus auf eine mögliche Exzentrierung der körperlichen Komponente zu gehen und sich so auf die Variabilität und Offenheit leiblicher Selbste für materielle Extensionen zu beziehen. Exzentrizität wird hier zusätzlich als Loslösung aus der ans Hier und Jetzt gebundenen konzentrischen Verankerung des originären Körpers und hinsichtlich der Versetzungs- und Animierfertigkeit in andere, ferne – mithin möglicherweise in ihrer Organisationsform organisch-entfremdeter – Körper betrachtet. Die während der Steuerung verübte Entwurzelung von der (im Hintergrund weiterprozessierenden) originären Körperlichkeit in die Lebenssphäre einer anderen Gestalt, bedeutet eine Vollendung der Exzentrizität, welche in diesem Fall auf die innerweltliche, außerweltliche und, den beides zusammenführenden, drittengeleiteten Blick darauf zutrifft. In den Worten Plessners liegt in der Versetzung in einen technisch verkörperten Roboteravatar »Positional (...) ein Dreifaches vor: das das Lebendige (als das leiblich Erfahrene – I.S.) ist Körper (Robotergestalt – I.S.), im Körper (als wahrnehmende und personale Versetzung in den Roboter – I.S.) und außer dem Körper als Blickpunkt (Steuernder – I.S.), von dem aus es beides ist (Versetzung in real-leibliche und Robotersphäre – I.S.). Ein Individuum, welches positional derart dreifach charakterisiert ist, heißt Person.« (Plessner 1975:293 – Ergänzungen I. S.).

Diese Versetzungsfertigkeit in neue, zu leiblichen Eindrücken verschmelzende körperliche Organisationsformen als Körpersimulationen, bietet Einblick in die Potentialitäten und Leibgrenzen, die Exzentrizität bereithält und bietet durch die Loslösbarkeit von einer konzentrischen Leibkonvergenz eine Vervollkommnung ihres exzentrierenden Potentials. Das Subjekt des Erlebens benötigt laut Plessner eine zentralistische körperliche Organisationsform als Basis für ein erweitertes Welt- und Selbsterleben, doch ist dieses Erleben nicht auf den *einen* originären Körper und auf den Ortsraum beschränkt, sondern auch durch fernörtlich handlungsfähige Körpersurrogate in einem multiversalen sozialen Resonanzraum möglich. Bei der Steuerung eines Körpersurrogats erfährt der Steuernde eine körperliche und personale Dividualisierung (Lindemann 2018:45ff.) inmitten seiner mitweltlichen Relationen, betreffend seines Leibes als auch seiner Rollen und Umweltzugriffe. Dies führt zu einer Pluralisierung der die Lebenswelten betreffenden Bereiche und bedeutet, dass technische Körpersurrogate dazu in der Lage sind, die leibliche als auch personale *Unvertretbarkeit des Individuums* aufzuheben.

> »Die Abgehobenheit vom eigenen Leibe ermöglicht den Kontakt mit einem vom Leibe abgehobenen Sein. Der Körper ›merkt‹ das Sein und ›wirkt auf‹ das Sein. Über eine Kluft hinweg steht er mit dem Anderen (hier, Körper – I.S.) in sensorischer und motorischer Verbindung« (Plessner 1975:232).

Über die technische Versetzbarkeit in eine andere Situation über einen alternierenden Leib, der konzentrische als auch exzentrische Versetzungen an eine andere Um- und Mitwelt erlaubt, wird die Plastizität des leiblichen Selbst bezüglich objekthafter Extensionen sichtbar. Die Versetzung in einen anderen Leib (Re-Embodiment) und die Re-Personalisierung durch eine neue historisierbare (ferne) Um- und Mitweltbeziehung sind Faktoren, die die exzentrische Positionalität übersteigen und durch ein Körpersurrogat vervollkommnen!

(4) Leibtechnik als Sachverhalt

Die »soziale Unentschiedenheitsrelation« erlaubt es, die oben genannten Studien zur Auswirkung von Roboteravataren auf leibliche, personale als auch soziale Erfahrungen anzuwenden und den gesteuerten Roboter als alternatives, sachtechnisch realisiertes, wenngleich als ein Durch-ein-exzentrisch-positioniertes-Wesen-gesteuertes-leibliches-Selbst zu benennen, welches dazu in der Lage ist, »Berührungen« zu vermitteln, bzw. als ein technisches Objekt durch eine verdoppelte vermittelte Unmittelbarkeit »Berührungen« erfahrbar zu machen. Dies verweist auf eine sich neuartig entfaltende Sinnwelt, welche die sachtechnischen als auch sozialdimensionalen Sinnwelten und damit ggf. neue Weltzugänge betrifft.

Die technische Duplikation von leiblichem Perzeptionserleben und interaktiver Vermitteltheit, führt an dieser Stelle ein Novum im reflexiven Leiberleben des Steuernden ein, der eine Einheit mit dem Medium eingeht, wobei die Grenze zwischen Körper und Medium um eine technische Leiblichkeit erweitert wird. Die Versetzbarkeit in ein dem Ortsraum fernes Leib-Umwelt-Duplikat zusammen mit der reflexiven Einverleibung der Gestalt zu einer eigenen Personenhaftigkeit, tragen dazu bei, dass exzentrische Potentiale von konzentrischen Bedingungen ablösbar werden und die Variabilität der leiblichen Selbste gegenüber objekthaften Extensionen begreifbar wird. An dieser Stelle wird Lindemanns Einwurf der *technischen Explikation von Sachverhalten* als Erweiterung der Plessner'schen, rein symbolischen Explikationsebene der gesellschaftlichen Ordnung für den vorliegenden Abriss relevant. Hier gerät Technik in die Position eines neuen Sinngenerierers, denn »Technik ist das Resultat der Explikation von Sachverhalten und sie wird zunehmend zu der Bedingung der Explikation neuer Sachverhalte« (Lindemann 2021:24).

Dieser neue Sachverhalt technisch verwirklichter leiblicher Selbste wirkt sich, mit Bezug zu der historischen Variabilität jeglicher Selbst-, Fremd-, und Gesellschaftsentwürfe, auf zukünftige Drittenbezüge, institutionalisierte Handlungen als auch auf personenhafte Rollencharaktere und schließlich auf sinnhafte Weltzugänge aus. Findet jener technische Sachverhalt einen Platz in der sozio-technischen, kulturellen Verankerung von Leiblichkeit, Identität und Welterleben, könnte sich jene Technologie zu einem gängigen Interaktionsmedium für leibliche und personale Versetzungen in distante Körpersurrogate und deren Umweltgegebenheiten entwickeln. In dem Fall bietet die Sozial- und Gesellschaftstheorie Lindemanns einen gewinnbringenden Theorierahmen zu deren Beschreibung, wobei dem Leib, mit Ausblick auf weitere organisch-materielle Verbindungen sowie angesichts kulturell differierender Zugänge zur Leiblichkeit, in der Interrelation der Sach- und Sozialdimension eine essenzielle Rolle zukommt, die in weiteren Forschungen näher berücksichtigt werden sollte.

Literatur

Botvinick, Matthew/Jonathan Cohen (1998): » Rubber hands ›feel‹ touch that eyes see«, *Nature* (391), DOI: 10.1038/35784, 756.

Gallagher, Shaun/Jonathan Cole (1995): »Body Image and Body Schema in a Deafferented Subject«, *The Journal of Mind and Behavior* (16 (4)), 369–390.

Jarvis, Liam (2019): *Immersive Embodiment. Palgrave Studies in Performance and Technology*, London: Palgrave Macmillan.

Lindemann, Gesa (2014): *Weltzugänge. Die mehrdimensionale Ordnung des Sozialen*, Weilerswist: Velbrück Wissenschaft.

Lindemann, Gesa (2018): *Strukturnotwendige Kritik*, in: *Theorie der modernen Gesellschaft* Bd. 1, hrsg. V. ebd., Weilerswist: Velbrück Wissenschaft.

Lindemann, Gesa (2021): *Von der Raum-Zeit des Heils zur Raum-Zeit der Technik*, in: *Theorie der modernen Gesellschaft* Bd 2., hrsg. V. ebd., Unveröffentlichtes Manuskript.

Mul, Jos de (2019). »Polyzentrizität und Poly(ex)zentrizität: neue Stufen der Positionalität? Zu Telerobotern, Craniopagus-Zwillingen und globalen Gehirnen«, in: Johannes F. Burow/Lou-Janna Daniels/Anna-Lena Kaiser et al. (Hg.), *Mensch und Welt im Zeichen der Digitalisierung*, Baden-Baden: Nomos, 185–208.

Nishio, Shuichi/Koichi Taura/Hidenobu Sumioka/Hiroshi Ishiguro: (2018). »Body Ownership Transfer by Social Interaction«, in: Hiroshi Ishiguro/Fabio Dalla Libera (Hg.) *Geminoid Studies*, Singapore: Springer Singapore, 317–328.

Plessner, Helmuth (1975): *Die Stufen des Organischen und der Mensch*, Berlin/New York: De Gruyter.

Plessner, Helmuth (1982): *Ausdruck und menschliche Natur*, in: *Gesammelte Schriften VII*, hrsg. v. Günter Dux/Odo Marquard/Elisabeth Ströker, Frankfurt am Main: Suhrkamp.

Schmitz, Hermann (2011): *Der Leib*, Berlin/Boston: De Gruyter.

Straub, Ilona (o.J.). *Die Verkörperung einer eigenen Roboter-Identität: Zur kommunikativen Emergenz einer Roboter-Identität über Teleoperierende und Interaktionspartner von humanoiden Robotern*, Unveröffentlichtes Manuskript (170 S.).

Straub, Ilona/Shuichi Nishio/Hiroshi Ishiguro (2018): »At the Café – from an Object to a Subject«, in: Hiroshi Ishiguro/Fabio Dalla Libera (Hg.), *Geminoid Studies*, Singapore: Springer Singapore, 399–411.

Kritik.
Gewalt und Normativität

Cedric Bradbury

Selbstgefährdete Moderne? Abwägbarer Würdeschutz, relative Grenzen des Personalen und die potenzierte Strukturnotwendigkeit von Kritik

Ein Kommentar

Gesa Lindemann hat in ihren Hauptwerken die These der Kontingenz der Mitwelt zur Kernprämisse ihres sozial- und gesellschaftstheoretischen Programms ausgearbeitet (u.a. Lindemann 2009, Lindemann 2014, Lindemann 2018). Die Frage wer bzw. was innerhalb einer Gesellschaft als legitimes soziales Gegenüber anerkannt ist, sei demnach eine je historisch zu beantwortende. Lindemann stellt fest, dass sich die westliche Moderne durch eine erstmalige und einzigartige Engführung des Kreises legitimer Akteure auf lebende Menschen auszeichne. Das, was hier und jetzt den Menschen als Person von Anderem unterscheide, sei die Menschenwürde, die allen Menschen und nur Menschen unabhängig von individuellen kulturellen oder biologischen Verschiedenheiten gleichermaßen zugeschrieben werde (ebd. 306ff.). Der so eingegrenzte Personenkreis sei nun nicht lediglich *ein* Merkmal unserer Gesellschaft, vielmehr bestehe ein Bedingungszusammenhang zwischen der gegenwärtigen Grenzziehung »menschliche Person«/»Anderes« und unserer modernen horizontal differenzierten Gesellschaftsstruktur: Indem sich Menschen immer als Personen – also als gleich an Freiheit und Würde – anerkennen, werde eine Totalvereinnahmung der Gesellschaftsmitglieder durch die reduktionistische Sachlogik einzelner differenzierter Teilbereiche verhindert und erfolgreiche Identitäts- und Persönlichkeitsbildung der Individuen ermöglicht (ebd.: 316ff.).

Lindemann nimmt auf den ersten Blick auch die Frage nach den Möglichkeiten einer kritischen Soziologie auf. Nach Lindemann stellen die institutionalisierten Menschenrechte den Wertehorizont dar, der als Konstitutionsbedingung unserer spezifischen Sozialweltgrenze und Gesellschaftsstruktur fungiert. Konsequenterweise sei es erforderlich gesellschaftliche Entwicklungen vor diesem Wertehorizont zu bewerten, um diese Struktur zu bewahren (ebd.: 334ff.).

Unabhängig davon, ob die Kritiknotwendigkeit nun normativ und als Aufruf zu einer kritischen Soziologie zu verstehen ist (Greve 2020), oder aber als überwiegend deskriptive Soziologie der Kritik gelesen werden soll, bleibt die Frage, ob Lindemanns Gegenwartsdiagnose auf unsere Gesellschaft überhaupt zutrifft. Wenn Lindemann von der Institution Menschenwürde spricht, welche die Zugehörigkeit menschlicher Körperindividuen zum Personenkreis absichert, welche als wirkmächtige regulative Idee teilbereichs-übergreifende Stabilität erzeugt und welche als universaler Maßstab und Bezugspunkt der Kritik fungiert, dann spricht sie nicht von einer empirisch näher zu bestimmenden Würde. Vielmehr sieht sie das moderne Menschenrechtsethos als Kumulus einer maßgeblich auf Kants Metaphysik zurückzuführenden säkularisierten christlichen Ethik: »Der natürliche Mensch gleich an Freiheit und Würde bildet den absoluten normativen Bezugspunkt der modernen Gesellschaft. Anders gesagt, die Institutionalisierung des menschlichen Körperindividuums, das Kant als natürliche Voraussetzung begreift, beinhaltet die Institutionalisierung eines moralischen Anspruchs, der selbst im Sinne einer strukturellen Notwendigkeit horizontaler Differenzierung zu begreifen ist.« (ebd. 304f.). Die Rede ist demnach von einem metaphysischen Würdebegriff, welcher Gleichheit und Unantastbarkeit garantiert. Prominente Würdeverständnisse, wie etwa Durkheim oder Luhmann sie vertreten, lehnt Lindemann ab und führt sie als Beispiele für strukturgefährdende Würdeverständnisse auf, da sie aufgrund ihres Fokus auf individuelle Leistungserbringung die Möglichkeit des Ausschlusses aus dem Kreis der Würdeträger ermöglichen könnten und das Unantastbarkeitsversprechen relativieren würden (ebd.: 306ff.). Wenn jedoch alleine das metaphysische Würdeverständnis Kants den normativen Bezugspunkt und Strukturpfeiler unserer Gesellschaft darstellen würde, dann wäre unsere Gegenwart von ausgesprochener Harmonie geprägt – betont Lindemann doch, dass die Würde absolut, kategorisch und unhintergehbar sei (Lindemann 2018: 304ff.). Gesellschafts-, individualisierungs- und subjektivierungstheoretische Analysen der Moderne diagnostizieren jedoch seit Jahrzenten die zunehmende Vereinnahmung durch entgrenzte Wirtschaft, Wissenschaft und Politik sowie deren verheerende Auswirkung auf die Möglichkeiten erfolgreicher Vergesellschaftung sowie gelingender Identitäts- und Persönlichkeitsbildung. Hier scheinen Wertekonflikte die strukturelle Integrität unserer Gesellschaft zu gefährden – spielt ein Verständnis der Würde als Leistung hier vielleicht doch eine strukturelle Rolle?

Im Folgenden werde ich Lindemanns Hypothese mittragen, *dass* zwischen Wertehorizont, Sozialweltgrenze und Gesellschaftsstruktur ein Bedingungsverhältnis vorliegt. Jedoch möchte ich an ausgewählten Beispielen verdeutlichen, dass sie jeweils *anders* gedeutet werden können, als Lindemann es tut. Dabei greife ich in Teilen auf die Ergebnisse meiner eigenen Arbeit »Das Dispositiv der Person« zurück, in welcher ich die Kommentarliteratur zum Grundgesetz der letzten 70 Jahre hinsichtlich sich verschiebender Deutungen der Menschenwürde untersucht habe (Bradbury 2018). Meine Kernthese ist, dass ein Verständnis der Würde als Leistung sowohl eine konstitutive, als auch eine konstruktive Funktion in unserer gegenwärtigen Gesellschaft einnimmt und nicht allein disruptiv zu deuten ist. Ich stelle im Folgenden erstens (1) fest, dass Lindemanns alleiniger Verweis auf das Gleichheit und Unantastbarkeit garantierende Würdekonzept Kants für die jüngere Vergangenheit ausreichend tragfähig gewesen sein mag, jedoch drängende Fragen unserer Zeit unbeantwortet lässt und Tendenzen zur Totalvereinnahmung noch verstärkt statt zu verhindern. In einem zweiten Schritt (2) skizziere ich wie um die Jahrtausendwende ein Verständnis von Leistungsabhängigkeit in den grundgesetzlichen Menschenwürdediskurs Einzug gefunden hat und welche Handlungsspielräume dieses in Bezug auf gegenwärtige Gerechtigkeitsfragen und in Hinblick auf Totalvereinnahmung durch die Wirtschaft schafft. Im Ergebnis (Fazit) der Ausführungen steht ein spannungsreiches Bild der Menschenwürde, welches Lindemanns Strukturdiagnose um ein Minimalverständnis einer Würde als Leistung erweitert. Dadurch werden beobachtbare, als Würde-konform konstruierte, graduelle Ausschlüsse aus dem Kreis der Personen strukturimmanent erklärbar. Zudem wird Lindemanns Theorie der modernen Gesellschaft mit den oben erwähnten Diagnosen pathologischer Vergesellschaftung und Subjektwerdung kompatibel. Abschließend steht mein Vorschlag, Lindemanns Ausführungen zur Strukturnotwendigkeit der Kritik zwischen Aufforderung und Strukturbeschreibung als Teil einer »kritischen Soziologie der Kritik« (Lessenich 2014) zu lesen.

(1)

Die Kommentarliteratur zum Grundgesetz beschreibt die Institutionalisierung der Menschenwürde als oberstes Konstitutionsprinzip des deutschen Grundgesetzes (1949) als unmittelbare Folge des tiefsitzenden Eindrucks der Gräueltaten des Nationalsozialismus. Dem Parlamentarischen Rat habe es als dringlichste Aufgabe gegolten, der Wiederentstehung eines menschenverachtenden Regimes unüberwindbare Hürden zu setzen. Mit der Institutionalisierung der Würde im Grundgesetz wurde jeder Mensch und nur der Mensch, als Träger von Menschenwürde, zur Person erklärt. In der Würde liegt der Personenwert des Menschen begründet, zu dessen Schutz und Achtung alle Menschen und alle staatliche Gewalt verpflichtet seien. Alles gesellschaftliche Handeln habe sich am Menschen als Zweck an sich zu orientieren. Dieser Status wird als nicht verhandelbar konstruiert und soll einem Menschen unter keinen Umständen genommen werden können. Wertanspruch und Schutzanspruch sind durch diese Konzeption untrennbar miteinander verbunden. Die *frühen* Grundgesetz-Kommentator:innen sind sich einig, dass dieses kategorische Schutzgebot durch die Verankerung des Menschen und seiner Würde in der Metaphysik gesichert werden muss: Das Wesen des Menschen ist es, Würde zu haben; Würde hat der Mensch, weil er das Ebenbild Gottes bzw. ein vernunftbegabtes Wesen ist; die Wahrung dieses Komplexes ist gott- bzw. vernunftgeboten. Der grundgesetzlich verbürgte Würdeschutz ist demnach ein objektives, ein überpositives Natur- bzw. Sittenrecht. Da es das wesentliche Merkmal eines Menschen ist, Person zu sein, ist es natur- bzw. sittenwidrig, ihn nicht als eine solche zu behandeln.

Diese klassische Lesart deckt sich mit den Ausführungen Lindemanns: Im Grundgesetz wird die Menschenwürde als Grenzpfeiler unserer deutschen Sozialwelt und Gesellschaftsstruktur institutionalisiert. Sie markiert das Personsein und stellt die Grundlage für den bedingungslosen und durch die nach Sachlogiken differenzierten Teilbereiche der Gesellschaft nicht hintergehbaren Schutzanspruch allen menschlichen Lebens dar. Diesem Schutzauftrag wird Lindemann mit ihrer Aussage, dass sich die Legitimität und Legalität gesellschaftlicher Zwecksetzungen und Mittelabwägungen am Menschenrechtsethos zu messen haben, gerecht. Soweit spiegeln Lindemanns Ausführungen zur Menschenwürde und zur Funktion, die sie ihr zuschreibt, den Konsens der Kommentarliteratur wieder.

Nun zeigt sich aber, dass es sich bei diesem klassischen Würdeverständnis um eine Idealvorstellung handelt, die mit dem Würdebegriff, wie er *aktuell* im Grundgesetzdiskurs verhandelt wird und auch Judikative und Legislative informiert, wenig zu tun hat. Unterläge alles menschliche Leben einem kategorischen Würdeschutzgebot, würden sich Fragen um eine abwägende Rechtfertigung etwa der Beendigung vorgeburtlichen menschlichen Lebens, dem finalen Rettungsschuss, lebenslanger Haft mit anschließender Sicherheitsverwahrung oder, aktuell im Kontext der Corona-Pandemie, Überlegungen zur Möglichkeit einer Triage, gar nicht erst stellen dürfen: Der Eingriff in den Würdeschutzbereich betroffenen menschlichen Lebens wäre schlicht untersagt und bereits das abwägende Fachsimpeln unsinnig, da *a priori* aussichtslos.

Jedoch lassen sich in Bezug auf besagte Problemfelder wirkmächtige zivilgesellschaftliche und institutionell getragene Debatten identifizieren, in denen sich sehr wohl für die Möglichkeit des Eingriffs in den Würdeschutzbereich eingesetzt wird – etwa über das Aufwerfen der Frage, ob es sich beim ungeborenen Fötus denn überhaupt um einen Träger von Würde handele (eine Frage, die das Bundesverfassungsgericht wiederholt bejaht hat). Die Probleme sind nicht neu: Neben der Forderung nach einer Legalisierung des Schwangerschaftsabbruchs wurden spätestens seit den 1980er Jahren auch vermehrt Ansprüche aus dem Bereich der Technik- und Biowissenschaften sowie der Human- und Palliativmedizin laut, zum erklärten Wohle des Menschen in die körperliche Integrität Sterbender (etwa zur Organentnahme/-transplantation) oder Ungeborener (etwa zur Stammzellforschung) einzugreifen. Zudem bedarf es der Möglichkeit, Bürger:innen gegenüber der Achtung und des Schutzes anderer Bürger:innen in die Pflicht zu nehmen und eine Überschreitung im Ausnahmefall auch mit »endgültigen« Mitteln nachzukommen. Mit einem absolut und unbedingt geltenden Würdeschutz ist das nicht umsetzbar.

Ein weiteres Problem, dem das klassische Würdeverständnis sich ausgesetzt sah und sieht, liegt in dem ihm innewohnenden Potenzial, systematisch benachteiligende Strukturen zu stützen und somit Ungleichheit zu befördern. Zu nennen ist hier etwa der apologetische Umgang mit den Exzessen und Entgleisungen der Wirtschaft, die sich in ihren Legitimierungsstrategien auf die Menschenwürde zurückzieht. So lassen sich bspw. die wirtschaftsliberale Position und die Theorie des kapitalistischen Friedens bezüglich der Würdefrage wie folgt zusammenfassen: Der Kapitalismus habe einen historisch beispiellosen Frieden erwirkt, unzählige Menschen aus der absoluten Armut gehoben und ihnen zu ihrem Recht auf Freiheit, Arbeit und Privateigentum verholfen; übermäßige Bestrebungen staatlicher Regulierung der freien Marktwirtschaft oder der Inpflichtnahme von Unternehmen entspräche somit auch einem Angriff auf die Würde des Menschen. Das Durchsetzen effektiver Maßnahmen zum Ausgleich wirtschaftlicher (und letztlich sozialer) Ungleichheiten wird somit massiv erschwert.

(2)

Die geschilderten Schwachstellen eines metaphysischen Würdeverständnisses verdeutlichen, dass es eines Verständnisses von Würde bedurfte und bedarf, welches abwägungsoffen und relativierbar genug ist, um gesellschaftliche Probleme nicht als zwar womöglich unerwünschte, aber allzu oft alternativlose Schieflagen aushalten zu müssen. Während sich erste Gedankenexperimente hierzu bereits in den 1980ern abgezeichnet haben (Bradbury 2018), lässt sich ein eindeutiger Wandel im Umgang mit dem Menschenwürdeschutzgebot schließlich um die Jahrtausendwende feststellen. Anstoß hierfür war der Grundgesetzkommentar von Maunz und Dürig. Galt diese Kommentarreihe zuvor als konservatives Bollwerk gegen Würderelativierungen, setzt dieser sich seit der 42. Ergänzungslieferung von 2003 für eine Modernisierung des Würdebegriffs ein. Der Autor zum Art. I, Abs. I, Verfassungsrechtler Matthias Herdegen, plädiert hier mit Nachdruck für die Abkehr von metaphysischen, naturrechtlichen Sinndeutungen: Der überpositive Charakter des GG sei nicht mit der gebotenen weltanschaulichen Neutralität vereinbar (vgl. Maunz und Dürig 2003: Art.1, Rn.19). Da die Würdegarantie nicht naturrechtlich-objektiv, sondern menschengemacht, historisch geformt sei, könne sie auch dem Zeitgeist entsprechend neu ausgelegt werden (ebd.).

Statt einen normativen Würdebegriff zu entwickeln, geht Herdegen den Weg der Empirie: Er zeigt auf, dass die deutsche Rechtsprechung immer schon Abwägungen – auch Würdeschutzabwägungen – kennt. In der Rechtspraxis identifiziert Herdegen ein leistungs- und entwicklungsabhängiges Würdeverständnis. Demnach gebe es zwar einen unantastbaren Würdekern, der aber von einem antastbaren Würdehof umgeben sei. Alle Menschen seien zwar unbestreitbar Würdeträger, jedoch sei das Würde*schutzmaß* für Abwägungen offen. Der Abwägungsgrad des Würdeschutzeingriffs orientiere sich am Vergleich der Rechtsprechung anderer Länder und der Evaluierung vorherrschender kultureller Wertmaßstäbe (ebd.: Rn.30). Hierbei handele es sich um Abwägungen »des Schutzbereichs, in der die Menschenwürde ›tangierende‹ Eingriffe ausnahmsweise bei einer bilanzierenden Gesamtwürdigung aller Umstände keine Würdeverletzung darstellen« (ebd.: Rn.49). Dabei gelte: »Je niedriger der Abstraktionsgrad der die Würdeverletzung tragenden Kriterien ist, desto offener wird das Verletzungsurteil für Abwägungsprozesse« (ebd.: Rn.43).

Das Besondere an der Konzeption dieses leistungs- und entwicklungsabhängigen Würdeschutzverständnisses ist, dass es in der Praxis nicht nur ein Weniger, sondern auch ein Mehr an Würdeschutz bedeuten kann. Die Idee der Leistungsabhängigkeit des Würdeschutzanspruches verdeutlicht sich laut Herdegen darin, dass eine Würde-realisierende Handlung verfehlt oder verweigert und somit empirisch festgestellt werden könne. Auf diese Weise schließe etwa die festgestellte Verletzung der Pflicht, die Würde von Mit-Personen zu achten, einen die Autonomie und körperliche Integrität verletzenden Eingriff in die Würde der Täter:innen nicht aus. In Ausnahmefällen könne daher bis zu einem zu ermittelnden Grad in die Menschenwürde von Täter:innen eingegriffen oder aber auch ein erhöhtes Schutzmaß bei Leistungsunfähigkeit für angemessen gehalten werden, wie sich etwa »in der Straffreiheit oder -reduzierung bei psychischer Indikation« (ebd.: Rn.70) zeige. An der Grenze zum Lebensanfang hingegen sei eine prozesshafte Betrachtung des Würdeschutzes mit entwicklungsabhängiger Intensität angebracht. Das Konzept eines gestuften pränatalen Menschenwürdeschutzes sei Möglichkeitsbedingung eines legalen Aborts »aus gutem Grund«. Doch auch die Differenzierbarkeit vorgeburtlichen Würdeschutzes sei »nicht allein durch die besondere Einschränkbarkeit und seine Abwägungsoffenheit im Konflikt mit anderen Verfassungsgütern gekennzeichnet. Vielmehr zielt er auf einen Achtungs- und Schutzanspruch, welcher der Entwicklungsstufe pränatalen

Lebens angemessen ist. Dies kann auch spezielle Schutzvorkehrungen einschließen« (ebd.: Rn.67). Die heutige gesetzliche Regelung, die sowohl die Würde von Embryonen als auch von Schwangeren anerkennt und dennoch die Möglichkeit des Schwangerschaftsabbruchs nicht ausschließt, ist ohne dieses entwicklungsabhängige Würdeschutzverständnis nicht denkbar.

Die Entkoppelung von Wert- und Schutzanspruch durch die Betonung des Leistungsgedankens ermöglicht graduelle Ausschlüsse aus dem Schutzkreis der personalen Ordnung. Die geschilderte Umdeutung der Würde wurde daher seinerzeit durchaus der Kritik unterzogen. Aus der Medienlandschaft räsoniert es: »Wehret den Anfängen! « (Leicht 2003) oder »Angriff auf Artikel I GG« (Böckenförde 2004). Ein veritabler »Juristenstreit« blieb jedoch aus (vgl. Franzius 2004). Stattdessen ist die Auffassung eines im Grundsatz abwägungsoffenen Menschenwürdeschutzes heute ein vielbeachteter Umstand (vgl. u.a. Rode 2005, von Schirach 2017, Schmidt-Bleibtreu 2018, Bradbury 2018). Der Eingriff in den Würdeschutzbereich von werdendem oder seiendem Leben ist im Rahmen eines leistungsabhängigen Würdebegriffs heute also weder kategorisch verboten noch grundsätzlich erlaubt, sondern abhängig von einer vorsichtigen Güter- und Interessensabwägung.

Das um den Leistungsgedanken erweiterte Würdeverständnis und die darin angelegte Möglichkeit eines »Mehr oder Weniger an Würdeschutz« eröffnet sozialpolitische Handlungsspielräume. Sozialreformen müssen sich nicht mehr streng am Grundsatz der *Gleichheit* (equality) orientieren, stattdessen können weitreichende, den Bereich der Menschenwürde tangierende *Gerechtigkeits*maßnahmen (equity) durchgesetzt werden. Das Staatsziel »tatsächliche Durchsetzung der Gleichberechtigung von Frauen und Männern«, bspw., wäre schwieriger durchzusetzen, wenn das Diskriminierungsverbot, jemanden auf Grund des Geschlechts zu benachteiligen, unverrückbar wäre. Erst die Möglichkeit der Andersbehandlung aufgrund festgestellter Andersheit ermöglicht es z.B., Männer mit vergleichbarer Qualifikation in Bewerbungsverfahren verfassungskonform zu benachteiligen. In abgeschwächter Form ist bereits die Effektivität des Sozialstaatsgedankens an sich auf diese Einsicht angewiesen. Bezeichnenderweise wird etwa das Recht auf Gewährleistung eines menschenwürdigen Existenzminimums erst seit 2010 direkt aus der Menschenwürde abgeleitet und dadurch zum *unverfügbaren Recht* erklärt (BVerfG, Urteil vom 09.02.2010, 1 BvL 1/09). Ob mit der Abkehr von einem kategorischen, hin zu einem abwägungsoffenen Würdeschutzverständnis und der damit einhergehenden Schwächung des Gleichheits- und Gleichbehandlungsgrundsatzes zugunsten des Gerechtigkeitsdenkens auch das Gewinnmaximierungs-Paradigma der Wirtschaft in seine Schranken gewiesen werden kann, bleibt abzuwarten. Erste Erfolge und Tendenzen zeichnen sich ab: Mietendeckel- und Enteignungsdebatten, nationale und europäische Lieferkettengesetze, Mindestlohngesetze, die Forderung nach einer progressiven Vermögenssteuer und zunehmender internationaler Austausch in Steuersachen waren bis vor kurzem noch undenkbar und stehen vermutlich in einer engen Beziehung zum neuen Würdeschutz- und Gerechtigkeitsdenken.

(3) Fazit

Die obige Betrachtung zeigt, dass Lindemann mit einem differenzierungsbedürftigen Würde- und Personenverständnis operiert. Während sie feststellt, dass die Menschenwürde das Personsein aller Menschen absichert, da die Schutzgarantie des Würdeversprechens Gleichheit erzeugt, legen meine Ausführungen folgende Interpretation nahe: Wenn im wohlgemeinten Interesse gegenüber dem lebenden, sich »Würde-realisierend« verhaltenden Menschen anderen Menschen unter strengen Voraussetzungen und Kontrollmechanismen fallbezogen und situationsabhängig der Würdeschutz versagt werden kann, dann bedeutet dies, dass sie ebenso fallbezogen wie situationsabhängig an den Rand des Personenschutzkreises gebracht und zu »Personen zweiten Grades« (Bradbury 2018) gemacht werden. Dass alle Menschen weiterhin anerkanntermaßen Würdeträger sind, täuscht nicht darüber hinweg, dass die Institutionalisierung der Möglichkeit des Würdeeingriffs qua Leistungs- und Entwicklungsabhängigkeit sowie die Relativierung des Gleichheits- bzw. Gleichbehandlungsversprechens das Selbstverständnis des Menschen als Person gefährdet. Der Mensch kann sich seines unbedingten Personseins unter einem leistungs- und entwicklungsabhängigen Würdebegriff nicht sicher sein und muss unter diesen Bedingungen mehr denn je auf einen bestehenden Konsens darüber vertrauen, dass er im Kern unverfügbar ist. Dieser Konsens ist gewachsen und kann verloren gehen, gerade dann, wenn seine institutionelle Verankerung aufgeweicht wird. Die Unsicherheitslage menschlich-personaler Existenz ist Strukturmerkmal unserer gegenwärtigen Gesellschaft.

Meine Ausführungen versöhnen Lindemanns Theoriegebäude mit denjenigen Gegenwartsanalysen, die die Fragilität gesellschaftlicher Verhältnisse und Tendenzen zur misslingenden Vergesellschaftung der Subjekte diagnostizieren. Das Würdekonzept des Grundgesetzes ist ein Hybrid aus Leistungsansatz und kantischer Metaphysik. Der Menschenwürdebegriff ist dadurch hochgradig mehrdeutig geworden und hat widersprüchliche Implikationen für unsere Gesellschaftsordnung. Der sich vollziehende Umdeutungsprozess der Institution Menschenwürde lässt sich mit Bonß und Lau in den Grundlagenwandel der Zweiten Moderne (Beck) einordnen, bei dem alte Gegebenheiten und Lösungsansätze neben neuen anderen weiterbestehen. Diese »Gleichzeitigkeit von

Altem und Neuem« (Bonß und Lau 2004: 37) erzeugt Unsicherheiten: Einerseits stiftet die Menschenwürde Gleichheit und fordert Gleichbehandlung ein – andererseits zelebriert sie Andersheit und legitimiert Ungleichbehandlung; einerseits weist sie differenzierte Teilbereiche wie die Wirtschaft in ihre Schranken – andererseits beflügelt sie ihre Exzesse; einerseits erklärt sie alle Menschen zu Personen – andererseits schließt sie Manche aus dem Schutzkreis des Personalen aus. Das Kreuz, welches unsere moderne horizontal differenzierte Gesellschaft zu tragen hat, ist dergestalt, dass es notwendig erscheint, beides haben zu müssen: absoluten Unbedingtheitsanspruch der Würdeschutzgarantie einerseits und größtmögliche, den Anforderungen der Lebenswelt gerecht werdende Abwägungsoffenheit andererseits. Es verwundert daher nicht, dass die Gegenwart ohne eindeutigen Fluchtpunkt latent selbstgefährdet ist und dass unter diesen Voraussetzungen Identitäts- und Persönlichkeitsbildung auch misslingen kann.

Die Möglichkeiten und der Maßstab von Kritik sind unter diesen Umständen zutiefst uneindeutig. Lassen wir uns von den Heilsversprechen eines abwägungsoffenen Verständnisses der Würde als Leistung verzaubern? Der Maßstab von Kritik wäre dann Gerechtigkeit und ihre Aufgabe, Ungerechtigkeit zu identifizieren und zu problematisieren. Dann müssen wir das Damoklesschwert kontingenter Ziel- und Zwecksetzungen ertragen, die mit Vorstellungen von Monstren und Untermenschen oder von Verrätern, Klassenfeinden und »alten weißen Männern« immer auch Steigbügelhalter menschenverachtender Ungleichbehandlungsfantasien sein können. Oder wollen wir zurück zu alten Sicherheiten, Gewissheiten und Verbindlichkeiten eines metaphysischen, kategorischen Würdeverständnisses? Kritik hätte sich dann, ganz im Sinne Lindemanns, am Maßstab der Gleichheit der Menschen und der Unverfügbarkeit der menschlichen Person zu orientieren. Sie hätte zur Aufgabe, Ungleichbehandlung und Totalvereinnahmung zu identifizieren und zu problematisieren. Dann müssten wir als Gesellschaft – und insbesondere die benachteiligten Mitglieder unserer Gesellschaft – die unintendierten (oder auch intendierten) Vereinnahmungen und Ungerechtigkeiten im Namen der Gleichheit ertragen.

Vielleicht entscheiden wir uns aber auch dafür, zwischen den beiden Würdeverständnissen weiter die Mitte zu halten. Das ist eine Variante, die ich befürworte, blicke ich doch mit – vielleicht naivem, vielleicht vor Missständen die Augen verschließendem, bestimmt aus privilegierter Position sprechendem – Optimismus auf Veränderungen und Veränderungstendenzen unserer Gesellschaft, die uns dieses »Zugleich« zweier Würdeverständnisse ermöglicht. Kritik hätte dann eine tarierende Funktion und ihr Maßstab wäre den jeweiligen Erfordernissen anzupassen und immer wieder neu zu bestimmen. Eine solche »kritische Soziologie der Kritik« (Lessenich 2014) muss diejenigen Kritisierenden, die sich eben und eingangs genannter Kritikmodi verschreiben, »zur Rechenschaft« ziehen und sie nicht einfach die »Herrschaftsregeln dieser Gesellschaft kritisieren [...] lassen« (ebd. 20). Sie muss »nicht nur das Regelwerk, sondern auch die Regelnehmer der Kritik zugänglich machen« (ebd.), und dadurch über die Kritik der Praxis der Kritik vermittelte Kritik gesellschaftlicher Verhältnisse üben (vgl. ebd. 22). Das bedeutet nicht, vor den Vereinnahmungstendenzen durch Wirtschaft, Wissenschaft und Politik kapitulieren oder Stressoren für erfolgreiche Identitäts- und Persönlichkeitsbildung ertragen zu müssen. Vielmehr werden diese Probleme erstmals dergestalt der Kritik zugänglich, dass wünschenswerte Veränderungen nicht durch jeweils reduktionistische Würdeverständnisse verunmöglicht werden. Kritik wäre dann ungleich anspruchsvoller und, so möchte ich Lindemanns Feststellung noch potenzieren, superlativistisch strukturnotwendiger denn je.

Literatur

Böckenförde, Ernst-Wolfgang (2004): »Bleibt die Menschenwürde unantastbar? Angriff auf Artikel 1 GG«, in: Blätter 10, 1216–1227, https://www.blaetter.de/ausgabe/2004/oktober/bleibt-die-menschenwuerde-unantastbar (Zugriff: 15.05.2021).

Bonß, Wolfgang/ Christoph Lau (2004): »Reflexive Modernisierung – Theorie und Forschungsprogramm«, in: Poferl, Angelika/ Natan Sznaider (Hg.), *Ulrich Becks kosmopolitisches Projekt. Auf dem Weg in eine andere Soziologie*, Baden-Baden: Nomos, 35–52.

Bradbury, Cedric (2018): *Das Dispositiv der Person. Eine Wissenssoziologische Diskursanalyse des gesellschaftlichen Grenzregimes der Bundesrepublik Deutschland anhand eines Vergleichs von Grundgesetzkommentaren und Tierschutzgesetzkommentaren (1949–2018)*, unveröffentlichte Masterarbeit, Albert-Ludwigs-Universität Freiburg.

BVerfG (2010): Urteil des Ersten Senats vom 09. Februar 2010, 1 BvL 1/09, Rn. 1-220.

Franzius, Christine (2004): »Der ausgefallene ›Juristenstreit‹«, *H-Soz-Kult* (10.01.2004), <www.hsozkult.de/debate/id/diskussionen-388> (Zugriff: 15.05.2021).

Greve, Jens (2020): »Sozialkonstruktivismus und Funktionalismus. Zwei problematische Figuren in Gesa Lindemanns Gesellschaftstheorie«, *Soziologische Revue* (43(2)), 135–144.

Leicht, Robert (2003): »Menschenwürde: Wahret die Anfänge!«, DIE ZEIT 38/2003, https://www.zeit.de/zustimmung?url=https%3A%2F%2Fwww.zeit.de%2F2003%2F38%2FArt__1_GG (Zugriff: 15.05.2021).

Lessenich, Stephan (2014): »Soziologie – Krise – Kritik. Zu einer kritischen Soziologie der Kritik«, *Soziologie* (43(1)), 7–24.

Lindemann, Gesa (2009): *Das Soziale von seinen Grenzen her denken*, Weilerswist: Velbrück Wissenschaft.
Lindemann, Gesa (2014): *Weltzugänge. Die mehrdimensionale Ordnung des Sozialen*, Weilerswist: Velbrück Wissenschaft.
Lindemann, Gesa (2018): *Strukturnotwendige Kritik. Theorie der modernen Gesellschaft, Band 1*, Weilerswist: Velbrück Wissenschaft.
Maunz, Theodor/ Günter Dürig (2003): *Grundgesetz. Kommentar*, 42. Ergänzungslieferung, München: C.H.Beck'sche Verlagsbuchhandlung.
Rode, Irmgard (2005). *Die Würde des Menschen ist antastbar?*, Münster: LIT-Verlag.
Schirach, Ferdinand von (2017): *Die Würde ist antastbar*, München: btb Verlag.
Schmidt-Bleibtreu, Bruno (2018): *Kommentar zum Grundgesetz für die Bundesrepublik Deutschland*, 14. Auflage, Köln: Carl Heymanns Verlag.

Marcus Düwell

Menschenwürde und Modernität

Über Universalität und Kulturabhängigkeit der Menschenrechte

Einleitung

Die Menschenwürde bezeichnet eine normative Perspektive, die aus der Einsicht in die Gleichheit aller Menschen verschiedene politische Institutionen legitimiert (Demokratie, Rechtsstaat) sowie der Ausübung von staatlicher Gewalt und der Herrschaft von Menschen über Menschen Grenzen setzt. Die Ausgestaltung der Menschenwürde artikuliert sich in Menschen- und Grundrechten, welche die entsprechenden normativen Ansprüche konkretisieren. Aber die Menschenwürde selbst kann als Grundbegriff dieser normativen Ordnung angesehen werden, wodurch der Respekt vor den Menschen als Gleiche ins Zentrum des moralischen und politischen Denkens rückt. Diese normative Ordnung ist jedoch weder vom Himmel gefallen noch ist sie seit jeher etabliert, sondern hat eine Geschichte. Und wenngleich die Menschenwürde insofern historisch kontingent ist, wird mit ihr doch ein universalistischer Anspruch verbunden, in dem Sinne, dass ihre Schändung auch dann verurteilt wird, wenn sie in Kontexten geschieht, in denen sie nicht explizit anerkannt ist.

Dieser Universalismus ist aus mehreren Gründen Gegenstand des Streites. Zum einen kann man sehr grundsätzlich anmerken, dass Kontingenz ein Kennzeichen einer jeden normativen Ordnung ist, insofern fürchten gerade Sozialwissenschaftler den Universalismus wie der Teufel das Weihwasser. Zudem scheint die Menschenwürde die Möglichkeit der In-Frage-Stellung und die Entwicklungsoffenheit des Menschen gerade schützen zu wollen. Die Vorstellung, dass mit der liberalen Weltordnung das ›Ende der Geschichte‹ (Fukuyama 1992) erreicht sei, deren Segnungen nun in alle Welt getragen werden müsse, scheint auf einem Missverständnis zu beruhen, insofern sich gerade die menschenrechtliche Ordnung gegen derartige Endgültigkeiten widersetzt. Schließlich bleibt die Frage, ob die Menschenwürde nicht als Auslaufmodell zu betrachten ist. Dieser Zweifel speist sich nicht nur aus der faktischen Nicht-Anerkennung durch Autokraten und die Möglichkeit, dass in dem sich abzeichnenden Streit um die zukünftige Weltordnung die liberalen Kräfte nicht als Favoriten in die Arena ziehen. Vielmehr stellt sich auch die Frage, ob möglicherweise angesichts von Digitalisierung, Klimawandel und Artensterben eine auf Menschenrechte und Demokratie eingerichtete normative Ordnung keine überzeugenden Antworten hat. Ist nicht vielleicht sogar die Anerkennung von Freiheiten ein wesentlicher Grund für ökologische Krisen?

Über derartige Fragen hat zwischen Gesa Lindemann und mir seit gut 15 Jahren ein Gespräch stattgefunden, dass ich bisweilen als anstrengend aber stets als außerordentlich anregend erfahren habe – gerade auch wegen unserer fachlich sehr unterschiedlichen Perspektiven. Und obwohl mir unsere Unterschiede sehr bewusst sind, kann ich den Eindruck nicht verleugnen, dass hinter der von Gesa Lindemann vertretenen Position sich doch eine eigene Art Transzendentalphilosophie verbirgt. In Anlehnung an den Begriff ›anonymes Christentum‹, womit der katholische Theologe Karl Rahner Gläubige bezeichnet, die sich ihres Glaubens reflexiv nicht bewusst sind, möchte ich im Folgenden Gesa als ›anonyme Kantianerin‹ outen. Ich bin mir bewusst, dass diese Charakterisierung in ihrer Zunft als rufschädigend gelten könnte, darum sei betont, dass diese Charakterisierung aus meinem Munde in jeder Hinsicht anerkennend gemeint ist.

Ich werde im ersten Schritt versuchen, Gesa Lindemanns Menschenwürde-Konzept methodisch zu verstehen, werde im zweiten Schritt darauf kritisch reagieren und in einem dritten Schritt einige Vorschläge für künftige Diskussionen unterbreiten.

(1) Eine soziologische Perspektive auf die Menschenwürde

In verschiedenen Anläufen hat Gesa Lindemann die Bedingungen rekonstruiert, unter denen die Rede von der Menschenwürde Sinn macht. Diese Rekonstruktion arbeitet auf der Ebene einer historisch informierten Sozial- und Gesellschaftstheorie (etwa in Lindemann 2014). Für den Sinn der Menschenwürde sind mindestens die folgenden Aspekte wesentlich:

Zunächst ist es für diese Rekonstruktion wesentlich, dass gesellschaftstheoretisch erst um 1800 eine Konstellation entsteht, in der sich gesellschaftlich relevante Sozialbeziehungen ausschließlich auf den lebenden Menschen beziehen und nicht etwa auf Geister, Vorfahren, Hexen oder Götter. In diesem Sinn erscheint ›der Mensch‹ erst zu dieser Zeit auf der Bühne. Erst dann wird es möglich, dem Menschen als solchen (in Unterschied zu Trägern näher qualifizierter Rollen) Rechte zuzusprechen, ihn als Gleichen zu betrachten und allen Menschen und nur diesen den Status als Gleichen zuzusprechen. Das bedeutet, das Subjekt der Würdezuschreibung hat eine Geschichte, die man rekonstruieren kann und allein von diesem Zeitpunkt an ist die Rede von der Menschenwürde in dem modernen Sinne verständlich.

Indem der Mensch ins Zentrum des Sozialen rückt, wird es erforderlich, den ›Menschen‹ abzugrenzen und Grenzregime zu errichten. Diese Grenzen bestimmen sich innerhalb des ›anthropologischen Quadrats‹, wonach der Mensch am Lebensanfang und Lebensende und zu Tier und Maschine abgegrenzt werden muss. Diese Konstruktion macht etwa plausibel, warum ein großer Teil von Menschenwürde-Diskussionen der letzten Jahrzehnte sich mit der Frage nach dem moralischen Status vorgeburtlichen menschlichen Lebens, der Bestimmung des Todeszeitpunkts, Tierrechten und der Mensch-Maschine-Interaktion beschäftigten. Stünde der ›lebende Mensch‹ nicht als identifizierbarer Bezugspunkt zur Verfügung, so verlöre die Menschenwürde und die darauf aufbauende normative Ordnung ihre gesellschaftstheoretische Basis.

In Anlehnung an die frühen rechtssoziologischen Texte von Luhmann (1965; 2008) und an Plessners Konzept der »Unverfügbarkeit« (Plessner 2003) rekonstruiert Lindemann den normativen Gehalt der Menschenwürde im Kontext funktional differenzierter Gesellschaften. Demnach stellen die einzelnen Menschenrechte (Folterverbot, Recht auf politische Partizipation, Recht auf Bildung etc.) Schutz- und Anspruchsrechte dar, die die Rolle des Menschen in verschiedenen gesellschaftlichen Subsystemen näher bestimmen und Grenzen an legitimen Umgang mit dem Menschen stellen. Die Menschenwürde selbst steht nun nicht für den Schutz des Menschen in einem Subsystem, sondern schützt den Menschen vor der Festlegung auf einen dieser Bereiche und gibt damit die Möglichkeit, zwischen gesellschaftlichen Rollen zu wechseln. Der Mensch ist insofern nicht nur politisches, ökonomisches oder privates Wesen, sondern wesentlich für den Menschen ist die Freiheit, in keiner dieser Hinsichten vollständig festgelegt zu sein. Diese Interpretation ist insofern originell als sie sowohl den fundierenden Charakter der Menschenwürde gegenüber den Menschenrechten als auch deren Unterschiedenheit plausibilisieren kann. Zugleich wird auf diese Weise die Behauptung wesentlich, dass die Plausibilität der Menschenwürde mit einer derart funktional differenzierten Gesellschaft notwendig verbunden ist.

In einem neueren Buch zur Corona-Situation hat Lindemann gezeigt, dass diese normative Ordnung der Menschenwürde fragil und bedroht ist (Lindemann 2020). In diesem Beitrag wird die Ordnung der Menschenwürde mit Girards ›Ordnung der Gabe‹ kontrastiert (Girard 2002). Letztere zeichnet sich dadurch aus, dass zur Stabilisierung der normativen Ordnung Maßnahmen notwendig sind, darunter etwa eine Sündenbockkonstruktion. Als Sündenbock wird ein Wesen ausgewählt, bei dem eine begründete Erwartung besteht, dass sich die Forderung nach Opferung erfolgreich durchsetzen lässt und auf diese Weise die normative Ordnung für alle sichtbar stabilisiert wird; schwächere

Gesellschaftsmitglieder bieten sich für diese Rolle an. Im Unterschied zur Menschenrechtsordnung ist die Frage nach der individuellen Schuld des Sündenbocks nicht von zentraler Bedeutung.

Dieser letztere Aspekt deutet an, dass die normative Ordnung der Menschenwürde mit einer spezifischen Gewaltordnung verbunden ist (Lindemann 2017). In dieser Gewaltordnung ist die Ausübung staatlicher Gewalt an rechtsstaatliche Prinzipien gebunden und steht unter der Vorgabe des staatlichen Gewaltmonopols. Allerdings, wenngleich diese Ordnung die Anwendung von Gewalt prozedural reguliert, bleibt es eine *Gewaltordnung*. Die Menschenwürde steht nicht für eine Utopie der Gewaltlosigkeit und kann nur als eine Gewaltordnung gedacht werden, die dann aber spezifisch unterschieden ist von einer ›Ordnung der Gabe‹.

Diese Rekonstruktion einiger Motive von Lindemann ist natürlich unzureichend und kann der Komplexität ihrer systematischen Konstruktion nicht Rechnung tragen. Doch für den Rahmen dieses kleinen Beitrags muss dies genügen. Es wird deutlich, in welcher Weise Lindemanns Beitrag eingebettet ist in eine kontingent-historische Konstellation und wie sie zugleich damit versucht, dem spezifischen Sinn der Menschenwürde gerecht zu werden. Im Folgenden soll es darum gehen, ein Gespräch mit einer Perspektive zu suchen, die in der Menschenwürde einen universalistischen Kern annimmt.

(2) Die Universalität der Menschenwürde

Wie verhält sich eine solche Rekonstruktion der sozial- und gesellschaftstheoretischen Bedingungen der Menschenwürde zu der mit diesem Konzept beanspruchten Universalität? Ein Verständnis dieses Zusammenhangs scheint mir unverzichtbar für ein Verständnis des ganzen Diskurses. Damit verbinden sich jedoch methodische Herausforderungen im Hinblick auf philosophisch-ethische und sozialwissenschaftliche Theoriebildung, die im derzeitigen Diskurs nur sehr selten miteinander verbunden werden und die hier natürlich nicht aufgelöst werden können.

Zunächst scheint es evident, dass sowohl die ›Idee‹ der Menschenwürde als auch ihre Realisation als normativ-rechtliches Projekt eine Geschichte hat. Es wäre sicherlich verfehlt davon auszugehen, dass die Menschenwürde ›schon immer‹ explizit oder implizit gedacht worden wäre. Dies scheint mir auch weitgehend Konsens zu sein. Auch wenn es mit der Imago Dei-Vorstellung oder Cicero's Überlegung zur Dignitas Hominis vormoderne universalistische Konzepte gibt, so wird darin nicht umstandslos die Gleichheit aller Menschen artikuliert und auch keine Begründung von Rechten geliefert. Die Frage, wie sich der moderne Würdebegriff zu vormodernen Konzeptionen verhält, wird unterschiedlich beantworte.[1] Doch wie immer man diese Ideengeschichte rekonstruieren mag, mit dem Gedanken, dass jeder Mensch eine unveräußerliche Würde hat, kommt ein Gedanke auf, der beansprucht, etwas über den Menschen zu sagen, das sich nicht allein aus spezifischen Wertvorstellungen ergibt, sondern so grundsätzlich ist, dass damit der Anspruch verbunden ist, dass der Mensch sich nicht konsistent versteht, wenn er sich nicht als Träger der Menschenwürde begreift. Das bedeutet, dass mit der Menschenwürde eine Sicht auf den Menschen verbunden ist, nach der der Mensch als Träger von Rechten aufzufassen ist, demzufolge es bestimmte (negative und positive) Pflichten gegenüber jedem Menschen gibt und politische Ordnungen in ihrer Gestaltung diesem Respekt Rechnung tragen müssen.[2] In dieser Minimalauffassung kann man den universalistischen Gehalt der Menschenwürde rekonstruieren. Wenn dem so ist, so müsste jede Ordnung der Menschenwürde so gedacht werden, dass sie diese Überzeugung konstitutiv in ihre Ordnung implementiert hat. Eine Ordnung der Menschenwürde ohne universalistischen Anspruch ist dann nicht denkbar. Das mag man für unsinnig ansehen, aber es wäre dann vielleicht doch der Mühe wert, zunächst einmal verstehen zu wollen, wie dieser Anspruch in seiner stärksten Interpretation verstanden werden kann, bevor man ihn als naiv, gefährlich oder sozialwissenschaftlich unaufgeklärt verwirft.

Wie bereits gesagt, kann dieser Anspruch nicht so verstanden werden, dass Menschen dies immer schon (implizit) gedacht haben. Ebenso wenig kann es jedoch bedeuten, dass die Akzeptanz des Prinzips der Menschenwürde bruchlos mit den politischen Ordnungen zusammenfällt, die sich auf Egalitarismus, Rechtsstaat, Pluralismus und Demokratie festgelegt haben und die lediglich unter spezifischen historischen Bedingungen möglich sind. Die Menschenwürde muss fundamentaler gedacht werden, insofern sie auch einen normativen Maßstab formen sollte, der die Weiterentwicklung der bestehenden Ordnung informieren kann. Anders ist es auch gar nicht zu verstehen, dass wir etwa heute in ganz grundlegendem Sinne Grund- und Menschenrechte anders interpretieren als in den 1940er Jahren zu Zeiten der Abfassung der Universalen Erklärung der Menschenrechte oder des Grundgesetzes der Bundesrepublik Deutschland, etwa wenn wir nur an Frauenrechte, Homosexualität oder Klimaschutz denken. Die Menschenwürde muss eine gewisse Interpretationsoffenheit aufweisen, anders kann sie nicht als fundamentaler

1 Von vielen Autoren wird angenommen, dass im Spätmittelalter wesentliche ideengeschichtliche Weichen gestellt werden. Wesentliche Diskussionen drehen sich etwa darum, dass das Haben von Rechten nicht mehr als Funktion von Eigentumsverhältnissen gedacht wird. Siehe etwa Brett (1997).

2 Siehe etwa Düwell 2017; 2020.

normativer Maßstab gedacht werden.[3] Wenn also dieser Anspruch auf Universalismus nicht einfach als Ausdruck historischer Naivität aufgefasst werden soll, so muss sich in ihm etwas artikulieren, das sich aus dem Kern menschlichen Selbstverständnisses und moralischer Sozialverhältnisse rekonstruieren lässt. Das bedeutet, dass es in einem qualifizierten Sinn denkbar ist, dass die rechtliche Gleichstellung von Frauen als ein Fortschritt in der Interpretation der Menschenwürde angesehen werden kann, dass man aber zugleich annehmen muss, dass fundamentale Charakteristika der Menschenwürde-Idee auch schon in Zeiten vorfindlich sind, die diese Gleichstellung noch nicht kannten.

In diesem Sinne hat Immanuel Kant versucht zu zeigen, dass es einen fundamentalen Zusammenhang zwischen der Idee der Moralität, des Respekts zwischen Menschen und der Entwicklung des Gemeinsinns gibt.[4] Dabei wird das Moralische als fundamentaler Aspekt menschlichen Selbstverständnisses gedacht, bei dem Menschen ihre Handlungsorientierungen im Licht der Akzeptabilität für Andere prüfen. Dieser Schritt, das eigene Handeln aus der Perspektive seiner Bedeutung für den Anderen zu sehen, scheint die Grundbedingung für die Möglichkeit einer moralischen Perspektive zu sein. Zugleich ist diese moralische Perspektive notwendigerweise mit der Idee des Respekts vor Wesen verbunden, die die Fähigkeit besitzen, eine solche moralische Perspektive einzunehmen.[5] Die Frage nach der Akzeptabilität unserer Handlungsorientierung für Andere hat nur dann normative Autorität für uns, wenn wir einerseits uns selbst als handelnde Wesen respektieren und wenn wir zugleich der Perspektive des Anderen Autorität zusprechen, die uns einen Grund gibt, unser Handeln entsprechend auszurichten. Schließlich behauptet Kant, dass diese gegenseitige Sichtweise auf uns als Handelnde, die Respekt verdienen, die Grundlage bietet für die Möglichkeit moralisch akzeptabler Sozialverhältnisse und der Entwicklung von Gemeinsinn (sensus communis).

Ohne hier auf die Interpretationsfragen im Einzelnen eingehen zu können, ist es jedoch wichtig zu sehen, dass in einem solchen Modell der Ansatz für ein Verständnis der Menschenwürde grundgelegt ist, das eine Brücke schlägt zwischen dem Respekt vor mir selbst und anderen als

3 Sieh etwa McCrudden (2008), Göbel (2019).

4 Man kann diesen Zusammenhang etwa in den verschiedenen Fassungen des Kategorischen Imperativs im 2. Teil der Grundlegung zur Metaphysik der Sitten finden (Allgemeine Gesetzesformel, Selbstzweck-Formel, Reich der Zwecke-Formel), aber auch teilweise in der 2. und 3. Kritik. Aber es kann hier nicht um eine technische Rekonstruktion der Kantischen Position gehen. Vgl. zum folgenden Beyleveld/Düwell 2020.

5 Mir ist bewusst, dass sich hier die ganze Reihe von Fragen anschließt um den Status von Menschen mit spezifischen Einschränkungen und die Frage von Tierrechten. Siehe dazu etwa: Düwell (2008) 100–114.

moralfähigen Wesen, den Bedingungen der Fragen nach moralischer Akzeptabilität und den Bedingungen für gemeinschaftliche Orientierungen. Ein solcher Begriff der Menschenwürde ist noch formal, aber nicht eo ipso leer. Es gibt verschiedene Versuche, von hier aus zu zeigen, dass auf dieser konzeptionellen Basis das moderne Menschenwürde-Konzept und die entsprechende institutionelle Ordnung normative Autorität verdienen. Doch es ist wesentlich, dass der skizzierte begriffliche Zusammenhang nicht erst mit der Moderne entsteht. Man könnte auch versuchen, etwa für den alten Orient zu zeigen, dass das Lex Talionis, das als Blutrache-Formel ›Auge um Auge, Zahn um Zahn‹ eine gewisse Bekanntheit erreicht hat, in einer solchen Perspektive plausibel verstanden werden kann. In einem sozialen Zusammenhang, in der kleine soziale Gruppen mit geringem Differenzierungsgrad und ohne zentrale staatliche Macht in einer Weise zusammenleben, dass gelegentliche gewaltsame Konflikte unvermeidlich sind, bedarf es Regelungen zur Durchsetzung des normativen Schutzes von Menschen. Diese normative Perspektive wird erforderlich, wenn man den Respekt vor dem Menschen ernstnimmt. In Ermangelung zentraler Machtperspektiven muss innerhalb von Familie und Clan jemand bestimmt werden, der die normativen Sanktionen vornimmt, doch zugleich wird das Prinzip der Verhältnismäßigkeit eingeführt.[6] Die Möglichkeit, sich selbst wechselseitig in der Rolle von Täter und Bluträcher zu sehen und die geteilte Vorstellung der normativen Verpflichtungen wären als Elemente einer sich bildenden normativen Ordnung zu verstehen. Zugleich ist diese Ordnung instabil aufgrund der fehlenden dritten Instanz, die die Legitimität der entsprechenden Strafhandlungen beurteilt. Vor der Idee des Respekts voreinander gibt es daher auch Gründe, warum diese Ordnung transformiert werden muss und in der Tat wird in der Geschichte des Alten Testaments die Blutrache durch Gerichtsbarkeit ersetzt, sobald sich staatliche Strukturen etablieren.

(3) Ein künftiges Gespräch über Menschenwürde

Ziel dieses Beitrags ist es nicht, eine substanzielle Position im Hinblick auf Universalität und Kulturabhängigkeit der Menschenwürde zu vertreten. Es ging vielmehr darum, die Fragen spezifischer zu verstehen, die sich hier stellen. Es scheint mir um ein grundlegendes Spannungsverhältnis zu gehen. Zum einen ist die Menschenwürde mit einem so fundamentalen Aspekt menschlicher Moralität verbunden, dass sich mit ihr nicht allein die spezifischen Institutionen liberaler Gesellschaften verbinden, sondern die Möglichkeit einer zivilen Gesellschaft überhaupt. Wäre

6 Siehe zum ganzen Komplex: Luhmann 1965; 2008.

dem anders, wäre es schwer zu verstehen, dass zentrale Aspekte der Menschenwürde schon vor der Moderne gedacht wurden. Insofern müsste man die Ethik der Menschenwürde einbetten in anthropologische Bedingungen, die mit der Verletzlichkeit und Bedürftigkeit des Menschen zu tun haben, seiner Handlungsfähigkeit und dem Zusammenhang von Respekt vor sich selbst und Respekt vor anderen Menschen. Transzendentalphilosophische Moralbegründungen beschäftigen sich mit diesen Fragen. In dieser Linie versuchen wir den Respekt vor der Menschenwürde zu verstehen im Lichte eines konsistenten Selbstverständnisses des Menschen: Die These wäre dann, dass es inkonsistent für Menschen ist, wenn die Moral nicht von diesem Respekt ausgeht. Eine solche transzendentalphilosophische Reflexion fällt nachdrücklich nicht mit der empirischen These zusammen, dass alle Moralen der Geschichte eine Moral der Menschenwürde vertreten hätten. Es gab und gibt Moralen, die mit der Menschenwürde in jeder Hinsicht unverträglich sind, und keine Gesellschaft ist davor gefeit, errungene menschenrechtliche Standards zu verlieren.

Zum anderen spielt die Menschenwürde eine spezifische Rolle bei der Begründung liberaler normativer Ordnungen, die sich in ihrem Selbstverständnis auf Menschenrechte, Gleichheit, Rechtsstaatlichkeit und Demokratie verpflichtet sehen. Die Menschenwürde wird als Begründung dieser Ordnung angesehen und es ist wesentlich, dass der Zusammenhang nicht kontingent ist, dass es also eine Abkehr von Menschenrechten, Rechtstaatlichkeit und Demokratie zugleich als Abkehr von der Menschenwürde aufgefasst werden müsste. Diese spezifische normative Ordnung ist jedoch historisch kontingent und vor dem Hintergrund bestimmter ideengeschichtlicher Kontexte und gesellschaftstheoretischer Voraussetzungen entstanden. Zum Verständnis dieser Voraussetzungen verdanken wir Gesa Lindemann sehr viel.

Das angedeutete Spannungsfeld ist nun nicht einfach ein interessantes Spielfeld von Soziologie und Philosophie, sondern es geht um die Frage, inwiefern auf Menschenwürde gegründete normative Ordnungen auch in einer Welt möglich sind, die von Globalisierung, Digitalisierung und drohendem Klimawandel gekennzeichnet ist. Wäre die Menschenwürde nur unter den kontingenten Bedingungen westlicher Geschichte zu verstehen, so wäre sie für eine globale Welt nur dann als Grundlage denkbar, wenn diese globale Welt unilateral eine westliche Welt wäre. In einer digitalisierten Welt könnte es so sein, dass in zunehmendem Maße menschliches Handeln durch technische Abläufe ersetzt wird. Je mehr dies der Fall ist, stellt sich die Frage, inwiefern die Regulierungsformen, auf die sich Menschenrechte, Rechtstaat und Demokratie beziehen, überhaupt noch anwendbar sind. Im Kontext des Klimawandels werden anerkannte Freiheitsrechte neu interpretiert werden müssen und dabei stellt sich die Frage, ob dies auf der Basis einer normativen Ordnung der Menschenwürde geschehen wird. Wenn wir davon ausgehen, dass die Menschenwürde normative Autorität hat, so hätten wir Gründe uns Ordnungen zu widersetzen, die die Anwendungsbedingungen der Menschenwürde untergraben. In jedem Fall sind hier zahlreiche offene Fragen und das oben skizzierte Gespräch scheint mir der Rahmen, in dem diese Fragen zur Diskussion gestellt werden sollten. Ich freue mich darauf, dies Gespräch stets erneut mit Gesa Lindemann führen zu können.

Literatur

Beyleveld, Deryck/Düwell, Marcus (2020): *The Sole Fact of Pure Reason. Kant's Quasi-Ontological Argument for the Categorical Imperative. Supplements to the Kant-Studien*, Berlin: De Gruyter.

Brett, Annabel (1997): *Liberty, Right and Nature. Individual Rights in Later Scholastic Thought*, Cambridge: Cambridge University Press.

Cicero, Marcus Tullius: *De officiis* I 105 f. Deutsch: M. T. Cicero: Vom pflichtgemäßen Handeln. Ausgewählte Werke Band 1, Düsseldorf: Patmos 2008, 58.

Düwell, Marcus (2008): *Bioethik. Methoden, Theorien und Bereiche*, Stuttgart: J.B. Metzler'sche Verlagsbuchhandlung.

Düwell, Marcus (2017): »Human Dignity and the Ethics and Regulation of Technology«, in: Roger Brownsword/Eloise Scotford/Karen Young (Hg.), *The Oxford Handbook of the Law and Regulation of Technology*, Oxford: Oxford University Press, 177–196.

Düwell, Marcus (2020): *Menschenwürde ohne Metaphysik*, in: *Archiv für Rechts- und Sozialphilosophie – Beihefte* Bd. 165, hrsg. v. Ulfried Neumann/Paul Tiedemann/Shing-I Liu, Stuttgart: Franz Steiner Verlag, 9–22.

Fukuyama, Francis (1992): *Das Ende der Geschichte. Wo stehen wir?* Aus dem Amerikanischen von Helmut Dierlamm, Ute Mihr und Karl Heinz Dürr, München: Kindler.

Girard, René (2002): *Das Heilige und die Gewalt*, Ostfildern: Patmos.

Göbel, Marie (2019): *Human Dignity as the Ground of Human Rights: A Study in Moral Philosophy and Legal Practice*, Utrecht: Quaestiones Infinitae 121.

Lindemann, Gesa (2014): »Social and cultural presuppositions for the use of the concept of human dignity«, in: Marcus Düwell/Jens Braarvig/Roger Brownsword/Dietmar Mieth (Hg.), *The Cambridge Handbook of Human Dignity: Interdisciplinary Perspectives*, Cambridge: Cambridge University Press, 191–199.

Lindemann, Gesa (2014): *Weltzugänge. Die mehrdimensionale Ordnung des Sozialen*, Weilerswist: Velbrück Wissenschaft.

Lindemann, Gesa (2017): »Verfahrensordnungen der Gewalt«, in: *Zeitschrift für Rechtssoziologie*, 37(1), 57–87.

Lindemann, Gesa (2018): *Strukturnotwendige Kritik*, in: *Theorie der modernen Gesellschaft* Bd. 1, hrsg. V. ebd., Weilerswist: Velbrück Wissenschaft.

Lindemann, Gesa (2020): *Die Ordnung der Berührung. Staat, Gewalt und Kritik in Zeiten der Coronakrise*, Weilerswist: Velbrück Wissenschaft.

Luhmann, Niklas (1965): *Grundrechte als Institution. Ein Beitrag zur politischen Soziologie*, Berlin: Duncker & Humblot.

Luhmann, Niklas (2008): *Rechtssoziologie*, Wiesbaden: VS Verlag für Sozialwissenschaften. 4. Auflage.

McCrudden, Christopher (2008): »Human Dignity and Juridical Interpretation of Human Rights«, in: *The European Journal of International Law* 19 (4), 655–724.

Plessner, Helmuth (2003): *Macht und Menschliche Natur*, in: *Gesammelte Schriften* Bd. 5, hrsg. v. Günter Dux/Odo Marquard/Elisabeth Ströker, Suhrkamp: Frankfurt am Main.

Anton Kirchhofer

›Partizipationsarrangements‹ und ›partizipatorische Rekonzeptualisierung‹

Literaturwissenschaftliche Perspektiven für eine kritische Partizipationsforschung im Dialog der Disziplinen

(1) Vorbemerkungen

In diesem Text nehme ich, in grob raffender und thesenhafter Form, die besonderen disziplinären Ausprägungen der Thematik und des Begriffs der Partizipation in den Literaturwissenschaften in den Blick. Als Ziel einer solchen Reflexion sehe ich zunächst die disziplinäre Selbstaufklärung über einen in den vergangenen Jahren vielfach verwendeten, normativ aufgeladenen, aber kaum explizierten Begriff. Eine reflexive Aufarbeitung der je besonderen disziplinären Ausformungen und der Funktionen unterschiedlicher Konzepte der Partizipation in der Geschichte einer Disziplin wäre auch eine produktive Voraussetzung für einen interdisziplinären Dialog zum Thema. Den Beitrag, der zu einem solchen Dialog aus der Perspektive der *Literary and Cultural Studies* – insbesondere mit Bezug auf die hier schon lange einflussreichen Untersuchungsansätze Michel Foucaults – möglich wäre, möchte ich mit den folgenden Überlegungen skizzieren.

Gesa Lindemanns fortdauernde Ausarbeitungen zum Menschen als einer zentralen kognitiv-normativen Institution der modernen Gesellschaft bilden einen wichtigen Anknüpfungspunkt für die hier vorgestellten Überlegungen. Mit der Beobachtung der Institutionalisierung des Körperindividuums – anstelle des zuvor etablierten Seelenindividuums oder des noch älteren Dividuums – und mit der Identifikation des Menschen als zentraler kognitiv-normativer Institution der modernen Gesellschaft schien mir Lindemann schon den grundlegenden Beitrag zu einer soziologischen Partizipationsforschung geleistet zu haben, die zugleich von interdisziplinärer Relevanz ist. Mit der Institutionalisierung des Menschen gleich an Freiheit und Würde als der basalen personalen Einheit der modernen Gesellschaft scheint bereits ein bestimmter Partizipationsanspruch dieser Menschen mindestens implizit gesetzt. Und mit der Etablierung einer Wissenschaft, welche die Aufgabe hat, die Interaktionen der Menschen zu untersuchen und zu erklären, oder aber sie aus wissenschaftlicher Perspektive auf den Begriff zu bringen, scheint eine Disziplin konzipiert, die unausweichlich mit Fragen nach der Partizipation befasst sein wird. Aus der Historisierung dieser Fragestellungen ergibt sich dann die Frage, ob die sozialen Formationen vor und außerhalb der modernen Gesellschaft ebenfalls über möglicherweise ganz anders geartete Diskurse über und Konzepte von Partizipation verfügen, die ich hier nicht mehr verfolge.

Bevor ich mich der Frage zuwende, in welcher Weise das Thema der Partizipation zu unterschiedlichen Zeiten in die Literaturwissenschaft Eingang gefunden hat (Abschnitt 3), stelle ich einige grundsätzliche Erwägungen (Abschnitt 2) voran. Ausgehend von Überlegungen zu der Rolle, die das Anknüpfen an die Arbeiten Michel Foucaults in der kulturwissenschaftlich orientierten Literaturwissenschaft gespielt hat, unternehme ich dann eine Explikation der zumeist impliziten partizipationsanalytischen Orientierung in Foucaults ›Ansatz‹ (Abschnitt 4) und schlage – gefasst unter den Stichworten der ›partizipatorischen Rekonzeptualisierung‹ und der Analyse von ›Partizipationsarrangements‹ – die Profilierung eines operationalisierbaren – weiten, aber jeweils präzisen – Partizipationsbegriffs vor (Abschnitt 5).

(2) Kritik/Problematisierung und Profilierung/ Operationalisierung als Optionen der Partizipationsforschung

Kritische Partizipationsforschung scheint mir grundsätzlich mit zwei Prioritäten denkbar. Einerseits kann die kritische Beobachtung der Konjunktur des Begriffs der ›Partizipation‹ im Vordergrund stehen, die seit einiger Zeit über viele Disziplinen und Kontexte hinweg zu verzeichnen ist. Eine zweite mögliche Priorität kann in der Profilierung eines eigenen Partizipationsbegriffs bestehen, sowie in dessen Operationalisierung für Analysen und kritische Beschreibungen je avisierter Phänomene.

Variante 1, die kritische Problematisierung der vielfältigen Verwendungen des Begriffs ›Partizipation‹, kann beispielsweise darauf zielen, die Diversität und Heterogenität der Konzepte und Diskurse von Partizipation sichtbar zu machen; ihre jeweiligen Besonderheiten zu beschreiben; ihre expliziten Annahmen und impliziten Voraussetzungen einer kritischen Überprüfung zu unterziehen und sie nach ihrer Konsistenz und (Selbst)Transparenz zu befragen.

Variante 2, die Profilierung eines dezidiert umrissenen Partizipationskonzepts, würde sich nicht primär daran orientieren, ob im untersuchten Material explizit von Partizipation die Rede ist, sondern daran, ob dort etwas erkennbar ist, was sich aufgrund des selbst umrissenen und profilierten Begriffs produktiv als Partizipation beschreiben lässt. Ein so profilierter Begriff von Partizipation bietet die Möglichkeit einer Weiterführung hin auf eine methodische Operationalisierung dieses Begriffs. Diese Profilierung und Operationalisierung müsste sich offenkundig selbst einer kritischen Problematisierung öffnen. Sie würde sich aber nicht in dieser erschöpfen.

Einer umfangreicheren Diskussion wäre wohl die Frage vorzubehalten, in welchem Verhältnis diese beiden Prioritäten zueinanderstehen (Stehen sie in Konflikt? Sind sie kombinierbar? Oder aber: Sind sie überhaupt trennbar, oder sind sie explizit oder implizit immer beide präsent? Und ggf. auf welche Weise? Stellt sich ihr Verhältnis immer gleich dar, oder variiert es je nach kulturellem oder disziplinärem Kontext, in dem Partizipation thematisch wird?). Solche Fragen lassen sich insbesondere aus Anlass je konkreter Positionsnahmen produktiv diskutieren, wenn die Perspektiven auf den Begriff und die damit verbundenen Phänomene in einzelnen Beiträgen aus verschiedenen Disziplinen miteinander in einen Dialog geraten.

Was aber vorweg vorgeschlagen werden soll, ist eine reflektierte Unterscheidung zwischen diesen beiden Prioritäten. Um in einen Dialog zwischen unterschiedlichen Positionen und Perspektiven einzutreten, wäre es wünschenswert, jeweils zu deklarieren, ob eine Aussage sich dominant einem kritischen Blick auf vorfindliche Partizipationsdiskurse verpflichtet sieht, und inwiefern sie selbst auf der Grundlage eines eigenen Partizipationsbegriffs gemacht wird (und dann hinzuzufügen, was die wesentlichen Merkmale und Implikationen dieses Begriffs sind).

Ein solches Vorgehen ließe es auch zu jeweils zu benennen, was im Kontext der verschiedenen ›Prioritäten‹ häufig implizit bleibt, was aber idealerweise offengelegt werden sollte:

Der Schwerpunkt ›Kritik/Problematisierung‹ verschiedener Formen des Sprechens von Partizipation fokussiert offensichtlich Partizipationsdiskurse auf der Objektebene. Eine kritische Perspektive auf solche Partizipationsdiskurse wäre besonders effektiv mit einer Offenlegung der methodischen (und ggf. theoretischen) Grundlagen zu verbinden, die als Basis für die (kritische) Beschreibung von Partizipationsdiskursen als Untersuchungsobjekte dienen.

Im Fall der Profilierung oder sogar Operationalisierung von Partizipationskonzepten sind diese selbst Teil des Beschreibungsinstrumentariums, welches (mit wissenschaftlicher Zielsetzung oder intuitiv; deskriptiv oder normativ) an das Material herangetragen wird. Hier richtet sich das Erfordernis einer expliziten Offenlegung auf die jeweils selbst verwendeten Partizipationsbegriffe.

Was eine kritische Partizipationsforschung in der Regel nicht als gegeben annehmen sollte, ist eine ›Selbsttransparenz‹ von Partizipationsdiskursen. Mit anderen Worten: Es ist nicht so, dass diejenigen, die von

Partizipation sprechen, zugleich die eigenen Vorannahmen hinsichtlich der Partizipation artikulieren, die in ihre kritische Position eingehen. Im Gegenteil wäre davon auszugehen, dass in der Regel diese Transparenz nicht vorhanden ist, dass es aber zugleich ein Ziel ist, eine solche Transparenz herzustellen – im jeweiligen Einzelfall.

Im Folgenden unternehme ich den Versuch, eine solche Transparenz für definierte Sachkomplexe im Bereich der (anglophonen) Literatur- und Kulturwissenschaften herzustellen.

(3) Historischer Aufriss: Vorfindliche Partizipationsdiskurse in der Literaturwissenschaft

Der Begriff der Partizipation gehört weder zum etablierten Begriffsarsenal, noch gehört das Phänomen zu den traditionellen Untersuchungsgegenständen der Literaturwissenschaft. Partizipationsfragen haben also in dieser Tradition den Status des Exzeptionellen.

Grob skizziert können als traditionell etablierte Untersuchungsgegenstände der Literaturwissenschaft (und der Literaturgeschichte) vorrangig ›Autor‹, ›Werk‹, ›Gattung‹ sowie ›Epoche‹ und ›literarische Strömungen und Bewegungen‹ gelten. Zu diesen gesellen sich seit etwa den 1960er und 70er Jahren der ›Text‹ und der ›Leser‹, und ab den 1980er Jahren – in einem ganz spezifischen Sinn – die ›Kultur‹. Mit dem ›*cultural turn*‹ werden die traditionellen Gegenstände der Literaturwissenschaft um zusätzliches kulturelles Material erweitert und gemeinsam mit diesen im Hinblick auf die Aspekte untersucht, die in der allgemeinen geistes- und sozialwissenschaftlichen Theoriediskussion problematisiert werden. Im gleichen Zug rücken der Sache nach Fragen der Partizipation ins Zentrum der Disziplin, auch wenn der Begriff dabei weithin keine zentrale Rolle spielt.

Partizipation und die literaturwissenschaftliche Tradition

Verschiedene charakteristische Fragen der traditionellen Literaturwissenschaft könnten potentiell als Fragen nach der Teilhabe von Autor:innen und Werken an größeren literarischen oder literaturhistorischen Zusammenhängen aufgefasst werden. Kann man einen Autor bzw. ein Werk einer Epoche zurechnen, teilen sie deren Merkmale? Inwiefern nimmt der Autor an historischen Entwicklungen teil oder beeinflusst sie? Nimmt das Werk an stilistischen und ästhetischen Entwicklungen teil oder beeinflusst es sie? Gehören sie zu den wichtigen Autor:innen und Werken einer Zeit?

Bei den dabei aufgerufenen Konzepten von Teilhabe geht es allerdings nicht um soziale Partizipation. Vielmehr bemisst sich die Stellung von Autor:innen innerhalb der Literatur und Literaturgeschichte nach der ihrer je besonderen Bedeutung, die in der literaturwissenschaftlichen Diskussion zu ermitteln und ggf. zu revidieren ist. Sie kann sich aus einer besonderen Qualität (›ästhetischer Wert‹), aus besonders großer Popularität (Verkaufszahlen, materieller Erfolg) oder aus einem anderen Alleinstellungsmerkmal ergeben. Sie kann sich aber auch gerade aus der Zugehörigkeit eines Autors oder einer Autorin zu einer bestimmten Gruppe oder Strömung ergeben, oder beispielsweise aus dem repräsentativen oder illustrativen Charakter eines Werks für ein bestimmtes Genre. Es geht traditionell um die Herausarbeitung der besonderen, für ein Werk oder eine Autor:in charakteristische Form der Partizipation am Phänomen des Literarischen, nicht jedoch in der Überprüfung eines allen Autor:innen und Werken gleichermaßen zukommenden Rechts auf Teilhabe.

Eine exzeptionelle oder zumindest minoritäre Position nehmen unter den traditionelleren Forschungsperspektiven der – ›westlichen‹ – Literaturwissenschaft des 20. Jahrhunderts literatursoziologische und marxistische Ansätze ein, die von vorneherein die Fragen nach der Rolle von gesellschaftlichen Faktoren für die Literatur bzw. nach der gesellschaftlichen Bedeutung der Literatur als Untersuchungsgegenstände definieren (vgl. etwa Fügen 1971; Köhler 1974). Im Kontext der ›traditionellen Literaturwissenschaft‹ hatten derartige Fragen den Effekt, Literaturwissenschaftler:innen in unterschiedliche Lager zu teilen. Die einen lehnen textanalytische Verfahren des *close reading* als formalistisch oder elitär ab. Die anderen sehen in dieser Ablehnung eine radikale Verkennung des ›spezifisch Literarischen‹. Die Zugangsweisen sind in dieser Phase noch kaum kombinierbar.

In literatursoziologischen und marxistischen Ansätzen kommt eine charakteristische Thematisierung von Partizipation in drei Hinsichten zum Tragen. Zu beobachten sind als Varianten: (1) eine deskriptiv ausgerichtete Repräsentationsanalyse, (2) eine normativ ausgerichtete Analyse der Sozialdimension des literarischen Handelns und (3) eine normativ ausgerichtete Repräsentationsanalyse. Deren charakteristische Fragen und Ziele lassen sich verknappend etwa so zusammenfassen:

(1) Fragen und Ziele einer deskriptiv auf die dargestellten sozialen Verhaltensweisen ausgerichteten Repräsentationsanalyse: Welche Aspekte sozialer Partizipation werden (z.B. im Bildungsroman, im Gesellschaftsroman, im ›Realismus‹ allgemein) auf welche Weise und mit welchen Effekten dargestellt? Einschlägig ist hier z.B. die bekannte ›Widerspiegelungstheorie‹, der zufolge sich die gesellschaftlichen Verhältnisse – darin impliziert die Partizipationsbedingungen

unterschiedlicher Klassen von Menschen – im realistischen Roman widerspiegeln.

(2) Fragen und Ziele bei der Analyse von literarischem Handeln als sozialem Handeln: Wer hat Zugang zum ›literarischen Leben‹, wer nimmt daran Teil und auf welche Weise? Wem wird der Zugang durch gesellschaftliche Verhältnisse und Institutionen entweder ermöglicht bzw. erleichtert oder erschwert bzw. versperrt?

(3) Fragen und Ziele einer Repräsentationsanalyse, die normativ vorgeht und sich auf die Partizipationsimplikationen von ästhetischen Verfahren richtet: Inwiefern sind die besonderen Merkmale und Schwierigkeiten des künstlerischen Schreibens so voraussetzungsreich, dass sie selbst schon eine Partizipationshürde für bestimmte Menschen aus bestimmten sozialen Gruppen darstellen (Opposition von Hochkultur vs. Populärkultur)? Inwiefern können oder müssen bestimmte literarische Praktiken in diesem Sinne als exklusionistisch verurteilt werden? Inwiefern müssen inklusionistische ästhetische Verfahren propagiert oder gefordert werden, um die Partizipationsbedingungen zu verbessern?

Im jüngeren literatursoziologischen Kontext wäre zu vermerken, dass auch die literatursoziologischen Arbeiten von Pierre Bourdieu zur Distinktion, zur Konsekration, zum literarischen Feld und den dortigen *prises de position* aus den Fragehorizonten (2) und (3) erwachsen, wenn sie sich auch nicht in ihnen erschöpfen (vgl. Bourdieu 1979, 1983).

Die genannten Fragen wurden von den Vertreter:innen anderer, stärker auf die ›Qualität‹ der Texte und auf die als *close reading* bekannten Verfahren detaillierter Textanalyse bezogener literaturwissenschaftlicher Ansätze häufig disqualifiziert. Sie wurden als reduktiv und am Wesen der Literatur vorbeigehend angesehen. Der Gegensatz zwischen diesen beiden Zugängen zur Literatur prägt in der zweiten Hälfte des 20. Jahrhunderts lange Zeit die Literaturwissenschaften.

Partizipation und die kulturwissenschaftlich orientierte Literaturwissenschaft

Mit dem ›*cultural turn*‹ wird eine *implizite* Partizipationsorientierung zum konstitutiven Element für kulturwissenschaftlich orientierte Literaturwissenschaft. Das Sprechen von der so genannten ›embeddedness‹ literarischer Werke, wie es beispielsweise für den *New Historicism* programmatisch ist (vgl. prototypisch Veeser 1989), heißt effektiv immer ›Einbettung in spezielle Partizipationskonstellationen‹.

Begleitet wird dies zunächst noch von *culture wars*, von Auseinandersetzungen um den literarischen Kanon und von kontroversen Debatten um den ›Kulturbegriff‹ rund um die Opposition von Hochkultur vs. Populärkultur (einen Überblick gibt etwa Barker 2016). Der traditionell etablierte literarische Kanon, der sich nach dem Verständnis seiner Verfechter als Ergebnis einer strikten Qualitätsauslese etabliert hatte, wird seit den 1970er und 1980er Jahren stattdessen als Ergebnis einer Serie langandauernder systematischer Verletzungen von Partizipationsnormen kritisiert und ist sukzessive mit neuen Schwerpunkten verändert und erweitert worden (vgl. besonders prägnant Sedgwick 1990: 51f.). Mit der Kritik an den Selektionskriterien der eigenen Disziplin, der Distanzierung von ausschließlich ästhetisch hoch-literarischer Betrachtung und der Entlarvung der bisherigen vermeintlichen Qualitätskriterien als Ausschlusskriterien gegen nicht privilegierte Gruppen gehen einher die seit den letzten Jahrzehnten des 20. Jahrhunderts charakteristische theoriegeleitete Hinwendung zu problemspezifisch ausgewähltem Material und die breite Wiederentdeckung vormals aufgrund von Klasse, Geschlecht und Ethnizität ausgegrenzter historischer Materialbestände.

Die entscheidende Neuerung besteht darin, dass es anders als in den traditionellen literatursoziologischen und marxistischen Ansätzen im Zuge des *cultural turn* möglich wurde, Partizipationsfragen in einer Form zu stellen, die für die textanalytisch ausgerichteten literaturwissenschaftlichen Verfahren (*close reading*) anschlussfähig war. Damit entsteht zugleich ein neues Prinzip der internen Differenzierung in der Disziplin: An die Stelle der Konkurrenz von rivalisierenden ›literaturwissenschaftlichen Methoden‹ tritt die thematische Auffächerung nach Problembereich (so in *Gender Studies, Postcolonial Studies, Queer Studies, Disability Studies* oder *Ecocriticism*), wobei unter dem Stichwort der Intersektionalität auch Kombinationen und Allianzen möglich sind. Durch die gleichzeitige Inkorporation von textanalytischen Verfahren, wie sie im Zusammenhang mit Techniken des *close reading* formalisiert wurden, kommt es nicht einfach zur Ersetzung des ›Qualitätskriteriums‹ durch die ›Problemorientierung‹, sondern im Modus der Funktionsanalyse zu einer Einbindung des ›Qualitätskriteriums‹ in den Horizont einer problemorientierten Perspektive (die immer zugleich eine Partizipationsperspektive ist).

Diese Entwicklung hat seit den 1980er Jahren prinzipiell alle ›Nationalphilologien‹ erfasst, allerdings mit deutlichen Unterschieden in Ausmaß und Geschwindigkeit. Sie bildet inzwischen ein einflussreiches und weitverbreitetes, wenn auch keineswegs das ausschließliche Paradigma.

(4) Foucault, Macht und Diskurs: Partizipationskonzepte in den *Literary and Cultural Studies*

Macht und Foucault in den Cultural Studies

Mit Ausnahme der neueren Populärkulturforschung hat sich in den Cultural Studies die Problematisierung dieser Thematik nur selten explizit um den Begriff der Partizipation herum kristallisiert. Dort wird Partizipation (insbesondere im Anschluss an Henry Jenkins 1992, 2006) allerdings häufig als das besondere Merkmal der Populärkultur verstanden, durch das diese sich von der elitären, auf Ausgrenzung und Exklusivität bedachten Hochkultur unterscheidet. Der Begriff der Partizipation steht also für eine ganz bestimmte Form von Partizipation, die häufig als egalitär, reziprok, inklusiv beschrieben wird. Eine explizite Reflexion der im vorigen Abschnitt beschriebenen Partizipationsorientierung in der kulturwissenschaftlich orientierten Literaturwissenschaft in diesem Zusammenhang steht indessen noch weitgehend aus.

Die Arbeiten Michel Foucaults vor allem aus den 1970er Jahren bilden dagegen einen bedeutsamen Referenzpunkt im *cultural turn*. Dort finden sich nun keine expliziten Reflexionen auf den Begriff der Partizipation, wohl aber bildet die Analyse von Macht und Machtbeziehungen ein zentrales Element. Die Reflektion von Partizipationsthematiken in der kulturwissenschaftlich orientierten Literaturwissenschaft haben sich möglichweise aus diesem Grund vorrangig in der Auseinandersetzung mit dem Begriffsfeld der »Macht« (Repression und Widerstand; Subversion vs. Affirmation / *subversion and containment*) artikuliert. Dabei wurden sie aber häufig mit einer eher normativ-kritischen als mit einer reflexiv-kritischen Perspektive verbunden. Hieraus resultiert eine nicht aufgelöste Spannung innerhalb vieler kulturorientierter Ansätze, denn bei Foucault tritt bekanntermaßen an die Stelle derartiger Begriffspaare eine Kritik an der »Repressionshypothese« – wie Foucault das Verständnis von Macht als einer dominant ausschließenden und verhindernden Größe bezeichnet – und eine Konzeption von Machtbeziehungen als »interplay of nonegalitarian and mobile relations«, »exercised from innumerable points« (Foucault 1978: 94), welche anderen sozialen Beziehungen (beispielsweise »economic processes, knowledge relationships, sexual relations«; ibid.) immanent sind, und welche sich immer innerhalb je spezifischer räumlich-materieller und technischer Anordnungen abspielen.

Aus diesem Sachverhalt (nämlich einerseits der Fokussierung auf Oppositionspaare wie Repression und Widerstand; Subversion vs.

Affirmation oder auch *subversion and containment* und andererseits einer Referenz auf Foucaults Diskurs- und Machtanalysen der 1970er Jahre) resultiert eine Spannung, die sich vielfach in Diskussionen um die (vermeintlich) mangelnde kritische Kraft diskursanalytischer Vorgehensweisen manifestiert hat.

Während also die expliziten Partizipationsdiskurse auch nach dem *cultural turn* noch oft dazu dienen, ältere binäre Polarisierungen fortzuschreiben, findet die Verhandlung von Fragen, die in der Sache Partizipationsfragen sind, häufig unter dem Stichwort der ›Macht‹ statt. Verfolgt man aber den Gedanken, dass die Partizipationsorientierung, die mit dem *cultural turn* und der daraus resultierenden kulturwissenschaftlichen Orientierung in die Literaturwissenschaft gelangt ist, sich bislang häufig gerade mit der Auseinandersetzung mit Foucaults relationaler Konzeption von Macht schwer getan hat, so eröffnet sich die Möglichkeit, dieser Problematik dadurch eine neue Wendung zu geben, dass die bei Foucault implizierte Konzeption von Partizipation explizit gemacht und so (u.a.) einer Diskussion im Rahmen von Cultural Studies-orientierter Literaturwissenschaft zugänglich gemacht wird.

Diskursanalyse als partizipatorische Rekonzeptualisierung und Analyse von Partizipationsarrangements

Ein diskursanalytisches Vorgehen, wie Foucault es praktizierte, ließe sich für die Zwecke des vorliegenden Zusammenhangs knapp auf die Formel der ›partizipatorischen Rekonzeptualisierung‹ bringen. Dabei werden die je zu untersuchenden Phänomene als Korrelate eines je besonderen ›Partizipationsarrangements‹ verstanden und werden in Bezug auf ihre Funktionen und Effekte innerhalb solcher Partizipationsarrangements beschrieben. Dies lässt sich gut anhand einiger vertrauter Foucaultscher Begriffsprägungen wie ›Autorfunktion‹, ›Sexualitätsdispositiv‹ oder ›Disziplinarmacht‹ veranschaulichen.

Das Sprechen von ›Autorfunktion‹ statt von ›Autor‹, das Foucault vorschlägt, legt den Akzent auf die Instanzen, die am Sprechen über »den Autor« beteiligt sind (die Literaturkritik, die Verlage, die Literaturwissenschaft); auf die Merkmale, die diese Instanzen aufweisen bzw. die »dem Autor« von diesen zugewiesen werden; auf die Wirkungen, die mit diesem Sprechen verbunden sind bzw. sein können; und auf die historischen Veränderungen und Kontinuitäten, die hinsichtlich dieses Sprechens zu beobachten sind. Statt die Frage zu stellen, ob es ›den Autor‹ gibt oder nicht (bzw. ob es ihn früher gab und ab einem bestimmten Punkt nicht mehr) wird ›der Autor‹ rekonzeptualisiert als Partizipationsphänomen – als Phänomen, das im Rahmen der Beteiligung der beschriebenen Instanzen erzeugt wird und gleichzeitig deren Positionen und Handlungsspielräume beschreibt und gestaltet: mithin als ein Phänomen, das im Kontext eines spezifischen Partizipationsarrangements, das sich zusammensetzt aus organisatorischen – materiellen und institutionellen – Komponenten, aus Akteur:innen, die in je besonderen Funktionen und mit je besonderen Handlungsspielräumen agieren, und aus je besonderen mit diesen Komponenten korrelierten Begriffen.

In ähnlicher Weise rekonstruiert Foucault in *La volonté de savoir* (Foucault 1978) unterschiedliche Formationen von Beteiligten und unterschiedliche Modalitäten der Beteiligung, die jeweils charakteristischerweise im Zusammenhang mit den Begriffen ›Fleisch‹, ›Allianz‹ bzw. ›Sexualität‹ vorhanden sind. Die letzteren Begriffe werden für Foucault so als Korrelate von je besonderen *Dispositiven* beschreibbar. Schließlich werden die Disziplinarinstitutionen, wie sie in *Surveiller et punir* (Foucault 1975) analysiert werden, als je besondere Partizipationsarrangements beschrieben: Die segmentierte Aufgliederung von Handlungen, die je besonderen materiellen Anordnungen in Fabriken, Gefängnissen, Hospitälern und Erziehungsanstalten mit ihrem Spektrum von je besonders definierten Partizipant:innen stellen je spezifische Varianten disziplinarisch konzipierter Partizipationsarrangements dar und lassen darüber hinaus erkennen, dass die beteiligten Entitäten und Instanzen, von denen innerhalb dieser Arrangements Wirkungen ausgehen, nicht unausweichlich als Menschen und als Körperindividuen verfasst sein müssen (auch wenn gerade die Disziplinarmacht sich in ihren Partizipationsarrangements spezifisch auf das Körperindividuum richtet).

Für die Untersuchung von ›Kulturen der Partizipation‹ ließe sich daraus als Methode ableiten, dass auf der Grundlage einer partizipatorischen Rekonzeptualisierung die unterschiedlichen und je besonderen partizipatorischen Formationen zu ermitteln wären, in denen die jeweils erforschten Themen und Phänomene lokalisiert sind, von denen sie produziert werden und zu deren Reproduktion sie zugleich beitragen. So würde es zur Regel, dass an je bestimmte Themen, Begriffe und Phänomene zunächst die Frage gestellt wird, welche Partizipationsarrangements bei ihnen zugrunde liegen und welche Rolle sie in deren Kontext jeweils spielen. So ließe sich auch der häufig als unklar empfundene Begriff des Dispositivs klären. Zudem lässt sich die Besonderheit einer jeweiligen ›Kultur der Partizipation‹ erfassen und lassen sich zugleich die Differenzen zwischen solchen Kulturen benennen und beschreiben.

Es sind rekurrente Fragen, die stets an Themen und Begriffe zu stellen sind: Fragen nach den Beteiligten und ihren Merkmalen (wobei die Beteiligung keineswegs freiwillig oder bewusst sein muss) sowie nach den Modalitäten des Beteiligtseins (wobei diese weder angenehm noch gerecht sein müssen). Zum Zweck der Beschreibung der Geschichte, der Definitionen und Funktionen bestimmter Begriffe ist demnach nach den Partizipationsarrangements zu fragen, mit denen sie korreliert sind. Es ist danach zu fragen, welche – mehr oder weniger dauerhafte und stabile, mehr oder weniger fest institutionalisierte – je besondere Verknüpfung von (1) situationsermöglichenden Umständen und Gegebenheiten, (2) situationsspezifischen Subjektivitäten und Subjektpositionen und (3) situationsgebundenen Bedeutungen und Wirkungen von Begriffen vorliegt. Die Darstellung des Spektrums bzw. der Abfolge solcher je besonderer Verknüpfungen bildet die Grundlage zur Beschreibung der Geschichte, Definitionen und Funktionen bestimmter Begriffe. In diesem Sinne lässt sich Diskursanalyse als eine bestimmte Art der partizipatorischen Rekonzeptualisierung beliebiger Problematiken und Begrifflichkeiten verstehen.

Ein diskursanalytisches Vorgehen ließe sich demnach verstehen als Profilierung und Operationalisierung eines bestimmten Partizipationskonzepts, das wiederum mit dem oben referierten relationalen Machtbegriff beschreibbar wäre. Voraussetzung ist allerdings, den Partizipationsbegriff prinzipiell auf alle Formen und Varianten des Beteiligtseins auszudehnen (mithin das Vorkommen von nicht-egalitären Relationen aller Art in Erwägung zu ziehen), statt Partizipation auf das Ideal von prinzipiell egalitären Relationen zu begrenzen, wie es immer wieder versucht wird (z.B. Carpentier 2011b).

(5) Profilierung und Operationalisierung: Plädoyer für einen weiten aber jeweils präzisen Partizipationsbegriff

Die Beschreibung von Partizipationsarrangements und die Analysefigur der partizipatorischen Rekonzeptualisierung sind indessen nicht beschränkt auf die Formen, die sie in der Diskursanalyse annehmen. Vielmehr lässt sie sich historisch sehr viel weiter zurückverfolgen, als charakteristische, mit progressiven kritischen Positionen verknüpfte Argumentationsfigur. Prototypisch sind die Auseinandersetzungen über die Teilhabe ausgegrenzter Gruppen (Inklusion/Exklusion auf der Basis von Klasse, Geschlecht und Ethnizität). Nicht weniger zentral sind aber die Forderungen danach, dass in Bezug auf dieses oder jenes bestimmte, nicht generell als partizipatorisch produziert angesehene Phänomen (endlich) anerkannt und gewürdigt werden soll, dass es der Effekt eines je spezifischen Partizipationsarrangements ist. Die Auflösung des ›Autors‹ in eine ›Autorfunktion‹ ist ein Beispiel, wie das in bestimmter Weise geschehen kann. Brechts »Fragen eines lesenden Arbeiters« liefern ein Beispiel, wie das in bestimmter anderer Weise geschehen kann.

Wer baute das siebentorige Theben?
In den Büchern stehen die Namen von Königen.

Haben die Könige die Felsbrocken herbeigeschleppt?
[...]
Der junge Alexander eroberte Indien.
Er allein?
Cäsar schlug die Gallier.
Hatte er nicht wenigstens einen Koch bei sich?
[...]
Alle zehn Jahre ein großer Mann.
Wer bezahlte die Spesen? (Brecht 1988: 29)

Auch Brecht geht es darum, die tatsächlich Beteiligten sichtbar zu machen, die in gängigen Repräsentationen unterschlagen werden – wobei es weniger darum geht, die nachträgliche Anerkennung für den Beitrag des Kochs zur imperialen Expansion einzufordern, als die »Spesen«, d.h. die verborgenen menschlichen Kosten, sichtbar zu machen, die mit den ihm auferlegten Partizipationsbedingungen verbunden sind. Doch auch hier gilt, dass stets die gleichen Fragen zu stellen sind: nach den Beteiligten und deren Merkmalen (die nicht freiwillig und nicht bewusst gewählt sein müssen) sowie nach den Modalitäten des Beteiligtseins (die weder angenehm noch gerecht sein müssen). Wenn Foucault die Konstruktion des ›Autors‹ sichtbar macht, die in der traditionellen Literaturwissenschaft unterschlagen wird, und wenn Brechts anhand der Fragen seines lesenden Arbeiters sichtbar macht, wie von der bürgerlichen Historiographie der Anteil unterschlagen wird, den die Ausgebeuteten an den vermeintlichen Glanzleistungen ›großer Männer‹ hatten, unterscheiden sich die Antworten sowohl inhaltlich als auch in der Konzeption der beteiligten Instanzen und Faktoren. Beide haben aber gemeinsam, dass sie in Bezug auf Phänomene, die generell nicht als partizipatorisch verstanden werden, die Frage stellen und beantworten, inwiefern diese als Effekte und Korrelate partizipatorischer Arrangements zu verstehen sind. Das kritische Potential liegt genau in der Offenlegung dieser häufig unterschlagenen oder stillschweigend übergangenen Partizipationsarrangements. Der Unterschied besteht mithin nicht in der Frage, ob hier eine bestimmte Form von Partizipation beschrieben und behauptet wird, sondern in der Frage, welche je besondere Form von Partizipation jeweils beschrieben und behauptet wird.

Vor diesem Hintergrund scheint es mir methodisch weder plausibel noch produktiv, den Begriff der Partizipation auf bestimmte Vorstellungen egalitärer reziproker Beteiligung einzuengen, wie es z.B. Carpentier mit seinem Plädoyer für »maximalist forms of participation« (2011a: 32) vorschlägt. Dass solche engen Begriffe vorfindlich sind, bleibt unbenommen; sie sind indessen prinzipiell an eine spezifische kritische Implementierung gebunden und damit an die Funktion von situativ spezifischen Einzelfallkritiken, die auf der allgemeineren Ebene einer vergleichenden Analyse in aporetische Diskussionen darüber münden, ob etwas ›wirklich‹ als Partizipation anzusehen sei oder nicht. Erst wenn man einen weiten Partizipationsbegriff ansetzt, der prinzipiell alle Formen des Beteiligtseins erfasst, um dann im nächsten Schritt die je spezifischen Modalitäten des Beteiligtseins in den Fokus zu nehmen, entgeht man derartigen aporetischen Diskussionen.

Auch diese Überlegungen führen mich zu einem Plädoyer dafür, soziale Phänomene grundsätzlich als Partizipationsphänomene anzusehen, und nicht anhand eines eng definierten (potenziell auch normativen) Partizipationsbegriffs danach zu fragen, ob etwas jetzt als Partizipation zu bezeichnen wäre oder nicht. Stattdessen lautet die Frage besser, wie Partizipation im Einzelnen gestaltet ist, welche Beschreibungen und welche Forderungen in Bezug auf sie in Umlauf sind. Ausgangspunkt ist dabei die Beschreibung der je spezifischen Partizipationsarrangements sowie der ihnen jeweils eigenen spezifischen Varianten des Beteiligtseins. Dies liefert je spezifische Analyseergebnisse, auch – aber nicht nur – in der Anwendung auf Situationen und Vorgänge, die mittels literarischer Verfahren dargestellt sind, sowie auf Situationen und Handlungen, die sich auf literarische Artefakte beziehen.

*

Zugleich wird es möglich, im Anschluss an Gesa Lindemann eine historische Hypothese zu formulieren: Das Spannungsfeld zwischen einem ›engen‹ und ›weiten‹ Partizipationsbegriff, sowie die normative Aufladung, die sich insbesondere mit vergleichsweise ›engen‹ Partizipationsbegriffen verbindet, kann als charakteristisches Merkmal einer modernen Gesellschaft angesehen werden. In einer solchen Gesellschaft existiert (qua Menschenrecht) prinzipiell die Norm, dass alle (biologisch lebendigen, individuell verkörperten) Menschen in einem emphatischen und bedeutsamen Sinne partizipieren sollen – und es ist dann kritikwürdig, wenn es den Anschein hat, dass manche oder viele Menschen (bzw. Gruppen von Menschen) nur in einem allgemeinen oder nichtssagenden Sinne partizipieren, und dass mithin für diese Menschen gar keine wahre Partizipation gegeben ist. Dies wäre die progressive Variante der Gesellschaftskritik. Die konservative oder reaktionäre Variante wäre eine Kritik an einer (als schädlich angesehenen) modernen Tendenz zur Ausweitung der Partizipation auf jene, die (vermeintlich) gar nicht die Voraussetzungen mitbringen, um emphatisch und in einer bedeutsamen Weise zu partizipieren. Auch hier ist der zentrale Wert der einer emphatischen und bedeutsamen Partizipation. Die Kontroverse betrifft lediglich die Frage, wer dazu in der Lage ist oder sein soll. Kritikwürdig bleiben die jeweils als falsch angesehenen Formen der Partizipation. Die Kritik (bzw. die Selbstkritik) der modernen Gesellschaft ist in dieser Hinsicht substanziell eine Kritik der je aktuellen Partizipationsbedingungen mit Blick auf ganz bestimmte Individuen oder Gruppen.

Vor dem Hintergrund dieser Überlegungen gewinnt auch die Strategie der partizipatorischen Rekonzeptualisierung eine zusätzliche Plausibilität als kritisches Verfahren in der Analyse der modernen Gesellschaft. Es ist eine progressive kritische Strategie, welche herausarbeitet, wie scheinbar vernachlässigbare Formen der Partizipation (z.B. die des Kochs, den Cäsar dabei hatte, als er die Gallier schlug) nur deshalb als solche erscheinen, weil sie (z.B. aufgrund eines klassenbedingten falschen Bewusstseins) nicht in ihrer Bedeutsamkeit erkannt werden. Auch in der diskursanalytischen Ausformung zieht die partizipatorische Rekonzeptualisierung ihren progressiven Schwung aus der Aussage, dass der eigentliche partizipatorische Charakter eines bestimmten Phänomens (Beispiele waren ›der Autor‹ bzw. ›die Sexualität‹) in den etablierten Sichtweisen dieser Phänomene nicht richtig erkannt war.

Für die weitere Diskussion scheinen mir folgende Punkte erwägenswert: Die Geistes- und Sozialwissenschaften stützen sich vielfach auf Partizipationsdiskurse, ohne diese Tatsache zum Gegenstand einer theoretischen oder methodischen Reflexion zu machen. Dies gilt nicht nur für jene Positionen, die zur zwischenzeitlichen Konjunktur dieses Begriffs in den öffentlichen Debatten beitragen, sondern auch für jene, denen es in Reaktion darauf um eine (ideologie-)kritische Perspektive auf diese verbreitete Verwendung des Partizipationsbegriffs geht. Eine kritische Reflexion auf die in den beteiligten Disziplinen jeweils vorfindlichen Partizipationsbegriffe ist deshalb ein essenzielles Desiderat für eine ›kritische Partizipationsforschung‹.

Eine solche Reflexion wird – so ist zu vermuten – auch zeigen: Die völlige Abstinenz von Partizipationsdiskursen ist in einer modernen Gesellschaft nicht möglich. Realisierbar ist stattdessen das Ziel, selbst einen reflektierten Partizipationsdiskurs zu führen. Eine kritische Partizipationsforschung könnte sich daher über einen reflektierten Anschluss an besondere Varianten der ›partizipatorischen Rekonzeptualisierung‹ definieren. Unter Zugrundelegung eines weiten, aber je präzisen Partizipationsbegriffs könnte sie die ›Analyse von Partizipationsarrangements‹ explizit unter ihre methodischen Ansätze aufnehmen. Und sie könnte sich das allgemeine Ziel setzen, die Transparenz von Partizipationsarrangements herzustellen und dabei zugleich ihre eigene Selbst-Transparenz kritisch zu überprüfen.

Literatur

Barker, Chris (2016): *Cultural Studies: Theory and Practice*, London/Thousand Oaks: Sage.

Bourdieu, Pierre (1979): *La Distinction: Critique sociale du jugement*, Paris: Minuit.

Bourdieu, Pierre (1983): »The Field of Cultural Production, or: The Economic World Reversed«, *Poetics* 12, 311–356.

Brecht, Bertolt (1988): »Fragen eines lesenden Arbeiters« [1938], in: ders., *Gedichte 2, Sammlungen 1938–1956. Werke: große kommentierte Berliner und Frankfurter Ausgabe*, Band 12, Berlin: Aufbau; Frankfurt/M.: Suhrkamp, p. 29.

Carpentier, Nico (2011a): »The Concept of Participation. If They Have Access and Interact, Do They Really Participate?«, *CM: Communication Management Quarterly* 21, 13–36.

Carpentier, Nico (2011b): *Media and Participation: A Site of Ideological Democratic Struggle*, Bristol: Intellect.

Foucault, Michel (1978): *The History of Sexuality*, Vol. 1, London: Penguin.

Foucault, Michel (1975): *Surveiller et punir*, Paris: Gallimard.

Foucault, Michel (1969): »Qu'est-ce qu'un auteur?«, *Bulletin de la Société Française de Philosophie* 63.3, 73–95.

Fügen, Hans Norbert (1971): *Die Hauptrichtungen der Literatursoziologie und ihre Methoden: ein Beitrag zur literatursoziologischen Theorie*, 5. Aufl., Bonn: Bouvier.

Jenkins, Henry (1992): *Textual Poachers: Television Fans & Participatory Culture*, New York: Routledge.

Jenkins, Henry (2006): *Fans, Bloggers, and Gamers: Exploring Participatory Culture*, New York: New York University Press.

Köhler, Erich (1974): »Einige Thesen zur Literatursoziologie«, *Germanisch-Romanische Monatsschrift*, NF 24, 257–264.

Sedgwick, Eve Kosofsky (1990): *Epistemology of the Closet*, Berkeley/Los Angeles: University of California Press.

Veeser, H. Aram, Hg. (1989): *The New Historicism*, New York, NY: Routledge.

Tonio Oeftering

Gesellschaftstheorie und Politische Bildung

Der Zeitdiagnostische Ansatz politischer Bildung[1]

Einleitung

Gesellschaftstheorien, so schreibt Gesa Lindemann, sind Theorien, »die Aussagen über historische Großformationen enthalten.« (Lindemann 2009: 24) Die Politische Bildung war und ist immer eingebettet in solche historischen Großformationen, die beeinflussen, was unter politischer Bildung verstanden wird oder was ihre Ziele sind. Die meiste Zeit der Menschheitsgeschichte über verfolgte politische Bildung das Ziel, nachwachsende Generationen in bestehende Gesellschaftsstrukturen zu integrieren, was heißt, dass ihre erste Aufgabe darin gesehen wurde, bestehende Macht- und Herrschaftsverhältnisse zu legitimieren und »missionarisch« im Sinne dieser Verhältnisse auf die Lernenden einzuwirken (vgl. Sander 2012). Erst nach dem Zweiten Weltkrieg konnte sich in der Politischen Bildung die Vorstellung eines mündigen Subjekts als dem Zielhorizont politischer Bildung etablieren. Damit wurde der bisherigen Vorstellung einer strikten Integration der Lernenden in die bestehenden Verhältnisse ein neues Ziel zur Seite gestellt, nämlich die Emanzipation der Lernenden im Sinne der Überwindung gesellschaftlicher Abhängigkeiten, die der Entfaltung der Person als mündige Bürger:innen im Wege stehen (vgl. Oeftering 2013: 43ff.). Die Lernenden werden nun nicht mehr als reine Belehrungsobjekte gesehen, sondern als aktive Subjekte ihrer eigenen Bildungsprozesse, die so mit ihren individuellen Wahrnehmungen, Sichtweisen und lebensweltlich verankerten Vorstellungen über die Welt in den Fokus der politischen Bildungsbemühungen rücken. An dieser Stelle knüpft der im Folgenden zu skizzierende und begrifflich zu schärfende Zeitdiagnostische Ansatz politischer Bildung an, wobei auch der Zusammenhang von bzw. das Potential einer Verbindung von

1 Dieser Beitrag entsteht im Kontext eines größeren Buchprojekts von Herbert Uhl (ehem. Pädagogische Hochschule Freiburg) und Tonio Oeftering (Universität Oldenburg) mit dem (Arbeits-)Titel Gegenwartsdiagnose und Zeitkritik – Politische Bildung in Zeiten emotionalisierter Politik (geplante Veröffentlichung: 2022). Vgl. grundlegend zum Zeitdiagnostischen Ansatz politischer Bildung auch Oeftering (2021a).

Gesellschaftstheorie und politischem Lernen aufgezeigt werden kann. Um diesen Zusammenhang herauszuarbeiten, wird im Folgenden zunächst der Ansatz selbst eingeführt. Anschließend werden begriffliche und thematische Konkretisierungen vorgenommen, um den Ansatz im Feld soziologischer Theoriebildungen zu verorten. In einem dritten Abschnitt werden noch didaktische und forschungsperspektivische Konkretisierungen vorgenommen, um den Ansatz wieder stärker an die fachdidaktische Theorie und Forschungspraxis rückzubinden, bevor der Beitrag mit einer kurzen Schlussbetrachtung schließt.

(1) Der Zeitdiagnostische Ansatz politischer Bildung

Politikdidaktische Ansätze können als »Pfade« verstanden werden, auf denen »die Lernenden die politische Welt, in der sie ihre Bürgerrolle einnehmen, analysieren und beurteilen lernen.« (Deichmann/Tischner 2013: 7) So werden bspw. im Politiktheoretischen Ansatz politische Theorien in das unterrichtliche Zentrum gestellt (vgl. Breier/Meyer-Heidemann 2013) und im Zeitdiagnostischen Ansatz – nomen est omen – Zeitdiagnosen.

Zeit- oder auch Gegenwartsdiagnosen haben, wie Alkemeyer et al. bemerken, derzeit »Konjunktur« (2019a: 9). Sei es die prominent diskutierte Diagnose, wir lebten in einer »Gesellschaft der Singularitäten« (Reckwitz 2017), in einer »Abstiegsgesellschaft« (Nachtwey 2016) oder in einer »Gesellschaft der Angst« (Bude 2015) – immer geht es im Sinne einer Form »gesellschaftlicher Selbstproblematisierung« (Alkemeyer et al. 2019b) um den Versuch, aktuelle gesellschaftliche Konstellationen zu analysieren und zu beschreiben.[2] Die Politische Bildung rezipiert zuweilen diese Diagnosen und befragt sie auf ihr Potential für politisches Lernen.[3] Der hier vorgestellte Zeitdiagnostische Ansatz politischer Bildung geht jedoch noch einen Schritt weiter. Er fragt nicht danach, welche Zeitdiagnose wie für gelingende politische Lernprozesse an die Lernenden in welcher Form auch immer von außen herangetragen werden kann; stattdessen werden die Lernenden dazu angehalten, selbst zu den Autor:innen ihrer eigenen Zeitdiagnosen zu werden (vgl. Oeftering 2021a). Dies erscheint als ein vielversprechender Zugang, um der oben beschriebenen Herangehensweise an politische Bildung gerecht zu werden. Denn die reflexive Verortung der eigenen Person in der Gegenwart ermöglicht nicht nur die Integration der Lernenden in die bestehende

2 Zur Differenz von Zeitdiagnose und Gesellschaftstheorie vgl. unten Abschnitt 2.

3 So verfährt etwa Görtler (2019) mit der Beschleunigungsdiagnose Hartmut Rosas (2005).

Gesellschaft, sondern auch das eigenständige Identifizieren von Emanzipationshindernissen auf dem Weg zur Mündigkeit sowie die Suche nach Möglichkeiten zu deren Überwindung (vgl. Oeftering 2017). Relevant erscheinen für diese Herangehensweise mindestens drei zu betrachtende Ebenen: erstens die didaktische Ebene der dem Unterricht zugrunde gelegten didaktischen Prinzipien (v. a. die Lebensweltorientierung und das Forschende Lernen), zweitens die didaktische Ebene der konkreten Unterrichtsinszenierung und schließlich noch der wissenschaftliche Blick von außen, der den Ansatz auch als einen forschungsprogrammatischen Zugang zu den Lebenswelten und den in ihnen eingebetteten Vorstellungen der Schüler:innen versteht.[4]

(2) Begriffliche und thematische Konkretisierungen

Sozialtheorien, Theorien begrenzter Reichweite und Gesellschaftstheorien

Lindemann unterscheidet zwischen Sozialtheorien, Theorien begrenzter Reichweite und Gesellschaftstheorien (2009: 19ff.). Sozialtheorien enthalten »Annahmen darüber, was überhaupt unter sozialen Phänomenen verstanden werden soll und welche Konzepte zentral gestellt werden: z.B. Erwartung, Handlung, Wissen, Interaktion oder Kommunikation.« (ebd.: 19) Politikdidaktisches Handeln nimmt insofern eine sozialtheoretische Perspektive ein, als in ihm üblicherweise nicht explizierte Verständnisse grundlegender sozialer Phänomene enthalten sind. Und auch auf Seite der Lernenden ist ein zumindest implizites Verständnis dieser Phänomene anzunehmen. Dieses könnte zwar durchaus beforscht werden, im Hinblick auf politische Lernprozesse im Rahmen des Zeitdiagnostischen Ansatzes erscheint dies jedoch eher weniger naheliegend, weil Sozialtheorien »nicht das Spezifische des jeweils Sozialen, also die besonderen historischen Ausprägungen bestimmter Gesellschaften und ihrer Teile« (Knoblauch 2019: 226) beschreiben, um die es in diesem Ansatz aber genau gehen soll.

Theorien begrenzter Reichweite sind demgegenüber »solche über bestimmte soziale Phänomene« (Lindemann 2009: 19), wie etwa Theorien über »Reichtumsverteilung« oder die »Verteilung von Karrierechancen« (ebd.: 23). Aus Sicht des Zeitdiagnostischen Ansatzes bzw. der politikdidaktischen Forschung sind diese Theorien insofern interessant, als in den Vorstellungen der Lernenden, die in der Artikulation von Annahmen etwa zu Verteilung von Reichtum zum Vorschein kommen, Aussagen

4 Vgl. dazu unten Abschnitt 3.

über gesellschaftliche, ökonomische und politische Zusammenhänge, bzw. darüber, wie sich diese Zusammenhänge für die Lernenden darstellen, enthalten sind.

Gesellschaftstheorien, darauf wurde bereits hingewiesen, enthalten Aussagen über größere Gesamtzusammenhänge. Sie enthalten eine Mehrzahl an Theorien begrenzter Reichweite, die zu einer »Gesamtcharakteristik« (ebd.: 24) zusammengefasst werden. Dies berührt den Kern des Zeitdiagnostischen Ansatzes. Denn es geht in diesem, wie beschrieben, genau darum, Lernende dazu anzuhalten, Annahmen über »historische Großformationen« (ebd.: 24, s. o.) ihrer Zeit zu formulieren, welche dann verschiedene theoretische »Versatzstücke« beinhalten werden, die sich bestenfalls als Theorien begrenzter Reichweite identifizieren lassen.

Festzuhalten ist also zunächst einmal, dass Lernende über theoretische Annahmen über ihre soziale Welt verfügen und diese sich Sozialtheorien, Theorien begrenzter Reichweite und Gesellschaftstheorien zuordnen ließen. Diese theoretischen Vorstellungen mögen nicht die Kriterien wissenschaftlicher Theorien erfüllen und dementsprechend aus Sicht »der« Wissenschaft unterkomplex sein, aber sie beinhalten insofern einen empirischen Bezug, als sie auf tatsächlich gemachten Erfahrungen beruhen und in einem Prozess des Forschenden Lernens zumindest graduell auch verifiziert bzw. falsifiziert werden können. Es würde dementsprechend also im Unterricht bzw. einer außerschulischen Bildungsveranstaltung darum gehen, zunächst theoretische Annahmen über die Beschaffenheit der Zeit, in der die Lernenden leben, zu artikulieren und diese in einem zweiten Schritt zu überprüfen. Sollte bspw. ein:e Schüler:in eine Zeitdiagnose erstellen, die v. a. von Geschlechterungerechtigkeit und Migrationserfahrungen geprägt ist, könnte der zweite Schritt darin bestehen, die Lernende anzuhalten, empirische Daten zu sammeln (sowohl im Rahmen von Quellenauswertungen als auch empirisch im Rahmen eines Projekts), um ihre Annahmen zu überprüfen, diese ggf. zu revidieren oder auch auf Zusammenhänge der wesentlichen Merkmale ihrer Zeitdiagnose zu stoßen (also bspw. intersektionale Benachteiligungen aufgrund von Geschlecht und Migrationserfahrung).

Gesellschaftstheorien, Gesellschaftsdiagnosen und Zeitdiagnosen

Knoblauch (2019) unterscheidet Gesellschaftstheorien, Gesellschaftsdiagnosen und Zeitdiagnosen. Auch diese Unterscheidung ist für eine Konkretisierung des Zeitdiagnostischen Ansatzes politischer Bildung hilfreich. Zunächst weist Knoblauch darauf hin, dass Gesellschaftstheorien aufgrund ihrer Eingebundenheit in historische Großformationen immer auch »Züge von Gesellschaftsdiagnosen« (Knoblauch 2019: 230) annehmen. Allerdings zeichnen sich Gesellschaftstheorien als »Genre« durch einen vergleichsweise hohen Abstraktionsgrad aus (ebd.: 222), der Gesellschaftsdiagnosen nicht in gleichem Maße zuzusprechen ist, weil es ihnen weniger um allgemein vergleichende Perspektivierungen geht, sondern um »sehr konkrete [...] Phänomene der jeweils gegenwärtigen Gesellschaft« (ebd.: 230).

Vor diesem Hintergrund nimmt Knoblauch weitere Differenzierungen vor, um Gesellschafts- von Gegenwarts- bzw. Zeitdiagnosen abzugrenzen, die im Folgenden aufgezeigt und didaktisch eingeordnet bzw. kommentiert werden können.

Erstens, so Knoblauch, zeichne Gesellschaftsdiagnosen aus, dass diese der Gegenwart verhaftet bleiben, wohingegen Zeitdiagnosen auf die Zukunft gerichtet seien (ebd., 231). Aus didaktischer Perspektive ist diese Zukunftsgerichtetheit ein zentrales Element. Denn an der Mündigkeit und Emanzipation der Lernenden orientierte politische Bildungsprozesse sind immer zukunftsgerichtet, schon allein deshalb, weil politische Bildung als ein lebenslanger Lernprozess zu denken ist (Lange/Oeftering 2013), indem die Annäherung an Mündigkeit und Emanzipation immer nur graduell und nicht abschließend verwirklicht werden kann. Dies schließt mit ein, dass sich eine der Demokratie und den Menschenrechten verpflichtete Politische Bildung an normativen Vorstellungen orientiert, die als erst noch zu verwirklichende das didaktische Handeln anleiten.

Zweitens, sind Knoblauch zufolge Zeitdiagnosen »Deutungsmöglichkeiten oder Lesarten, die diskursiv ausgehandelt werden« (2019: 231), wohingegen es sich bei Gesellschaftsdiagnosen um empirisch zu überprüfende Hypothesen handelt (vgl. ebd.). Erstere werden eher im gesellschaftlich-öffentlichen Raum diskutiert, zweitere vor allem in der *scientific community*. Didaktisch betrachtet stellt sich die Möglichkeit zur diskursiven Aushandlung im Sinne von Zeitdiagnosen als ein weiteres zentrales Anliegen dar, geht es in der politischen Bildung in erster Linie doch um Bürger:innenbildung und nicht um die Ausbildung von Wissenschaftler:innen. Damit zusammenhängend kommt der diskursiven Aushandlung eine weitere wesentliche Bedeutung zu. Denn im Sinne politischer Bildungsprozesse würde es nicht ausreichen, wenn die Lernenden »im stillen Kämmerlein« ihre Zeitdiagnosen entwerfen; diese müssen im Rahmen der Lernprozesse thematisiert werden, wobei »Thematisierung« hier vor allem bedeuten würde, die subjektiven Zeitdiagnosen der Lernenden nicht einfach als bloße »›Meinung‹ in den Raum zu stellen, sondern sie in Kommunikation, im Für und Wider mit anderen selber zu artikulieren – und damit in die Öffentlichkeit gemeinsamen Lernens zu heben« (Oeftering/Uhl 2017: 570; auch Uhl 2008: 100). Der in der Lerngemeinschaft sich vollziehende Diskurs darüber, welche Zeitdiagnose nun »die richtige« oder »die falsche« sei, schließt dabei jedoch nicht aus, dass diese Diagnosen in Form von Hypothesen formuliert und diese anschließend, soweit dies im Rahmen unterrichtlicher Gegebenheiten möglich ist, im Rahmen von Projekten des Forschenden Lernens überprüft werden.[5]

Drittens, so Knoblauch, stellen Gesellschaftsdiagnosen im Unterschied zu Zeitdiagnosen einen systematischen Bezug zu Gesellschaftstheorien her (vgl. Knoblauch 2019: 231). Diesen Bezug herzustellen, könnte bei Bedarf Bestandteil der Inszenierung zeitdiagnostischer Lernprozesse sein. Am einfachsten wäre er herzustellen, indem danach gefragt wird, ob und inwiefern die eigenen Zeitdiagnosen anschlussfähig an bereits bestehende Gesellschaftsdiagnosen bzw. -theorien wären. Wenn davon ausgegangen wird, dass Gesellschaftstheorien aus »Bündeln« von Theorien begrenzter Reichweite bestehen (s. o.), ergeben sich jedoch noch zwei weitere Möglichkeiten: Entweder können Lernende dazu angehalten werden, ihre Theorien begrenzter Reichweite zu bündeln, um so zu einem übergreifenden »Dach« zu kommen; oder, sollten die Zeitdiagnosen der Lernenden vor allem auf der übergeordneten Ebene angesiedelt sein, könnten sie dazu angehalten werden, diese übergeordneten Annahmen zu differenzieren, sprich sie auf untergeordnete Merkmale hin zu konkretisieren, um auf diesem Weg zu den Theorien begrenzter Reichweite zu kommen.

Viertens sind Zeitdiagnosen, im Unterschied zu Gesellschaftsdiagnosen, nicht methodisch und methodologisch reflektiert und insofern als eine »nicht reflektierte Überzeichnung« (ebd.: 232), eine »Karikatur« (ebd.) anzusehen. Richtig ist, dass von Lernenden erstellte Zeitdiagnosen von subjektiven Wahrnehmungsweisen geprägt sind und biographisch aus der jeweiligen lebensweltlichen Verankerung heraus bestimmte Aspekte besonders fokussieren, während andere unterbelichtet bleiben. Eine methodologische Reflexion der eigenen Wahrnehmung könnte bereits im Vorfeld oder aber auch im Nachgang zur Diagnose erfolgen, also etwa die selbstreflexive Frage diskutiert werden, wie und auf welchen Wegen genau diese Diagnosen zustande gekommen sind, warum bestimmte Aspekte – auch im Vergleich zu anderen Lernenden – in den Fokus gerückt wurden und andere nicht.

Und schließlich, so Knoblauch, sei es eine Eigenheit einer Zeitdiagnose, dass sie diesen »karikativen Zug in die Zukunft entwirft« (ebd.), woraus sich der für sie typische utopische oder auch dystopische Charakter erkläre (vgl. ebd.). Aus diesem Zukunftsbezug leite sich auch der

5 Dass Wissenschaftspropädeutik und Forschendes Lernen im Rahmen politischer Bildungsprozesse und insbesondere im Zeitdiagnostischen Ansatz eine wichtige Rolle spielen können, ist trotz der primären Orientierung an der Bildung von Bürger:innen also keineswegs ausgeschlossen. Vgl. dazu auch unten Abschnitt 3.

»Handlungscharakter« (ebd.) von Zeitdiagnosen ab, wobei dieser sich im Gegensatz zu Gesellschaftsdiagnosen und Gesellschaftstheorien an ein außerwissenschaftliches Publikum wende (vgl. ebd.). Wie oben bereits aufgezeigt, ist für politisches Lernen ein gewisses Maß an Zukunftsgerichtetheit unerlässlich. Auch der »Handlungscharakter« im Sinne von Partizipationsfähigkeit stellt ein zentrales Ziel politischer Bildungsprozesse dar (Harles/Lange 2015). Und tatsächlich richten sich diese nicht zuerst an eine scientific community, sondern an die (zukünftigen) Bürger:innen. Dies schließt aber nicht aus, dass in politischen Bildungsprozessen erarbeitete Zeitdiagnosen zum Gegenstand fachdidaktischer empirischer Forschung werden und damit an die innerwissenschaftliche community zurückgebunden werden.

Thematische Konkretisierungen

Schimank und Volkmann beschreiben ein »gegenwartdiagnostische[s] Themenpanorama« (2019: 242ff.), dem zunächst verschiedenen soziologischen »Theorie-Familien« (ebd.) zugrunde gelegt werden:

Erstens Theorien funktionaler Differenzierung (vgl. ebd.: 246f.). Hier machen Schimank und Volkmann insbesondere »drei Arten von jeweils gewichtigen gesellschaftlichen Integrationsproblemen« aus, die als zeitdiagnostisch relevant anzusehen sind. Hierzu gehört zunächst die ökologische Desintegration, die sich aufgrund der »organisierte[n] Unverantwortlichkeit« (Beck zit. ebd.) gesellschaftlicher Teilsysteme zunehmend verschärft; darüber hinaus Exklusionstendenzen, die zum Ausschluss »größerer Bevölkerungsgruppen aus der Teilhabe an den teilsystemischen Leistungsproduktionen« (Schimank/Volkmann 2019: 246) führt und schließlich Formen gesellschaftlicher Überintegration, wenn bestimmte gesellschaftliche Teilsysteme in andere Systeme hineinwirken bzw. diese ggf. sogar dominieren.

Zweitens Kapitalismustheorien (vgl. ebd.: 247f.), die seit Marx eine »lange zeitdiagnostische Tradition« (ebd.) haben, auch wenn sie jeweils der Zeit entsprechende Schwerpunkte behandeln. Beispielhaft führen Schimank und Volkmann die Diagnose an, der gegenwärtige Kapitalismus zeichne sich durch ökologische und soziale Tendenzen aus, wie sie für die »Externalisierungsgesellschaft« (Lessenich 2016) kennzeichnend seien (vgl. Schimank/Volkmann 2019: 249).

Drittens kulturtheoretische Perspektiven, (vgl. ebd.: 249ff.), die vor allem Aspekte der Lebensführung fokussieren, wie sie etwa bei Reckwitz (2017) thematisiert werden.

Und schließlich *viertens* ungleichheitstheoretische Perspektiven (vgl. Schimank/Volkmann 2019: 252ff.), die vor allem um soziale Lagen, Kämpfe um Anerkennung und dergleichen kreisen.

Im Rahmen didaktischer Überlegungen ist dieses Themenpanorama in zweierlei Hinsicht instruktiv. Zum einen ist vorstellbar, in einer konkreten Unterrichtssituation Themenschwerpunkte zu setzen, die einem der Themenbereiche entsprechen. Es könnte bspw. die Frage in den Raum gestellt werden, welches aus Sicht der Lernenden die gegenwärtig dominanten Praxen der Lebensführung sind, um einen kulturtheoretisch perspektivierten Diskurs über die Gegenwart zu ermöglichen; zum anderen ist die Aufschlüsselung der Themen hilfreich, um von den Lernenden erstellte Zeitdiagnosen einzuordnen und zu analysieren, also daraufhin zu prüfen, ob die Lernenden eine bestimmte Perspektive einnehmen und wie sie diese im Diskurs mit den Mitlernenden begründen.

(3) Didaktische und forschungsperspektivische Konkretisierungen

Didaktische Konkretisierungen

Die Aufgabe politischer Bildung kann zunächst ganz allgemein darin gesehen werden, Lernende dabei zu unterstützen, sich selbst als politische Lebewesen zu erfahren und zu entwickeln (vgl. Oeftering 2021b). Neben der Vermittlung zentraler Kompetenzen wie Urteilsfähigkeit, Handlungsfähigkeit und methodischer Fähigkeiten sowie konzeptuellem Deutungswissen (vgl. GPJE 2004) geht es also auch darum, dass sich Lernende als »Kinder ihrer Zeit« verstehen, die miteinander-sprechend und miteinander-handelnd die gemeinsame Welt gestalten können. Dies setzt voraus, dass sich die Lernenden darüber klarwerden, in welcher Welt, in welcher Zeit sie ihrer Wahrnehmung zufolge leben.

Dementsprechend sind auf der Ebene der dem Unterricht zugrunde gelegten didaktischen Prinzipien v. a. die Lebensweltorientierung und das Forschende Lernen relevant. Bei der Lebensweltorientierung geht es nicht darum, abstrakte Lerngegenstände zum Ausgangspunkt von Lern- und Bildungsprozessen zu machen, sondern die konkreten Erfahrungen der Lernenden selbst, die diese in ihrer Lebenswelt machen (vgl. Oeftering et al. 2017).

Ausgangspunkt des Forschenden Lernens ist, dass die Lernenden von einer den Prozess leitenden Fragestellung ausgehend Informationen und Daten sammeln, analysieren, bewerten und Wissen zur Beantwortung der Ausgangsfragestellung konstruieren (vgl. Krebs/Szukala 2020: 83). »Forschendes Lernen macht diese Konstruktion von politischem und sozialwissenschaftlichem Wissen zum Gegenstand der Lernprozesse. Die Lernsituationen orientieren sich dabei teilweise oder in Gänze an den Heuristiken eines hypothesengeleiteten Forschungsprozesses. Die Lerner:innen setzen sich darin mit bestehenden wissenschaftlichen Ergebnissen und den selbst produzierten Forschungsergebnissen auseinander« (ebd.). Im Zeitidagnostischen Ansatz kann beides zusammengeführt werden, wenn, ausgehend von den konkreten Erfahrungen der Lernenden, danach gefragt wird, wie sie die Zeit, in der sie leben, wahrnehmen und beschreiben und diese Wahrnehmungen systematisch in Bezug zu wissenschaftlichen Erkenntnissen gesetzt werden.[6]

Auf der methodischen Ebene sind insbesondere Verfahren anzuwenden, die dem projektförmigen Lernen zuzurechnen sind. Hierzu gehören neben eher kreativen Verfahren wie szenischen Inszenierungen (etwa Lange 2011; Juchler 2020) oder Lerngelegenheiten aus dem Bereich Musik und Politik (etwa Oeftering 2020) vor allem Methoden wie die Zukunftswerkstatt (vgl. Maier 2014), die neben einer Analyse und Kritik der gegenwärtigen Situation auch den Blick in die Zukunft wirft und nach den Möglichkeiten einer Umsetzung eigener zukunftsorientierter Gesellschafts- und Politikentwürfe fragt. Mit diesem Verfahren wird sowohl der Analyse gegenwärtiger Konstellationen (Gesellschaftstheorie) als auch das Entwerfen zukunftsgerichteter Entwürfe (Zeitdiagnosen) Rechnung getragen.

Forschungsperspektivische Konkretisierungen

Der Zeitdiagnostische Ansatz politischer Bildung eröffnet vielversprechende Forschungsperspektiven, denn von Lernenden entworfene Zeitdiagnosen sind dazu geeignet, v. a. mittels qualitativer Verfahren die Vorstellungswelten der Lernenden, im Sinne subjektiver Sinnbildungen über Politik und Gesellschaft, zu erforschen. Die oben herausgearbeiteten Facetten gesellschaftstheoretischer und zeitdiagnostischer Perspektiven lassen sich in eine vorläufige Heuristik überführen, die für eine erste Einordnung der Lernendenperspektiven hilfreich sein kann:

6 Wobei es die Tatsache, dass auch die Art und Weise, wie wissenschaftliche Erkenntnisse gewonnen werden bzw. welche Formen und Praxen der Erkenntnisgewinnung als legitim und erkenntnisfördernd erachtet werden, in einem spezifischen historisch-gesellschaftlichem Zusammenhang steht, gerade im Rahmen des Zeitdiagnostischen Ansatzes und im Sinne wissenschaftspropädeutischen Lernens möglich und im Grunde auch notwendig macht, auch diese Formen und Praxen einer gesellschaftstheoretischen Analyse zu unterziehen, also gewissermaßen im Forschenden Lernen eine Metaperspektive auf das eigene Handeln einzunehmen. Ich danke Jonas Barth für die wertvolle Anregung, an dieser Stelle auf diesen Umstand hinzuweisen.

Theoretischer Bezug I	**Theoretischer Bezug II**	**Thematischer Bezug**
Sozialtheorien	Gesellschaftstheorien	Funktionale Differenzierung
Theorien begrenzter Reichweite	Gegenwarts-/ Zeitdiagnosen	Kapitalismus
Gesellschaftstheorien		Kultur
		Ungleichheit

Abb. 1: Heuristik zur Einordnung zeitdiagnostischer Entwürfe von Lernenden (eig. Darstellung)

Anhand dieser Heuristik ließen sich erste Analyse- bzw. Auswertungsschritte aus einer fachdidaktischen Forschungsperspektive heraus vornehmen, weil die Zeitdiagnosen der Lernenden erwartbar die theoretischen und thematischen Bezüge auf eine oder mehrere Ebenen berühren. Forschungsmethodisch ist der Zeitdiagnostische Ansatz erst noch zu entwickeln, sowohl was die konkreten Verfahren und Formen der Datenerhebung als auch die Auswertungsstrategien betrifft. Die hier vorgenommene begriffliche Klärung und die Zusammenführung in der Abbildung erscheinen hierfür als ein vielversprechender Ausgangspunkt.

(4) Schluss

Vor dem Hintergrund der hier vorgenommenen begrifflichen Differenzierungen wird das Potential von Gesellschaftstheorie für die Politische Bildung und insbesondere für den Zeitdiagnostischen Ansatz politischer Bildung deutlich, wobei der Ansatz gewissermaßen zwischen Gesellschaftstheorie und Zeitdiagnose einzuordnen ist.

Gesellschaftstheorien als Aussagen über historisch gewachsene Großformationen, wie sie Lindemann beschreibt, bilden den Rahmen, in dem der Ansatz verortet werden kann. Von Lernenden in angeleiteten Lernprozessen vorgenommene Zeitdiagnosen bestehen, so die oben getroffene und mittels empirischer Forschung noch zu belegende Annahme, ebenso wie Gesellschaftstheorien aus »Bündeln« von Theorien begrenzter Reichweite über soziale Zustände, Phänomene usw., denen sozialtheoretische Annahmen zugrunde liegen. Die artikulierten Zeitdiagnosen bilden damit den Ausgangspunkt für die empirische Erforschung der Vorstellungswelten der Lernenden. Gleiches gilt für die Ebene der Lernenden selbst: Diese können bspw. in projektförmig angelegten Lernprozessen im Sinne des Forschenden Lernens angeregt werden, die von ihnen formulierten Zeitdiagnosen zu beforschen, zu hinterfragen, ggf. zu revidieren oder auch bestätigt zu sehen. In beiden Fällen bleibt ein – in unterschiedlich hohem Maße ausgeprägter – Bezug zur methodengeleiteten empirischen Erforschung von Wirklichkeit gegeben. Hier zeigt sich die Nähe des Ansatzes zu Gesellschaftstheorien, auch wenn einschränkend gesagt werden kann, dass sich die theoretischen Annahmen der Lernenden über Gesellschaft aus streng wissenschaftlicher Perspektive zunächst als unterkomplex darstellen; allerdings ist hier von einer nur graduell unterschiedlichen Komplexität auszugehen und nicht von einer absoluten.

Der Zeitdiagnostische Ansatz politischer Bildung geht aber auch über Gesellschaftstheorien bzw. Gesellschaftsdiagnosen hinaus, und zwar insofern, als der Blick nicht nur auf die Gegenwart und ihre Beschaffenheit gerichtet wird, sondern auch darüber hinaus. Im Sinne emanzipationsorientierter Bildungsprozesse, die neben Wissen über die Welt und instrumenteller Fähigkeiten zur Erschließung derselben insbesondere Handlungs- und Urteilsfähigkeit vermitteln wollen, richtet sich der didaktisch geschärfte Blick immer auch auf die Zukunft. Die Frage, in welcher Welt und Gesellschaft die Lernenden leben, enthält neben der rein deskriptiven und gegenwartsbezogenen immer auch eine normative und zukunftsgerichtete Fragestellung, nämlich die, in welcher Welt sie dereinst leben werden bzw. leben wollen. Und »selbst wenn sich eine Diagnose dann letzten Endes als empirisch falsch erweist, hat sie zumindest eine wichtige aufmerksamkeitslenkende Funktion gehabt, Forschungsanstrengungen gebündelt und so kumulativen Erkenntnisfortschritt befördert« (Schimank/Volkmann 2019: 255) – und, so ließe sich hinzufügen, politische Bildungsprozesse ermöglicht.

Literatur

Alkemeyer, Thomas/Nikolaus Buschmann/Thomas Etzemüller (2019a): »Einleitung«, in: dies. (Hg.), *Gegenwartsdiagnosen: kulturelle Formen gesellschaftlicher Selbstproblematisierung in der Moderne*, Bielefeld: transcript, 9–19.

Alkemeyer, Thomas/Nikolaus Buschmann/Thomas Etzemüller (Hg.) (2019b): *Gegenwartsdiagnosen: kulturelle Formen gesellschaftlicher Selbstproblematisierung in der Moderne*, Bielefeld: transcript.

Breier, Karl-Heinz/Christian Meyer (2013): »Der politiktheoretische Ansatz«, in: Carl Deichmann/Christian K. Tischner (Hg.), *Handbuch Dimensionen und Ansätze in der politischen Bildung*, Schwalbach/Ts.: Wochenschau, 188–200.

Bude, Heinz (2015): *Gesellschaft der Angst*, Hamburg: Hamburger Edition.

Deichmann, Carl/Christian K. Tischner (2013): »Zur Einführung«, in: dies. (Hg.), *Handbuch Dimensionen und Ansätze in der politischen Bildung*, Schwalbach/Ts.: Wochenschau, 7–15.

Görtler, Michael (2019): »Politik, Bildung, Beschleunigung? Überlegungen zur Bedeutung einer Zeit-Diagnose für die politische Bildung und ihre Didaktik«, in: Mathias Lotz/Kerstin Pohl (Hg.), *Gesellschaft im Wandel. Neue Aufgaben für die politische Bildung und ihre Didaktik*, Frankfurt am Main: Wochenschau, 61–68.

Gesellschaft für Politikdidaktik und politische Jugend- und Erwachsenenbildung (GPJE) (2004): *Anforderungen an nationale Bildungsstandards für den Fachunterricht in der Politischen Bildung an Schulen. Ein Entwurf*, Schwalbach/Ts.: Wochenschau.

Harles, Lothar/Dirk Lange (Hg.) (2015): *Zeitalter der Partizipation. Paradigmenwechsel in Politik und politischer Bildung?*, Schwalbach/Ts.: Wochenschau.

Juchler, Ingo (2020): »Theater und politische Bildung«, in: Markus Gloe/Tonio Oeftering (Hg.), *Politische Bildung meets Kulturelle Bildung*, Baden-Baden: Nomos, S. 59–73.

Knoblauch, Hubert (2019): »Gesellschaftstheorien, Gesellschaftsdiagnosen und Zeitdiagnosen. Über einige Gattungen der soziologischen Theoriebildungen«, in: Thomas Alkemeyer/Nikolaus Buschmann/Thomas Etzemüller (Hg.), *Gegenwartsdiagnosen: kulturelle Formen gesellschaftlicher Selbstproblematisierung in der Moderne*, Bielefeld: transcript, 217–234.

Krebs, Oliver/Andrea Szukala (2020): »Forschendes Lernen«, in: Sabine Achour/Matthias Busch/Peter Massing/Christian Meyer-Heidemann, Christian (Hg.), *Wörterbuch Politikunterricht*, Frankfurt am Main: Wochenschau, 83–85.

Lange, Dirk (2011): »Szenisches Spiel als Methode und Inhalt politischer Bildung«, *bpb.de* 18.07.2011, https://www.bpb.de/gesellschaft/bildung/kulturelle-bildung/60250/szenisches-spiel-und-politik (Zugriff: 12.02.2021).

Lange, Dirk/Tonio Oeftering (Hg.) (2014): *Politische Bildung als lebenslanges Lernen*, Schwalbach/Ts.: Wochenschau.

Lessenich, Stephan (2016): *Neben uns die Sintflut. Die Externalisierungsgesellschaft und ihr Preis*, Berlin: Hanser.

Lindemann, Gesa (2009): *Das Soziale von seinen Grenzen her denken*, Weilerswist: Velbrück Wissenschaft.

Maier, Dieter (2014): »Methoden für komplexe Lernvorhaben: Projekt, Sozialstudie, Zukunftswerkstatt«, in: Wolfgang Sander (Hg.), *Handbuch politische Bildung*, Schwalbach/Ts.: Wochenschau, 510–521.

Nachtwey, Oliver (2016): *Die Abstiegsgesellschaft: über das Aufbegehren in der regressiven Moderne*, Berlin: Suhrkamp.

Oeftering, Tonio (2013): *Das Politische als Kern der politischen Bildung? Hannah Arendts Beitrag zur Didaktik des politischen Unterrichts*, Schwalbach/Ts.: Wochenschau.

Oeftering, Tonio (2017): »Politische Musik im Politikunterricht – ein Beitrag politisch-kultureller Bildung zur Emanzipation von SchülerInnen?«, in: Dirk Lange/Sara Greco (Hg.): *Emanzipation und politische Bildung*, Schwalbach/Ts.: Wochenschau, 190–198.

Oeftering, Tonio (2020): »Politische Musik und Politische Bildung«, in:

Markus Gloe/Tonio Oeftering (Hg.), *Politische Bildung meets Kulturelle Bildung*, Baden-Baden: Nomos, 75–90.

Oeftering, Tonio (2021a): »Gesellschaft verstehen – Umrisse des Zeitdiagnostischen Ansatzes politischer Bildung«, in: Carl Deichmann/Marc Partetzke (Hg.), *Demokratie im Stresstest. Reaktionen von Politikdidaktik und politischer Bildung*, Wiesbaden: VS, 17–30.

Oeftering, Tonio (2021b): »Politische Bildung bedeutet für mich, Lernende dabei zu unterstützen, sich zu politischen Menschen zu entwickeln.«, in: Klaus-Peter Hufer/Tonio Oeftering/Julia Oppermann (Hg.): *Positionen der politischen Bildung 3. Interviews zur außerschulischen Jugend- und der Erwachsenenbildung*, Frankfurt am Main: Wochenschau, 104–116.

Oeftering, Tonio/Julia Oppermann/Andreas Fischer (Hg.) (2017): *Der »fachdidaktische Code« der Lebenswelt- und / oder (?) Situationsorientierung. Fachdidaktische Zugänge zu sozialwissenschaftlichen Unterrichtsfächern sowie zum Lernfeldkonzept*, Hohengehren: Schneider.

Oeftering, Tonio/Herbert Uhl (2017): »Emotionen und politisches Lernen«, in: Dirk Lange/Volker Reinhardt (Hg.): *Basiswissen Politische Bildung. Konzeptionen, Strategien und Inhaltsfelder Politischer Bildung*, Hohengehren: Schneider, 560–575.

Uhl, Herbert (2008): »Politikbilder und Deutungslernen«, in: Georg Weißeno (Hg.), *Gemeinschaftskunde unterrichten*, Schwalbach/Ts.: Wochenschau, 74–104.

Reckwitz, Andreas (2017): *Die Gesellschaft der Singularitäten: zum Strukturwandel der Moderne*, Berlin: Suhrkamp.

Rosa, Hartmut (2005): *Beschleunigung. Die Veränderung der Zeitstrukturen in der Moderne*, Frankfurt am Main: Suhrkamp.

Sander, Wolfgang (2012): *Politik in der Schule: Kleine Geschichte der politischen Bildung in Deutschland*, Schwalbach/Ts.: Wochenschau.

Schimank, Uwe/Ute Volkmann (2019): »Gesellschaftstheorie und Gegenwartsdiagnosen. Verhältnisbestimmungen und Themenpanorama«, in: Thomas Alkemeyer/Nikolaus Buschmann/Thomas Etzemüller (Hg.), *Gegenwartsdiagnosen: kulturelle Formen gesellschaftlicher Selbstproblematisierung in der Moderne*, Bielefeld: transcript, 235–255.

Uwe Schimank

Geht die Universalisierung von Menschen- und Teilhaberechten nur über Leichen?

Zu Gesa Lindemanns gesellschaftstheoretischer Reflexion der ›Gewaltfrage‹[1]

Eine provokante gesellschaftstheoretische These Gesa Lindemanns lautet: Die Moderne fällt nicht nur in ihren ›regressiven‹ Momenten wie dem Faschismus oder dem Stalinismus in Gewaltorgien zurück – sondern auch ihre ›progressive‹ Entfaltung einer Universalisierung von Menschen- und Teilhaberechten kommt ohne Gewalt nicht aus. Zugespitzt formuliert: Bei dem Wenigen, das bei der Durchsetzung der Menschenrechte weltweit bislang über wohlfeile Rhetorik hinaus erreicht worden ist, hat nicht der »zwanglose Zwang des besseren Arguments« (Habermas 1971: 137) Überzeugungsarbeit geleistet, sondern es musste Druck ausgeübt werden – und zwar nicht irgendeine Art von Druck, sondern Druck durch Gewalteinsatz oder zumindest -androhung.

Diese wissenschaftlich mutige Überlegung ist zugleich politisch heikel. Ich will sie im Weiteren genauer in den Blick nehmen und werde dabei Lindemanns These zuspitzen, weil eine von ihr nicht ausgeschlossene harmlose Lesart wenig Anlass zur Reflexion bietet. Am Ende meiner Überlegungen wird es keine Antwort auf die Frage geben, ob die zugespitzte Lindemann-These stimmt. Aber ich werde einige Leitfragen eines Forschungsprogramms skizzieren, das sich an dieser These abarbeiten könnte.

(1) Lindemanns These

Für Lindemann (2018: 137/138) ist die moderne Gesellschaft durch »horizontale Differenzierung« – ihr Begriff für funktionale Differenzierung – gekennzeichnet.[2] Sie ist »... als eine stets prekäre, die eigenen Strukturen

1 Recherchen von und Diskussionen mit Theresa Freund und Katharina Soemer haben meine Überlegungen sehr bereichert.

2 Lindemann schließt hier explizit an Niklas Luhmann an, will aber funktionalistische Konnotationen vermeiden.

gefährdende Form der Vergesellschaftung zu verstehen, die der Selbstkritik bedarf.« (Lindemann 2018: 32) Diese »strukturnotwendige Kritik« richtet sich gegen gesellschaftliche Ungleichheiten, gegen eine strukturell angelegte »Totalpolitisierung« und gegen eine »... totale Vereinnahmung der menschlichen Lebenszeit durch die Wirtschaft sowie die Ökonomisierung aller Lebensbereiche« (Lindemann 2018: 29). Hauptträger gesellschaftlicher Selbstkritik sind soziale Bewegungen: die Arbeiterbewegung, die Frauenbewegung, Bürgerrechtsbewegungen, Bewegungen von Schwulen und Lesben oder die Umweltbewegung. An die bis zu diesem Punkt noch wenig kontroverse Überlegung schließt Lindemann (2018: 354) nun die These an: »Durch Gewalt sichert sich die Kritik ihre Strukturrelevanz«. Noch unmissverständlicher formuliert: »Wirksame Kritik kommt ohne Gewalt nicht aus.« (Lindemann 2020: 91)

Lindemann sieht Gewalt von Menschen gegen Menschen – mit der Zuspitzung tödlicher Gewalt – als eine anthropologisch gegebene Möglichkeit menschlichen Handelns, mit der jede Art von Gesellschaft umgehen muss. Es muss eine gesellschaftliche Ordnung der Gewalt geben, die sicherstellt, dass keine gesellschaftlich selbstzerstörerische Gewalteskalation stattfindet, wie sie Thomas Hobbes (1651: 67) als »warre of every one against every one« heraufbeschwört. In der Moderne sieht diese Ordnung eine Monopolisierung legitimer Gewalt beim Staat vor – also eine diesbezügliche Enteignung aller Gesellschaftsmitglieder. Nur als dafür beauftragte staatliche Rollenträger wie Polizisten oder Soldaten dürfen Gesellschaftsmitglieder im Rahmen festgelegter Befugnisse Gewalt ausüben.[3] Wenn aber die Moderne auf Kritik durch soziale Bewegungen angewiesen ist und diese auf Gewalt zur Durchsetzung ihrer Kritik zurückgreifen müssen, liegt hier eine strukturelle Selbstwidersprüchlichkeit vor. Denn soziale Bewegungen sind nicht der Staat. »Strukturnotwendige Kritik« muss die moderne Ordnung der Gewalt verletzen. Die Fortentwicklung der Ordnung der modernen Gesellschaft hinsichtlich einer Universalisierung von Menschen- und Teilhaberechten muss immer wieder eines der konstitutiven Elemente dieser Ordnung außer Kraft setzen.

Die moderne »Verfahrensordnung der Gewalt« sieht nach Lindemann (2018: 356; 2020: 91) drei Möglichkeiten vor, wie soziale Bewegungen Gewalt ausüben können. Sie können erstens durch gerichtliche Klage »... die Gewalt des Staates gegen diesen wenden« (Lindemann 2020: 91). Zweitens können sie sich um Parlamentssitze bewerben »... und versuchen, durch Gesetzgebung den Einsatz staatlicher Gewalt zu

3 Im Rahmen dieses Staatsmonopols können Befugnisse zur Gewaltausübung delegiert werden, etwa als Notwehr gegen illegitime Gewalt von Verbrechern, und bestimmte tradierte Arten der Gewaltausübung können geduldet werden – etwa bis vor nicht allzu langer Zeit von Ehemännern gegenüber ihren Frauen oder von Eltern gegenüber ihren Kindern.

lenken« (Lindemann 2020: 91). Drittens schließlich können soziale Bewegungen »direkte Gewalt … im Rahmen von Protestaktionen …« ausüben (Lindemann 2018: 356) – wobei soziale Bewegungen hier auch terroristische Gruppen und Protestaktionen entsprechend auch Terroranschläge sein können.

Lindemanns These, dass funktional erforderliche gesellschaftliche Selbstkritik gewaltsam sein muss, um wirksam zu sein, ist wenig aufregendes Grundwissen demokratischer Staatsbürgerkunde, solange es um die beiden ersten Möglichkeiten geht. Spannend wird die These erst dann, wenn die dritte Möglichkeit der Gewaltausübung in den Mittelpunkt gerückt wird. So pointiert möchte ich Lindemann im Folgenden verstehen: dass »strukturnotwendige Kritik« der modernen Gesellschaft ohne »direkte Gewalt« nicht auskommt, obwohl damit das Risiko der »… Involvierung in eine leibliche Eigendynamik, die schwer zu kontrollieren ist …« (Lindemann 2018: 356), einhergeht. Die Moderne muss, anders gesagt, gravierende mögliche Kontrollverluste in Gestalt von Gewaltexzessen in Kauf nehmen, um ihre gesellschaftliche Ordnung voranzubringen.

Ich spitze die These noch weiter zu, indem ich – anders als Lindemann - ein enges Gewaltverständnis zugrunde lege.[4] Gewalt ist ein Geschehen, bei dem – in der Moderne – ein Mensch auf den Körper eines anderen Menschen mit der Intention einwirkt, ihm Schmerzen zuzufügen oder ihn zu töten. Dies kann auch auf dem Umweg über die Psyche des anderen oder über Dinge geschehen – wenn jemandem beispielsweise Angst eingejagt wird, die sich dann in Übelkeit oder Schlaflosigkeit äußert, oder wenn eine Leiter angesägt wird, damit jemand herunterfällt und sich den Arm bricht. Die sogenannte ›Gewalt gegen Sachen‹ – etwa das Anzünden des Autos einer Person – ist hingegen nur dann Gewalt, wenn sie Angst auslöst, insbesondere als Androhung künftiger körperlicher Gewalt. »Strukturelle Gewalt« (Galtung 1971), etwa die Auferlegung schlechter Lebensverhältnisse durch Hungerlöhne oder die Diskriminierung aufgrund der Hautfarbe, ist demgegenüber nicht als Gewalt einzustufen, sondern als Zwangslage, in die jemand intentional oder transintentional gebracht wird.[5]

Damit ist der politisch brisante und wissenschaftlich gewagte Kern von Lindemanns These herauspräpariert.[6] Lindemann selbst erörtert den postulierten Wirkungszusammenhang zwischen dem Gewaltpotential

4 Lindemanns (2020: 94–99) Gewaltbegriff bleibt unklar.

5 Lindemann (2020: 119) gelangt am Ende zu dem zutreffenden Schluss, »… dass es sich bei struktureller Gewalt um einen politischen Begriff handelt.« Er soll wachrütteln. Als wissenschaftlicher Begriff ist er damit untauglich.

6 Falls ihr diese Zuspitzung unangenehm ist, darf sie sich natürlich jederzeit darauf zurückziehen, dass es sich um eine Schimank-These handelt. Ich würde darauf antworten, dass ich ohne Lektüre ihrer Überlegungen nie auf diese

sozialer Bewegungen als unabhängiger und einer Universalisierung von Menschen- und Teilhaberechten als abhängiger Variable nicht weiter. Hier muss theoretisch nachgearbeitet werden. In dieser Richtung will ich nun anhand eines – analytisch zugespitzten – Fallbeispiels einschließlich kürzerer Seitenblicke auf andere Fälle explorieren, was zu prüfen wäre, um abschätzen zu können, ob die These in der von mir zugespitzten Lesart plausibel ist.

(2) Fallbeispiel: Bismarcks Sozialreformen

Bevor ich zum Fallbeispiel der Bismarckschen Sozialreformen komme, will ich zunächst den generellen Wirkungszusammenhang explizieren, der Lindemanns These – in meiner zugespitzten Lesart – begründen könnte. Ausgangspunkt ist, dass jegliche Machtausübung auf paradoxe Weise gewaltbasiert ist (Luhmann 1975: 60–69). Macht bedeutet, dass das Handeln des Gegenübers durch Handeln des Machthabers gelenkt wird: ›Tu, was ich dir sage, sonst wird es dir schlecht ergehen!‹ Körperliche Gewalt »bildet ... den nicht überbietbaren Grenzfall einer machtkonstituierenden Vermeidungsalternative.« (Luhmann 1975: 65, Hervorheb. weggel.) Für den Machtunterworfenen gilt: Man will nicht erschossen werden und überreicht deshalb die Geldbörse. Aber auch der Machthaber will den Gewalteinsatz möglichst vermeiden, weil dieser mit Aufwand und Risiken verbunden ist. Muss er Gewalt ausüben, hat seine Macht versagt. Nur wenn bereits die Gewaltandrohung genügt, war der Machteinsatz erfolgreich.

Wie schon erwähnt, ist dieses Gewaltpotential in der Moderne ›kaserniert‹ worden: Nur Polizei und Streitkräfte dürfen inner- bzw. außerhalb der Staatsgrenzen Gewalt ausüben. Andere Machthaber – etwa der Vorgesetzte in Arbeitsorganisationen oder der Lehrer in der Schule – zapfen über den Instanzenweg des Rechtsstaats diese Gewalt an. So dürfen Vorgesetzte renitenten Untergebenen letztlich kündigen, und falls diese den Arbeitsplatz nicht verlassen wollen, könnte dies notfalls mit Polizeigewalt durchgesetzt werden.

Das Problem, mit dem sich diejenigen, die Menschen- und Teilhaberechte in der Geschichte der modernen Gesellschaft durchsetzen wollten und wollen, konfrontiert sahen und sehen, besteht darin, dass dazu in der Regel geltendes Recht – also Normen, die durch staatliche Gewalt geschützt sind – verändert werden muss. Dazu bedarf es – so die Schlussfolgerung – einer Gegengewalt, um den rechtlichen Status quo zu ändern und dem Staat neue Gesetze aufzuerlegen, die dieser fortan wieder

Idee gekommen wäre – und das ist selbstverständlich nicht als Schuldzuschreibung, sondern als Danksagung gemeint.

mit seinem Gewaltpotential durchzusetzen hat. Gegen eine eingeforderte Rechte vorenthaltende staatliche Gewalt hilft allein die Gegengewalt sozialer Bewegungen. Das ist die Quintessenz der Lindemann-These, die ich nun an einem historischen Fallbeispiel etwas genauer durchspiele.

Es geht um die vom Reichskanzler Otto von Bismarck in den 1880er Jahren auf den Weg gebrachte staatliche Sozialpolitik.[7] Die Arbeiterklasse sah sich von den Kapitalisten kollektiv ausgebeutet und darüber hinaus je individuell Lebensrisiken – Krankheit, Arbeitsunfall, Arbeitslosigkeit, Altersarmut – ungeschützt ausgesetzt. Sie konnte sich angesichts dessen nicht in die kapitalistische Gesellschaft einfügen, sondern forderte grundlegende Veränderungen, die faktisch oder zumindest in den Augen derer, die den sie selbst privilegierenden gesellschaftlichen Status quo möglichst erhalten wollten, auf ›Revolution‹ hinausliefen. Diese Forderungen gingen mit einem kontinuierlichen Erstarken der Arbeiterklasse als sozialer Bewegung einher – ablesbar an Mitgliedszahlen entsprechender Organisationen, Wählerstimmen sowie der Beteiligung an Massendemonstrationen und weiteren kollektiven Aktionen. Vom Groß- bis zum Kleinbürgertum wurden viele von der Furcht erfasst, dass ihr Besitz, ihr sozialer Status und letztendlich ihr Leben nicht mehr sicher seien. Bismarck brachte diese Ängste drastisch zum Ausdruck: »Wie soll in Europa Vertrauen und Unternehmungslust erwachen, … wenn man das Erarbeitete durch Brand und Plünderung zu verlieren fürchten muß und noch dazu die Aussicht hat, dafür, daß man etwas hat, massakriert zu werden?« (zitiert in Wehler 1995: 904).

Hier ist der eindeutige Verweis auf das Gewaltpotential der Arbeiterbewegung. Bismarck nutzte dieses – von ihm demagogisch aufgebauschte – Revolutionsszenario zum einen, um das »Sozialistengesetz« durchzusetzen, das der Revolutionsgefahr durch repressive Maßnahmen entgegenwirken sollte. Die Sozialdemokratie sei »… nach Kriegsrecht zu behandeln« (zitiert in Wehler 1995: 905). Zum anderen war Bismarck aber realistisch genug, einzusehen, dass darüber hinaus eine »kollektive Massenbestechung«[8] nötig war, um eine »Versöhnung der Arbeiter mit dem Staate« (zitiert in Wehler 1995: 910) zu erreichen. Genau diesem Ziel dienten die von ihm durchgesetzten sozialpolitischen Maßnahmen.

Er agierte hier – marxistisch gedeutet – als »ideeller Gesamtkapitalist«, der die langfristigen Interessen der Kapitalistenklasse gegen die kurzfristige Profitmaximierung der Einzelkapitale durchsetzte. Anfangs hatte er fast alle gegen sich: die Arbeiterschaft, die ihm nicht traute;

7 Siehe die zusammenfassende Darstellung bei Hans-Ulrich Wehler (1995: 902–915); ergänzend Michael Mann (1993a: 351–357; 1993b: 165–171) und Heinrich August Winkler (2000: 249–251).

8 Eine treffende Formulierung von Hans Rosenberg – zitiert von Wehler (1995: 910).

die Liberalen, die prinzipiell gegen Staatseingriffe in die Wirtschaft waren; die Konservativen, die dem Proletariat keinen Zentimeter entgegenkommen wollten. Bismarck überzeugte schließlich eine parlamentarische Mehrheit, dass nur durch ein sozialpolitisches Entgegenkommen die dräuende revolutionäre Gewaltbereitschaft in eine »staatsfreundliche Gesinnung« (zitiert in Wehler 1995: 910) verwandelt werden konnte. Der Staat müsse sich nolens volens »... etwas mehr Sozialismus ... angewöhnen ...« (zitiert in Wehler 1995: 911)

Dass Bismarck rhetorisch übertrieb, zeigt, wie ernst er die Lage sah. Dass die Sozialdemokratie als Stimme der Arbeiterbewegung umgekehrt ostentativ Gewaltverzicht beteuerte, machte sie in den Augen des Bürgertums nur umso verdächtiger. Bismarcks Botschaft ans Bürgertum und dessen Deutung der Kommunikation der Sozialdemokratie bestätigten einander also: Die Lage ist ernst!

Insgesamt standen die Nutznießer und Verteidiger des kapitalistischen Status quo also einer in unbekanntem, aber beachtlichem Ausmaß gewaltfähigen und mutmaßlich gewaltbereiten Arbeiterbewegung gegenüber – und lenkten deshalb ein. Damit ist Lindemanns These für den wichtigen gesellschaftlichen Fortschritt der Etablierung von Sozialpolitik als Gewährung elementarer Menschen- und Teilhaberechte freilich noch nicht bewiesen. Das erforderte vielmehr die Klärung mehrerer weiterer Fragen, die ich hier ganz und gar nicht beantworten, aber zumindest – soweit ich auf sie gestoßen bin – benennen kann.

(3) Folgefragen

Eine erste Folgefrage lautet: Sind solche Anfänge von Sozialpolitik nirgends auf der Welt gewaltfrei etabliert worden?[9] Im Sinne eines strikten Falsifikationismus à la Karl Popper (1934) genügt ja ein einziges Gegenbeispiel, um die Lindemann-These vom Tisch zu wischen. Dies ist insbesondere durch Überlegungen Imre Lakatos' (1970) modifiziert worden, die darauf hinauslaufen, Gegenbeispiele – solange es nicht zu viele werden – konstruktiv zu nutzen, um den Geltungsbereich von Hypothesen näher zu spezifizieren, also etwa weitere Bedingungsfaktoren einzuführen, von denen abhängt, ob der ursprünglich postulierte Wirkungszusammenhang zum Tragen kommt oder nicht. Gegenbeispiele dienen dann nicht als Totschlag-Argumente eines »Sofort-Falsifikationismus«, sondern als heuristische Quellen einer differenzierten Auffächerung von Hypothesen.

9 Diese Frage steht auf der Agenda des Sonderforschungsbereichs »Global Dynamics of Social Policy« an der Universität Bremen (https://www.socialpolicydynamics.de/en/).

Insbesondere drei Differenzierungen könnten spannend sein. Die eine bezieht sich auf die Frage, inwieweit angedrohte oder sogar nur befürchtete Gewaltausübung bereits ausreicht, um durchsetzungsfähige Macht zu generieren. Bedurfte es tatsächlicher Unruhen, um das Bürgertum so zu beeindrucken, dass es indigniert, aber eingeschüchtert Bismarcks sozialpolitischen Maßnahmen zustimmte, um ›Dampf aus dem Kessel zu lassen‹? Oder reichte die über Generationen tradierte Erinnerung an länger zurückliegende Gewalttätigkeit früherer Generationen der Arbeiterbewegung aus, um einen Gewaltnimbus am Leben zu erhalten?

Die zweite Differenzierung richtet sich darauf, dass viele soziale Bewegungen in der ›Gewaltfrage‹ zweigleisig gearbeitet haben. Es gibt den einen – meist zahlenmäßig überwiegenden – Teil, der sich als ›friedfertig‹ deklariert, um repressiver Gegengewalt keinen Vorwand zu liefern. Davon – tatsächlich oder auch nur scheinbar – abgekoppelt agiert ein gewaltbereiter Teil, der ›Druck macht‹. Der ›friedfertige‹ Teil kann jederzeit abstreiten, sich so Drohmacht verschaffen zu wollen, tut es de facto aber. Beispielsweise kann sich heutzutage »Fridays for Future« als ›friedlich‹ darstellen – wohl wissend, dass »Extinction Rebellion« oder »Ende Gelände« den ›schmutzigen‹ Teil der Drohkulisse übernehmen werden. Die deutsche »Fridays for Future«-Aktivistin Luisa Neubauer kann, angesprochen auf »Extinction Rebellion«, erklären: »Ich muss mich doch gar nicht davon distanzieren, wenn das ja gar nicht irgendwie ›meine Gang‹ ist, oder?«[10]

Eine dritte Differenzierung bezieht schließlich auch die Rolle der journalistischen Berichterstattung ein. Wovon hängt es ab, ob Gewaltbereitschaft journalistisch zugeschrieben wird – und ob Rezipienten dies glauben? Kann Gewaltbereitschaft im Extremfall als reiner journalistisch konstruierter Mythos wirken – womöglich sogar effektiver als tatsächliche Gewaltausübung, bei der man ja oft bald erkennt, wo sie an ihre Grenzen stößt?

Weitere Folgefragen kann ich nur noch antippen. Eine zweite richtet sich auf eine mögliche Issue-Spezifik der Lindemann-These. Man könnte vermuten, dass es einen Unterschied macht, ob für Menschenrechte oder für Teilhaberechte gekämpft wird. Menschenrechte, die sich auf eine zumindest in der westlichen Moderne ethisch unanfechtbare Menschenwürde als normativen Minimalstandard menschlicher Existenz beziehen, benötigen vielleicht weniger Gewalteinsatz oder -androhung, weil zumindest bei einem diesbezüglich ansprechbaren Teil der Bevölkerung moralische Appelle wirken.[11]

10 Luisa Neubauer diskutiert mit Markus Lanz, 23.10.2019: https://www.youtube.com/watch?v=Ua3RoqOtous. (abgerufen am 18.5.2021)

11 Einen interessanten Spezialfall stellt hier der Einsatz physischer Gewalt gegen sich selbst dar, etwa als Hungerstreik. Diese die eigene Menschenwürde

Die dritte Folgefrage lautet: War Gewalt nur in solchen Zeiten zwingend erforderlich, die noch nicht hinreichend demokratisch waren – wie das Deutsche Reich der Kaiserzeit oder die Volksrepublik China heute? Stimmt die Lindemann-These also nicht für entfaltete und stabile Demokratien, weil dort die Beschaffung von Wählermehrheiten – also Lindemanns zweites Element der »modernen Verfahrensordnung der Gewalt« – das funktionale Äquivalent für Gewalteinsatz ist?[12] Wäre dem so, müssten soziale Bewegungen nur solange auf physische Gewalt rekurrieren, wie sie noch keine parlamentarische Mehrheitsfähigkeit – einschließlich vorstellbarer Koalitionen – in Aussicht hätten. Die Erringung des Rechts auf Teilhabe am demokratischen Prozess – also vor allem das aktive und passive Wahlrecht ohne Stimmengewichtung, Versammlungsfreiheit und die Freiheit zur Gründung politischer Organisationen – ist dann ein reflexives Teilhaberecht: Es befähigt dazu, andere Teilhaberechte und die Menschenrechte ohne Anwendung oder auch nur Androhung physischer Gewalt durchzusetzen.[13] Physische Gewalt wäre nur noch ein letztes Mittel, auf das man zurückgreifen können muss, wenn vom politischen Gegner demokratische Mehrheiten missachtet oder die Demokratie selbst durch einen Staatsstreich beseitigt wird. Die Entwicklung der neuen sozialen Bewegungen in Deutschland und anderswo seit den 1970er Jahren hin zum Parlamentarismus – etwa in Gestalt grüner Parteien – war ja ganz auf dieser Linie auch eine Geschichte zunehmenden Verzichts auf die Thematisierung der ‚Gewaltfrage', weil der ›Marsch durch die Institutionen‹ ab einem bestimmten Punkt erfolgversprechender erschien. Gleiches galt für Teile der Bürgerrechtsbewegung in den USA, die sich vor allem in der Demokratischen Partei Einfluss verschafften.

Eine vierte Folgefrage schließlich rückt gewaltfreien Widerstand als weiteres mögliches funktionales Äquivalent für physische Gewalt – oder zumindest als partielles Substitut oder strategisches Komplement – in den Blick.[14] Insbesondere Boykotte und Streiks erscheinen in der breiten

verletzende Gewalt dient dazu, eine ultimative moralische Diskreditierung der Status-quo-Verteidiger in den Augen Dritter herbeizuführen, die dann Einfluss auf die Status-quo-Verteidiger ausüben.

12 Wie wenig stabil als solche angesehene Demokratien sein könnten, hat freilich Anfang Januar 2021 der Marsch der enthemmten Trump-Anhänger aufs Kapitol gezeigt. Hätten sie obsiegt, wäre die Demokratie wohl nur mit physischer Gegengewalt zurückzugewinnen gewesen – was im Erfolgsfall eine Bestätigung der Lindemann-These gewesen wäre, die der Welt glücklicherweise erspart geblieben ist.

13 Sobald es etwa das Frauenwahlrecht gab, änderten sich viele Politiken mit Blick auf diese wichtigen Wählergruppen – nicht nur Naheliegendes in der Familien- oder Rentenpolitik, sondern auch etwa die Verteidigungs- oder Umweltpolitik.

14 Es gibt freilich Grauzonen des Übergangs von Nicht-Gewalt zu Gewalt, die sich strategisch nutzen lassen.

Palette solcher Widerstandspraktiken als probate Mittel, um auch massiver militärischer Gewalt mit Erfolgsaussichten entgegentreten zu können – wobei der so aufbaubare politische Druck vor allem damit einhergeht, wie ›systemrelevant‹ die Prozesse und Leistungen sind, die boykottiert oder bestreikt werden.[15] So können etwa Behinderte oder auch die Schwulen- und Lesbenbewegung mit ihrem gewaltlosen Widerstand den Status quo nicht wirklich stören, sondern allenfalls darauf hoffen, Aufmerksamkeit und moralische Unterstützung für ihre Anliegen zu erringen. Die Geschichte der Arbeiterbewegung, aber auch nationale Befreiungsbewegungen gegen Kolonialmächte oder autoritäre Regimes liefern hingegen Beispiele, wie man an neuralgischen Punkten des gesellschaftlichen Geschehens mit manchmal wenig Aufwand höchst wirksam ›Sand ins Getriebe streuen‹ oder umgekehrt durch geballte Körperpräsenz, etwa in Gestalt von Demonstrationen oder Sitzblockaden, als massenhafte entschlossene Gegnerschaft beeindrucken kann. Schwierig wird es allerdings, wenn gewaltloser Widerstand zu wenig zielgenau ist, also auch denjenigen, die ihn ausüben, selbst schadet, oder nicht nur die Status-quo-Bewahrer, sondern auch unbeteiligte Dritte trifft, deren Sympathien man sich dann verscherzt.

Schon diese wenigen und nur sehr kurz angedachten Fragen ergeben ein äußerst vielschichtiges Bild. Die Lindemann-These erweist sich als eine starke Hypothese, die gerade wegen ihrer theoretischen Klarheit auf viele Unklarheiten bei ihrer empirischen Überprüfung stößt. Wie meine – sicherlich unvollständige – Auflistung von Folgefragen, die sich bereits aus einem einzigen Fall ergeben, vorführt, wäre ein ganz erheblicher weiterer Forschungsaufwand sowohl theoretischer als auch empirischer Art von Nöten, um eine empirisch fundierte Klärung herbeizuführen; und diese Klärung liefe wohl auf eine theoretische Verästelung des auf elegante Weise einfachen Wirkungszusammenhangs hinaus, den Lindemann im Sinn hatte. Aber so sieht wissenschaftlicher Erkenntnisfortschritt nun mal zumeist aus: Die Dinge erweisen sich als komplizierter, als man anfangs denkt. Genau das ist das heuristische Potential so spannender einfacher Thesen wie der hier diskutierten.

Literatur

Galtung, Johan (1971): »Gewalt, Frieden und Friedensforschung«, in: Dieter Senghaas (Hg.), *Kritische Friedensforschung*, Frankfurt am Main: Suhrkamp, 55–104.

15 Die umfangreiche Forschung dazu stellt dem »civil resistance« keine schlechte Erfolgsbilanz aus – siehe nur den Überblick von Maria J. Stephan und Erica Chenoweth (2008).

Günther, Jana (2018): »Die Suffragetten: Mit Militanz zum Frauenstimmrecht«, *Aus Politik und Zeitgeschichte* (42/2018), 20–27.

Habermas, Jürgen (1971): »Vorbereitende Bemerkungen zu einer Theorie der kommunikativen Kompetenz«, in: Jürgen Habermas/Niklas Luhmann, *Theorie der Gesellschaft oder Sozialtechnologie – Was leistet die Systemforschung?*, Frankfurt am Main, 1974: Suhrkamp, 101–141.

Hobbes, Thomas (1651): *Leviathan*, London, 1973: Dent.

Lakatos, Imre (1970): »Falsification and the Methodology of Scientific Research Programmes«, in: Imre Lakatos/Alan Musgrave (Hg.), *Criticism and the Growth of Knowledge*, Cambridge: Cambridge University Press, 91–195.

Lindemann, Gesa (2018): *Strukturnotwendige Kritik. Theorie der modernen Gesellschaft 1*, Weilerswist: Velbrück.

Lindemann, Gesa (2020): *Die Ordnung der Berührung. Staat, Gewalt und Kritik in Zeiten der Coronakrise*, Weilerswist: Velbrück.

Luhmann, Niklas (1975): *Macht*, Stuttgart: Enke.

Mann, Michael (1993a): *Geschichte der Macht* Bd. 3, Halbband I: *Die Entstehung von Klassen und Nationalstaaten*, Frankfurt am Main, 1998: Campus.

Mann, Michael (1993b): *Geschichte der Macht* Bd. 3, Halbband II: *Die Entstehung von Klassen und Nationalstaaten*, Frankfurt am Main, 1998: Campus.

Popper, Karl (1934): *The Logic of Scientific Discovery*, London, 1975: Hutchinson.

Stephan, Maria J./Erica Chenoweth (2008): »Why Civil Resistance Works. The Strategic Logic of Nonviolent Conflict«, *International Security* (33), 7–44.

Wehler, Hans-Ulrich (1995): *Von der »Deutschen Doppelrevolution« bis zum Beginn des Ersten Weltkriegs 1849–1914, Deutsche Gesellschaftsgeschichte* Bd. III, München, 2008: Beck.

Winkler, Heinrich August (2000): *Deutsche Geschichte vom Ende des Alten Reiches bis zum Untergang der Weimarer Republik, Der lange Weg nach Westen* Bd. 1, München, 2010: Beck.

Tina Schröter

Ordnungen im Konflikt

Verfahrensordnung(en) der Gewalt im Feld des Fußballs

Horizontal differenzierte Gesellschaften ermöglichen ihren Mitgliedern, sich in unterschiedlichsten Subgruppen zu vergesellschaften (vgl. z.B. Lindemann 2014: 322ff.). Innerhalb dieser können sich je spezifische normative Ordnungen ausbilden. Jede Ordnung zeichnet sich durch eine passende verfahrensmäßige Gestaltung von Gewaltkommunikation aus. Im Rahmen dieser Verfahrensordnungen wird – drittenvermittelt – u.a. festgelegt, wie Konflikte zu führen sind, was als Gewalt in Erscheinung treten kann, wie/wo/von wem Gewalt ausgeübt werden darf und was il/legitime Gewalt ist (Lindemann 2017, Lindemann 2018).

Die Koexistenz unterschiedlicher Verfahrensordnungen scheint kein Problem zu sein, solange sie nicht im Widerspruch zur gesellschaftlich dominanten Verfahrensordnung stehen. Integrierbar sind differente Ordnungen also dann, wenn das jeweilige Normsystem (eng) am gesamtgesellschaftlichen ausgerichtet ist oder, wenn sie in Räumen existieren, in denen gesamtgesellschaftlich gültige Regeln nicht konsequent durchgesetzt werden. Also jene Räume, die dem öffentlichen Blick und dem Zu- bzw. Durchgriff staatlicher Gewalt (noch) entzogen sind. Existieren solche Ordnungen jenseits entsprechender ›Freiräume‹, ist ein Ordnungskonflikt wahrscheinlich. Am Beispiel von Konflikten im Feld des Fußballs lässt sich dies verdeutlichen.

Im Zuge der Corona-Pandemie zeigt sich, dass Fußball ohne Zuschauer zwar möglich ist, es wird zugleich aber auch deutlich sichtbar, dass dieser sich ohne Fans nicht gleichsam attraktiv inszenieren lässt. Fans scheinen somit – aus Perspektive der Fußballinstitutionen – einerseits unentbehrlich, andererseits aber auch ein schwer kalkulierbares Sicherheitsrisiko darzustellen. Letzteres gilt auch für die Ordnungsbehörden, die die öffentliche Sicherheit rund um das Stadion sowie auf Reiserouten der Fans zu garantieren haben. Dass Fans in diesem Kontext ein Risiko darstellen, wird dem (unbeteiligten) Beobachter regelmäßig durch die ausgefeilte Sicherheitsarchitektur an Spieltagen vor Augen geführt, die von restriktiven Einlasskontrollen in den Stadien bis zur massiven Polizeipräsenz im Stadtgebiet und auf Bahnhöfen reicht. Die polizeiliche Einteilung von Fans in Kategorien sowie das Narrativ der »Problemfans« bzw. »Problemfangruppen« verdeutlicht zudem, dass aus dieser Perspektive nicht von allen Fans gleichermaßen Gefahr auszugehen scheint, sondern vornehmlich von bestimmten Fangruppen. Neben Hooligans, die allerdings seit den 2000er Jahren eher ein Nischendasein in den Stadien fristen, ist das gegenwärtig vor allem die Fangruppierung der Ultras.

In Folgendem soll es nun um die Fragen gehen, warum Ultras als Sicherheitsrisiko im Fußball gelten, insbesondere aber, wie sie mit dieser Fremdwahrnehmung umgehen. Unter Rekurs auf Lindemanns Konzept der »Verfahrensordnungen der Gewalt« (1) lässt sich nicht nur begreifen, weshalb Ultras für Sicherheitsverantwortliche und Ordnungsbehörden problematisch sind (2), sondern auch, warum Ultras sich deren Erwartungen nicht fügen können, den Ausbau der Sicherheitsarchitektur als existenziell bedrohlich erleben (3) und sich auf einen Konflikt einlassen, der wiederum für sie hohe Risiken birgt (4).

(1) Die moderne Verfahrensordnung der Gewalt

Gewalt steht nicht außerhalb gesellschaftlicher Ordnung, sondern ist Teil dieser und wesentlich durch sie bestimmt (vgl. Lindemann 2017). Für die Etablierung und Aufrechterhaltung einer Ordnung ist Gewalt bzw. eine je spezifische Verfahrensordnung der Gewalt zentral, die Praxis und Erleben der Einzelnen gesellschaftlich anleitet (vgl. Lindemann 2018: 23ff.). Gewalt ist aus dieser Perspektive weder selbstevident noch handelt es sich um einen rein unmittelbaren Gewaltakt, vielmehr ist sie als »Bestandteil der kommunikativen Vermittlung von Ordnung« (Lindemann 2018: 24) zu verstehen. Werden gesellschaftlich gültige Normen verletzt oder ihre Gültigkeit durchgesetzt, ist Gewalt im Spiel. Ob, wie und wann Gewalt dabei auch als solche in Erscheinung tritt, ist dabei abhängig von der jeweils gültigen Verfahrensordnung (vgl. Lindemann 2017).

Ein Kennzeichen der *modernen* Verfahrensordnung der Gewalt ist so bspw. ihre Orientierung an ›Gewaltlosigkeit‹, d.h. die Gültigkeit von Normen wird vornehmlich ohne direkten Gewaltakt dargestellt. An seine Stelle treten Gerichtsverfahren und ggf. ›Zwangsmittel‹ wie Freiheitsentzug. Insgesamt zeichnet sie eine gewisse Gewaltaversion aus, insofern nur staatliche Gewalt als legitime Gewalt gilt,

- die diskursive Identifizierung eines Phänomens als Gewalt zu dessen Delegitimierung führt (daher nur illegitime Gewalt als solche in Erscheinung tritt) und
- illegitime Gewalt umgehend mit staatlicher Gewalt beendet werden muss (vgl. ebd.).

Gemäß der modernen Verfahrensordnung der Gewalt ist der Staat »diejenige Instanz, die befugt ist, legitime Gewalt in einer an das Recht gebundener Weise auszuüben« (Lindemann 2018: 178). Legitime staatliche Gewalt ist solche, die der »Herstellung von Sicherheit vor Gewalt« (Koloma-Beck 2019: 214) dient und damit »gebotene Gewalt« (Reemtsma 2008: 191). Der Staat wird in diesem Kontext »zunehmend für die Wahrung der körperlichen Unversehrtheit seiner Subjekte in die Pflicht« (Koloma-Beck 2019: 222) genommen. D.h. die Menschen sollen und wollen darauf vertrauen können, im sozialen Raum sicher bzw. frei von Bedrohung zu sein (Reemtsma 2008). Um diese normative Erwartung nicht zu enttäuschen, reicht es von staatlicher Seite nicht aus, illegitime Gewalt umgehend zu beenden. Vielmehr müssen potenzielle Bedrohungen möglichst vor Schadenseintritt identifiziert und abgewendet werden. Der Staat hat sich demnach um die leibliche Unversehrtheit seiner Subjekte zu sorgen[1] und das gegenwärtige Handeln an möglichen zukünftigen Bedrohungen für diese zu orientieren.

Alle Menschen ursächlich zugeschriebenen Bedrohungen für andere Menschen können als potenziell gewalthaltig gelten, womit sich dann schon vor Eintreten eines Schadens die Legitimitätsfrage in Bezug auf ›riskante‹ Entscheidungen oder Verhaltensweisen stellt, die zur Gefahr für andere werden können. Der staatliche Eingriff erfolgt hier eher präventiv, nicht mehr intervenierend: »Die Herstellung von Sicherheit ist notwendigerweise immer präventiv, da auf die Verhinderung von zukünftigen Bedrohungen ausgelegt. Prävention ist damit gewissermaßen die notwendige Bedingung von Sicherheit.« (Leese 2016: 42). Es geht dabei um einen spezifischen Zugriff auf zukünftig zu Erwartendes, der das Unerwünschte betont. Um die sich aus der Kontingenz der Zukunft ergebende Unsicherheit zu bewältigen, werden im Rahmen der präventiven Gefahrenabwehr Prognosen erstellt, die auf Erfahrungen aus der Vergangenheit und gegenwärtigen Gegebenheiten basieren (Kugelmann et al. 2019). Mit Bezug auf die Abwehr solch unerwünschter Zukünfte können »in der Gegenwart Handlungen legitimiert werden, die Menschen in ihrer Privat- und Intimsphäre und in ihrer Freiheit einschränken.« (Leese 2016.: 44). Innerhalb der hier skizzierten modernen Verfahrensordnung der Gewalt können weitere Verfahrensordnungen existieren, die mit dieser in einem mehr oder weniger ausgeprägten Konkurrenzverhältnis stehen (Lindemann 2018: 26).

1 Sorge meint hier eine Form des reflektierten Zukunftsbezuges, der die Möglichkeit des Scheiterns zukunftsbezogener normativer Erwartungen (hier: Sicherheit) antizipiert und gegenwärtig handlungsmotivierend wirkt (vgl. Lindemann 2016).

(2) Fußball und Sicherheit

Der professionelle Fußball ist heute weniger ein Sportspiel als vielmehr Teil einer auf Profit ausgerichteten Unterhaltungsindustrie und zielt als solche darauf, möglichst weite, auch finanzstarke Teile der Bevölkerung anzusprechen. Die gesamtgesellschaftliche Popularität des Fußballs setzt seine Orientierung an der modernen Verfahrensordnung der Gewalt voraus. Das bedeutet hier, wie bei anderen Veranstaltungen der Unterhaltungsindustrie auch, dass Teilnehmende erwarten können sollen, die persönliche Sicherheit sei gewährleistet. Außerhalb des Stadions ist dafür der Staat, die Polizei zuständig, innerhalb obliegt es den Veranstaltern, für die Sicherheit aller Anwesenden zu sorgen (Kubera et al. 2019). Die beiden Sphären sind dabei jedoch nicht immer strikt zu trennen. So zählt das Stadion nach Kugelmann et al. (2019) zu »semi-privaten Räumen, die zwar rechtlich privatisiert, jedoch öffentlich zugänglich sind« (ebd.: 316), d.h. in diesen Räumen ist »die Polizei weiterhin für die Aufrechterhaltung der öffentlichen Sicherheit zuständig« (ebd.). Ihr Beitrag orientiere sich hier an den Sicherheitsmaßnahmen des Veranstalters, es handele sich um einen »gemeinsamen Verantwortungsraum« (ebd.: 317). Zusätzlich sind etliche weiterer Sicherheitsakteure, wie Feuerwehr, Sanitätsdienst, Kommunen und Gerichte rund um Fußballspiele eingebunden (Kubera et al. 2019: 57ff.). Auch die Verbände sind hier zu nennen, insofern die ihnen angehörigen Klubs dem Verbandsrecht unterliegen. Dies schreibt spezifische Sicherheitsmaßnahmen vor, ermöglicht die Verhängung von Sanktionen gegenüber den Klubs, u.U. auch bei ›Vergehen‹ von Stadionbesuchern (vgl. z.B. Kugelmann & Auerbach 2018: 540f.). Dieses Recht ist dabei am öffentlichen Recht orientiert (Kugelmann et al. 2019: 350).

Angesichts der ausgefeilten Sicherheitsarchitektur rund um Fußballgroßveranstaltungen erscheint es, als handele es sich um einen Freizeitbereich, in dem vergleichsweise überproportional mit Gefährdungen zu rechnen ist. Für Kubera et al. (2019: 65) ist in Bezug auf die damit verbundenen Sicherheitsbestrebungen zwischen zwei Bereichen zu unterscheiden: (1) Der »Betriebssicherheit eines Stadions« und dem »Schutz vor größeren Katastrophen wie einer Massenpanik oder einem Großbrand«. (2) Dem »Schutz vor konkreten Gefahren wie körperlicher Gewalt«. Dass potenzielle Gefährdungen von Stadionbesuchern durch selbige in diesem Kontext eine besondere Relevanz eingeräumt wird, lässt sich den darauf bezogenen Sicherheitsmaßnahmen sowie den ihnen zugrundeliegenden Programmen wie dem »Nationalen Konzept Sport und Sicherheit« (NKSS) oder auch den »DFB-Richtlinien zur Verbesserung der Sicherheit bei Bundesspielen« entnehmen. Das NKSS, das zu Beginn der 1990er Jahre entwickelt und seither fortgeschrieben wird, enthält so Handlungsempfehlungen für die Sicherheitsakteure, die inzwischen maßgeblich für den deutschen Fußball sind (Kugelmann et al. 2019: 264). Über die Gründe für die Empfehlung einheitlicher Sicherheitsstandards und die diesbezügliche Kooperation zwischen Polizei, Kommunen, Fußballinstitutionen und anderen Netzwerkpartnern gibt das Vorwort der Fortschreibung von 2012 Auskunft:

> »Als Antwort auf die Gewalt im Zusammenhang mit Fußballspielen hat die IMK[2] deshalb gemeinsam mit allen Beteiligten das Nationale Konzept Sport und Sicherheit (NKSS) erarbeitet und 1993 verabschiedet. Es enthält Empfehlungen zu den Handlungsfeldern Fanbetreuung im Rahmen von Sozialarbeit, Stadionordnung, Stadionverbote, Ordnungsdienste, Stadionsicherheit und Zusammenarbeit aller Beteiligten. [...]« (NKSS 1993/2012: 3)

Das NKSS ist aus Sicht der Verfasser zuvorderst »[a]ls Antwort auf die Gewalt im Zusammenhang mit Fußballspielen« zu begreifen, für die Zuschauer ursächlich verantwortlich gemacht werden. Für diese stellte der Fußball in gewisser Weise schon immer einen Sonderbereich dar, insofern sich dort Verhaltensweisen und normative Ordnungen etablieren konnten und geduldet waren, die andernorts als inakzeptabel gelten. So beschreibt Gabler (2019: 78f.) »Devianz und die Inszenierung von traditioneller Männlichkeit [...] als Konstanten von Fußball-Fankultur«, die auch gewaltförmiges Verhalten integriert.

Fangewalt wurde für Fußballinstitutionen, Öffentlichkeit und Politik vor allem im Zuge der Ausbreitung des Hooliganismus, der seine Hochzeiten in den 1980er und zu Beginn der 90er Jahre erlebte, zu einem ernstzunehmenden Problem (Weis 1981; Ek 1996). Hooligans erhoben Gewalt in Form von körperlichen Auseinandersetzungen mit Gleichgesinnten zum Gruppenstil und erfuhren ein hohes mediales Interesse (Gabler 2013). Letzteres brachte ihnen einerseits eine gewisse Popularität unter Fans ein, andererseits beförderte es eine *moral panic* (Cohen 1972/2002), die Fußballinstitutionen und Staatsgewalt zu einem härteren Durchgreifen bewog (Ek 1996). So wurde die erste Fassung des NKSS 1993 unter dem Eindruck des Hooliganismus verabschiedet (Gabler 2013).

Die derzeit etablierten und stetig verfeinerten Sicherheitsmaßnahmen trugen zu seiner Zurückdrängung bei und adressieren inzwischen vor allem Ultras, deren Fankultur sich in den 1990er Jahre in Deutschland entwickelte und die inzwischen bundesweit die Fankurven dominiert (Gabler 2013). Auch hier werden mit Bezug auf jene Fans, die u.a. aufgrund eines als illegitim geltenden Gewaltverhältnisses als Gefahr für die Sicherheit im Kontext von Fußballspielen wahrgenommen werden, umfassende Kontrolle, präventive und intervenierende Maßnahmen legitimiert, die darüber hinaus vielfach pauschal alle Fans einbeziehen. Dazu

2 Ständige Konferenz der Innenminister und -senatoren der Länder.

zählen insbesondere die Sicherheitsmaßnahmen an Spieltagen wie z.B. die polizeiliche Überwachung rund um das Stadion, an Fantreffpunkten, auf Reisewegen, strikte Fantrennung, die Einschränkung der Bewegungsfreiheit durch die Vorgabe von Wegstrecken und Aufenthaltsorten, restriktive Einlasskontrollen oder Materialbeschränkungen (vgl. Keysers et al. 2019; Gabler 2013: 133ff.). Zur Sicherheitsarchitektur gehören aber auch Instrumente wie die polizeiliche Datei ›Gewalttäter Sport‹ oder das Stadionverbot (vgl. ebd.; Gabler 2019). Die Datei dient der Speicherung von Daten über Personen, die der Polizei im Fußballkontext sicherheitsrelevant aufgefallen sind. Der Speicherung können weitere Maßnahmen folgen, wie etwa Gefährderansprachen oder Bereichsbetretungsverbote (vgl. ebd.). Mit Stadionverboten können Vereine und Verbände Verstöße gegen die Stadionordnung ahnden, indem sie die Betroffenen teils bundesweit und bis zu mehreren Jahren von Spielbesuchen ausschließen (vgl. ebd.).

Im Rahmen des institutionalisierten Austauschs der unterschiedlichen lokalen Sicherheitsakteure rund um den Fußball werden regelmäßig komplexe Lagebilder und Gefahrenprognosen erstellt, sowohl die Saison als auch die jeweiligen Spiele betreffend (vgl. Kugelmann et al. 2019: 274ff.). Was die Polizei angeht, kommt noch die Einschätzung im Hinblick auf potenzielle ›Störer‹ hinzu, auf die z.B. mit Gefährderansprachen oder Meldeauflagen präventiv einzuwirken ist (vgl. ebd.). Auf diesen Prognosen basieren spieltagsbezogene Sicherheitskonzepte, die sich abhängig von der Brisanz des Spiels erheblich in Hinblick auf den Ressourceneinsatz und die Beschränkungen für Fans unterscheiden können (vgl. ebd.).

(3) Der ›Widerstand‹ der Ultras

Aktuell sind es vor allem Ultras, die im Fokus der Sicherheitsakteure stehen. Wie innerhalb der Fanszene üblich, sind auch die Ultras unterschiedlicher Fußballklubs vor allem im Modus der Konkurrenz und des ritualisierten Konflikts aufeinander bezogen (vgl. z.B. Gabler 2013). Diese werden auf unterschiedliche Weise ausgelebt, vor allem im Rahmen von Support-Wettbewerben im Stadion, aber auch durch direkte wechselseitige Bezugnahme z.B. mittels Schmähungen, Aggro-Inszenierungen und z.T. auch Tätlichkeiten (vgl. ebd.). Die Regeln, die festlegen, wie diese szenekonstitutiven Konflikte zu führen sind, was als il/legitim gilt, werden zwischen den Gruppen ausgehandelt, Regelverletzungen szeneintern sanktioniert. Eine interne ›Zentralgewalt‹ existiert nicht und externe Intervention gilt als etwas zu Vermeidendes. Die Verfahrensordnung der Ultras ist also im Unterschied zur modernen Verfahrensordnung der Gewalt am Prinzip der Wechselseitigkeit orientiert. Ihr szeneinternes

Hierarchie- und Normensystem knüpft an tradierte Fankultur an und weicht damit – zumindest in Teilen – nicht nur vom gesamtgesellschaftlich gültigen Regelsystem ab, sondern gerät auch mit diesem in Konflikt. So identifiziert der öffentliche Diskurs Ultras überwiegend mit ihrem als illegitim geltenden Gewaltverhältnis, das den (präventiven) Einsatz staatlicher Gewalt erfordere. Delegitimiert und ggf. auch strafrechtlich sanktioniert werden in diesem Kontext nicht nur physische Auseinandersetzungen oder das wechselseitige ›Klauen‹ von Kleidung und Material, sondern auch der Einsatz von Pyrotechnik. In die Kritik geraten darüber hinaus zudem oft auch subtilere Formen fantypischer Konfliktkommunikation, wie z.B. Aggro-Inszenierungen (vgl. z.B. Leistner 2008), da sie potenziell in Tätlichkeiten münden könnten. Insbesondere in den anhaltenden Konflikten um die Il/Legitimität von physischer Gewalt und den Einsatz von Pyrotechnik tritt die Konkurrenz der Verfahrensordnungen deutlich zutage. Pyro wird dabei im öffentlichen Diskurs häufig mit illegitimer Gewalt in Verbindung gebracht und dadurch mit Bezug auf die moderne Verfahrensordnung delegitimiert. So äußerte sich z.B. der Hessische Innenminister Peter Beuth im Zuge seiner Forderung nach härteren Strafen für Pyro-Einsätze im Stadion gegenüber der Presse folgendermaßen:

> »Die Botschaft an alle Chaoten und Gewalttäter muss unmissverständlich sein: Diese Anti-Fans, die den echten Fans den Stadionbesuch durch Pyros und Gewalt verderben, gehören von den Vereinen aus den Stadien verbannt.« (dpa 2020)

Mit dieser Aussage setzt er die in deutschen Stadien verbotene Verwendung von Pyrotechnik nicht nur in Bezug zu illegitimer Gewalt, sondern spricht auch jenen, die sie einsetzen, das Fan-Sein ab. Gewalt und Pyrotechnik sind demnach im Fußball nicht hinnehmbar, insofern beides die körperliche Unversehrtheit von (anderen) Menschen gefährde. Mit Bezug auf Pyrotechnik formuliert Beuth entsprechend:

> »Friedliche Fußballfans müssen es auch nicht einfach hinnehmen, von einzelnen Chaoten mit glühend heißen Fackeln und beißendem Rauch schikaniert zu werden.« (ebd.)

Zumindest was die Delegitimierung der potenziellen Gefährdung körperlicher Unversehrtheit durch diese vornehmlich Ultras zugeschriebenen Praktiken betrifft, ist diese auf die moderne Verfahrensordnung bezogene Haltung im öffentlichen Diskurs und unter den Sicherheitsakteuren weitgehend unwidersprochen. Für Ultras dagegen ist beides fester Bestandteil ihrer Fankultur[3]. Insbesondere Pyrotechnik ist demnach als traditionelles und ehemals auch in den Stadien toleriertes Stilmittel von Fans zu begreifen, auf das nicht zu verzichten ist (vgl. z.B. Bertram

3 Vgl. z.B. http://www.pyrotechnik-legalisieren.de/.

2015: 59ff.). Neben dem Bezug auf die Tradition werden Verstöße gegen das Pyro-Verbot auch unter Verweis auf szeneinterne Selbstregulierungsmechanismen legitimiert. Ein Szenemitglied bringt dies im Rahmen eines Presse-Interviews so auf den Punkt:

> »Die Entscheidungsgewalt über den Einsatz lassen sich die Kurven ganz zu Recht nicht nehmen, da sie selbst die Risiken am besten einschätzen können. Die meisten Ultras gehen damit routiniert und reflektiert um. Wir tun alle gut daran, keine Schreckensszenarien zu forcieren und stattdessen Kritikern mit sachlichen Argumenten zu begegnen. In deutschen Fußballstadien werden statistisch mehr Menschen durch Polizisten verletzt als durch Pyrotechnik.« (Willmann 2020)

Der Verweis auf Selbstregulierung macht deutlich, dass Ultras die Sorge von Veranstaltern und Kritikern bezüglich der von Pyro ausgehenden Gefahren antizipieren, dieser auf ihre Weise Rechnung tragen, aber sie in Teilen auch delegitimieren. Grundsätzlich wird am Anspruch festgehalten, über die »Entscheidungsgewalt« im Hinblick auf den Pyro-Einsatz zu verfügen. Ähnlich verhält es sich bei körperlichen Auseinandersetzungen, die nicht zum alltäglichen Geschäft von Ultras gehören und auch nicht von sämtlichen Szenemitgliedern aktiv mitgetragen werden, aber dennoch fester Bestandteil der innerhalb dieser Ordnung institutionalisierten Konfliktkommunikation sind. Auch diese sollen im Idealfall szeneexklusiv und reguliert ablaufen, ohne die Schädigung Unbeteiligter.

Das Festhalten an diesen Praktiken verletzt auf die moderne Verfahrensordnung der Gewalt bezogene Normen und impliziert für Ultras ein relativ hohes Sanktionsrisiko. Die Bereitschaft, dieses Risiko einzugehen und der dafür benötigte Mut, sind für Thalheim (2019: 188) »Eigenschaften der Szenezugehörigkeit«. In der Missachtung des Pyro-Verbotes artikuliert sich für ihn zudem eine Art »des Widerstands gegen Veränderungen und damit in Verbindung stehenden Verunsicherungen« (ebd.: 190). Er deutet damit etwas an, was er dann allerdings nicht in seiner ganzen Bedeutung für Ultras erfasst: Die Veränderungen im Fußball die mit Bezug auf die moderne Verfahrensordnung der Gewalt durchgesetzt werden, die immer weiter verfeinerten Sicherheits- und Kontrollmaßnahmen bedrohen aus Perspektive der Ultras die Existenz ihrer Ordnung, die mit einem Anspruch auf ein gewisses Maß an Autonomie einhergeht und an die Existenz von Freiräumen gebunden ist, die man sich ggf. auch schafft. Ein Szenemitglied erklärt die Bedeutung von Pyrotechnik in diesem Kontext folgendermaßen:

> »Ich glaub Pyrotechnik ist so ein großes Thema, weil es die letzte Bastion der Ultras ist. Das ist so das allerletzte, was sie aufgeben werden. Wir werden Pyrotechnik nicht aufgeben. [...] Und das ist eben das Ultrading. Pyrotechnik wird mit Ultra verbunden, nicht mit Hooligans oder sonst was. Das sind Ultras. [...] Das ist das Identitätsmerkmal überhaupt,

wenn man das aufgibt, gibt es keine Ultras mehr [...]. Wenn die letzte Fackel ausgeht, sind die Ultras weg.«[4]

Der Freiheitsanspruch der Ultras steht im Konflikt mit den ordnungspolitischen und sicherheitstechnischen Entwicklungen. Ultras »wollen sich nicht kampflos ordnen lassen. Sie wollen sich nicht obrigkeitlichen Vorgaben unterordnen, wollen ihren eigenen Vorstellungen gemäß der (sic!) jeweiligen Vereine unterstützen« (Gamper 2017: 188).

Ultras agieren in diesem Kontext bezogen auf zwei Verfahrensordnungen. Zum einem erkennen sie, als Mitglieder der Gesamtgesellschaft, die moderne Verfahrensordnung der Gewalt an, die mit der Legitimierung des staatlichen Gewaltmonopols und von Recht und Gesetz einhergeht – dies zeigt sich vor allem in den diversen Konflikten mit Sicherheitsakteuren. Zugleich halten sie jedoch – zu besonderen Zeiten und innerhalb besonderer Räume – an einer von Konflikt und Gegnerschaft geprägten und auf Autonomie bedachten eigenen Ordnung fest. D.h. Ultras anerkennen die moderne Verfahrensordnung der Gewalt, ohne sich jedoch in jeder Situation und bei jedem Gegner auf diese verpflichten zu lassen, sie entsprechen damit einer Norm der eigenen Ordnung. Konkret bedeutet dies, dass innerhalb der dominanten Ordnung Räume gesucht und erkämpft werden, innerhalb derer es möglich ist, gemäß den eigenen Regeln zu agieren. Damit delegitimieren sie den Kontrollanspruch der Sicherheitsakteure und werden für diese zu einer Gefahr, der mit präventiven sowie intervenierenden Maßnahmen zu begegnen ist. Die Markierung von Ultras als Sicherheitsrisiko legitimiert (präventive) Grundrechtseingriffe, die von Ultras vielfach unverhältnismäßig und damit als potenziell illegitime Gewalt erlebt werden.

(4) Verstetigung des Konflikts und die Konsequenzen

Dass es sich um konkurrierende Verfahrensordnungen der Gewalt handelt, zeigt sich nicht zuletzt daran, dass Ultras mit Bezug auf ihre Ordnung extern gesetzte Grenzen überschreiten und so die moderne Verfahrensordnung der Gewalt auf unterschiedlichen Ebenen herausfordern. Durch die situative Infragestellung des staatlichen Gewaltmonopols sowie der vom Fußball-Veranstalter gesetzten Regeln im Stadion verletzen sie die an der modernen Verfahrensordnung orientierten normativen Erwartungen der Sicherheitsakteure, die sie als nicht hinnehmbare Gefahrenquelle beobachten. Die Konkurrenz dieser Verfahrensordnungen entwickelt eine Dynamik, die zur Verstetigung des Konflikts führt,

4 Auszug aus einem Interview mit einem Szenemitglied, geführt im Rahmen meines laufenden Dissertationsprojektes.

der aufgrund der asymmetrischen Machtmittelverteilung für die Ultras riskant ist. Denn mit Bezug auf ein als illegitim geltendes Gewaltverhältnis lässt sich der Anspruch auf Autonomie erfolgreich öffentlich delegitimieren und behindert – zumindest in Teilen – auch ihre Bestrebungen, den Fußball entsprechend ihren Vorstellungen aktiv mitzugestalten. Ultras werden dadurch zum legitimen Bezugspunkt staatlicher Gewalt – sei sie präventiv oder intervenierend. Und grundsätzlich legitimierbarer Protest gegen die Veränderungen im Profifußball kann mit Bezug darauf in seiner Legitimität in Frage gestellt werden.

Ultras wiederum erleben sich vermittelt über den Szenebezug auch kollektiv als Gewalterleidende, insofern sie die Veränderung im Fußball und die zunehmende Durchsetzung der modernen Verfahrensordnung der Gewalt als Angriff auf den Fortbestand ihrer Ordnung begreifen und damit als Ziel von (illegitimer) Gewalt. Ihre Verfahrensordnungen der Gewalt steht in einem Konkurrenzverhältnis zu der dominanten, sie rahmenden Verfahrensordnung, die, das deutet sich hier an, im Zweifelsfall jedoch eine höhere Legitimität aufzuweisen scheint.

Literaturverzeichnis

Bertram, Marco (2015): *Fackeln – Konflikte – Emotionen. Die besten turus-Berichte von Marco Bertram*, Berlin: nofb-shop.de.

Cohen, Stanley (2002): *Folk Devils and Moral Panics. The Creation of Mods and Rockers*, 3. Auflage, London: Routledge.

Deutscher Fußball-Bund (2018): *Richtlinien zur Verbesserung der Sicherheit bei Bundesspielen* (Stand 07.12.2018), https://www.dfb.de/fileadmin/_dfbdam/189367-Richtlinien_zur_Verbesserung__der_Sicherheit_bei_Bundesspielen_%28Stand_07.12.2018%29.pdf (Zugriff: 05.06.2021).

Dpa (2020): »Innenminister für härtere Strafen bei Pyrotechnik im Stadion«, *RevierSport* 13.01.2020, https://www.reviersport.de/artikel/innenminister-fuer-haertere-strafen-bei-pyrotechnik-im-stadion/ (Zugriff: 20.05.2021).

Ek, Ralf (1996): *Hooligans. Fakten - Hintergründe – Analysen*, Worms: Cicero-Verl.

Gabler, Jonas (2013): *Die Ultras. Fußballfans und Fußballkulturen in Deutschland*, 5., erw. Aufl, Köln: PapyRossa.

Gabler, Jonas (2019): »Die Ultras als Objekt sozialer und rechtlicher Intervention«, in: Werner Thole/Nicolle Pfaff/Hans-Georg Flickinger (Hg.), *Fußball als Soziales Feld*, Wiesbaden: Springer, 77–93.

Gamper, Susan (2017): »Geordnete Gefühle. Akteure und Praktiken der Regulierung in Fußballstadien«, in: Ute Elisabeth Flieger/Barbara Krug-Richter/Lars Winterberg (Hg.), *Ordnung als Kategorie der volkskundlich-kulturwissenschaftlichen Forschung*, Münster: Waxmann, 175–190.

Keysers, Verena/Johanna Meißner/Jo Reichertz/Nils Spiekermann (2019): »Die Einlassanlage von Fußballstadien als Stahl gewordener Imperativ. Situative und übersituative Praktiken des Problematisierens beim Fußball«, in: Dörte Negnal (Hg.): *Die Problematisierung sozialer Gruppen in Staat und Gesellschaft*, Wiesbaden: Springer, 167–191.

Koloma-Beck, Teresa (2019): »Gewalt, (Un-)Sicherheit und Risiko in der Moderne«, in: Helga Pelizäus/Ludwig Nieder (Hg.): *Das Risiko – Gedanken übers und ins Ungewisse. Interdisziplinäre Aushandlungen des Risikophänomens im Lichte der Reflexiven Moderne, Eine Festschrift für Wolfgang Bonß*, Wiesbaden: Springer, 213–224.

Kubera, Thomas/Andreas Werner/Malte Klemmt/Beatrice Borner/Johannes Hoffmann (2019): »Fußball und Sicherheit«, in: Thomas Kubera/Dieter Kugelmann (Hg.): *Fußballgroßveranstaltungen im Spannungsverhältnis zwischen Freiheit und Sicherheit. Eine wissenschaftliche Untersuchung zur Bedeutung von Kommunikation und Dialog*, Berlin, Heidelberg: Springer, 53–223.

Kugelmann, Dieter/Harald Auerbach/Antonia Buchmann/Birgitta Lodde (2019): »Fußball und Recht«, in: Thomas Kubera/ Dieter Kugelmann (Hg.): *Fußballgroßveranstaltungen im Spannungsverhältnis zwischen Freiheit und Sicherheit. Eine wissenschaftliche Untersuchung zur Bedeutung von Kommunikation und Dialog*, Berlin, Heidelberg: Springer, 261–376.

Kugelmann, Dieter/Harald Auerbach (2018): »Verbandsstrafen«, in: Thomas Kubera (Hg.): *Sicherheit und Kommunikation bei Fußballgroßveranstaltungen: Praxishandbuch für Akteure im Netzwerk der Sicherheitsgewährleistung*, Stuttgart, München, Hannover, Berlin, Weimar Dresden: Boorberg, 540–542.

Leese, Matthias (2016): » Sicherheitsbegriff und Prävention: Über die Zähmung der Zukunft«, in: Regina Ammicht Quinn (Hg.): *Gutachten für den 21. Deutschen Präventionstag am 6./7. Juni 2016 in Magdeburg. Prävention und Freiheit. Zur Notwendigkeit eines Ethik-Diskurses*, https://www.praeventionstag.de/html/download.cms?id=500 (Zugriff: 08.06.2021), 32–48.

Leistner, Alexander (2008): »Zwischen Entgrenzung und Inszenierung: eine Fallstudie zu Formen fußballbezogener Zuschauergewalt«, *Sport und Gesellschaft* (5(2)), 111–133.

Lindemann, Gesa (2014): *Weltzugänge. Die mehrdimensionale Ordnung des Sozialen*, Weilerswist: Velbrück Wissenschaft.

Lindemann, Gesa (2016): »In Sorge und aus Lust«, in: Anna Henkel/Isolde Karle/Gesa Lindemann/Micha Werner (Hg.): *Dimensionen der Sorge. Soziologische, philosophische und theologische Perspektiven*, Baden-Baden: Nomos, 73–98.

Lindemann, Gesa (2017): »Verfahrensordnungen der Gewalt«, *Zeitschrift für Rechtssoziologie* (37(1)), 57–87.

Lindemann, Gesa (2018): *Strukturnotwendige Kritik*, in: *Theorie der modernen Gesellschaft* Bd. 1, hrsg. v. ders., Weilerswist: Velbrück Wissenschaft.

Nationaler Ausschuss Sport und Sicherheit (2012): *Nationales Konzept Sport und Sicherheit. Fortschreibung 2012*, https://www.kos-fanprojekte.de/fileadmin/user_upload/materialien/NKSS/nkss_konzept2012.pdf (Zugriff: 10.06.2021).

Reemtsma, Jan Philipp (2008): *Vertrauen und Gewalt. Versuch über eine besondere Konstellation der Moderne*, Hamburg: Hamburger Ed.

Thalheim, Vinzenz (2019): *Heroische Gemeinschaften. Ich-bin-Räume von Ultras im Fußball*, Weinheim: Beltz.

Weis, Kurt (1981): »Gewalt im Stadion - Zur gesellschaftlich bedingten Verrohung von Eishockeyspielern und Fußballfans«, in: Thomas Kutsch/Günter Wiswede (Hg.): *Sport und Gesellschaft. Die Kehrseite der Medaille*, Königsstein: Hain, 181–199.

Willmann, Frank (2020): »Natürlich gehört Politik ins Stadion«, *zeit.de* 17.09.2021, https://www.zeit.de/sport/2020-09/ultras-fussball-radikale-fussballfans-gewalt-pyrotechnik (Zugriff: 08.06.2021).

David Schünemann

»We are the ethical source movement.« Strukturnotwendige Kritik und kollaborative Softwareentwicklung

Einleitung

Das »Ethos der Menschenrechte« wird von Gesa Lindemann als Maßstab der Kritik der horizontal differenzierten Gesellschaft ins Feld geführt. Lindemann formuliert dieses Ethos aber nicht als Grundlage für die eigene normative Kritik der Gesellschaft, sondern vielmehr als gesellschaftstheoretische These, mithin als Feststellung eines empirisch vorliegenden Sachverhalts: Das Ethos der Menschenrechte ist die Basis der kontinuierlich stattfindenden Selbstkritik der horizontal differenzierten Gesellschaft. Zugleich ist diese Selbstkritik konstitutiv für die Bewahrung der fragilen Gesamtordnung vor der ständig drohenden Selbstzerstörung, weswegen Lindemann von »strukturnotwendiger Kritik« spricht (vgl. Lindemann 2018: 301).

Diese zentrale gesellschaftstheoretische These in Gesa Lindemanns Werk mit einem empirischen Fallbeispiel anzureichern, ist Gegenstand meines Beitrags. Ich zeige am Beispiel der »Organization for Ethical Source« (OES 2021), wie das »Ethos der Menschenrechte« in die Nischenkommunikation von Software-Entwicklungsdiskursen eindringt und diese vor dem Hintergrund einer an Menschenrechten orientierten Ethik problematisiert und kritisiert. Die OES will den Einsatz von Open Source Software für Überwachungssoftware, Kriegsgerät und andere Anwendungen, die sie für ethisch problematisch hält, erschweren oder unterbinden und kritisiert vor diesem Hintergrund die dem eigenen Anspruch nach »unpolitischen« Free Software und Open Source Software (FOSS)-Communities. FOSS-Communities können ihrerseits als Kritik und Gegenbewegung zu konventioneller Softwareentwicklung betrachtet werden. Zu den Bestrebungen der OES gibt es einen Gegendiskurs, der die Einmischung der OES und anderer ähnlich gelagerter Kräfte verurteilt, die in ihren Augen versuchen, FOSS-Projekte und die vermeintlich »neutrale« Technologie zu »politisieren«.

Der Diskurs aus Kritik und Anti-Kritik wird in diesem Beitrag als empirische Konkretisierung der These »strukturnotwendiger Kritik« vorgebracht. Die Analyse zeigt einen »Kulturkampf« um FOSS-Projekte, in dem der Status der »Strukturrelevanz« der Kritik noch unentschieden ist.

Im Folgenden umreiße ich zunächst einige begriffliche Konzepte und das empirische Feld der FOSS-Communities, in dem diese in diesem Beitrag zur Anwendung kommen (1). Dann wird die Kontroverse um die Kritik der OES skizziert (2) und schließlich werden die Befunde gesellschaftstheoretisch eingeordnet, wobei auf Lindemanns These der »strukturnotwendigen Kritik« Bezug genommen wird (3).

(1) Sozialer Resonanzraum und Masseninteraktion in FOSS-Communities

Wie von Lindemann und Schünemann (2020) dargelegt, spannen die in FOSS-Projekten verwendeten Kommunikationstechnologien einen »sozialen Resonanzraum« auf, in dem leiblich verfasste Selbste einander begegnen und von anderen berührt werden können. Der soziale Resonanzraum schafft dabei Bedingungen, die mit der Interaktion unter Anwesenden vergleichbar sind, insofern sie einen Raum erzeugen, in dem leiblich verfasste Selbste leibliche Betroffenheit spüren können.

Anders als die Interaktion unter Anwesenden an einem geteilten Ort, zeichnen sich diese Technologien aber durch eine Verschränkung mit Merkmalen der Massenmedien aus. Free und Open Source Projekte werden auf Kommunikationsplattformen entwickelt, deren Beiträge öffentlich sind. Das heißt, sie können von unbeteiligten Beobachtern verfolgt werden, die nicht nur über das, was dort geschieht, reden und schreiben können, sondern sich auch ihrerseits mit eigenen Beiträgen in die Kommunikation einschalten können (vgl. Schünemann 2018: 174 ff.). Immer wieder werden Kontroversen in FOSS-Communities Gegenstand umfangreicher Berichterstattung in Tech-Nachrichten und hitzig geführter Debatten in den Sozialen Medien. Diese Debatten wirken zurück auf die Communities. Aus dieser Verschränkung von massenmedialen und interaktiven Eigenschaften der Kommunikation ergeben sich besondere Kommunikationsbedingungen, die ich als Masseninteraktion bezeichne (vgl. Schünemann 2018: 255 ff.).

Die nur vermeintlich »neutrale« Technik der verwendeten Kommunikationsplattformen übt dabei erheblichen strukturierenden Einfluss auf die Masseninteraktionen in FOSS-Projekten aus. Mechanismen wie die »fork & pull«-Logik, wie sie etwa in der Software-Entwicklung mit der weit verbreiteten Versionsverwaltung »git« üblich sind, begünstigen eine Übertragung von Aufgaben hierarchischer Organisation auf technische Funktionen. Entscheidungen, die zuvor in einer hierarchisch organisierten Community getroffen wurden, werden über das technische Vehikel des »pull request« auf eine quasi-»demokratische« Entscheidungsinstanz umgestellt. Nicht ein wohlmeinender Community-Diktator (à la

Linus Torvalds) fällt die Entscheidungen, sondern die Community selbst, indem sie die Entscheidungen ihres »Diktators« (des Maintainers des »blessed repository«) entweder mitträgt, oder aber ablehnt und stattdessen das Projekt spaltet mit einem sogenannten »hard fork« (vgl. Schünemann 2018: 230 ff.). Ein Fall, in dem eine Community einen »hard fork« erwägt, ist zum Zeitpunkt des Verfassens dieses Beitrags (2021) gerade im Gange. Im Zuge der Akquise des Open Source Projekts »Audacity« durch ein gewinnorientiertes Unternehmen wurden von den neuen Inhabern Änderungen an der beliebten Audioverarbeitungssoftware per pull request eingeführt, die einen Aufschrei der Entrüstung unter Entwickler:innen ausgelöst haben. Die Kontroverse wurde von den entsprechend relevanten Nachrichtenportalen rasch aufgenommen und weiterverbreitet. In diesem Zuge entstand eine breite Debatte auf reddit, YouTube und anderen Sozialen Medien. Darin wird unter anderem ein hard fork gefordert (vgl. Holt 2021 und Wyciślik-Wilson 2021).

Daneben befördert die entschieden »regellose« Kommunikation in FOSS-Projekten die Entstehung informeller Strukturen und Regelwerke (vgl. Freeman 1972). Eine unter den genannten Bedingungen entstandene Interaktionsordnung habe ich am Beispiel der Linux Kernel Mailing Liste herausgearbeitet. Darin zeigen sich Interaktionsrituale, die auf Status-Ungleichheiten der Entwickler:innen hinweisen (vgl. Schünemann 2018: 155 ff.).

Solche Ungleichheiten und die rauen Umgangsformen auf den Mailinglisten haben Kritik hervorgerufen und gaben schließlich Anlass zur Formulierung sogenannter »Codes of Conduct«, in denen FOSS Communities sich Regelwerke gegeben haben. Einer der ersten Codes of Conduct war Coraline Ada Ehmkes »Contributor Covenant« von 2014, dem sich seither zahlreiche namhafte FOSS-Projekte verschrieben haben. Auch der jüngste Vorstoß der OES ist eng verknüpft mit der Hackerin und Aktivistin Ehmke. Der Organization for Ethical Source geht es aber um mehr als Benimmregeln für Communities. Sie haben die Anwender:innen der in FOSS-Projekten entwickelten Software im Auge.

(2) Die Arbeit der OES und die Gegenkritik

Die OES möchte verhindern, dass beim Einsatz von Free und Open Source Software Menschenrechte verletzt werden. Dieses Ansinnen wird auf der Homepage so formuliert:

> »Today, the same open source software that enriches the commons and powers innovation also plays a critical role in mass surveillance, anti-immigrant violence, protester suppression, racist policing, the deployment of cruel and inhumane weapons, and other human rights abuses all over the world. […]

> We are creating ways to empower developers, giving us the freedom and agency to ensure that our work is being used for social good and in service of human rights. […] We are united in our conviction that software freedom must always be in service of human freedom.
>
> **We are the Ethical Source Movement**« (OES 2021, Hervorh. i. Orig.).

Es geht also darum, zu verhindern, dass FOSS beispielsweise von staatlichen Akteuren für die Überwachung der Bevölkerung eingesetzt wird oder zur Steuerung inhumaner Waffensysteme. Um diese Ziele umzusetzen, wurden verschiedene »ethische« Lizenzen entworfen, in denen der Einsatz der darunter lizenzierten Software für solche Zwecke verboten wird, die als die Menschenrechte verletzend aufgefasst werden. Exemplarisch sei hier in Auszügen die »Non-Violent Public License« (so benannt in Anlehnung an die populäre Free Software Lizenz »General Public License«) zitiert:

> »The Non-Violent Public license […] aims to protect the basic rights of human beings from exploitation and the earth from plunder.[…]
> i. You do not use the Work for the purpose of inflicting Bodily Harm on human beings (subject to criminal prosecution or otherwise) outside of providing medical aid or undergoing a voluntary procedure under no form of Coercion.
> ii.You do not use the Work for the purpose of Surveilling or tracking individuals for financial gain.
> iii. You do not use the Work in an Act of War.
> iv. You do not use the Work for the purpose of supporting or profiting from an Act of War.
> v. You do not use the Work for the purpose of Incarceration.
> vi. You do not use the Work for the purpose of extracting, processing, or refining, oil, gas, or coal. Or to in any other way to deliberately pollute the environment as a byproduct of manufacturing or irresponsible disposal of hazardous materials.
> vii. You do not use the Work for the purpose of expediting, coordinating, or facilitating paid work undertaken by individuals under the age of 12 years.
> viii. You do not use the Work to either Discriminate or spread Hate Speech on the basis of sex, sexual orientation, gender identity, race, age, disability, color, national origin, religion, or lower economic status.« (Non-Violent Public License 2020).

Die Lizenz deckt in ihren Ausschlussbedingungen ein ganzes Portfolio ab von Menschenrechtsverletzungen und Umweltverschmutzung über Kinderarbeit bis hin zu Diskriminierung. Dabei werden Profitinteresse, staatliche Interessen und Hass als mögliche Nutzungsmotive vorgestellt.

Die OES bewirbt noch eine Reihe weiterer Lizenzen mit Restriktionen unterschiedlichen Ausmaßes. Ihnen ist gemein, dass sie auf dem

»Ethos der Menschenrechte« basieren, teils mit explizitem Bezug auf die UN-Charta. Zudem ist die OES mit ihrer Kritik in einschlägigen Medien präsent.

Der emphatische Tenor der OES wird von der FOSS-Öffentlichkeit aber nicht uneingeschränkt begrüßt. Es wird grundsätzlich bemängelt, dass »Ethical Source« Lizenzen fundamentale Prinzipien von Free und Open Source Software untergraben würden. »The freedom to run the program as you wish, for any purpose« steht als »Freedom 0« der Free Software Foundation über allen anderen Freiheiten, gewissermaßen als Grundprinzip Freier Software (Free Software Foundation 2021). Auch in der Open Source Definition findet sich ein Passus, der sicherstellen soll, dass die Software zu jedem Zweck verwendet werden kann: »The license must not restrict anyone from making use of the program in a specific field of endeavor. For example, it may not restrict the program from being used in a business, or from being used for genetic research« (Open Source Initiative 2007). Es ist demnach traditionell ein Kennzeichen von FOSS, die Anwendung der Software gerade nicht einzuschränken.

In dieser Richtung argumentierte einer der Mitgründer der Open Source Initiative, Eric S. Raymond, der sich unerwartet und aufsehenerregend in die Diskussion auf der [License-discuss] Mailingliste einschaltete und wenige Tage später von dort verbannt wurde, ein von der Fachpresse viel beachteter Vorgang, den Schneider süffisant kommentiert als »Raymond's four-day Second Coming to OSI« (2021: 3). Aufgrund von Raymonds exponierter Stellung in der FOSS-Community aber auch weil die Argumentationslinien als exemplarisch betrachtet werden können, werden Raymonds Beiträge zur Debatte hier stellvertretend für die Gegenkritik zitiert.

Raymond meldete sich mit den Worten »A wild founder appears« nach jahrelanger Abstinenz auf den Mailinglisten zurück und bezeichnete die Verfechter von »Ethical Source« Lizenzen als »enemies of liberty, intent [...] on enforcing the suppression of disfavored speech and of unequal legal privileges for favored identity groups.«.[1] Er stellt die Bemühungen der OES in den Kontext von »tone policing« und »cancel culture«. In seinen weiteren Beiträgen verschärft er diesen Vorwurf noch sprachlich. Die Gründerin der OES, Coraline Ada Ehmke, bezeichnet Raymond als »toxic loonytoon who believes ›show me the code‹ meritocracy is [...] a sinister supremacist plot by straight white cisgender males.« Raymond unterstellt der Bewegung, ihr eigentliches Ziel sei das Einsetzen von »political officers«, die »wrongthink« in ihren Reihen bestrafen sollen. Er schließt seinen Beitrag, für den er von der Mailingliste verbannt wurde, mit einer düsteren Warnung: »Make no mistake; we are under attack.

1 https://lists.opensource.org/pipermail/license-discuss_lists.opensource.org/2020-February/021312.html, abgerufen am 11.07.2021.

If we do not recognize the nature of the attack and reject it, we risk watching the best features of the open-source subculture be smothered by identity politics and vulgar Marxism« (License discuss 2020). Mit der Metaphorik des »Erstickens« (smothering) sowie den Anspielungen auf Orwells »Newspeak« werden Ehmke und ihre Mitstreiter als »politische Agenten« einer sinistren Geheimpolizei dargestellt.

Raymonds drastische Kritik steht im Einklang mit seinem jahrelangen Feldzug gegen »Social Justice Warriors« und deren vermeintlich zerstörerischen Einfluss auf FOSS-Projekte (vgl. Schünemann 2018: 189). Dabei liegt Raymonds Kritik ein vor allem individualistisches liberales Ethos zugrunde. Das Ethos der Menschenrechte als solches ist gar nicht Gegenstand der Anti-Kritik. Im Gegenteil, das Recht auf freie Meinungsäußerung führt Raymond, mit Bezug auf den ersten Verfassungszusatz der USA, selbst ins Feld: »I am very passionate about the defense of free speech and the fundamental individual rights recognized in (not conferred by – that‘s important) the First Amendment to the U.S Constitution.«.[2] Insofern kann man auch in Raymonds Replik einen Bezug auf das Ethos der Menschenrechte ausmachen. Die unbedingte Offenheit gegenüber allen möglichen Zwecken unterliegt ebenfalls normativen Erwartungen, deren Enttäuschung nicht hinnehmbar ist, wobei er sich auf Legitimationsressourcen von Verfassungsrang stützt.[3]

Die Charakterisierung des »Ethical Source Movement« als »Tone-policing, cancel culture, and identity politics« (Hacker News 2020) unterstellt auf der anderen Seite, dass es der OES gar nicht um ein Ethos der Menschenrechte, sondern vielmehr um einen Kulturkampf gehe, in dem die angeblichen Kämpfer für Menschenrechte in Wahrheit auf Macht und Einfluss in FOSS-Communities aus seien. Die Kontroverse fügt sich damit ein in den größeren Kontext der aktuell stattfindenden gesellschaftlichen Debatte um »woke culture« (The Guardian 2020).

(3) Strukturnotwendige Kritik und das Ethical Source Movement

Das Eindringen der OES in FOSS-Projekte deute ich als Symptom eines Entdifferenzierungsphänomens von Interaktion und Massenkommunikation, das durch die verwendeten öffentlichen Kommunikationskanäle begünstigt wird. Die Mailinglisten in FOSS-Projekten »senden« ihre Beiträge, teils vermittelt und vervielfältigt durch einschlägige

2 lists.opensource.org/pipermail/license-discuss_lists.opensource.org/2020-February/021312.html, abgerufen am 11.07.2021.

3 Für diesen Hinweis danke ich Jonas Barth.

Nachrichtenportale, an ein diffuses Massenpublikum, das seine enttäuschten Erwartungen mit eigenen Beiträgen in den Kommunikationsplattformen von FOSS-Projekten rückmeldet und diese unter Druck setzt, sich diesen Erwartungen anzupassen. Unter den Bedingungen von Masseninteraktion muss ständig damit gerechnet werden, dass irgendjemand im Publikum sich von dem, was in der Interaktion geschieht, hinreichend gekränkt oder empört fühlt, um anklagend mit eigenen Beiträgen daran anzuschließen. Im hier betrachteten Fall ist es das »Ethical Source Movement», das seine enttäuschten Erwartungen kommuniziert.

Den oben skizzierten »culture war« zeichnet Schneider in seiner durch feministische Theorie informierten Betrachtung nach (vgl. Schneider 2021). Schneider führt verschiedene kritische Theorien und Studien an, die die These der »Tyranny of Openness« stützen, die auch die OES vorbringt: Die Abwesenheit expliziter sozialer Strukturen begünstige die Entstehung impliziter Ordnungen, die umso schwerer zu erkennen und aufzubrechen seien (vgl. Schneider 2021: 1). Schneiders erklärtes Ziel ist eine durch kritische feministische Theorie untermauerte Affirmation der Kritik der OES: »I offer this study as an invitation for peer producers to adopt feminist analysis more into their self-understanding and possible futures« (Schneider 2021: 3).

Während Schneider die Kontroverse kenntnisreich und detailliert wiedergibt und die zentralen Argumentationslinien mit entsprechenden kritischen Theorien untermauert, kann mit Lindemanns These strukturnotwendiger Kritik ein anderer Zugang zum Phänomen erschlossen werden. Ihre »Theorie der kritischen Gesellschaft« erfasst »die kritische öffentlich-diskursive Beobachtung [als] integralen Bestandteil der Ordnung horizontaler Differenzierung» (Lindemann 2018: 353). Die OES kann hierbei als »Institutionalisierung kritischer Beobachtung« (vgl. Lindemann 2018: 334 ff.) speziell für Softwareentwicklung begriffen werden.

Lindemann unterscheidet verschiedene Dimensionen der Gefährdung der Struktur der horizontal differenzierten Gesellschaft. Die moderne Gesellschaft zeichne sich durch die Institution des verkörperten menschlichen Individuums aus. Die Gefährdung der modernen Gesellschaftsstruktur gehe von Tendenzen der institutionalisierten Handlungs- und Kommunikationszusammenhänge Wirtschaft und Politik aus, das verkörperte Individuum total zu vereinnahmen (vgl. Lindemann 2018: 334).

Die von Lindemann postulierten Gefährdungen der Totalvereinnahmung des Körperindividuums finden sich in der Kritik der OES wieder. Die Kritik am Einsatz von FOSS für Überwachungstechnologien verweist (unter anderem) auf totalitäre politische Systeme. Die »wirtschaftliche Vereinseitigung in Richtung Natur« (Lindemann 2018: 336) klingt in den Verweisen auf den Abbau fossiler Brennstoffe und die Verklappung gefährlicher Abfälle an, die in der »Non-Violent Public License« enthalten sind (s.o., Abschnitt 3).

Die Selbstbeschreibung der OES ist erkennbar getränkt von einem »Ethos der Menschenrechte«. Doch das genügt noch nicht, um im Sinne von Lindemanns These von »strukturrelevanter« Kritik zu sprechen. Damit die Kritik strukturverändernd wirksam werden kann, muss sie gemäß Lindemanns These weiter gehen: »Durch Gewalt sichert sich die Kritik ihre Strukturrelevanz« (Lindemann 2018: 354). Lässt sich im Feld ein Bezug auf Gewalt finden?

Bislang verbleibt die Kontroverse im Stadium einer Debatte. Brennende Computer und Handgemenge sind nicht auszumachen. Doch der Bezug auf Gewalt kann auch ohne solche offensichtlichen Gewaltausbrüche realisiert werden. Die Kritik der OES wendet sich gegen individuelle, wirtschaftliche und auch staatliche Akteure, die FOSS für unethische Zwecke nutzen könnten. Sie enthält einen Bezug zur Verfahrensordnung der Gewalt in Form der »Ethical Source«-Lizenzen. Die Lizenzbedingungen können gegebenenfalls Gegenstand einer Klage werden. Damit wird »staatliche Gewalt in institutionalisierter Weise gegen den Staat bzw. gesellschaftliche Institutionen« gewendet (vgl. Lindemann 2018: 355). Diese Form des Bezugs zur Verfahrensordnung der Gewalt wird von FOSS-Organisationen bereits seit Jahren erfolgreich angewendet. Die Durchsetzbarkeit vor Gericht der weitreichenden Restriktionen, wie sie beispielsweise in der »Non-Violent Public License« enthalten sind, ist aber noch offen.

Erschwerend kommt hinzu, dass einige Überzeugungsarbeit zu leisten wäre, ehe populäre FOSS-Projekte ihre Grundprinzipien transformieren und zu »Ethical Source« Projekten werden. »Die Kritik muss als öffentlich-diskursive Beobachtung sachlich in einer kommunikativ nachvollziehbaren Weise einen Sachverhalt als gesellschaftlich strukturgefährdend identifizieren« (Lindemann 2018: 354). Dass diese Anforderung noch nicht erfüllt ist, zeigt die bislang noch spärliche Verbreitung von Ethical Source Lizenzen. Es stehen sich widersprüchliche Anforderungen gegenüber: Auf der einen Seite stehen FOSS-Projekte in einer liberalen Tradition der Offenheit in alle Richtungen. Die Kritik verlangt hingegen Restriktionen gegen bestimmte Anwender:innen und Nutzungsarten. Beide Seiten berufen sich in ihrer Argumentation auf Menschenrechte. Wenn es nicht gelingt, diesen Konflikt aufzulösen und FOSS-Projekte von der Übernahme von Ethical Source-Lizenzen zu überzeugen, verpufft die Kritik.

Schneider überlegt, ob Lizenzen unter den gegebenen Bedingungen das richtige oder erste Mittel sind. Er führt experimentelle neue Institutionen für kollaborative Projekte ins Feld. Um sich der Einflussnahme staatlicher und inkorporierter Akteure zu erwehren, brauche es eine neue Form der Sozietät: »A new social contract for productive activity, one in which contributors create public commons while also receiving remuneration in proportion to the assessed value of their contributions«

(Schneider 2021: 12). Um einen »ethical discourse« führen zu können, bedürfe es außerdem in einem ersten Schritt expliziter und responsiver Formen von Governance in FOSS-Projekten (vgl. Schneider 2021: 13).

Was ist vor diesem Hintergrund mit der These strukturrelevanter Kritik gewonnen? Sie stellt fest, dass strukturrelevante Kritik einen Bezug zur Verfahrensordnung der Gewalt herstellen muss. Die OES strebt eine Veränderung der Struktur von FOSS-Projekten an. Sie begründet ihre Kritik durch expliziten Bezug auf das Ethos der Menschenrechte. Es ist offen, ob der Bezug zur Verfahrensordnung der Gewalt in Form von »Ethical Source« Lizenzen ausreicht. Von deren Akzeptanz und auch von ihrer Durchsetzbarkeit vor Gericht hinge ab, ob die Kritik strukturrelevant werden kann. Freilich kann nur vermutet werden, dass strukturrelevante Kritik zukünftig auch tatsächlich *strukturverändernd* in Erscheinung tritt. Vorhersagen lässt sich diese Veränderung nicht. Zumindest kann man den Beteiligten raten, sich nicht auf die analytisch durchtränkte moralisierende Anklage zu verlassen, die die kritische Theorie anbietet: »Wenn sie praktisch wirksame Kritik üben wollen, sollten sie sich nach etwas anderem umsehen« (Lindemann 2018: 365).

Literatur

Benkler, Yochai (2006): *The Wealth of Networks: How Social Production Transforms Markets and Freedom*, New Haven, CT: Yale University Press.

Freeman, Jo. (1972): »The Tyranny of Structurelessness«, in: ders., *Berkeley Journal of Sociology* 17, 151–164.

Lindemann, Gesa (2018): *Strukturnotwendige Kritik*, Velbrück: Weilerswist.

Lindemann, Gesa/David Schünemann (2020): *Phenomenology of Presence, Presence in Digital Spaces. A Phenomenological Concept of Presence in Mediatized Communication. Human Studies* 43, 627–651. https://doi.org/10.1007/s10746-020-09567-y

Schneider, Nathan (2021): »The Tyranny of openness: what happened to peer production?«, *Feminist Media Studies*, DOI: https://doi.org/10.1080/14680777.2021.1890183.

Schünemann, David (2018): *Social Coding Revolution. Masseninteraktionen in der kollaborativen Softwareentwicklung*, Springer VS: Wiesbaden.

Internetquellen

Contributor Covenant (o. J.): https://www.contributor-covenant.org/adopters/ (Zugriff: 08.07.2021).

Free Software Foundation (2021): *What is Free Software?*, https://www.gnu.org/philosophy/free-sw.en.html (Zugriff: 08.07.2021).

Hacker News (2020): *Open Source Initiative bans co-founder, Eric S Raymond*, https://news.ycombinator.com/item?id=22539530 (Zugriff: 08.07.2021).

Holt, Kris (2021): »Audacity sparks uproar over new data collection policy«, *engadget* 05.07.2021, https://www.engadget.com/audacity-privacy-policy-spyware-accusations-data-collection-210001803.html (Zugriff: 06.07.2021).

License discuss (2020): *February 2020 Archives*, http://lists.opensource.org/pipermail/license-discuss_lists.opensource.org/2020-February/ (Zugriff: 11.07.2021).

Non-Violent Public License (2020): https://git.pixie.town/thufie/NPL/src/branch/master/NPL.txt (Zugriff 06.07.2021).

OES (2021): https://ethicalsource.dev/ (Zugriff: 13.07.2021).

Open Source Initiative (2007): *Open Source Definition*, https://opensource.org/osd (Zugriff: 08.07.2021).

Rose, Steve (2020): »How the word ›woke‹ was weaponised by the right«, *The Guardian* 21.01.2020, https://www.theguardian.com/society/shortcuts/2020/jan/21/how-the-word-woke-was-weaponised-by-the-right (Zugriff: 13.07.2021).

Wycislik-Wilson, Sofia (2021): »Audacity branded ‹possible spyware› after controversial privacy policy update«, *betanews.com* 06.2021, https://betanews.com/2021/07/05/audacity-possible-spyware/ (Zugriff: 06.07.2021).

Volker Schürmann

Die Wirklichkeit der Konstruktion – am Fall geschlechtlicher Personalität

> »Die Körperpolitik ist eine Epistemologie, die sich vom ›Ich denke, also bin ich‹ entkoppelt und behauptet, dass ›man ist, von wo aus man denkt‹.« (Mignolo 2012: 57f., FN 17)

»Das nach Geschlechtern differenzierte menschliche Körperindividuum gleich an Freiheit und Würde bildet das Element der modernen horizontal differenzierten Vergesellschaftung und gliedert diese in die moderne differentielle Kosmologie ein. Es ist wichtig, sich die Implikation dieser Aussage zu vergegenwärtigen.« (Lindemann 2018: 56) Dieser Knallersatz samt der völlig korrekt benannten Konsequenz findet sich direkt als Einstieg des Unterkapitels *Gesellschaftstheoretische These I* der *Strukturnotwendigen Kritik*, vorgelegt als Band 1 einer *Theorie der modernen Gesellschaft*.

Es ist klar, dass ein einzelner Aufsatz der Fülle eines solchen Satzes nicht gerecht werden kann. Deshalb zunächst drei Punkte zur Eingrenzung und Orientierung der dann folgenden Überlegungen:

(1) Ich teile die von Lindemann dort selbst herausgestellte Implikation jener Aussage: »Der Sachverhalt, dass Menschen diesseitig verkörperte Wesen sind, wird nicht als« allgemeine, überhistorisch geltende Voraussetzung begriffen, sondern als ein Sachverhalt, der historisch geworden ist und nur historisch situiert gilt. Es ist ein Charakteristikum moderner Gesellschaften: »Der diesseitig verkörperte Mensch gleich an Freiheit und Würde entsteht zeitgleich mit der Durchsetzung horizontaler Differenzierung und steht mit dieser Differenzierungsform in einem Verhältnis wechselseitiger Voraussetzung.« (ebd.)

(2) Zwei Anmerkungen, die gegenüber der Formulierung jenes Satzes pedantisch sind, aber in der Sache für das Folgende wichtig sein werden: i) das menschliche Körperindividuum ist (selbstverständlich) nicht nur nach Geschlechtern differenziert, sondern zugleich und ebensosehr nach anderen Differenzierungsdimensionen: nach Klassen, nach behindert/nicht-behindert, nach sexueller Orientierung, nach *raza*,[1] nach Alter; ii) die Rede von Ver-Gesellschaftung ist gesellschaftstheoretisch arg

1 Wörtliche Übersetzung: Rasse; im (lateinamerikanischen) Konzept von Dekolonialität im Anschluss an Quijano gebrauchtes Konstrukt; aufgrund der partiell anderen Unter- und Nebentöne zu den *Postcolonial Studies* einerseits

unglücklich, weil die Logik des »Ver-« (gegen Lindemanns Anliegen) unterstellt, dass die Elemente einer solchen Vergesellschaftung gleichsam schon gegeben sind, um sich dann zu ver-gesellschaften. Schon in der Mathematik ist das anders, denn dort *ist* ein Element immer das Element einer bestimmten – dieser-und-nicht-jener – Menge. Die Zahl 3 ist als Element der natürlichen Zahlen eine andere, als wenn man sie als Element der reellen Zahlen nimmt. Deshalb sollte man den Bruch mit der alteuropäischen atomistischen Sozialontologie auch sprachlich durchhalten: Menschliche Körperindividuen geben sich nicht erst eine gesellschaftliche Form, sondern sie *sind* gesellschaftlich formatierte Wesen. Deshalb, etwas pedantisch: Das u.a. nach Geschlechtern differenzierte menschliche Körperindividuum gleich an Freiheit und Würde bildet das Element der modernen horizontal differenzierten Gesellschaftsformation (auf die Einbettung von Gesellschaft in den Kosmos werde ich aus Platzgründen nicht eingehen).

(3) Die zentrale Frage im Folgenden soll die nach dem Verhältnis der Gleichheit nach Freiheit und Würde einerseits und der (Geschlechts-) Differenziertheit andererseits sein. Hier ist die (vermutete) Differenz zu einer empirisch orientierten Soziologie haarspalterisch fein. Jenes Verhältnis wird in der Dimension der kategorialen Gehalte und nicht der Empirie entschieden. Geltung ist nicht durch Gewalt geltend – es sei denn, man meint ausdrücklich den verfassungsrechtlichen Begriff, dem gemäß »alle Gewalt vom Volke ausgeht«. Wohl werden geltende Gehalte immer auch durch Gewalt *verändert*.

(1) Was gesucht ist

Die Verhältnisbestimmung von Gleichheit nach Freiheit und Würde und (geschlechtlichen) Differenziertheiten der Körperindividuen kennt zwei Großbaustellen, nämlich das Verhältnis von Allgemeinem und Besonderem und die Pluralität der Besonderen.

Zur Ersten: Man könnte die universelle Gleichheit den Differenziertheiten logisch *vor*ordnen. Mit dem suggestiven Argument, die Gleichheit nach Freiheit und Würde gelte schließlich unabhängig von allen einzelnen und besonderen Unterschieden der Körperindividuen, wird die universelle Gleichheit dann *als Schema* genommen, das lediglich angewendet werden müsse, aber durch die körperindividuellen Differenziertheiten nicht modifiziert werde. Dieser (alte naturrechtliche) Schachzug ist nicht überzeugend, weil sich die Gleichheit nach Freiheit und Würde wesentlich darin dokumentiert, dass Körperindividuen hinsichtlich

und dem englischen *race* und deutschen *Rasse* andererseits wird das spanische Wort in der Regel unübersetzt gelassen.

bestimmter besonderer Differenziertheiten, insbesondere des Geschlechts, nicht diskriminiert werden dürfen. Gesucht ist also ein Konzept universeller Gleichheit im Status eines Real-Allgemeinen, das durch jene Differenziertheiten innerlich strukturiert ist. Die Menschenrechtskonzeption kennt dann in der Tat und aus guten Gründen *den* nach Freiheit und Würde gleichen Menschen, den es gleichwohl und deshalb immer nur als Mann oder als Frau oder als diverse Person gibt (vgl. Arendt 1958: 41). Es geht damit um Unterschiede *personaler* Körperindividuen – von der Würde von Ameisen ist nicht die Rede.

Die zweite Baustelle verschärft die erste, denn die Differenziertheit der Körperindividuen ist ihrerseits vielfältig. Der Mensch ist (pars pro toto) sowohl nach Klasse als auch nach Geschlecht differenziert. Eine schlechte marxistische Traditionslinie hatte daraus einen doppelten Fehler produziert (was man heutzutage leider dem Marxismus anlastet). Sie hat die Rede von *dem* Menschen zugunsten der bloßen Klassendifferenzierung madig gemacht und innerhalb der Differenzierungsdimensionen eine klare Hierarchisierung von Haupt- und Nebenwidersprüchen postuliert. Auch wenn man heutzutage so nicht mehr redet, heißt das nicht, dass so nicht mehr gedacht wird; das Problem der Verhältnisbestimmung verschiedener Herrschaftsdimensionen stellt sich nach wie vor (exemplarisch Mendoza 2018). Gesucht ist also eine solidarische politische Operationalisierung, die Klasse und Geschlecht weder gegeneinander ausspielt noch unverbindlich bloß aufzählend nebeneinanderstellt. Diesen Aspekt werde ich, ebenfalls aus Platzgründen, als unverzichtbaren lediglich benennen. Das Hauptaugenmerk gilt der Suche nach einem nicht-schematischen Universalismus.

(2) Personalität und Leiblichkeit

Das benötigt zunächst eine sachliche Klarstellung, und in der Folge eine terminologische Differenzierung. Aristoteles war selbstredend auch schon ein nach Geschlecht differenziertes Körperindividuum, so dass eine wörtliche Lesart der These, ein solches Körperindividuum habe es erst seit und in modernen Gesellschaften gegeben, verstörend und offenkundig nicht gemeint ist. Der Knallersatz behauptet sicher nicht, dass die einzelnen Exemplare der Gattung *Mensch* erst in modernen Gesellschaften zu geschlechtlich differenzierten Körperindividuen geworden sind, sondern dass die Elemente von Gesellschaften erst seit und in modernen Gesellschaftsformationen als geschlechtlich differenzierte Körperindividuen traktiert werden und sich so darstellen müssen. Die Rede ist also nicht von Menschen (im biologisch bestimmten Sinn), sondern vom Statusbegriff der Personen resp. der Freien.

Es ist dann das Charakteristikum moderner Gesellschaften – ich würde sagen: es ist die politische Errungenschaft moderner Gesellschaften –, deklariert in den Menschenrechtserklärungen, dass es zu einer Identifizierung von Person und Mensch kommt. Diese Identifizierung ist ein kontingenter, wenn auch wesentlich kein willkürlicher politischer Akt, eine *bestimmte* Negation: Man hätte anders und Anderes identifizieren können, aber es ist sachlich und politisch nicht beliebig, alle Menschen als Personen zu deklarieren. Vormodern war der Status der Gleichheit an Freiheit, Rechten und Würde ein Privileg, und galt keineswegs für *alle* Menschen. Sklaven, Kinder, Frauen waren vormodern *nicht* im Status, kategorisch als Freie zu gelten. In der Moderne ist ihr Status der der Gleichheit an Freiheit, Rechten und Würde, wobei ihnen trotzdem diese Gleichheit in aller Regel vorenthalten wird. Das ist immerhin der gravierende Unterschied, die Rechtsstaatlichkeit ernst zu nehmen, was u.a. staatstragenden Habermasianern wichtig ist und jener schlechten marxistischen Traditionslinie nicht. In modernen Gesellschaften gilt Gott nicht als Person; Tiere können nicht mehr vor Gericht gestellt werden (wie noch vormodern; vgl. Lindemann 2009: Kap. 3.1.3) – und eben der wichtigste Punkt: Alle Menschen gelten fraglos und kategorisch als Person, nur weil sie Menschen sind, und nicht erst dadurch, dass sie eine bestimmte Eigenschaft haben, eine bestimmte Rolle ausfüllen, eine bestimmte Leistung erbringen. Würde ist, gut kantisch, der Gegenbegriff zu Preis. Man kann in vielen Fällen Menschen gar nicht hoch genug preisen, aber gleich an Freiheit, Rechten und Würde *zu sein*, das gilt, modern, auch und gerade dann, wenn es nichts zu preisen gibt.

Im Sinne dieser modernen Identifizierung von Mensch und Person kann man zwar von »nach Geschlechtern differenzierten menschlichen Körperindividuen« reden, aber dann redet man (1) nicht von Menschenexemplaren, sondern von Menschen als Personen, also von Elementen einer modernen Gesellschaft, und dann redet man (2) nicht *unvermittelt* über empirisch konstatierbare und beschreibbare Wesen, sondern man redet über einen *Kandidatenkreis* von Wesen, die fraglos als Personen in Frage kommen – man redet in einem bestimmten Bedeutungsraum, diesseits einer bestimmten kategorialen Grenze. Dadurch sind empirische Aussagen prinzipiell vermittelt, denn man redet nicht unvermittelt über (alle möglichen) Naturwesen oder Körperindividuen, um dann empirisch zu dem Ergebnis ihrer Gleichheit an Freiheit, Rechten und Würde zu kommen, sondern immer ist es schon ein bestimmter Kandidatenkreis, der überhaupt in Frage kommt.

Im Unterschied zur Tier-Mensch-Unterscheidung ist die Unterscheidung Person-Nichtperson eine kategoriale, und da sich auch Bedeutungsräume ändern, ist moderne Personalität eine (modern) situierte, also bedingte und nicht unbedingte (los-gelöste, absolute) Universalie, die (qua Menschenrechtserklärungen) kategorisch nur menschlichen, aber allen menschlichen, in sich differenzierten Körperindividuen zukommt. Dies gilt in allen drei Betonungen: Moderne Personalität kommt i) nur, aber allen *Menschen* zu. Sie deklariert die Gleichheit an Freiheit, Rechten und Würde und setzt deshalb ii) die auch grundlegende *Verschiedenheit* der Personen gleicher Rechte, die z.B. nach Geschlecht differenziert sein müssen, um sie vor Diskriminierungen in dieser Hinsicht schützen zu können. Schließlich deklariert sie iii) die körperliche Individualität in dem emphatischen Sinne der individuellen Einmaligkeit und Unaustauschbarkeit (Würde vs. Preis), die eine moderne Person grundsätzlich menschenrechtlich davor schützt, als ein »Exemplar« (Adorno 1966: 355) traktiert zu werden. Die bedingte Universalie der modernen Personalität hat auch und gerade als kategorialer Gehalt eine politische Dimension. Die deklarierte Gleichheit an Freiheit, Rechten und Würde jedes einzelnen Menschen ist politisch erkämpft, sie ist seither in ihrer Geltung prekär, und sie ist eine *Schutz*funktion der deklarierten, aber immer bedrohten Unaustauschbarkeit jede:s Einzelne:n, also der Unantastbarkeit der Würde der Person, insbesondere in der Form des Schutzes der Unversehrtheit des Körpers.

Personalität ist insofern eine Transzendentalie, also ein Format, ein Muster, ein Dispositiv (Foucault) oder ein Raster (im Sinne von Butler 2010). Mit durchaus unterschiedlichen Akzentsetzungen sind das Titel für die gesuchte transzendentale Struktur: Ein Kandidatenkreis ist die kategoriale Bedingung der Möglichkeit, kritisieren zu können, dass die Würde einer konkreten Person angetastet wird (denn Tiere können als Nicht-Personen verbotenerweise gequält, aber nicht in ihrer Würde verletzt werden). Und ja, ich mache damit Foucault und Butler zu transzendental argumentierenden Theoretiker:innen (»historische Apriori«; Foucault 1971: 24). Moderne Personalität formiert gerade nicht unmittelbar die Elemente von modernen Gesellschaften, sondern formatiert den Kandidat:innenkreis derjenigen, die nun, modern, überhaupt dafür in Frage kommen, als gleich an Freiheit, Rechten und Würde zu gelten. Transzendental im gleichen Sinne, in dem ein Dispositiv oder ein Raster eben nicht unmittelbar das Gesagte oder das Getane formiert, sondern die Dimension formatiert, die das Gesagte und Getane möglich gemacht hat, also das Sagbare oder Tubare. Und weil ein Format, ein Dispositiv, ein Raster nie nur in neutraler Sachlichkeit formatiert, sondern immer machtvoll, in aller Regel durchsetzt von Herrschaftsverhältnissen, ist auch das Dispositiv ›Personalität‹ ein Macht-Regime.

Das hat nun gravierende Konsequenzen für das Verhältnis von Personalität und Leiblichkeit. Zunächst einmal ist nunmehr mitdeklariert, dass moderne Personen, alle Menschen, leibhaftige Wesen sind. Damit ist eine Richtung der Abgrenzung (halbwegs) geklärt. Es gibt viele soziale Akteure – also Akteure im Raum des Sozialen, die insofern ›zu uns gehören‹ –, die nicht schon deshalb, weil sie soziale Akteure sind, auch zu den Personen zählen. Das war schon immer so (Sklaven etwa), aber modern kann man das nun deklariert kenntlich machen: Alle nicht-leibhaftigen Wesen gehören modern nicht zu den Personen, als da wären Gott, Engel, Puppen und Spielzeugautos, Gespenster, die Medien, die uns Zugang zu den Verstorbenen verschaffen. Dinge mögen Aktanten sein, aber nicht Personen. Dieses Verhältnis ist gleichwohl nur halbwegs geklärt, weil auch diese Bestimmung von Personalität historisch kontingent ist und bleibt – und insofern auch die Antwort auf die Frage offenlässt, ob Leibhaftigkeit tatsächlich an organische Lebendigkeit gebunden zu sein hat – oder ob nicht auch, dereinst, humanoide Roboter zu den leibhaftigen Wesen zählen werden. Die andere Richtung ist vertrackter: Sind auch Tiere leibhaftige Wesen? Reicht es, ein lebendiger Organismus zu sein, um die Rede von Leibhaftigkeit zu rechtfertigen? Mit Plessner reicht es nicht. Lebendigkeit ist für ihn alles andere als eine bloße Zugabe, aber sie konstituiert nicht leibhaftige Personalität, denn Exzentrizität geht in bloßer Lebendigkeit nicht auf. Der obige Knallersatz ist daher (mit Plessner, gegen Schmitz) unterbestimmt: Es geht auch und gerade dort, wo man sich um Geschlechtlichkeit Gedanken machen kann – in körperlich-leiblicher Dimension –, um *personale* leibhaftige Körperindividuen.

(3) Zwischenspiel: Die Konstruiertheit der (geschlechtlichen) Differenziertheit

»Geschlecht ist eine soziale Konstruktion. Zu dieser These gibt es in der Zwischenzeit eine Vielzahl von Beiträgen aus einem recht heterogenen theoretischen Spektrum.« (Lindemann 1994: 115) So eröffnet Lindemann im Jahre 1994(!) einen Aufsatz zur *Konstruktion der Wirklichkeit und der Wirklichkeit der Konstruktion*. Seitdem ist die Anzahl der Beiträge zum Thema ins Unermessliche gestiegen.

Ob sich die Aufgeregtheiten im Umgang mit dieser These gelegt haben, ist nicht so recht ersichtlich. Eine nüchterne Lesart der These scheint mir durch drei Momente bestimmt zu sein: i) Konstruktion ist das Gegenkonzept gegen jede Naturalisierung. Dass etwas, z.B. das Geschlecht, eine Konstruktion sei, richtet sich »gegen die Annahme, Geschlecht könne als etwas der sozialen bzw. kulturellen Ordnung Vorgängiges bestimmt werden« (ebd.). Etwas *nicht* durch einen Verweis auf ein naturhaftes ›So ist es‹ abzusichern, ist die Absage an jeden Kontingenzexorzismus. Konstruiert zu sein heißt, dass eine andere Grenzziehung möglich gewesen wäre. Z.B. kann man in einer sozialen bzw. kulturellen Ordnung ein Gesetz erlassen, dass drei Geschlechter einführt. ii) Konstruktion hat nicht die Konsequenz – diese Unterstellung befördert alle Aufgeregtheiten –, dass eine Grenzziehung *beliebig* anders verlaufen könnte oder ganz aufgegeben werden könnte. Wer darauf hinweist, dass Heterosexualität nicht naturalisiert gehört, der behauptet deshalb nicht, dass die sexuelle Orientierung in hetero-, homo-, bi- oder queersexuellen Beziehungen keine Relevanz und Wirkmächtigkeit hat. iii) Jede Konstruktion hat gesellschaftliche Wirklichkeit und Wirksamkeit, denn sonst wäre es unnötig, gegen Naturalisierungen und Kontingenzexorzismen zu Felde zu ziehen. Was immer auch heißt: »Die Konstruierenden sind also selbst Bestandteil des Konstruktionsprozesses und stehen ihm weder gegenüber, noch sind sie frei von ihm.« (ebd. 140)

(4) Die »Kolonialität der Macht« (Quijano)

Die zweite Baustelle sei, wie gesagt, wenigstens noch benannt. ›Personalität‹ gibt, so oder so, auch eine Antwort auf die Frage, wie (hierarchisch oder nicht hierarchisch) das Verhältnis der Differenzierungsdimensionen bestimmt ist. Zur Veranschaulichung die folgende doppelt exemplarische Skizze, nämlich exemplarisch am Fall *raza* und Geschlecht, und dies exemplarisch am Konzept der *Kolonialität der Macht*. Letzteres in der Überzeugung, dass eine zeitgemäße Theorie moderner Gesellschaften nicht umhinkann, den Kolonialismus als konstitutiv für die Moderne anzusehen, was sich insbesondere an der Geschlechtlichkeit dokumentiert. Dafür stehen die *Postcolonial Studies*, aber auch, mit anderen Akzentsetzungen, die Arbeiten zur Dekolonialität im Anschluss an Mariátegui und Quijano.

Eines jener rasternden Regime ist das der *Kolonialität der Macht* im Sinne von Quijano (Quijano 2007, Quijano 2016; dazu Quintero & Garbe 2013). Ein nicht unerheblicher Vorteil dieses Konzepts liegt darin, dass es sich sofort als Raster, als Dispositiv, als »Muster globaler Macht« (Quijano 2016: 23) zu erkennen gibt, also von vornherein zu vermeiden versucht, als Titel für eine *unvermittelte* empirische Analyse missverstanden zu werden. Dieses Muster hat (bei Quijano zunächst nur) zwei »grundlegende Achsen«, nämlich zum einen »die soziale Klassifizierung der Weltbevölkerung anhand der Vorstellung von *raza*« (ebd.), zum anderen »die Verschränkung aller historisch bekannten Formen der Kontrolle über die Arbeit, ihrer Ressourcen und Produkte in Bezug auf das Kapital und den Weltmarkt« (ebd. 25).

Die Achse *raza* ist eine Kodifizierung der Differenzen zwischen Eroberern und Eroberten, die durch eine vermeintlich unterschiedliche biologische Struktur unterlegt ist, um dadurch die Zuweisung einer *natürlichen* Unterlegenheit der Eroberten zu legitimieren. In diesem Sinne wurde in diesem Machtmuster die Bevölkerung Amerikas und später die Weltbevölkerung klassifiziert. Die Herausbildung der auf dieser Achse des

Musters basierenden sozialen Verhältnisse produzierte in Amerika neue gesellschaftliche Identitäten: Indios, Schwarze, Mestizen, und definierte andere um. Bisherige bloße Verweise auf Herkunft(sländer) erhielten einen *raza*-Unterton: spanisch, portugiesisch, europäisch. In dem Maße, in dem die sich herausbildenden gesellschaftlichen Beziehungen Herrschaftsverhältnisse waren, wurden, so Quijano (2016: 26f.), jene neuen Identitäten mit Hierarchien, Orten, Rollen assoziiert und verfestigten sich sozusagen als rassialisierte Landkarte. »*Raza* und rassialisierte Identität wurden als grundlegende Klassifizierungsinstrumente der Bevölkerung etabliert.«

Das wurde dann seinerseits durch Farbe kodifiziert. *Raza* sei logisch und historisch früher als Farbigkeit (ebd. 27f., Anm. 4): »Die Herrschenden nannten sich erst infolgedessen Weiße.« (ebd. 27) Die Etablierung von *raza* war das Vehikel der *Legitimierung* der »mit der Eroberung durchgesetzten Herrschaftsverhältnisse« (ebd. 28), einschließlich der Etablierung des Eurozentrismus als »spezifischer Rationalität« (ebd. 23) in der »Wissensperspektive« (ebd. 28) dieser Achse der Kolonialität der Macht. Die so gleichsam ›gelungene‹ Naturalisierung sozialer Unterschiede erwies sich »als das wirkmächtigste und langlebigste Instrument universaler Herrschaft« (ebd.) – nicht zuletzt deshalb, weil das »viel ältere, aber ebenso universelle, inter-sexuelle oder *gender*-Prinzip bald davon abhängig [wurde]« (ebd.). Der springende Punkt ist also: Legitimierung durch etablierte Naturalisierung. Dagegen kann man dann nur mit Quijano festhalten: »Die Vorstellung von *raza* ist im wahrsten Sinne des Wortes eine Erfindung. Sie hat nichts mit der biologischen Struktur der menschlichen Spezies zu tun.« (ebd. 29, Anm. 5)

Die zweite Achse der Kolonialität der Macht ist die der Kontrolle über die Arbeit unter der Dominanz des durchgesetzten Verhältnisses Kapital-Lohnarbeit. Bemerkenswert an der Analyse dieser Achse ist zunächst das, was hier Dominanz heißt. Es heißt eben Dominanz, und nicht, dass das Kapitalverhältnis das wichtigste oder gar das einzig wirkmächtige ist. Man kann und muss, so Quijano, nach wie vor über Sklaverei, Leibeigenschaft, einfache Warenproduktion und Kapital-Lohnarbeit reden, weil sie in gewissem (doppelten) Sinne weiter bestehen bleiben: Sie sind in der zweiten Achse der Kolonialität der Macht zu einer Gesamtordnung verbunden, in der sie ihre jeweiligen Charakteristika und ihre diskontinuierlichen Beziehungen untereinander sowohl wahren als auch, wegen der Dominanz einer nun kapitalistischen Gesamtordnung, neue Ausprägungen und gleichsam Eigenarten ihrer eigenen Struktur ausprägen (ebd. 29–31). Die sich so ausprägende »neue, originale und singuläre Struktur von Produktionsverhältnissen«, die wir »globalen Kapitalismus« nennen (ebd. 31), ist also ebenfalls – obwohl sie *eine* Achse der Kolonialität der Macht bildet – in sich differenziert, in welchen heutigen konkreten Formen auch immer.

Zu diesem rasternden Regime der Kolonialität der Macht gehören mit Quijano beide Achsen: »So blieben beide Elemente, *raza* und Arbeitsteilung, strukturell miteinander verbunden und verstärkten sich gegenseitig, obwohl keine der beiden in seiner Existenz oder möglichen Veränderungen notwendigerweise vom anderen Element abhängig war.« (ebd. 31) Von Mignolo und anderen ist dieses Machtmuster der Kolonialität, »als unsichtbarer und konstitutiver Teil der *Moderne*«, um weitere Achsen erweitert worden. Es wird (mindestens) durch die fünf Achsen der Kontrolle der Ökonomie, der Autorität, von Natur und natürlichen Ressourcen, von Geschlecht und Sexualität, von Subjektivität und Erkenntnis aufgespannt (Mignolo 2012: 48, 50).

Selbstverständlich sind das nicht einfach zusätzliche Federstriche, die das von Quijano entworfene Muster ›mal eben‹ erweitert. Auch das ist theoretische Arbeit und politischer Kampf, wie die Arbeiten von Lugones, Mendoza oder Segato am Beispiel der Erweiterung des Musters um die Achse der Geschlechtlichkeit belegen. Vieles spricht für die Diagnose der Allianz zwischen kolonialisiert-Maskulinem und Kolonisierendem, so dass es eines ganz eigenen »epistemischen Ungehorsams« bedarf, um nicht doch die Achse der Geschlechtlichkeit offen oder klammheimlich einer der anderen Achsen unterzuordnen; auch wenn die Rede von »Nebenwiderspruch« heutzutage tabuisiert ist.

(5) Epilog

Dass differenzierte personale Körperindividuen die Elemente moderner Gesellschaften bilden, ist kein harmloser Satz. In ihm spiegelt sich der politische Kampf um Freiheit, um die Unantastbarkeit der Würde und um das Diskriminierungsverbot gegenüber jedem und jeder Einzelnen. Solange dieser Kampf politisch noch nottut, solange wird und muss es weiter wissenschaftliche Beiträge zur Konstruktion von Personalität geben. Innerwissenschaftlich wiederum ist der Satz nicht harmlos, weil die in Gebrauch genommene Rede von *Konstruktion* auf ein sehr spezifisches Verständnis von transzendentaler Ermöglichung empirischer Erkenntnisse setzt, um nicht zu sagen: wettet (im Sinne von Pascal). Personalität ist ein bedingtes kategoriales Format; es rastert die Elemente moderner Gesellschaften in bestimmter Weise. Es ist nicht unbedingt-universal, weil es politisch andere Optionen der Rasterung gab und gibt, aber als bedingte Universalie rastert Personalität fraglos-kategorisch *alle* Menschen. Wer sich stattdessen an die alte Naturrechtstradition – Universalie = unbedingte Universalie – bindet, wird in diesem offensiven Plädoyer für politische Kontingenz *in* einer Universalie nichts als Relativismus oder gar politischen Dezisionismus sehen können (oder aus *gleichem* Grund umgekehrt jede Rede von Universalien ablehnen). Der springende Punkt aber ist gerade der umgekehrte. Von unbedingten Universalien könnten nur unsere Götter wissen. Eine Gesellschaftstheorie wird deshalb ihr normatives Moment nicht los. Diese Normativität wird z.B. verschwiegen, wenn von der leiblichen Verfasstheit der Mitglieder moderner Gesellschaften *statt* von der personalen Leiblichkeit dieser Mitglieder die Rede ist. Die Gleichheit an Freiheit, Rechten und Würde ist ein *deklarierter* gesellschaftlicher Status, und an keiner noch so elaboriert beschriebenen und analysierten Leiblichkeit ablesbar. Gerade für eine Gesellschaftstheorie gilt, dass ihr der »göttliche Trick« des unsituierten Sprechens aus dem Nirgendwo (Haraway 1995: 87) verwehrt ist.

Literatur

Adorno, Theodor W. (1966): *Negative Dialektik*, Frankfurt a.M.: Suhrkamp [7]1992.

Arendt, Hannah (1958): *Elemente totaler Herrschaft*, Frankfurt a.M.: Europäische Verlagsanstalt.

Butler, Judith (2010): *Raster des Krieges. Warum wir nicht jedes Leid beklagen* [engl. 2009], Frankfurt a.M./New York: Campus.

Foucault, Michel (1971): *Die Ordnung der Dinge. Eine Archäologie der Humanwissenschaften* [fr. 1966], Frankfurt a. M.: Suhrkamp 1995.

Haraway, Donna (1995): *Die Neuerfindung der Natur. Primaten, Cyborgs und Frauen*, Frankfurt a.M./New York: Campus.

Lindemann, Gesa (1994): »Die Konstruktion der Wirklichkeit und die Wirklichkeit der Konstruktion«, in: Wobbe, Theresa/Gesa Lindemann (Hg.), *Denkachsen. Zur theoretischen und institutionellen Rede vom Geschlecht*, Frankfurt a.M.: Suhrkamp 1994, S. 115–146.

Lindemann, Gesa (2009): *Das Soziale von seinen Grenzen her denken*, Weilerswist: Velbrück.

Lindemann, Gesa (2018): *Strukturnotwendige Kritik. Theorie der modernen Gesellschaft I*, Weilerswist: Velbrück.

Lugones, María (2008): »Die Kolonialität von Gender« (Auszug aus engl. Original), in: Schmidt, Lukas/Sabine Schröder (Hg.), *Entwicklungstheorien. Klassiker, Kritik und Alternativen*, Wien: Mandelbaum Verlag 2016, S. 383–385.

Mendoza, Breny (2018): »Die Epistemologie des Südens, die Kolonialität des Geschlechts und der lateinamerikanische Feminismus«, in: Thomas Hoffmann et al. (Hg.), *Empowerment und Exklusion. Zur Kritik der Mechanismen gesellschaftlicher Ausgrenzung*, Gießen: Psychosozial-Verlag 2018, 169–188.

Mignolo, Walter D. (2012): *Epistemischer Ungehorsam. Rhetorik der Moderne, Logik der Kolonialität und Grammatik der Dekolonialität* [span. 2006], Wien/Berlin: Turia + Kant 2019.

Quijano, Aníbal (2007): »Coloniality and Modernity/Rationality« [sp. 1992], in: *Cultural Studies* 21 (2007) 2–3, 168–178.
Quijano, Aníbal (2016): *Kolonialität der Macht. Eurozentrismus und Lateinamerika* [sp. 2000], Wien/Berlin: Turia + Kant.
Quintero, Pablo/Sebastian Garbe (Hg.) (2013): *Kolonialität der Macht. De/Koloniale Konflikte: zwischen Theorie und Praxis*, Münster: Unrast.
Segato, Rita (2016): »Koloniale/Moderne Geschlechterverhältnisse zwischen Dualität und Binarität« [sp. 2015] (gekürzt ggü. dem Original), in: Schmidt, Lukas/Sabine Schröder (Hg.), *Entwicklungstheorien. Klassiker, Kritik und Alternativen*, Wien: Mandelbaum Verlag 2016, 386–391.

Günter Ulrich

Gewalt als Konstituens des Sozialen?

Anmerkungen zum Gewaltbegriff bei Gesa Lindemann

(1)

Die Abwesenheit von Gewalt im öffentlichen Leben, aber auch im Verhältnis des Staates zu seinen Bürgern und Bürgerinnen, zählt zur Fortschrittserzählung der Moderne; Gewalt erscheint nur noch als Devianz, nicht mehr als relevantes Element von Vergesellschaftung. In ihrer leibtheoretisch fundierten Sozialtheorie distanziert sich Lindemann energisch von diesem durch die Gewalterfahrungen des 20. Jahrhunderts nicht gedeckten Narrativ. »Die Ordnung der Welt«, so schreibt sie in einer neueren Veröffentlichung, »hängt eng mit unserer Ordnung von Gewalt zusammen« (Lindemann 2020: 19). Dabei wird dieser Zusammenhang ausdrücklich als Konstitutionszusammenhang gefasst: Gewalt ist »Konstituens des Sozialen« (Lindemann 2017: 58).

Die Einführung des Gewaltbegriffs in die soziologische Theorie ist aus meiner Sicht nicht zu kritisieren. Was ich aber irritierend finde, ist die Zentralität, die dem Gewaltbegriff bei Lindemann eingeräumt wird. Ist nicht Gewalt ihrerseits sozial konstituiert, nämlich als Phänomen, das gesellschaftlich produziert, limitiert und definiert wird? Und gibt es, was gesellschaftliche Ordnungsbildung angeht, neben der Gewalt nicht äquivalente und ebenso relevante Möglichkeiten, mit der Enttäuschung normativer Erwartungen umzugehen? Ich werde im Folgenden versuchen, diese Fragen zu klären, wobei ich die grundlegenden Prämissen der Lindemann'schen Sozialtheorie im Rahmen dieses Textes als gültig unterstelle: zum einen die Theorie der Mitwelt, die, von der Existenz sich berührender leiblicher Selbste ausgehend, nach den Grenzen des Sozialen fragt (Lindemann 2009: 61 ff.); zum anderen die Einbeziehung des Dritten als Voraussetzung für die Möglichkeit personaler Vergesellschaftung und sozialer Ordnung (Lindemann 2010).

(2)

Eine formal-reflexive Bestimmung des Gewaltbegriffs muss, so Lindemann, bei der Leib-Umweltbeziehung sozialer Akteure ansetzen. Soziale

Akteure (Personen) bilden keine abgeschlossenen Sinnsysteme; sie sind auch nicht bloße Körperwesen, sondern müssen als leibliche Aktionszentren verstanden werden, die in wechselseitiger Berührung permanent aufeinander bezogen sind (vgl. Lindemann 2020: 58). In einem weiten Spektrum möglicher Berührungsbeziehungen ist Gewalt charakterisiert als asymmetrische, durch die Dichotomie von Antun und Erleiden bestimmte Form der Berührung, eine »antagonistisch leibliche Berührung, die darauf zielt, anderen Leibern Schmerz zuzufügen, sie zu ängstigen oder sie zu zerstören bzw. zu töten« (Lindemann 2014: 256).

Gewalt ist aber nicht nur eine unmittelbar antagonistische leibliche Interaktion, sondern zugleich ein Akt der Kommunikation, insofern man anderen zu verstehen gibt, dass damit ein Anspruch auf die Legitimität der Gewalttat erhoben wird. Dabei gilt die Mitteilung nicht allein dem Opfer; sie ist vor allem an Dritte adressiert, die sie hinsichtlich ihrer Legitimierbarkeit überprüfen müssen (vgl. Barth u.a. 2021: 12). Gewalt ist insofern selbst schon durch Gesellschaft definiert. Sie erschließt sich nicht (allein) aus einer wissenschaftlichen Beobachtungsperspektive, sondern setzt die Reflexion auf den im Feld stattfindenden Gewaltdiskurs voraus.

(3)

Damit hat Lindemann die Voraussetzungen geschaffen für eine genauere Analyse der Rolle von Gewalt bei der Stabilisierung gesellschaftlicher (Erwartungs-) Strukturen. Ausgangspunkt ihrer Überlegungen ist die genuin sozialtheoretische Frage nach der Möglichkeit und den Bedingungen der Stabilisierung sozialer Ordnung. Wie können Kommunikationen trotz des im Kommunikationsprozess enthaltenen Negationspotentials aneinander anschließen? Wie können sich Akteure in ihren Handlungen so aufeinander beziehen, dass die einzelnen Teilhandlungen als Glieder in einer Kette von Gesamthandlungen gelesen werden können? Lindemann zufolge, und damit folgt sie zunächst einmal den soziologischen Klassikern von Durkheim, Simmel und Weber bis hin zu Parsons, ist dies auf die Tatsache zurückzuführen, dass sich die Beteiligten an vorgegebenen Erwartungen und Erwartungsstrukturen orientieren: Soziale Ordnung stellt sich her, wenn die beteiligten Personen mit einiger Sicherheit erwarten können, dass sich die im sozialen Raum stattfindenden Operationen (Handlungen, Kommunikationen, Praxen) an den dort geltenden Regeln und Normen ausrichten. Normverletzungen gefährden die Stabilität dieser Ordnung, deshalb muss die fortdauernde Geltung der Normen durch diejenigen, die vom Verhalten der Normbrecher enttäuscht sind, dargestellt und bekräftigt werden – wenn es sein muss, auch durch massive Sanktionen (vgl. Lindemann 2014: 217 ff.). Dabei fällt Dritten die Aufgabe zu (und hier geht Lindemann, Luhmann folgend, über die soziologischen Klassiker hinaus), Egos Reaktionen auf die von Alter zu verantwortenden Erwartungsenttäuschungen in Augenschein zu nehmen und ggfs. zu (de-)legitimieren. Im Ergebnis werden die nicht explizierten Hintergrunderwartungen in eine konsistente, für alle Gesellschaftsmitglieder verbindliche Ordnung gebracht.

Was an dieser Stelle bei Lindemann fehlt, obwohl sie programmatisch ganz anders votiert (vgl. Lindemann 2014: 248), ist die Einbeziehung der Perspektive des Opfers. Denn wir haben es bei der Beurteilung einer Gewalttat offenbar mit einem Normenkonflikt zu tun: auf der einen Seite der normative Anspruch des Täters, der auf der Gültigkeit der zur Disposition gestellten Norm beharrt, auf der anderen Seite der normative Anspruch des Opfers, sei es als Individuum oder als Teil eines größeren Ganzen, auf Leben sowie auf körperliche und psychische Unversehrtheit. Der normative Anspruch des Opfers bezieht sich nicht unbedingt auf den Würdestatus des modernen Menschen, der eine Achtung körperlicher Integrität einschließt, sondern kann auch einfach besagen, »dass man das mit einem von uns nicht macht«. Tertius hat jedenfalls nicht nur die Aufgabe, den normativen Anspruch von Ego zu prüfen; er oder sie muss auch zwischen den Normansprüchen von Ego und Alter abwägen: Ist die Beibehaltung der von Alter verletzten Norm so wichtig, dass eine Verletzung von Alter hinzunehmen ist? Oder hätte von Ego erwartet werden können, dass dieser seine Gewaltanwendung besser dosiert oder ganz darauf verzichtet? Wenn man diese Sichtweise akzeptiert, wird die Rolle der Gewalt in ein anderes Licht getaucht. Sie kann nicht mehr als unbezweifelbares Mittel der Normsicherung angesehen werden, weil sie zugleich eo ipso Normen verletzt. Und Tertius hat genau die Aufgabe, über die Legitimität oder Illegitimität der Gewaltanwendung zu entscheiden, ohne über die widerstreitenden Normansprüche der Beteiligten hinwegzugehen.

(4)

Bei der Skizzierung der im Falle von Normverletzungen erwartbaren Strategien zur Enttäuschungsabwicklung hat es Lindemann erkennbar eilig. In wenigen Sätzen werden »institutionsimmanente Reparaturmaßnahmen« (Lindemann 2014: 245) angedeutet, bevor dann Gewalt als ultimatives Sanktionsinstrument zur Sprache kommt. Anders als Luhmann, der in seiner Rechtssoziologie ausführlich auf gewaltlose Formen der Enttäuschungsverarbeitung eingeht, erscheint der Umgang mit Normbrüchen in Lindemanns Darstellung als Rutschbahn, die direkt und unvermeidlich auf die kommunikative Inszenierung von Gewalt hinausläuft. Ich werde im Folgenden versuchen, ein wenig Geschwindigkeit aus der Argumentation herauszunehmen und wende mich deshalb auf der Suche nach funktionalen Äquivalenten der Frage zu, wie Akteure unterhalb der Schwelle von Sanktionen mit Normverletzungen umgehen und welche Sanktionsformen vor und anstelle von Gewalt bei der Stabilisierung normativen Erwartens zum Einsatz kommen.

(1) Auf der untersten Stufe kann man auf eine Normverletzung reagieren, indem man sie als Normverletzung für irrelevant hält oder gar nicht erst zur Kenntnis nimmt. Das schützt, so Luhmann, die Enttäuschte gegen Reaktionszwang, ohne sie zu nötigen, ihre Erwartungshaltung zu überprüfen und in Frage zu stellen (Luhmann 1987: 55).

Alternativ könnte Ego auch von normativer auf kognitive Erwartung umstellen (vgl. Lindemann 2014: 221). Sie könnte lernen, dass sich andere an anderen Normen orientieren; sie könnte sich sogar überzeugen lassen, die von ihr zuvor für gültig erachtete Norm zugunsten der von Alter preiszugeben. Das kann helfen, über Enttäuschungen hinwegzukommen; ob eine kognitive Erwartungshaltung aber geeignet ist, für die Stabilisierung gesellschaftlicher Strukturen zu sorgen, ist eine andere Frage.

(2) Wenn sich die Normverletzung nicht mehr ignorieren lässt, kann Ego – gleichgültig, ob Alter aktuell anwesend ist oder nicht – nach Gründen suchen, die das irritierende Verhalten Alters erklären könnten. Möglicherweise war Alter nicht ganz bei Sinnen, oder sie hatte gute Gründe, war aber leider falsch informiert, oder sie hatte eine unglückliche Kindheit oder lebte unter einem ungünstigen Stern. Mit solchen Erklärungen, so Luhmann, bestätigt sich Ego in seiner Erwartungshaltung und stärkt so die fraglich gewordene Norm (vgl. Luhmann 1987: 55).

(3) Was nun die verbal oder dialogisch geführten Auseinandersetzungen im Falle von Normverletzungen angeht, lassen sich drei Beobachtungsperspektiven unterscheiden: die von Habermas formulierte Beschreibung einer »idealen Sprechsituation«, Goffmans Analyse rituell stabilisierter Interaktionsordnungen und schließlich ein, so Luhmann, »polemogener« Blick auf kontroverse Normdiskussionen, der auf die mitlaufende moralische Ächtung des jeweiligen Gegenübers aufmerksam macht.

(i) In seiner »Theorie des kommunikativen Handelns« arbeitet Habermas heraus, dass wir in jedem Sprechakt einen Geltungsanspruch auf normative Richtigkeit artikulieren. Wird dieser Geltungsanspruch bestritten, müssen sich die Kontrahenten diskursiv über die Geltung der Norm verständigen, idealerweise unter Voraussetzungen, die es den Beteiligten ermöglichen, sich von äußeren und inneren Zwängen freizumachen und allein dem »zwanglosen Zwang des besseren Arguments« zu folgen (vgl. Habermas 1984: 174 ff.). Allerdings sind wir realiter bei verbal ausgetragenen Konflikten weit von idealen Sprechsituationen entfernt, wie auch Habermas einräumt, wenn er in »Faktizität und Geltung« skeptisch von »aufwendigen Diskursen mit ungewissem Ausgang und störenden Problematisierungseffekten« (Habermas 1992: 37) spricht.

(ii) Goffman zufolge gibt es bei Face-to-Face-Begegnungen feste Handlungsmuster, die »rituell« festlegen, was im Falle von Normverletzungen zu tun ist. Gerade bei Ordnungswidrigkeiten im Bagatellformat handeln die Beteiligten, als würden sie einem Skript folgen. Der Dialog zwischen Täter und Opfer erscheint dann als »Zeremonie, die eher einem Menuett als einer Unterhaltung gleicht« (Goffman 1974: 170): Im ersten Schritt macht Ego auf das Fehlverhalten Alters aufmerksam, wobei explizit auf die Gültigkeit der verletzten Norm hingewiesen wird; im zweiten Schritt bekommt Alter die Chance, den Schaden wieder gut zu machen, z. B. durch Bitte um Entschuldigung oder durch die Darstellung von Schuldgefühlen oder Scham; im dritten Schritt kann Ego das Angebot Alters als befriedigend annehmen, sofern das Ziel der Stabilisierung der normativen Ordnung erreicht scheint; im vierten Schritt darf sich Alter dankbar zeigen, dass ihm oder ihr vergeben wurde (vgl. Goffman 1986: 26 ff.).

(iii) Während das von Goffman beschriebene »Gesprächsinteraktionsspiel« (Goffman 1974: 235) auf der von den Akteuren geteilten Annahme beruht, dass kein Streit beabsichtigt ist (was bei einem Scheitern der rituellen Verhaltensabstimmung aber auch nicht ausgeschlossen werden kann), weist Luhmann auf die »polemogene Seite« (Luhmann 1984: 318), also die Konfliktträchtigkeit der Behauptung und Durchsetzung normativer Geltungsansprüche hin. Wenn Ego den von Alter verübten Normbruch kritisiert und Alter zur Beachtung der herrschenden Normen und Regeln auffordert, steht häufig nicht nur der Normbruch in der Kritik, sondern auch Alter selbst, der dafür verantwortlich gemacht wird. Von der normverletzenden Einzelhandlung wird auf die handelnde Person als Ganzes geschlossen. Aus sachlicher Kritik wird Empörung, die ad hominem die moralische Integrität des oder der Anderen in Frage stellt.

(4) Was sanktionierende Maßnahmen angeht, lassen sich vier Formen unterscheiden (vgl. Sigrist 1979: 99 f.):

(i) Psychische Sanktionen als Darstellung der Missbilligung des Normbruchs können von verbaler wie nicht-verbaler Art sein. Alter wird mit giftigen Blicken, abwertenden Gesten oder höhnischem Gelächter attackiert, es fallen Schimpfworte, die sie in aller Öffentlichkeit bloßstellen.

(ii) Eine andere Form der Sanktion besteht darin, sich vom Übeltäter privat oder in aller Öffentlichkeit zu distanzieren. Man vermeidet das Zusammentreffen mit dem Normverletzer, indem man bei Face-to-Face-Begegnungen die Straßenseite wechselt; man löscht seinen Namen im Adressbuch, schließt ihn von der Teilnahme an geselligen Zusammenkünften aus, boykottiert wirtschaftliche Kontakte usw.

(iii) Weiterhin ist auf das Instrument der materiellen Sanktion hinzuweisen. Evans-Pritchard stellt fest, dass es zumindest bei den Nuer in Westafrika üblich ist, gravierende Normverstöße unter nahe Verwandten durch Kompensation aus der Welt zu schaffen (Evans-Pritchard 1978: 195). Die im frühen Mittelalter kodifizierte »Verfahrensordnung des Ausgleichs« stellt ein fernes Echo dieser sehr alten Sanktionsform dar.

(iv) Schließlich die physische Sanktion, also der leiblich-symbolische Einsatz von Gewalt, um Normbrecher drastisch auf ihr Fehlverhalten aufmerksam zu machen und sie, sofern sie sich davon beeindrucken lassen, zur Anerkennung des gesellschaftlich gültigen Regelsystems zu zwingen. Dabei werden nicht nur anderen Leibern Schmerzen zugefügt; man nimmt auch in Kauf, dass die Personen, die gerade erst im Akt der Gewalt als Personen anerkannt worden sind, zerstört oder getötet werden (eine Parallele zur oben erwähnten moralischen Depravierung der Person).

Randall Collins zufolge stellt physische Gewalt ein in der Moderne außeralltägliches Phänomen dar – jedenfalls in Relation zu anderen weitaus häufiger praktizierten Strategien der Enttäuschungsabwicklung (vgl. Collins 2011: 11). Aber besitzt Gewalt nicht wenigstens als Ultima Ratio der Konfliktbearbeitung eine herausgehobene Bedeutung? Tatsächlich liefert die Reihenfolge, in der ich die Handlungsmuster vorgestellt habe, keine Hinweise auf deren soziale Relevanz. Stattdessen werden nur verschiedene funktional äquivalente Strategien präsentiert, die nacheinander, aber auch alternativ oder in umgekehrter Abfolge zum Einsatz kommen können. Ego kann zum Beispiel, wenn Alter den Dialog verweigert, entweder Gewalt anwenden oder aber angesichts der unkalkulierbaren Folgen der Gewaltanwendung beschließen, die Normverletzung zu ignorieren. Sie kann auch, sozusagen aus dem Stand heraus, gegen Alter Gewalt anwenden und dann, wenn sich Alter genügend beeindruckt zeigt, in einen Dialog eintreten, in dem beide Seiten ihre Argumente austauschen.

(5)

Wie begründet Lindemann dann den Primat der Gewaltanwendung bei der Stabilisierung normativen Erwartens? Ich sehe zwei Argumentationsstränge. Zum einen scheint Gewalt, so ihre vorsichtige Formulierung, »die bislang erfolgreichste Weise der Homogenisierung einer Vielzahl von Leib-Umwelt-Beziehungen zu sein« (Lindemann 2018: 23 f.). Damit greift sie eine These auf, die Luhmann in seiner »Rechtssoziologie« aufgestellt hat (Luhmann 1987: 106 ff.). Allerdings habe ich den Eindruck, dass sie, ebenso wie Luhmann, allzu schnell über dieses Argument hinweggleitet. Weder klärt sie, was es mit der »Homogenisierung« von Leib-Umweltbeziehungen durch Gewalt auf sich hat, noch gibt es bei ihr systematische Ansätze, die oben genannten Handlungsoptionen hinsichtlich ihrer stabilisierenden Wirkung zu vergleichen.

Zum anderen kommt Gewalt, so ihre Vermutung, dann zum Einsatz, wenn »der Gesamtzusammenhang der Kommunikation gefährdet ist« (Lindemann 2014: 245). Bei Normverletzungen im Bagatellformat kann man vielleicht schweigen oder miteinander reden; wenn es aber »für die Beteiligten ums Ganze geht« (ebd.), hilft nur noch Gewalt. Dieses Argument hat zwei Implikationen. Zunächst einmal wird damit auf die »ipseistische« Dimension des Erwartens abgestellt: »Wenn ein Akteur durch die Enttäuschung von Erwartungen nicht selbst betroffen wäre, bestünde keine Notwendigkeit, an Erwartungen explizit festzuhalten oder enttäuschte Erwartungen zu ändern.« (ebd. 220) Ego wird sich nur dann auf eine gewaltförmige Konfrontation einlassen, wenn er so berührt von der Normverletzung ist, dass er Gewalt als Mittel der Wahl in Betracht zieht. Lindemann selbst greift dafür ein Beispiel aus der »Ilias« heraus (ebd. 264 ff.): Achill schleift die Leiche von Hektor durch das Lager der Griechen vor Troja, weil ihn der Tod seines Geliebten Patroklos bis ins Mark erschüttert hat. Doch kann man von dieser Gewalttat, bei der es für Achill »ums Ganze« geht, auf die gesellschaftliche Relevanz der zur Disposition gestellten Norm schließen? Um diese Frage zu klären, muss man sich mit Lindemann von der dyadischen Täter-Opfer-Konstellation verabschieden und einen triadischen Kommunikationsbegriff zugrunde legen. Dann zeigt sich, dass es nicht in Achills Ermessen liegt, die gesellschaftliche Relevanz oder auch nur die Gültigkeit der Norm festzuschreiben. Umgekehrt entscheiden Dritte darüber, ob es die Norm rechtfertigt, mit Gewalt verteidigt zu werden.

Sozialität wird also, auch innerhalb der Lindemann'schen Argumentationslogik, nicht erst durch Gewalt konstituiert, sondern muss immer schon vorausgesetzt werden, wenn man die stabilisierende Funktion von Gewalt bestimmen will. Ohne die Existenz von sozialen Erwartungsstrukturen könnte Alter keine Norm verletzen, und Ego könnte nicht durch das normwidrige Verhalten Alters in ihren Erwartungen enttäuscht werden. Ebenso muss die Existenz eines für Objektivität bürgenden Tertius unterstellt werden, denn Ego und Alter wenden sich zur Klärung ihres Konflikts nicht an einen x-beliebigen Dritten, der wie sie selbst nur ein idiosynkratisches Urteil abgeben könnte, sondern an institutionalisierte Dritte, die, anwesend oder nicht, für die Objektivität ihres Urteils einstehen.

(6)

Die Plausibilität der These von der gesellschaftskonstituierenden Funktion der Gewalt hängt entscheidend davon ab, ob es gelingt, den Prozess der Enttäuschungsabwicklung theoretisch so zu modellieren, dass auf eine Unterstellung der Existenz vorgängiger gesellschaftlicher Strukturen weitgehend verzichtet werden kann. Wie oben gesehen, hat Lindemann ein Modell entworfen, das mit einem Minimum an Sozialität auskommt. Wir befinden uns quasi in einem gesellschaftlichen Naturzustand: Zwar gibt es drittenvermittelte Erwartungsstrukturen, aber die einzelnen Normen sind nicht konsistent aufeinander bezogen und den sozialen Personen nur präreflexiv gegenwärtig, sodass immer wieder gewaltsam ausgetestet werden muss, welche Normen denn nun gelten sollen und welche nicht. Wer als Tertius für die Legitimität gewaltbereiten Handelns einstehen kann, bleibt offen – der mit einem Gewaltmonopol versehene Staat ist es jedenfalls nicht, weil Möglichkeit und Notwendigkeit staatlicher Gewaltausübung gerade aus dem vorliegenden Modell erklärt werden sollen.

Die Unbestimmtheit des Dritten ist sozialtheoretisch sinnvoll angesichts der Tatsache, dass unterschiedliche gesellschaftliche Ordnungen mit unterschiedlichen Drittenkonstellationen verbunden sind. Problematisch ist hingegen aus meiner Sicht, dass Dritte laut Lindemann erst im Nachhinein und auf den Einzelfall bezogen über die Legitimität und Angemessenheit des einzelnen Gewaltakts befinden. Ich vermute, dass staatliche wie nicht-staatliche Gesellschaften durchweg über institutionell mehr oder weniger gefestigte Strukturen verfügen, die vorab eine normative Regulierung von Enttäuschungsbewältigungen erlauben (unter Einschluss aller Arten nicht-sanktionierenden und sanktionierenden Handelns). Dabei handelt es sich um Erwartungsstrukturen, die als sekundäre Normen den Umgang mit enttäuschten normativen Erwartungen für alle Beteiligten erwartbar regulieren und als tertiäre Normen festlegen, wie mit diesen sekundären Normen zu verfahren ist. Der Umgang mit Gewalt und anderen Formen der Enttäuschungsverarbeitung ist also, so meine These, vorab und immer schon sozial reguliert – nicht erst, wie Lindemann vermutet, das Ergebnis der Erfahrungen mit unkontrollierter und selbstzerstörerischer Gewaltausübung (»Verfahrensordnung der Gewalt«, vgl. Lindemann 2014: 277 ff.).

Die ethnologische Forschung liefert nur wenig verallgemeinerbare Resultate zu dem hier diskutierten Thema – zu unterschiedlich sind die Gesellschaften, die im Fokus der Forschung stehen. Aber einige tentative Aussagen lassen sich doch machen. Malinowski zufolge kann bei den »Eingeborenen« (in seinem Fall den Trobriandern) eine genaue Kenntnis der sozial relevanten Normen und Regeln vorausgesetzt werden – im Unterschied zu den »einfachen Regeln des Brauches« (Malinowski 1978: 139). Dabei handelt es sich zum einen um Regeln, die das System gegenseitiger Verpflichtungen regulieren, also die Prinzipien der Gabe und des Tauschs (inklusive des Frauentauschs), aber auch um Normen, die festlegen, wie bei einer Verletzung dieser Prinzipien zu verfahren ist.

Ethnologische Studien lassen auch erkennen, dass archaische Gesellschaften über Institutionen verfügen, die bei Normverletzungen regulierend und sanktionierend eingreifen. Das schließt Selbsthilfe nicht aus, ist aber an Bedingungen geknüpft, die Vergeltungsmaßnahmen erschweren. In vielen Gesellschaften, z. B. bei den indigenen Völkern in Süd-Äthiopien, sind Tatzeugen berechtigt, Übeltäter spontan zu sanktionieren, wenn diese in flagranti ertappt werden: »So darf etwa ein Bestohlener den überraschten Dieb verprügeln. Ein ertappter Mörder wird heute wohl nicht mehr sofort erschlagen, dennoch tut ein Totschläger gut daran, unverzüglich Asyl zu suchen.« (Amborn 2016: 142) Fehlt das Moment der Spontaneität, sei es, weil keine Tatzeugen vorhanden sind oder diese es nicht für nötig halten einzugreifen, wird erwartet, dass der Fall institutionell, unter maßgeblicher Beteiligung der dörflichen oder lokalgruppenübergreifenden Gremien, geregelt wird. Selbsthilfe gilt auch als legitim, wenn der Normbruch nicht für gravierend gehalten wird – doch sollte in diesem Fall auf die Anwendung physischer Gewalt verzichtet werden: »Beliebt ist z. B. Personen bei Normverletzungen öffentlich lächerlich zu machen.« (ebd. 132) Die Form der Sanktionierung ist dann irgendwo in der Mitte zwischen Strafe und gutgemeinter Warnung anzusiedeln.

Generell wird aber in indigenen Gesellschaften darauf geachtet, dass die Sanktionierung schwerwiegender Normbrüche, die dem Bestand der Gesellschaft gefährlich werden könnten, nicht der Willkür Einzelner überlassen bleibt. Solche Fälle werden nur sehr selten in Form physischer Gewalt sanktioniert; das widerspräche dem im dörflichen Kontext und unter Blutsverwandten herrschenden Prinzip der Solidarität (vgl. Sigrist 1979: 103). Selbst bei gravierenden Verfehlungen wie Ehebruch, Zauberei oder üble Nachrede sind die Beteiligten häufig bereit, den Streit durch Akzeptierung einer traditionell festgelegten Zahlung beizulegen (vgl. Evans-Pritchard 1978: 194 f.). Bei wiederholten Rechtsbrüchen kommen vor allem Maßnahmen wie Ausgrenzung, Isolation und Ausweisung in Betracht. So wird bei den Campa im Amazonasbecken, wie Descola schreibt, »das Individuum, das sich selbst aus dem Netz der Solidarität herausgelöst hat, allmählich isoliert und somit für seine Gemeinschaft gleichsam unsichtbar« (Descola 2011: 517 f.). Mit zunehmender Verflechtung der indigenen Gesellschaften in den »Prozess der Zivilisation« verliert das Mittel der Exklusion natürlich seinen Schrecken und muss ggfs. angepasst oder durch andere Maßnahmen ersetzt werden.

Anders als im Dorf und in der näheren Verwandtschaft, wo die Tötung des Übeltäters nicht zu den favorisierten Sanktionsformen zählt, stehen sich bei der Fehde oder Blutrache Menschen aus verschiedenen sozialen Gruppen gegenüber. Bluttat wird mit Bluttat beantwortet, auch deshalb, weil es in dieser Situation keine Instanz gibt, die zwischen den Kontrahenten vermitteln könnte. Dessen ungeachtet ist Blutrache »eine äußerst elaborierte und kontrollierte Form der Gewaltregulierung« (Henaff

2009: 331) und kein schrankenloser Gewaltexzess. Limitationen ergeben sich allein schon dadurch, dass Rache, obwohl sie das Individuum betrifft, nicht der individuellen Initiative überlassen bleibt, sondern in Planung und Durchführung eine kollektive, also gemeinsam zu entscheidende und zu verantwortende Tatsache darstellt. Es muss also gemeinsam entschieden werden, ob ein Normbruch vorliegt und ob es dieser Normbruch rechtfertigt, einen Rachefeldzug in Gang zu setzen. Dabei müssen sich die kollektiven Kontrahenten in mittlerer sozialer und räumlicher Distanz befinden. Was die Dimension des Raumes angeht, sollten sie nicht innerhalb desselben Dorfes leben, aber auch nicht so weit voneinander entfernt sein, dass sie sich nicht mehr wechselseitig erreichen können. Dasselbe gilt für die soziale Dimension: Racheopfer werden bevorzugt unter den angeheirateten Verwandten gesucht, aber nicht unter Blutsverwandten oder Fremden. Und schließlich hat die »schreckliche Pflicht zur Rache« (Girard 2002: 37) womöglich sogar gewaltdämpfende Effekte, weil sich die daraus resultierenden Folgen mit einiger Sicherheit antizipieren und damit, soweit es die Ehre erlaubt, vermeiden lassen.

Damit bin ich wieder beim Ausgangspunkt meiner Überlegungen angekommen. Wie die ethnologische Forschung zeigt, gibt es selbst in archaischen Gesellschaften, anders als es das von Lindemann skizzierte Modell suggeriert, einen Grundbestand sozial relevanter Normen, der von den Gesellschaftsmitgliedern bewusst gehandhabt wird. Dazu gehören auch Normen des Umgangs mit Normverletzungen. Deshalb ist Gewalt immer schon Teil einer übergreifenden, eine Vielzahl von Sanktionsformen einschließenden Verfahrensordnung, die angesichts der Tatsache, dass physische Gewalt nur eine und nicht unbedingt die wichtigste Möglichkeit der Enttäuschungsabwicklung ist, besser als »Sanktionierungsordnung« oder, noch genauer, aber unschön, als »Verfahrensordnung der Enttäuschungsbearbeitung« bezeichnet werden sollte.

(7)

Die soziologische Diskussion der letzten Jahrzehnte ist nicht zuletzt durch die Wiederaufnahme des Themas »Gewalt« gekennzeichnet. Lindemanns gesellschaftstheoretische Hypostasierung von Gewalt als Kern von Vergesellschaftungsprozessen treibt diese Entwicklung noch ein Stück weiter voran. Allerdings scheint jetzt das Pendel in die entgegengesetzte Richtung auszuschlagen. Bei allem Respekt vor der von Lindemann geleisteten Theoriearbeit ist zu fragen, ob sie der Gewalt nicht eine allzu große Bedeutung beimisst, wenn sie diese als Konstituens von Gesellschaft begreift. Erstens, und darin stimme ich mit ihr völlig überein, ist Gewalt als nicht nur leibliches, sondern auch symbolisches Geschehen immer schon ein in Gesellschaft stattfindendes Ereignis. Zweitens wird bei dem von Lindemann entwickelten Modell, worin Gewalt als schlüssige Antwort auf Normverletzungen beschrieben wird, übersehen, dass Gewalt stets – und nicht erst als Folge exzessiver individueller Gewalt – durch ein System sekundärer Normen eingehegt wird: Gewalt findet auch in diesem Punkt immer nur innerhalb von Gesellschaft statt. Drittens ist der Stellenwert von (physischer oder psychischer) Gewalt bei der Reaktion auf Normverletzungen zu relativieren. Gewalt ist nicht das wichtigste Mittel, um mit normativen Enttäuschungen fertig zu werden, sondern nur eines innerhalb einer ganzen Palette von alternativen Handlungsformen und Verhaltensmöglichkeiten.

Literatur

Amborn, Hermann (2016): *Das Recht als Hort der Anarchie. Gesellschaften ohne Herrschaft und Staat*, Berlin: Matthes & Seitz.

Barth, Jonas/Johanna Fröhlich/Gesa Lindemann/Paul Mecheril/Tina Schröter/Andreas Tilch (2021): »Wie Gewalt untersuchen? Ein Kodierschema für einen reflexiven Gewaltbegriff«, in: *Forum Qualitative Sozialforschung* 22 (1), Art. 9.

Collins, Randall (2011): *Dynamik der Gewalt. Eine mikrosoziologische Studie*, Hamburg: Hamburger Edition.

Descola, Philippe (2011): *Jenseits von Natur und Kultur*, Berlin: Suhrkamp.

Evans-Pritchard, Edward E. (1978): »Die Nuer im südlichen Sudan«, in: Fritz Kramer/Christian Sigrist (Hg.), *Gesellschaften ohne Staat, Bd. 1: Gleichheit und Gegenseitigkeit*, Frankfurt am Main: Syndikat, S. 175–200.

Girard, René (2002): *Das Heilige und die Gewalt*, Ostfildern: Patmos.

Goffman, Erving (1974): *Das Individuum im öffentlichen Austausch*, Frankfurt am Main: Suhrkamp.

Goffman, Erving (1986): *Interaktionsrituale*, Frankfurt am Main: Suhrkamp.

Habermas, Jürgen (1984): *Vorstudien und Ergänzungen zur Theorie des kommunikativen Handelns*, Frankfurt am Main: Suhrkamp.

Habermas, Jürgen (1992): *Faktizität und Geltung. Beiträge zur Diskurstheorie des Rechts und des demokratischen Rechtsstaats*, Frankfurt am Main: Suhrkamp.

Henaff, Marcel (2009): *Der Preis der Wahrheit. Gabe, Geld und Philosophie*, Frankfurt am Main: Suhrkamp.

Lindemann, Gesa (2009): *Das Soziale von seinen Grenzen her denken*, Weilerswist: Velbrück Wissenschaft.

Lindemann, Gesa (2010): »Statt der Dyade: die Ego-Alter-Tertius-Konstellation als konstitutive Bedingung von Sozialität«, in: Thomas Bedorf/Joachim Fischer/Gesa Lindemann (Hg.), *Theorien des Dritten. Innovationen in Soziologie und Sozialphilosophie*, München: Wilhelm Fink, S. 161–188.

Lindemann, Gesa (2014): *Weltzugänge. Die mehrdimensionale Ordnung des Sozialen*, Weilerswist: Velbrück Wissenschaft.
Lindemann, Gesa (2017): »Verfahrensordnungen der Gewalt«, in: *Zeitschrift für Rechtssoziologie* 37 (1), S. 57–87.
Lindemann, Gesa (2018): *Strukturnotwendige Kritik. Theorie der modernen Gesellschaft, Bd. 1*, Weilerswist: Velbrück Wissenschaft.
Lindemann, Gesa (2020): *Die Ordnung der Berührung. Staat, Gewalt und Kritik in Zeiten der Coronakrise*, Weilerswist: Velbrück Wissenschaft.
Luhmann, Niklas (1984): *Soziale Systeme. Grundriss einer allgemeinen Theorie*, Frankfurt am Main: Suhrkamp.
Luhmann, Niklas (1987): *Rechtssoziologie*, Opladen: Westdeutscher Verlag.
Malinowski, Bronislaw (1978): »Gegenseitigkeit und Recht«, in: Fritz Kramer/Christian Sigrist (Hg.), *Gesellschaften ohne Staat, Bd. 1: Gleichheit und Gegenseitigkeit*, Frankfurt am Main: Syndikat, S. 135–149.
Sigrist, Christian (1979): *Regulierte Anarchie*, Frankfurt am Main: Syndikat.

Gabriele Tellenbach

Epilog

Überraschung?

Es mag verwundern, wenn am Ende der Festschrift für Gesa Lindemann nicht eine weitere Mit-Streiter:in aus ihrem universitären Umfeld, sondern ihre Lebenspartnerin zu Wort kommt. Doch, warum nicht? Denn es mag angebracht sein, noch aus einer anderen Perspektive auf den in diesem Heft gewürdigten und geehrten Menschen zu blicken.

Wenn ich also der Geburtstagsschrift für Gesa Lindemann außer meinen innigen Glückwünschen und meiner großen Dankbarkeit für die gemeinsame Lebenszeit noch einige persönliche Gedanken hinzufüge, komme ich freilich um sie als Wissenschaftlerin nicht herum: Mein Leben teile ich ja mit einer Frau, die für ihre Arbeit brennt. Gewiss, das erlebe ich allermeist nicht als Problem; vielmehr, ich respektiere, nein, ich bewundere diese Leidenschaft.

Vom Feuer dieser Frau für ihre Profession teilt sich mir immer wieder mit, dass ihr wissenschaftliches Wollen zum geringsten auf Karriere, Status, auf das Erlangen und Vermehren von Hausmacht zielt, vielmehr zuallererst auf »die Sache«, auf eine philosophisch grundierte Soziologie von heute und für morgen. Es geht um ihren kreativen Beitrag dazu, einen innovativen Standpunkt, ein Theorieangebot, was es zu kommunizieren, wofür es zu werben gilt. Konkret: Immer ist noch ein Vortrag zu halten, eine Veröffentlichung druckreif zu machen, eine Vorlesung, eine Sitzung, ein Interview vorzubereiten.

Doch geht in seinen akademischen Belangen der Mensch Gesa L. zum Glück ja nicht restlos auf. Für Nicht-Wissenschaftliches, für's Private nimmt sie sich genauso diszipliniert Zeit, entfaltet sie ihre beharrliche Energie ebenso, wie für ihren Beruf.

Spätestens hier ist der Tango zu erwähnen: Seit langem schon ist er Gesa Lindemanns rettendes Refugium aus all der Kopfarbeit. Zwar steht beim Tango der Verstand ja keineswegs still, doch ist er nicht das verbindende Medium dieser faszinierenden ›Ordnung der Berührung‹. Schließlich sind wir alle auch »leibliche Wesen« in »Berührungsbeziehungen«, wie sie es in einer Veröffentlichung formuliert. Und so ließ sich unlängst die viel zu lange dauernde pandemiebedingte Lähmung allen Tangovergnügens auch nicht – zum großen Kummer unserer Wissenschaftlerin – durch ein wie auch immer geartetes Home-Office ausgleichen.

Oder wir schauen noch etwas weiter zurück. Etwa auf Gesa Lindemanns Liaison mit dem japanischen Butoh-Tanz. Auch hier ist es Liebe auf den ersten Blick. Diese rätselvollen, zeitlupenhaften Bewegungsfolgen!

Asiatische Rituale, von deutschem Ausdruckstanz inspiriert, mit höchster Präzision und ungewohnter Ästhetik in die Gegenwart verwandelt. Hier findet sich, in den 80ern, unsere Protagonistin in ihren revoltierenden Facetten wieder, wie auch in der Bewunderung für strengschöne Form. Bis zu dem Punkt schließlich, dass sie sich eine existentielle Frage stellt: Butoh oder Wissenschaft?

Ihre Antwort kennen wir.

Doch sind da nicht überraschende Gemeinsamkeiten zwischen japanischem Butoh, argentinischem Tango und Gesa Lindemanns Wirken in der Welt der Wissenschaft? Geht es in all diesen Passionen nicht zuletzt um das Kennen und Beherrschen von Traditionen und Regeln, um das Sich-Bewegen in Grenzen, genauso aber um deren Erweitern, um das Erobern von neuen Räumen bei vollem Bewusstsein? Und die rechte Balance zwischen beiden Sphären?

Der Weg von damals zum Heute war weit und kein Spaziergang, soviel ist sicher. Er ist ja längst nicht beendet. Aber wie mag er sich anfühlen? Mit Sisyphus »The Hill We Climb«? Wer weiß.

Gewiss ist: Wir sehen eine mutige Frau auf ihrem Weg, eigenwillig, fordernd, entdeckungshungrig. Sie stellt hohe Anforderungen an sich, wie gewiss auch an ihre Gegenüber – von Uni bis Tango.

Das vielfältige Spektrum des Agierens unserer Jubilarin soll mit diesen Beispielen nur kurz beleuchtet sein. Vor allem, denke ich, birgt es eine Einladung. Es kann, wer offen dafür ist, sich einzulassen wagt, ihren Weg der Entdeckungen mitgehen, neue Einsichten gewinnen, teilhaben an Veränderung, an Grenzgängen, kurz, Neuland betreten – mit Gesa Lindemann gemeinsam.

Welch ein Angebot! Darauf stoßen wir an.

Im speziellen Fall nicht mit perlendem Wein der Champagne. Viel eher mit aromasattem Whiskey aus entlegenen Gefilden Schottlands – oder gar aus Japan? Jedenfalls gilt auch hier: bitte sorgfältig gewählte Essenzen, gern durch Rauch veredelt, in denen sich die Gaben der Natur und menschliches Können auf ausgefeilte, überraschende Weise verbinden.

Glückwunsch, Gesa!

Bücher von Gesa Lindemann aus unserem Programm:

Die Ordnung der Berührung
Staat, Gewalt und Kritik in Zeiten der Coronakrise
132 Seiten · br. · ISBN 9783958322264 · EUR 16,90

Was können wir aus der Coronakrise über moderne Gesellschaften lernen? Gesa Lindemann zeigt auf, dass die Strukturen der modernen Gesellschaften stabil bleiben, sich unsere alltägliche Berührungsordnung dagegen verändert bzw. verändern kann.

Die Leserinnen und Leser erfahren etwas darüber, in welchem Verhältnis Staat, Politik, Recht, Wirtschaft und Wissenschaft zueinanderstehen und wie diese Bereiche mit ihren eigenen Voraussetzungen und Zielen unser unmittelbares Zusammenleben bestimmen. Die mediale Fokussierung auf sinnliche Aspekte der alltäglichen Berührungsordnung macht den Zusammenhang mit diesen allgemeinen gesellschaftlichen Strukturen sichtbar. In Zeiten von Corona zeigt sich auch, wie die moderne Gesellschaft immer wieder emanzipatorische Hoffnungen nährt, dass z.B. auch tiefverwurzelte rassistische Strukturen verändert werden können.

Strukturnotwendige Kritik
Theorie der modernen Gesellschaft, Band 1
456 Seiten · br. · ISBN 9783958321564 · EUR 25,-

Gesa Lindemann zeichnet im ersten Band ihrer Theorie der modernen Gesellschaft die historische Entstehung des menschlichen Körperindividuums und seine Institutionalisierung in den Menschenrechten nach, analysiert die Strukturmerkmale der horizontalen Differenzierung und rückt schließlich die allgemeine Legitimationstheorie des Ethos der Menschenrechte sowie die dadurch ermöglichte und strukturell notwendige Kritik in den Vordergrund. Für die Autorin sind drei Aspekte von besonderer Bedeutung. Erstens: Die moderne Gesellschaft zeichnet sich durch eine moralisch aufgeladene Grenzziehung zwischen Personen und anderen Wesen aus. Zweitens: Eine Analyse der modernen Vergesellschaftung muss die konstitutive Bedeutung von Gewalt für soziale Ordnungsbildung einbeziehen. Drittens: Moderne Vergesellschaftung zeichnet sich durch außerordentlich dynamische technische Entwicklungen aus, die maßgeblich durch die Wirtschaft vorangetrieben werden.

Weltzugänge
Die mehrdimensionale Ordnung des Sozialen
368 Seiten · br. · ISBN 9783942393768 · EUR 39,95

Die sozialtheoretischen Diskussionen der letzten Jahrzehnte haben zu neuartigen Anforderungen an eine allgemeine Sozialtheorie geführt. Mit Blick auf die allgemeine Theoriedebatte werden in diesem Buch drei Diskussionsstränge zusammengeführt: (1) das Konglomerat an Debatten um die Notwendigkeit theoretischer Neuorientierungen (»turns« oder »Wenden« wie linguistic turn, material turn, body turn, pictorial turn oder spatial turn); (2) die Problematisierung der Grenzen der Sozialwelt bzw. des Akteursstatus nichtmenschlicher Entitäten; (3) die immer wieder aufflackernden Auseinandersetzungen um die Bedeutung von Gewalt für die Gestaltung sozialer Prozesse.

Die Theorie der Weltzugänge führt diese Aspekte zu einer Theorie mehrdimensionaler Ordnungsbildung zusammen und entwickelt dabei zugleich eine Perspektive für die Ausarbeitung einer Gesellschaftstheorie.

Das Soziale von seinen Grenzen her denken
280 Seiten · geb. · ISBN 9783938808610 · EUR 29,90

Zwei Fragen stehen im Mittelpunkt dieses Buches. Wie wird das Feld sozialer Phänomene durch sozialtheoretische Annahmen kritisch begrenzt? Und: Wie wird faktisch die Grenze zwischen sozialen Personen und anderen Entitäten gezogen? Die erste Frage bezieht sich auf die erkenntniskritischen sozialtheoretischen Annahmen, die in jeweils unterschiedlicher Weise in die Forschung eingehen. Die zweite Frage bezieht sich auf elementare Grenzziehungen, durch die im Objektbereich der Kreis sozialer Personen begrenzt wird.

Die Studie ordnet die theoretischen und methodologischen Neuerungen ein, die eine Analyse der Grenzen der Sozialwelt erforderlich macht. Dazu gehört nicht zuletzt eine Neufassung des Verhältnisses von Sozialtheorie und empirischer Forschung. Anstatt Sozialtheorien gegen die Infragestellung durch empirische Forschung zu immunisieren, wie es seit Simmel üblich ist, wird ein Verfahren vorgestellt, das es erlaubt, sozialtheoretische Konzepte durch empirische Annahmen zu irritieren.